高等院校"十三五"规划教材

管 理 学

（第三版）

主 编 卜庆军
副主编 孙春晓 廖 红 董华英

中国财经出版传媒集团
经济科学出版社
Economic Science Press

图书在版编目（CIP）数据

管理学/卜庆军主编．—3 版．—北京：经济科学出版社，2019.12

高等院校"十三五"规划教材
ISBN 978-7-5218-0643-4

Ⅰ.①管… Ⅱ.①卜… Ⅲ.①管理学－高等学校－教材 Ⅳ.①C93

中国版本图书馆 CIP 数据核字（2019）第 125032 号

责任编辑：周胜婷
责任校对：王肖楠　王苗苗
责任印制：邱　天

管　理　学
（第三版）

主　编　卜庆军
副主编　孙春晓　廖　红　董华英

经济科学出版社出版、发行　新华书店经销
社址：北京市海淀区阜成路甲 28 号　邮编：100142
总编部电话：010-88191217　发行部电话：010-88191522
网址：www.esp.com.cn
电子邮箱：esp@esp.com.cn
天猫网店：经济科学出版社旗舰店
网址：http://jjkxcbs.tmall.com
北京时捷印刷有限公司印刷
710×1000　16 开　22 印张　500000 字
2020 年 1 月第 3 版　2020 年 1 月第 1 次印刷
ISBN 978-7-5218-0643-4　定价：48.00 元
（图书出现印装问题，本社负责调换。电话：010-88191510）
（版权所有　侵权必究　打击盗版　举报热线：010-88191661
QQ：2242791300　营销中心电话：010-88191537
电子邮箱：dbts@esp.com.cn）

《管理学（第三版）》编委会

主　　编：卜庆军
副 主 编：孙春晓　廖　红　董华英
编委会成员（按姓氏笔画先后顺序）
　　　　　　卜庆军　古赞歌　孙春晓　谢瑶华　谢先达
　　　　　　董华英　廖　红

第三版前言

自2009年6月第一版《管理学》在经济科学出版社出版以来，因其浅显易懂、可操作性及可读性较强，受到了读者的广泛喜爱和欢迎。有管理学课程的任课教师通过电子邮件与我们交流探讨相关的教学问题，也有读者通过我们的管理学课程教学网站与我们探讨管理学的学习问题，还有大量的读者通过我们的教学网站下载教学资料和教学视频。于是，我们在第一版基础上于2012年2月出版了第二版《管理学》，同时我们新的课程网站也于2018年搬迁至以下网址：http://mooc1.chaoxing.com/course/202759505.html，欢迎各位读者访问并下载资源。

世界著名管理大师彼得·德鲁克曾说过，管理首先是一种实践。管理学理论也必将随着管理实践的发展而发展。根据近年来《管理学》教材编写组在教学上积累的丰富经验、教学中发现的问题和大量企业管理咨询的经历，在保持第一版和第二版原有框架理论体系基本不变的情况下，我们对第二版《管理学》教材的内容进行了补充和优化，并增加和更新了相应章节的案例材料。在第三版《管理学》教材的编写中，主要体现了以下特点和原则：

1. 教材充分展现中国优秀的传统文化和管理思想，体现了思政教育和育人的目标。
2. 增强民族自信，大量引入本土的企业案例，案例材料更贴近现实。
3. 引用和借鉴国内外最新的企业管理实践或研究成果，体现教材的新颖性。
4. 依然保持清晰的概念和知识体系。阅读本教材可以使学生系统地掌握《管理学》这门课程的主要知识体系，建立起管理工作的基本理念和工作思路，培养学习管理课程的兴趣和信心。
5. 尽量避免直白叙述各知识点，而是从管理理论研究的背景、研究方法等对管理理论加以介绍，容易使学生深刻理解管理理论的内容。
6. 在每一个重要知识点后，列出思考题，以此启发学生的思维，培养思考管理问题的习惯，提高学生分析问题的能力。
7. 对每一章后的典型案例进行了更新，并列出思考题供学生讨论使用，以此提升学生分析问题和解决问题的能力。
8. 每一章后设有管理技能拓展训练项目，以提升学生的实际应用能力。

第三版《管理学》在修订过程中，继续吸收和借鉴大量国内外学者的最新研究成果，力求能为广大读者提供持续更新的管理知识，使读者能够通过阅读本书理解管理学的基本知识并掌握基本技能，同时为以后学习管理专业课程打下扎实的基础。本书所引用的参考文献已列于正文后，有些网上查阅的文献资料因出处不明，无法一一列举，在此一并致谢。

《管理学》的第三次修订和编写分工如下：卜庆军主要修订前言、第一章、第四章；卜庆军、孙春晓主要编写和修订了第二章和第七章；廖红主要编写和修订了第三章和第五章；董华英主要编写和修订了第六章和第九章；卜庆军、谢瑶华主要编写和修订了第八章；卜庆军、谢先达主要编写和修订了第十章。古赞歌和研究生吴吉更新了第三版的案例和部分章节内容。全书的统稿工作和各章节的内容补充、修改完善工作由卜庆军完成。

由于编写时间仓促，加之水平所限，其中定有不少缺陷和错误之处，敬请读者提出宝贵的批评意见，以便在再版时能够得到修正和完善。

目　　录

第一章　认识管理 ··· 1
第一节　组织与管理 ··· 2
第二节　管理者 ··· 7
第三节　管理的对象及方法 ··· 18
第四节　管理的过程 ··· 21
第五节　管理学的研究对象与特点 ··· 30
本章小结 ··· 34
复习与思考 ··· 35
案例分析 ··· 35
技能拓展 ··· 36

第二章　管理思想和理论的演变 ·· 37
第一节　西方管理思想和理论的演变 ····································· 38
第二节　中国管理思想和理论的演变 ····································· 66
本章小结 ··· 72
复习与思考 ··· 73
案例分析 ··· 73
技能拓展 ··· 74

第三章　管理环境 ··· 75
第一节　管理环境概述 ··· 76
第二节　组织外部环境 ··· 81
第三节　组织内部环境 ··· 93
第四节　环境预测与分析 ··· 96
本章小结 ··· 105
复习与思考 ··· 106
案例分析 ··· 106

技能拓展 …………………………………………………………………… 110

第四章　决策 …………………………………………………………………… 112

　　第一节　决策概述 …………………………………………………………… 113
　　第二节　决策过程 …………………………………………………………… 126
　　第三节　有效决策的原则 …………………………………………………… 129
　　第四节　战略决策方法 ……………………………………………………… 132
　　第五节　企业经营策略决策方法 …………………………………………… 142
　　本章小结 ……………………………………………………………………… 149
　　复习与思考 …………………………………………………………………… 150
　　案例分析 ……………………………………………………………………… 150
　　技能拓展 ……………………………………………………………………… 151

第五章　计划 …………………………………………………………………… 152

　　第一节　计划概述 …………………………………………………………… 153
　　第二节　计划编制的过程 …………………………………………………… 161
　　第三节　目标与目标管理 …………………………………………………… 165
　　第四节　计划编制的方法 …………………………………………………… 172
　　本章小结 ……………………………………………………………………… 183
　　复习与思考 …………………………………………………………………… 184
　　案例分析 ……………………………………………………………………… 184
　　技能拓展 ……………………………………………………………………… 186

第六章　组织 …………………………………………………………………… 188

　　第一节　组织概述 …………………………………………………………… 189
　　第二节　组织结构设计 ……………………………………………………… 192
　　第三节　组织结构的具体形式 ……………………………………………… 201
　　第四节　人员配备 …………………………………………………………… 209
　　本章小结 ……………………………………………………………………… 214
　　复习与思考 …………………………………………………………………… 215
　　案例分析 ……………………………………………………………………… 216
　　技能拓展 ……………………………………………………………………… 218

第七章　组织文化与企业伦理 ………………………………………………… 219

　　第一节　组织文化 …………………………………………………………… 220

第二节　管理道德 ··· 232

　　第三节　社会责任 ··· 238

　　本章小结 ··· 243

　　复习与思考 ··· 243

　　案例分析 ··· 244

　　技能拓展 ··· 245

第八章　领导 ··· 247

　　第一节　领导理论概述 ·· 248

　　第二节　激励的理论与方法 ································· 263

　　第三节　管理沟通 ··· 273

　　本章小结 ··· 282

　　复习与思考 ··· 282

　　案例分析 ··· 283

　　技能拓展 ··· 284

第九章　控制 ··· 286

　　第一节　控制概述 ··· 287

　　第二节　控制过程 ··· 290

　　第三节　控制方式和方法 ······································ 292

　　本章小结 ··· 298

　　复习与思考 ··· 298

　　案例分析 ··· 298

　　技能拓展 ··· 301

第十章　企业创新 ··· 302

　　第一节　企业创新概述 ·· 303

　　第二节　技术创新 ··· 308

　　第三节　制度创新 ··· 313

　　第四节　组织创新 ··· 321

　　本章小结 ··· 327

　　复习与思考 ··· 328

　　案例分析 ··· 328

　　技能拓展 ··· 331

主要参考文献 ··· 332

第一章 认识管理

导入案例

俞敏洪：尊重个性

新东方集团的创始人俞敏洪先生于 2017 年 12 月 17 日在北大光华新年论坛中表示，"新东方的很多员工每天都在揣摩我在想什么，怕得罪了我，饭碗就保不住了。我在想什么，关你啥事？……如果在一个企业的发展中，员工天天在揣摩老板想什么，而不是为这个企业的发展主张自己的立场，发挥自己的思想，努力使用自己的才能，那这样的一个员工你会要吗？"最后他送给员工们一句话："不要听老板的，听你自己的。"

这话听起来是糙了点，但理儿却一点也不糙。这也充分体现出俞敏洪是个非常尊重个体差异、以师者之心育人、以仁者之心用人的领导者，他以这种方式鼓励自己的员工大胆表现自己，不要畏畏缩缩地揣测上级的意见，一味地看他们的脸色行事而丢失了自己身上那散发独特魅力的个性。也正是有了俞敏洪这样以各种形式鞭策自己、鞭策员工的领导者，新东方才会发展得这么稳健，成为同行业中的带头人。

俞敏洪是管理者吗？管理者应该做什么呢？如何学会管理这门艺术呢？本章将为您揭开谜底。

资料来源：田新月. 沟通是管理的助推剂［J］. 现代企业文化（上旬），2018（1）。

【知识要求】

通过本章的学习，学生要对管理的基本概念有透彻的了解，并能够掌握管理工作的内容和性质、管理者的类型以及管理的对象和方法。

【技能要求】

通过本章的学习，学生能够运用管理工作过程理论分析一个组织的管理工作。

【关键术语】

管理；管理者角色；管理者技能；计划；组织；领导；控制；创新；效果；效率；效益

第一节 组织与管理

一、什么是管理

管理的实践活动在人类社会已经存在了几千年，其对于实现组织目标的重要性也渐渐被人类所认识，伴随着几千年有效的管理实践活动，管理的重要性逐渐为人类所认识。20世纪以来，管理运动和管理热潮取得了令人瞩目的成果——完整的管理理论体系和大量的管理著作。那么，什么是管理呢？由于学者具有不同的背景和经历，因此对于管理的认识和看法也大不一样，给管理下的定义也千差万别。

泰勒认为，管理就是确切地知道要别人去做什么，并使他用最好的方法去干。而法国著名的实业家和管理专家法约尔则从管理过程给管理进行了定义。

法约尔认为，管理就是计划、组织、控制、指挥、协调等一系列活动的总称。哈罗德·孔茨则认为，管理就是设计和维持一种环境，使集体工作的人们能够有效地完成预定目标的过程。

当代著名管理学者彼得·德鲁克在他的《管理实践》中给管理下的定义则是，管理是一种以绩效责任为基础的专业职能。他认为工商企业管理必须始终把经济上的成就放在首位，在每一项决策和行动中都应这样，既要注重效率又要注重效益；管理与所有权、地位和权力无关；管理是专业性工作，与其他技术性工作一样，有自己专有的技能、方法、工具和技术；管理人员是一个专业的管理阶层。

从上述管理定义可以看出，管理定义虽然多角度、多样化、不统一，让初学者无所适从，但可以为管理者解决企业经营管理问题提供更多的思路，也从不同角度揭示了管理的内涵和实质。我们认为，管理是指为实现组织目标而对组织内资源进行合理配置的综合性活动。

任何组织都是有目标的，如学校是以培养人才为目标，政府则是在确保国家安全，人民生活幸福的前提下，尽可能节约财政开支。这就要求精兵简政，机构优化设置，公务员要少而精。企业则是以满足社会和市场需求，实现盈利作为自己的根本目标。而不管是哪类组织，若要实现自身目标，都要确定自身的发展目标，明确活动领域，需要建立相应的组织机构和岗位，为各机构和岗位配备管理人员和操作人员，进行组织内部的人、财、物、技术和信息等资源分配，以保证各项计划和控制目标的实现。

二、管理产生的基础及其重要性

管理活动自古有之，它是伴随着人类社会组织的产生而出现的。任何组织（早期的如氏族公社、部落、国家、商号，近现代的组织如企业）都有自己的中长期目标，为了实现组织目标，需要组织中全体成员一致行动。但在没有管理活动协调时，组织中每个成员的行动方向并不一定相同，甚至可能互相抵触。即使目标一致，由于没有整体的配合，也达不到总体的目标。

由此可以看出，人类的协作劳动或组织的存在是管理活动产生的基础。任何协作劳动或者组织都是有目标的，而组织目标的实现需要依靠管理，管理就是为实现组织目标服务的。美国国际商业机器公司的创办人托马斯曾经讲过下面这样一个故事，该故事可以深入浅出地说明管理的产生及其在实现组织目标中的作用。

> **男孩的裤子**
>
> 有一个男孩第一次弄到一条长裤，穿上一试裤子长了一些。他请奶奶帮忙把裤子剪短一点，可奶奶说，眼下的家务事太多，让他去找妈妈。而妈妈回答他，今天她已经同别人约好去玩桥牌。男孩子又去找姐姐，但是姐姐有约会，时间就要到了。这个男孩子非常失望，担心明天穿不上这条裤子，他就带着这种心情入睡了。奶奶忙完家务事，想起了孙子的裤子，就去把裤子剪短了一点；姐姐回来后心疼弟弟，又把裤子剪短了一点；妈妈回来后同样也把裤子剪短了一点。可以想象，第二天早上大家会发现这种没有管理的活动所造成的恶果。
>
> 由此可以看出，任何组织都需要管理。
>
> 资料来源：张阳．什么是管理 [J]．科学时代，2002（3）。

不过，当组织规模还比较小的时候，管理对组织的影响还不大，组织中的管理活动还比较简单，并未形成独立的管理职能，因而也就显现不出管理的特别重要性。如对于小生产企业来说，也可以凭借经验，维持自身的发展。但随着人类的进步和组织的发展，管理所起的作用越来越大。概括起来说，管理对于组织的重要性具体表现在三个方面。

1. 管理是市场经济的客观要求

市场经济的根本原则就是要求个人和企业在市场上进行公开、公平、公正的竞争，打破垄断和特权。这就要求企业和个人都必须进行科学的管理，有效的活动，否则就有被市场淘汰的危险。市场竞争促进的是效率和创新，而效率和创新只能来源于有效的管理。现在许多成功的企业正是因为进行了正确决策，并且建立了现代科学管理机制，才具备了强

2. 管理可以使组织发挥正常功能

管理，是一切组织正常发挥作用的前提，任何一个有组织的集体活动，不论其性质如何，都只有在管理者对它加以管理的条件下，才能按照所要求的方向进行。组织是由组织的要素组成的，组织的要素互相作用产生组织的整体功能。然而，仅仅有了组织要素还是不够的，这是因为各自独立的组织要素不会完成组织的目标，只有通过管理，使之有机地结合在一起，组织才能正常地运行与活动。组织要素的作用依赖于管理。管理在组织中协调各部分的活动，并使组织与环境相适应。一个单独的提琴手是自己指挥自己，一个乐队就需要一个指挥，没有指挥，就没有乐队。在乐队里，一个不准确的音调会破坏整个乐队的和谐，影响整个演奏的效果。同样，在一个组织中，没有管理，就无法彼此协作地进行工作，就无法达到既定的目的，甚至连这个组织的存在都是不可能的。集体活动发挥作用的效果大多取决于组织的管理水平。

组织对管理的要求和对管理的依赖性与组织的规模是密切相关的，共同劳动的规模越大，劳动分工和协作越精细、复杂，管理工作也就越重要。一般地说，在手工业企业里，要进行共同劳动，又有一定的分工协作，管理就成为进行生产不可缺少的条件。但是，如果手工业企业的生产规模较小，生产技术和劳动分工也比较简单，管理工作就比较简单。现代化大工业生产，不仅生产技术复杂，而且分工协作严密，专业化水平和社会化程度都高，社会联系更加广泛，需要的管理水平就更高。

工业如此，农业亦同样如此。一个规模大，部门多，分工复杂，物质技术装备先进，社会化、专业化、商品化水平高的农场，较之规模小、部门单一、分工简单、以手工畜力劳动为主、自给或半自给的农业生产单位，就要求有更高水平、更高效率的管理。

总而言之，生产社会化程度越高，劳动分工和协作越细，就越要有严密的科学管理。组织系统越庞大，管理问题也就越复杂，庞大的现代化生产系统要求有相当高度的管理水平，否则就无法正常运转。

科学管理成就现代化大企业

1841年，美国西部铁路线全长150千米，由于是分三段建造的，因此建成后便分3个区段进行管理，各区段设一组管理人员。在这条线路上，相反方向的列车每天交会12次，由于管理上的问题，很快就发生了一连串的事故。其中最严重的一次事故是1841年10月5日发生的列车相撞事故，伤亡19人。这场事故引起了很大的震动，美国各界强烈要求对铁路公司进行改革。改革后，公司设立了基层管理人员、中层管理人员和高层管理人员，并聘用了大量的管理经理，其中高层经理直属董事会；建立了大规模的内部组织机构，严格划分各部门、各单位的权责关系。此外，公司还建立了财务和统计报表制度来监督和评估管理经理的工作。由此，美国铁路公司成为世界上第一家建立现代企业制度的企业。

资料来源：赵冰梅，刘伟力. 现代企业管理教程［M］. 北京：航空工业出版社，2008。

3. 管理是追求组织成功和效益的重要手段

组织是有目标的，组织只有通过管理，才能有效地实现组织的目标。在现实生活中，我们常常可以看到这种情况，有的亏损企业仅仅由于换了一个精明强干、善于管理的厂长，很快就扭亏为盈；有些企业尽管拥有较为先进的设备和技术，却没有发挥其应有的作用；而有些企业尽管物质技术条件较差，却能够凭借科学的管理，充分发挥其潜力，反而能更胜一筹，从而在激烈的社会竞争中取得优势。平庸的企业家过多地依赖资本投入和政府支持，而优秀的企业家无论在任何环境条件下总能打出一片新天地。从美国通用汽车公司20世纪20年代的崛起，到福特汽车公司20世纪80年代初连续三年的大亏损，再到中国巨人集团的倒下、亚细亚集团的郑州悲歌，都反映了管理在企业发展经营中的极端重要性。可以说不断优化和改善自己的管理行为，是企业追求成功和效益、立于不败之地的重要手段。

1. 组织是管理活动产生的基础，那么组织是怎么产生的呢？
2. 不同的组织目标是否相同呢？请举例分析各类组织的目标。

三、管理活动有什么特点

作为管理活动，至少具有以下四个特点。

1. 管理的目的性

管理的目的性往往具体表现为管理是有目标的活动，它既是管理的出发点和归宿，也是指导和评价管理活动的基本依据。任何管理活动都具有一定的目的性。人力资源管理是为了优化人力资源配置，调动员工的工作积极性；质量管理的目的是为了在控制成本情况下保障产品和服务的质量；生产运作管理的目的是科学合理地组织符合市场需求的产品和服务的生产和运作过程，财务管理的目的是降低资金的筹资成本和提高资金的使用效率。

目的性是管理的首要特征。首先，目的就是方向。管理是要带领组织前进的，是要推动组织发展的。既然是前进，是发展，就必须有方向。什么是组织的方向？概括地说，组织的方向就是指组织的核心竞争力的创造和维持。如果组织没有竞争力，那么首先要考虑如何提升组织的竞争力，然后朝着这个方向努力。如果组织有一定的竞争力，那么它的方向就是使这一竞争力能够维持，并不断开发出新的竞争力。其次，目的就是压力。没有目的，就没有压力；有了目的，才可能有压力。最后，目的就是标准。管理的目的应当成为管理行为的标准，而且是核心的标准，管理的行为过程不能与管理的目的脱节。

2. 管理的有效性

管理需要讲究效率和效益，管理就是为了追求绩效。因为资源是有限的，例如价格不断上涨的石油资源、水资源、劳动力资源、资本资源。相反地，若资源无限，没有效率压力则不需要管理。管理和科学决策是可以提高效率和效益的。

缺失管理的共享单车背后的乱象

2017年中国共享单车市场概况及用户行为分析显示，52.9%的共享单车用户表示听说过共享单车被丢入江中、挂在树上等相关新闻。此外，共享单车的二维码被毁、乱停乱放、零部件被偷等影响使用现象的报道也得到广泛传播。近40.0%的用户表示曾见过单车二维码被毁、车锁被撬等恶意影响使用现象，超过30.0%的用户曾见过共享单车被乱停乱放、故意破坏。据艾媒咨询分析指出，目前缺乏对共享单车相关破坏行为的有效监督，人为破坏影响用户体验的同时，会进一步提升共享单车运营成本。同时也极大地造成了资源的浪费。

资料来源：徐佳兰，陈楠. 共享单车运营管理问题及解决方法 [J]. 经营与管理，2018（3）：40-43，有删改。

---

3. 管理的他人性

狭义的管理他人性是指管理需要别人的努力。从广义的角度来理解，管理的他人性是指通过各种隐含或外在的功能，对管理的对象发挥管理的作用。管理的他人性是管理的自然属性，随管理的存在而存在。管理的他人性在各项管理活动中，作用发挥得越充分、越彻底，各项工作就完成得越好，管理水平也就越高。反之，如果他人性没有被认识和充分挖掘，管理活动的作用就带有很大的盲目性和随意性。因此，充分认识管理他人性的地位与作用，对搞好各项管理工作至关重要。管理作为一个过程，管理者在其中要发挥的作用，就是管理者的职能，也就是通常所说的管理职能。管理的职能有多种划分方法，各种划分大同小异，基本有五大职能：计划、组织、指挥、协调和控制。管理的他人性无不隐含在管理的各项职能之中。

4. 管理的多样性

管理的多样性是指管理的对象、过程和管理部门都是多种多样的。管理对象包括人、财、物等，不同的管理对象有不同的演变规律，要求管理者采用不同的管理方法。如对人的管理应更多采用心理学和行为科学的分析方法。管理多样性还体现在管理过程是多种多样的，包括计划、组织、控制等多样化的活动。在企业和任何组织中，管理部门都是多种多样的，包括生产、财务、销售、人事等各种各样的部门，每一个部门的分工和责任都是大不相同的。

1. 管理的四个特性之间有什么关系？
2. 为什么说管理的首要特征是目的性？

第二节 管 理 者

一、谁是管理者

组织是基于一定的目标、具有协作意愿的人的集合体。根据成员在组织中的地位和作用的不同，可以将他们分为操作者和管理者。

操作者，是指在组织中直接从事具体的业务，不承担对他人工作监督责任的组织成员，如生产工人、销售人员、出纳、银行的柜员等都属于操作者。操作者的任务就是做好组织分派的具体操作性事务。

管理者是指履行管理职能，对实现组织目标负有贡献责任的人，例如大学校长、学院院长、系主任以及公司经理、部门经理等都是管理者。

管理者可以按照多个标准分类。

1. 按照管理者所处的层次高低划分

（1）高层管理者指那些对组织的管理负有全面责任，并侧重负责制定组织的大政方针、沟通组织与外界交往联系的人，如学校的正副校长、企业的董事会成员、城市的正副市长等。高层管理者对组织发展战略、行动计划、资源安排拥有充分的权力。他们的决策是否科学、职权利用是否得当等，会直接关系到组织的存亡兴衰。

（2）中层管理者指主要以贯彻高层管理者所制定的大政方针，并指挥基层管理者活动的人。他们不做具体操作，而是根据上级的计划，把具体任务分配给基层单位，并指导和协调基层管理者的工作，如系主任，处长，企业中计划、生产、财务等部门的负责人，政府中的主任、局长等，都是中层管理者。中层管理者起着承上启下的作用，对上下级之间的信息沟通负有重要的责任。这类管理者一般可分为三类：行政管理人员、技术性管理人员、支持性管理人员。

（3）基层管理者指那些直接指挥和监督现场作业的人员，如工长、领班、小组长等。他们是完成上级下达的各项计划和指令的人，直接带领具体操作人员完成上级下达的具体任务。因此，他们直接同操作人员打交道，协调和解决工作中遇到的具体问题，是整个管理系统的基础。

上述三个不同层次的管理人员，其工作内容和性质存在很大的差别。一般来说，第一线管理人员所关心的主要是具体的战术性工作，而最高管理人员所关心的则主要是抽象的战略性工作。

1. 各层次管理者在组织中分别起到什么作用？
2. 你知道哪些现代社会中如 CEO 的 C 级官员？能给同学们解释一下吗？

2. 按管理工作的性质与领域划分

（1）综合管理者指负责整个组织或其所属单位的全面管理工作的管理人员。他们是一个组织或其所属单位的主管，对整个组织或该单位目标实现负有全部的责任；他们拥有这个组织或单位所必需的权力，有权指挥和支配该组织或该单位的全部资源与职能活动，而不是只对单一资源或职能负责。例如，工厂的厂长、车间主任、工段长都是综合管理者，而工厂的计财处长则不是综合管理者，因为其只负责财务这种单一职能的管理。

（2）职能管理者指在组织内只负责某种职能的管理人员。这类管理者只对组织中某一职能或专业领域的工作目标负责，只在本职能或专业领域内行使职权、指导工作。职能管理者大多具有某种专业或技术专长，例如，一个工厂的总工程师、设备处长等。就一般工商企业而言，职能管理者主要包括以下类别：计划管理、生产管理、技术管理、市场营销管理、物资设备管理、财务管理、行政管理、人事管理、后勤管理、安全保卫管理等。

3. 按职权关系的性质划分

（1）直线管理人员指有权对下级进行直接指挥的管理者。他们与下级之间存在着领导隶属关系，是一种命令与服从的职权关系。直线管理人员的主要职能是决策和指挥。直线人员主要指组织等级链中的各级主管，即综合管理者。例如，企业中的总经理—部门经理—班组长，他们是典型的直线人员，主要是由他们组成组织的等级链。

（2）参谋人员指对上级提供咨询、建议，对下级进行专业指导的管理者。他们与上级的关系是一种参谋、顾问与主管领导的关系，与下级是一种非领导隶属的专业指导关系。他们的主要职能是咨询、建议和指导。参谋人员通常是指各级职能管理者。

直线人员与参谋人员，是依职权关系进行区分的，是相对于职权作用对象而言的，在实际管理中两者经常转化。例如，计财处长对其他各部门来说是参谋性管理者，因为其只是在计财领域内进行专业指导；而对于计财处内部人员来说，计财处长却又是直线管理者，因为他对本处工作人员有直接指挥的权力。

1. 传统的管理者定义与彼得·德鲁克的管理者定义有何不同?
2. 直线人员和参谋人员能互相转化吗?
3. 直线人员和参谋人员会产生矛盾吗?应该如何整合?

二、管理者做什么

20世纪60年代末,加拿大管理学家亨利·明茨伯格(Henry Minzberg)对5位总经理的工作进行了一项仔细的研究,他对长期以来对管理者工作所持的看法提出了挑战。例如,当时流行的观点认为管理者是深思熟虑的思考者,在做决策之前,他们总是仔细地和系统地处理信息。而明茨伯格发现,他所观察的经理们陷入大量变化的、无一定模式的和短期的活动中,他们几乎没有时间静下心来思考,因为他们的工作经常被打断。有半数的管理者活动持续时间少于9分钟。在大量观察的基础上,明茨伯格提出了一个管理者究竟在做什么的分类纲要。明茨伯格的结论是,管理者扮演着10种不同的,但却是高度相关的角色。管理者角色(management roles)这个术语指的是特定的管理行为范畴,这10种角色可以进一步组合成三个方面:人际关系、信息传递和决策制定,如图1-1所示。

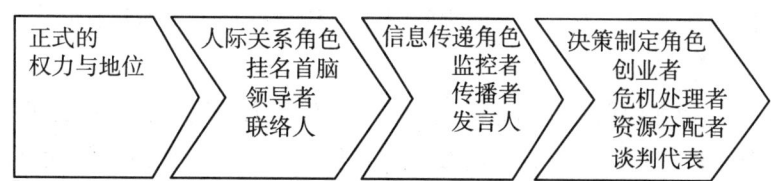

图1-1 管理者角色

1. 人际关系角色

管理者的角色有3个直接来自正式权力并且涉及基本的人际关系。

(1)挂名首脑。管理者常常扮演组织的首脑,有可能他就是组织的最高领导,可以代表组织参加各种仪式、签署文件、发送信函等。在明茨伯格的研究里,首席执行官将12%的沟通时间花在仪式性的职责上,在他们收到的信件中,有17%是与其地位相关的感谢信或邀请函。有的管理者并不是真正的组织最高领导者,也经常作为组织的首脑主持一些仪式,比如接待社会人士的参观访问、接待学生的企业参观实习等。这些人虽然不是组织的最高领导者,但此时他们扮演的就是组织的首脑角色。

(2)领导者。领导者角色承担的是激励和动员下属,负责人员配备、培训和交往的职责。这个角色承担的职责主要有雇佣、培训、激励、惩戒雇员。每位管理者必须激励员工以某种方式使他们的个人需求与组织目的达到和谐。

（3）联络人。联络人角色从事的是维护外部网络，发感谢信、从事外部委员会等方面的工作。在企业中，销售经理从人事经理那里获得信息属于内部联络关系；但对于销售部门来说，这是外部网络关系，销售经理扮演的是联络人。

2. 信息传递角色

依靠与下属和关系网的人际联系，管理者成为组织的神经中枢。管理者不可能知道每件事情，但却肯定比任何下属都知道得多。

信息传递与处理是管理者工作的关键部分。在明茨伯格的研究中，首席执行官花40%的联系时间专门用于传播信息，他们的信件有70%是纯粹的情报性质的（相对于那些请求行动的信件而言）。在很大程度上，沟通即是管理者的工作。监控者、传播者、发言人这3种角色从情报方面描述了管理工作。

（1）监听者。管理者经常通过各种途径寻求和获取各种特定的内外信息，例如阅读期刊和报告、保持私人接触等。这时他扮演的角色就是信息的监听者。作为监听者，管理者为了得到信息而不断审视自己所处的环境。他们询问联系人和下属，接收主动提供的信息（这些信息大多来自他的个人关系网）。担任监听角色的管理者所收集的信息很多都是口头形式的，通常是传闻和流言。这些联系使管理者在为组织收集软信息上具有天然的优势。

（2）传播者。管理者必须分享并分配信息，这时他扮演的就是信息的传播者。组织内部可能会需要这些通过管理者的外部个人联系收集到的信息。举行信息交流会，向组织成员传递信息。在传播者的角色中，管理者需要直接传递给下属一些他们独享的信息，因为下属没有途径接触到它们。当下属彼此之间缺乏便利联系时，管理者有时会分别向他们传递信息。

（3）发言人。管理者把一些信息发送给组织之外的人，比如总裁发表演讲或者工头建议供货商改进某个产品；举行会议，向股东发布信息等。这时他扮演的就是发言人角色。另外，作为发言人角色的一部分，每位管理者必须随时告知并满足控制其组织命运的人或部门的要求。首席执行官可能要花大量时间与有影响力的人周旋，要就财务状况向董事会和股东报告，还要履行组织的社会责任，等等。

3. 决策制定角色

信息是决策制定的基本投入。管理者在组织的决策制定系统中起着主要作用。作为具有正式权力的人，只有管理者能够使组织专注于重要的行动计划；作为组织的神经中枢，只有管理者拥有及时全面的信息来制定战略。以下4种角色描述了作为决策者的管理者的工作。

（1）创业者。管理者必须努力组织资源去适应周围环境的变化，积极寻求新的发展机会，并且预测将来可能出现的风险，及时采取措施加以防范。在监控者角色里，总裁不断寻找新思想，而作为创业者，当出现一个好主意时，总裁要么决定一个开发项目，直接监督项目的进展，要么就把它委派给一个雇员。

（2）危机处理者。创业者角色把管理者描述为变革的发起人，而危机处理者角色则显示管理者非自愿地响应压力。在这里，管理者不再能够控制迫在眉睫的罢工、某个主要客户的破产或某个供货商违背了合同等变化。

亨利·明茨伯格曾把管理者与管弦乐队的指挥做过比较，正如彼得·德鲁克在《管理实践》中写的一样：管理者有创造一个真正整体的任务，这个整体大于它的各个组成部分之和，是一个多产的实体，多于投入给它的资源的总和。这里有个比方，即一位交响乐队的指挥，通过其努力，想象并领导那些聒噪的单个乐器，使之成为有生命的整体音乐。然而指挥有作曲家的乐谱，他只是演奏而已。管理者既是作曲家，又是指挥。

再来看看系统研究管理工作的伦纳德·R.塞尔斯所说的话：（管理者）就像一位交响乐队的指挥，努力维持一场曲调优美的表演。在这场表演中，不同乐器的作用被协调和排序，形成模式和一定的调子。与此同时，乐队成员各有各的困难：置景工正在移动音乐台架，过多的暖气或冷气正在引起观众的不满，也带来乐器的问题，音乐会的主办者正在坚持对节目单做不明智的变更。实际上，每位管理者必须花大量时间对付高压或骚乱。没有组织能够事先考虑到每个偶发事件。骚乱发生的原因不仅是因为拙劣的管理者忽略形势直到它们达到了危机程度，还因为好的管理者不可能预测自己采取的所有行动的结果。

（3）资源分配者。管理者负责组织内资源分配，如场地、设备、人员、资金和信息等。组织都是有目标的，组织目标的实现需要投入一定的资源，但是任何组织的资源又是有限的，因此管理者很重要的责任就是将组织资源加以合理的分配，以便组织资源发挥最佳的效益。作为资源分配者，要求管理者具有一定的职位和职权。

（4）谈判代表。对在各个层次进行的管理工作进行研究显示，管理者花了相当长的时间用于谈判，比如足球俱乐部老板被叫来解决与坚持不让步的超级球星的合同纠纷、公司总裁率领代表团去处理一次新的罢工事件等。正如伦纳德·塞尔斯所言，谈判对于富有经验的管理者来说是一种"生活方式"。谈判是管理者不可推卸的工作职责，而且是工作的主要组成部分，因为只有管理者有权把组织资源用于"真正重要的时刻"，并且只有他拥有重要谈判所要求的神经中枢信息。

对于管理者角色划分，我们应看到，管理者角色的侧重点随组织的等级层次会发生变化，如高层更多的扮演传播者、挂名首脑、谈判代表、联络者、发言人等角色，而基层管理者更多从事领导者角色。另外，管理者也从事一些不纯属于管理性的工作，既要从事综合管理活动如谈判、挂名首脑，也要从事纯粹管理工作，如资源分配、创业者等角色。了解管理者的角色，主要目的在于确定管理者角色的重要性，扩大对管理工作的理解。

三、管理者应具有什么素质

管理者的素质是指管理者与管理相关的内在基本属性与质量。管理者的素质主要表现为品德、知识、能力与身心条件。管理者的素质是形成管理水平与能力的基础，是做好管理工作、取得管理功效极为重要的主观条件。

> ### 张瑞敏：以仁为本
>
> 张瑞敏把海尔管理模式总结为 12 个字："兼收并蓄、创新发展、自成一家"。在海尔的斜坡球体论中，以 OEC 命名的基础管理是企业管理与企业发展的根本动力。许多企业到海尔参观学习，希望借鉴 OEC 管理模式，但能够成功的很少。究其原因，这些企业只是单纯学习管理制度，没有认识到，OEC 管理制度的成功必须建立在企业文化价值观的基础上。
>
> 海尔的 OEC 管理制度不是独立的，它与体现儒家"以仁为本"价值观的其他做法结合在一起，保证了单调、枯燥、严格的 OEC 管理制度得以贯彻、保持。张瑞敏喜欢引用的一句古语是："上下同欲者胜。"企业领导人必须在琢磨人、关心人上下功夫。海尔讲究"三心换一心"："解决疾苦要热心、批评错误要诚心、做思想工作要知心"，换来职工对企业的"铁心"。
>
> 海尔有一个运转体系，专门帮助职工及时解决生活上的实际困难。公司组织了自救自助形式的救援队，员工人手一册《排忧解难本》，如有困难，只要填一张卡或打一个电话，排忧解难小组会随时派人解决。
>
> 资料来源：https://zhidao.baidu.com/question/590792034.html，有删节。

美国管理学者 W. H. 纽曼认为，一个管理者应具备以下素质：

1. 知识

在匹配人与事中，一个必然的问题是："他必需通晓什么？"一个经理职位人选所必备的知识常常可被列为所谓专业、深度、协调和管理。每种管理职务要求一种专业知识，如销售方法、污水处理、石油经济或证券贴现。有些职务要求知识的深度，有些只要求对某一领域有一般了解。例如一家公司的总经理，他对公众关系可能只需有一般知识，但一位公共关系经理就必须通晓社会学、政治学、沟通交往手段，以及类似的学科。

除确定专门领域的知识和各领域总的知识深度以外，我们必须考虑一个管理人员在使自己活动与其他部门工作相连接上还需要什么知识。这类协调性知识包括对作业的了解——实情、工艺和问题——以及对那些在工作上与公司某一部门有关联的人的了解。换言之，管理知识是适用于种种情况的管理原则与技术的总纲。当然其他各种知识对具体的决策可能是必需的，但上面的划分法对确定一个具体职位的知识要求仍是一个良好的开端。

2. 决策才干

各种职务在其所要解决的问题的复杂性和新颖性上也是不一样的。例如，一家大航天公司的总经理，他需要有一种不同于联营汽车旅馆总经理的决策才能。这里我们将列出几个对决策才干起作用的个性因素。

（1）分析能力。这种能力使一个人能把一个问题分解为几个部分，确认有关的事实，阐明事实意义和设想一项决策的后果。因为一个典型的管理问题将会牵涉到很多事实，为了能选择出关键事实和排除其他事实，管理者就必须有一种所谓直观的分析意识。

（2）概念—推理能力。要从一系列的事实中取得内涵，我们必须把这些事实归纳为几个大的概念。例如，根据一张表示销售下降的图表、从竞争的公司得来的情报以及关于公司本身推销员活动的报告，管理者可以归纳到一个概念——"对顾客服务质量欠佳"。在对事实进行概括时将涉及两个方面：创造概念和用逻辑说明概念的因果关系。

（3）创造力。真正棘手的问题通常不是已知方法所能解决的。为寻得一种可行的解决办法，常需有新的研究方法和一种新的手法。较为理想的是，管理者有自己的独到见解或至少要有一种捕捉他人高见的敏锐性。

（4）直观判断力。对决策能力来说犹如一种"主观臆断"。决策人在对问题的每一点进行分析和逻辑推理达到一定程度时，突然会顿悟"该怎么办"。

虽然这一过程还不是系统的和自觉的，但决策确已形成。所以当所有事实一时还不能全部收集到，当概念和逻辑论据比较模糊，或是不容长久等待合理分析而需要立即行动的情况下，直观判断力就显得格外重要。

（5）决断的胆量。管理者不同于一个科学家，他常常不必依赖细致的研究和万无一失的推理来支持自己的决策。当情况不明和面临挫折时，要超过障碍和制定决策没有胆量是不行的。

（6）头脑开明。决策才干的第六个组成部分，也是人员要求中格外重要的一条，即接受新思想的能力。一个人能否认真听取别人的意见，并能在解决当前问题中验证其思想的有效性，是管理者头脑是否开明的表现。

总之，我们可以说尽管决策才干很难于解释清楚，但它的某些要素是可以确定的。一个有分析、推理和创造能力，头脑开明，有直觉判断力和有胆识的管理者，他在判定有效的决策上较之缺乏上述品格的人要更为可靠。

3. 自信与自恃

在满足需求和解决问题中，人们对自己的信赖程度和对他人的信赖程度往往因人而异。职务也是一样，在要求一个人主动、坚持维护自己观点和积极有力地提出自己的观点等方面，往往因职务不同而有所不同。

心理学家曾对这种品质做过研究，并用所谓两个极端间的摆幅来描述自我信赖（或无自我信赖）的程度。有些人说是支配性或服从性，另一些人称作独立依赖或所谓积极消极行为。一些重实务的管理者常常用"首创精神""魄力"或"自我启动能力"来鉴定这同一种品质。

这种性格在日常活动中都能看得到。你们可以检验一下自己。看看如果你在半夜里冻醒时你怎么去做？你是试图把被子往脖子四周披紧并希望冷空气赶快过去，还是正视面临的问题，从床上起来，再拿条毛毯？许多经理职务需要的是再拿条毛毯这样类型的人。

与一个人的自信心紧密相连的是他的雄心，或者说"成就激励感"。在征服了一个难题以后，多数人都会给自己树立更高的目标并开始朝着这些目标努力。然而，人们在把自己的抱负推进到什么程度方面，各人还是不一样的。有的渴望来个"大跃进"，而有些则以稳步前进为目标。

4. 社会敏感性

有些人对一项管理问题的反应，主要取决于所涉及的人们的感情。这种"他人指向"的人常常与"己我指向"的人形成对照，后一种人主要是关心他们自己的想法和对他们来说至关重要的事情。

他人指向的人往往具有较强的神会能力。这是一种使自己神入于他人思想、感情和可能的反应的能力。我们可能与在阿拉斯加的一个审计员或推销员进行心领神会的交往而没有必要赞成他的感情和行为；但因为我们真正感受到他的反应，我们则很可能同情，或至少理解他的观点。

当然，社会敏感性几乎对每一种职务都可能是有益的，但其对于多数销售、参谋和经理职位来说，就尤为重要。销售人员在与客户沟通时要善于察言观色，充分领会顾客的需求和内心的想法。

5. 情感稳定性

情感稳定性指的是对生活能较好地适应。情感上稳定的人倾向于下列行事方式：

（1）他们能平静和客观地接受不同的人，包括他们所不喜欢的。

（2）他们对障碍的反应是沉着地加强自己的努力，或寻找新的途径来达到自己的愿望，而不是否认障碍的存在，变得过度丧气，横加指责，或为自己的无能文过饰非。

（3）他们知道自己不可能完成某一既定的目标时，便一耸肩把他们的注意力转到另一些感兴趣的事物上去。

（4）他们在成功时刻反应平静和客观，并不会表现出孩子般的高兴和变得过度乐观。

（5）他们举止朴实自然，没有矫揉造作或给人以牵强的印象。

当一个人遇到紧张和矛盾的事情时，就将接受感情稳定性方面的考验。有些职务较另一些职务带有更大的紧张性。譬如，一家新成立的药品公司的推销经理，他所体验的紧张很可能比一家储蓄银行总会计师感受到的要强烈。所以销售职务就比会计职务需要有更高的情感稳定性。

6. 对个性因素的微妙运用

如果我们为每一项职务制订专用要求的条件表，我们所谈的那些个性因素就将会有极大的用处。下面的例子就是建议管理人员应该如何按实际职务来裁定工作要求条件。

我们常常总想让一位经理和他的主要部属具有互补的能力。因而一个有眼力、有胆量和喜欢快速行动的经理可能需要一名有分析才干和倾向于研究和实地调查的助手。如果要为一群有高度依赖性的部属委任一个新的主管，那么主管人必须要有相当的自我信赖和坚持自己主张的个性。掌管生产进度的职位带来的就是一个不同的问题。该职位要求工作人员必须与很多不同部门的人经常密切联系——也许有12个领班，加上仓库管理员、采购代理人、维修工、推销员,甚至其他人。任何被指派去担任这种职务的人必须要有相当大的情感稳定性,如果他想既能解决问题又能与每一个人相处融洽的话。

对比之下,研究人员和开发工程师的职务是典型的需要有专业知识和敏捷的决策才能的。社会敏感性和情感稳定性虽然需要,但对这类职务来说,它不像对一个生产计划人员那样必不可少。推销员的职务则又要求具有另一些不同的能力,对于他们来说,社会敏感性和自信则是具有高度相对重要性的。

当一家公司要作出改革,以适应新的竞争或急剧变革的工艺时,管理者需要有相当大的胆量和果断性。同时也需要有高度的情感稳定性,因为重大的改革对工作上会受到新做法影响的任何人都会是一种压力。

1. 你认为管理者还应该具备哪些素质?
2. 你具备管理者的素质吗?分析一个你所崇拜的管理者或领导人。

总之,管理者要具备良好的素质,绝不是一朝一夕就能做到的,而是要经过长期不懈地努力。这包括以下几个方面:

(1) 勤奋学习。既要学习书本,又要向他人学习。

(2) 刻苦磨炼。任何一位有作为的管理者,都应自觉磨炼自己的意志和毅力。

(3) 总结经验。管理人员要对自己做过的工作及时进行总结,有什么经验,又有什么教训,以便日后进一步做好工作。

(4) 严于律己。管理者首先要严格要求自己,以身作则,说话才有威力,下级人员才能尊敬他,开展工作才能顺利。

(5) 接受监督。管理者既意味着负责任,又意味着握有权力;掌权的人如果不受约束、监督,那就有走向腐败的可能。因此,管理者必须接受群众的监督。

四、管理者应该具有哪些技能

现代企业之间的竞争,一方面是产品和技术的竞争,另一方面也是管理之间的竞争。一个企业的成败,管理者的作用至关重要。那么,一个管理者应具备哪些基本技能呢?管理学者里基·W. 格里芬认为,管理者必须具备六方面技能,即技术技能、人际技能、概念技能、沟通技能、决策技能和时间管理技能。

1. 技术技能

技术技能是指管理者掌握与运用某一专业领域内的知识、技术和方法的能力。技术技能包括:专业知识、经验;技术、技巧;程序、方法、操作与工具运用熟练程度等。这些是管理者对相应专业领域进行有效管理所必备的技能。管理者虽不能完全做到内行、专家，但必须懂行，需要了解并初步掌握与其管理的专业相关的基本技能，否则很难与他所主管的组织内的专业技术人员进行有效的沟通，从而无法对所辖业务范围的各项工作进行具体的指导。不同层次的管理者，对于技术技能要求的程度是不同的，一线管理者对于技术技能的要求相对较高。

2. 人际技能

人际技能是指管理者处理人事关系的技能，即理解、激励他人并与他人共事的能力。它包括领导能力，但其内涵远比领导能力广泛，因为管理者除了领导下属外，还要与上级领导和同级同事打交道，还得学会说服上级领导，领会领导意图，学会与同事合作等。人际技能包括：观察人，理解人，掌握人的心理规律的能力；人际交往，融洽相处，与人沟通的能力；了解并满足下属需要，进行有效激励的能力；善于团结他人，增强向心力、凝聚力的能力等。在以人为本的今天，人际能力对于现代管理者，是一种极其重要的基本功。没有人际技能的管理者是不可能做好管理工作的。

3. 概念技能

概念技能或称构想技能，是指管理者观察、理解和处理各种全局性的复杂关系的抽象能力。概念技能包括：对复杂环境和管理问题的观察、分析能力；概念—推理能力；创造力；对全局性的、战略性的、长远性的重大问题处理与决断的能力；对突发性紧急处境的应变能力等。其核心是一种观察力和思维力。这种能力对于组织的战略决策和发展具有极为重要的意义，是组织高层管理者所必须具备的，也是最为重要的一种技能。要求管理者有较强的冒险精神与意识，要自恃与自信，要有情感稳定性。

4. 沟通技能

沟通技能是有效传达理念和信息，并使沟通对方接受相应的理念和信息的能力。管理者需要这些技能向下属传达理念，让他们了解自己的期望；向同僚和同事协调工作从而在一起更好地共同工作；向高层管理者通报工作进展的信息。此外，它还能帮助管理者倾听他人的言语，理解信件、报告和其他书面沟通工具背后的含义。

5. 决策技能

有效的管理者具备良好的决策技能。决策技能是管理者正确认识和定义问题与机会、选择合适的解决问题的方法和抓住机会的能力。没有哪个管理者会永远正确。然而，有效的管理者在绝大多数情况下作出好的决策，并且当他们真的作出决策之后，他们通常能够快速地认识到错误，然后作出正确决策，即以可能低的代价或损害补救。

6. 时间管理技能

有效的管理者通常须有良好的时间管理技能。管理者需要为工作分配优先次序、有效率地完成工作和适当授权的能力。管理者在同一时间常常面对不同的工作，管理者可能经常忙于不紧急的工作和可以由别人完成的工作，而忽视了紧急的、重要的工作。

1. 如何提高管理者的技能？
2. 如何防止"翅膀硬起来"的员工跳槽？

不同层次管理者对管理技能需要的差异性。上述6种技能，对任何管理者来说，都是应当具备的。但不同层次的管理者，由于所处位置、作用和职能不同，对6种技能的需要程度则明显不同。

基层管理人员主要需要的是技术技能、人际技能、沟通技能。基层管理人员面对的主要是一线员工，由于直接指挥实际工作，因此他必须对技术和工艺熟练精通，对下属工作了如指掌，这样才能有效地指挥和管理。试想一个车间主任对技术一窍不通，一个工程部经理对现场工艺一知半解，一个开发部经理在业务上缺乏权威，那么他将很难管好本部门。基层管理人员需要掌握的另一个技能是人际技能，协调和沟通是日常管理的一个重要内容。基层管理者需要充分施展自己的人际技能，开展协调和沟通工作，将日常工作中发生的一些小问题、小矛盾解决和消除在萌芽状态。这不仅有利于基层成员的团结和企业目标的实现，而且还可为中高层领导分忧解难。

中层管理人员需要掌握更多的人际技能、概念技能、决策技能和沟通技能。像分厂厂长、分公司经理、事业部总经理这样的中层管理者，一方面要领导、激励下属努力工作，另一方面还要同上级领导、同级同事以及各职能部门负责人打交道，同时还要联络企业外部的客户和单位以求得各方面力量的配合，这要求具备很强的人际技能。中层管理者还肩负着领导本部门发展，为总部或总公司实现销售额和利润的重任，因而还应具备一定的概念技能。在所从事的领域内，业务的取舍；如何把握市场机遇，规避风险；面对同行竞争，应制定什么对策；根据形势发展，制定本部门的中长期规划；这些都是摆在中层管理者面前需要利用概念技能和决策技能解决的问题。在决策过程中，中层管理者也需要充分运用沟通技能征求上下级、同级部门的意见。

对高层管理人员而言，特别需要具备很强的概念技能、决策技能和沟通技能。如果把一个企业比做一艘轮船的话，高层管理者应是这艘船的船长、大副、二副等，他们肩负着在市场经济的海洋中把握航向、规避暗礁、壮大自身、回报国家和社会的重任。因此，高层管理者的概念技能更多地发挥在整个企业使命和经营理念的建立，企业文化的建设，战略决策的制定，创新的实施和风险的承担上。可以说，概念技能和决策技能是管理技能发展的最高境界。同时，高层管理者也需要具备良好的沟通技能与公司的其他高管、下级部门负责人等人员进行关于公司战略、企业文化和决策等方面的沟通。

不管是对于哪个层次的管理者，时间管理技能都是应该具备的。因为对每个管理者来说，时间都是最宝贵的资源，如果按照重要性和紧迫性两个维度对管理者手头事务进行分类（如图 1-2 所示），每位管理者都应该将时间放在最重要最紧急的事务上。管理者应该时刻思考自己面临的最重要最近的事情是什么，然后一个个加以解决。随着时间的推移，组织的最重要和最紧急的事务处理得越多，越有利于组织未来的发展。这也是管理者的价值体现。

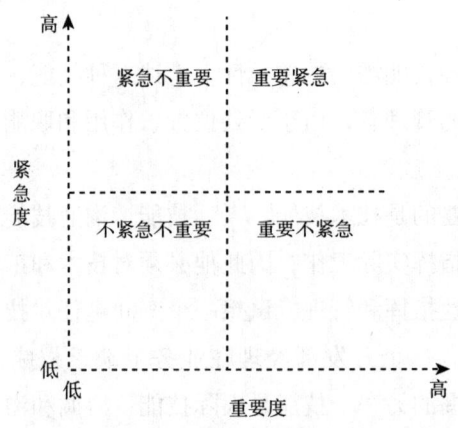

图 1-2 管理者基于时间管理的事务分类

第三节 管理的对象及方法

一、管理对象

管理者是管什么的？这是管理对象的问题。所谓管理对象，是管理者为实现管理目标，通过管理行为作用其上的客体。管理对象可以是各类组织或者系统，也可以是组织或者组织的构成要素。

1. 构成要素

从系统或组织的构成要素来看，管理对象主要包括：

（1）人员。人是管理对象中的核心要素，所有管理要素都是以人为中心存在和发挥作用的。人员作为管理对象，包括两层含义。一方面，从生产力角度看，人是作为劳动要素出现的。管理者通过合理运筹与组织，实现劳动者在数量上和质量上的最佳配置，提高劳动的效率和效益。另一方面，从生产关系的角度看，人又是管理者与被管理者。管理者要在人与人之间的互动关系中，通过科学的领导和有效的激励，最大限度地调动人的积极性，以保证目标的实现。管理人，是管理者最重要的职能。

（2）资金。资金是任何社会组织，特别是营利性经济组织极为重要的资源，是管理对象的关键性要素。要保证职能活动正常进行，经济、高效地实现组织目标，就必须对资金进行科学的管理。对资金筹措、资金运用、经济分析与经济核算等过程加强管理，以降低成本，提高效益，是管理者重要的经常性管理职能。

（3）物资设备。物资设备是社会组织开展职能活动，实现目标的物质条件与保证。通过科学的管理，充分发挥物资设备的作用，也是管理者的一项经常性工作。

（4）时间。时间是组织的一种流动形态的资源，也是重要的管理要素。管理者必须重视对时间的管理，真正树立"时间就是金钱"的意识，科学地运筹时间，提高工作的效率。

（5）信息。在信息社会的今天，信息已成为极为重要的管理对象。现代管理者，特别是高层管理者，已越来越多地不再直接接触事物本身，而是同事物的信息打交道。信息既是组织运行、实施管理的必要手段，又是一种能带来效益的资源。管理者必须高度重视，并科学地管理好信息。

2. 对象系统

从系统或者组织的角度看，管理的对象系统可以分成两类。

（1）第一类对象系统。第一类对象系统是指直接对象不包含人的系统，如炼油装置系统、武器系统、股票价格系统、财务数据系统。这一对象系统，又可以分为两个子系统：一是实物对象系统，如生产装置系统；二是信息对象系统，如股票价格、信息、知识等。对这两类子系统的管理，也存在较大差异。整个第一类系统，虽然不直接含有人，但可以明显地看到"人"的影子，其复杂性和演变规律，都明显地会受到"人"的影响。

（2）第二类对象系统。第二类对象系统是指直接对象包含人的系统，如企业、学校、医院、科室、班组等。

以上两类对象系统的特征与变化规律是不同的。其一，复杂性。不直接包含人的系统有时也非常复杂，但是一般而言，其复杂性要远远低于直接包含人的系统。例如，生产装置系统与营销系统的复杂性差异就非常大。营销系统必须研究客户的需求，而影响需求因素又非常复杂，比如，客户群体的收入水平、文化特征、生活习惯、消费时尚、舆论潮流等。而生产系统的变化，则要相对"单纯"一些。其二，不确定性的强弱程度。尽管在第一类系统的有些问题也有较大的不确定性，但总体而言，第一类系统的不确定性，要低于第二类系统。其三，演变的规律。第一类系统的演变更多地基于技术科学，第二类系统的演变更多地基于行为科学及其基础心理学。

用于两类对象系统的管理技法是不同的。用于第一类系统的管理方法，更多地基于数学工具，如运筹学方法、统计学方法。通过这些方法的应用，来寻求高效的管理方案。用于第二类系统的管理方法，更多地基于心理学方法和行为科学方法，如心理测评方法、对比实验方法、激励方法等。当然，要处理所获得的数据，也必须使用统计方法。

 思考

企业管理的对象与行政管理的对象相同吗？目标一致吗？

二、管理方法

管理方法，是指管理者为实现组织目标，组织和协调管理要素的工作方式、途径或手段。管理方法是实现目标的中介和桥梁，对于管理功效及目标实现，具有非常重要的意义。

按其作用的原理，管理方法可分为经济方法、行政方法、法律方法和社会心理学方法。

经济方法，是指依靠利益驱动，利用经济手段，通过调节和影响被管理者物质需要而促进管理目标实现的方法。经济方法的特点：其一，利益驱动性。被管理者是在经济利益的驱使下去采取管理者所预期的行为的。其二，普遍性。经济方法被整个社会所广泛采用，而且也是管理方法中最基本的方法。特别在经济管理领域，是最重要的管理方法。其三，持久性。作为经济管理的最基本方法，经济方法被长期采用，而且，只要科学运用，其作用也是持久的。但经济方法也有其局限性：可能产生明显的负面作用，即会使被管理者过分看重金钱，影响其工作主动性和创造性的发挥。经济方法的主要形式有：价格、税收、信贷、经济核算、利润、工资、奖金、罚款、定额管理、经营责任制等。

行政方法，是指依靠行政权威，借助行政手段，直接指挥和协调管理对象的方法。行政方法的特点：一是强制性。行政方法依靠行政权威强制被管理者执行。二是直接性。行政方法是采取直接干预的方式进行的，其作用明显、直接、迅速。三是垂直性。行政方法反映了明显的上下级行政隶属关系，是完全垂直领导的。四是无偿性。行政方法是通过行政命令方式进行的，不直接与报酬挂钩。行政方法的局限性是：由于强制干预，容易引起被管理者的心理抵抗；单纯依靠行政方法很难进行持久的有效管理。行政方法的主要形式有：命令、指示、计划、指挥、监督、检查、协调等。

法律方法，是指借助国家法规和组织制度，严格约束管理对象，为实现组织目标而工作的一种方法。法律方法的特点：一是高度强制性。法律方法凭借依靠国家权威制定的法律来进行强制性管理，其强制性大于行政方法。二是规范性。它是采用规范进行管理的一种形式，属于"法治"，而非"人治"，这增强了管理的规范性，限制了人的主观随意性。其局限性是对于特殊情况，有适用上的困难，缺乏灵活性。法律方法的主要形式有：国家的法律、法规；组织内部的规章制度；司法和仲裁等。

社会心理学方法，是指借助社会学和心理学原理，运用教育、激励、沟通等手段，通过满足管理对象社会心理需要的方式来调动其积极性的方法。社会心理学方法的特点：一是自觉自愿性。这是通过被管理者内心受激励，而使其自觉自愿去实现目标的方法，不带

有任何强制性。二是持久性。这种方法是建立在被管理者觉悟和自觉服从的基础上的，因此，其作用持久，没有负面影响。其局限性主要表现为对紧急情况难以适应，而且，单纯使用这一种方法常常无法达到目标。社会心理学方法的形式主要有：宣传教育、思想沟通、各种形式的激励等。

除此之外，管理方法还可按适用的普遍程度，分为一般管理方法和具体管理方法；按方法的定量化程度，分为定性管理方法和定量管理方法；按所运用技术的性质，分为管理的软方法（指主要靠管理者主观决断能力的方法）和硬方法（主要指靠计算机、数学模型等的数理方法）；按管理对象的范围，分为宏观管理方法、中观管理方法和微观管理方法；按方法所应用的社会领域，分为经济管理方法、政治管理方法、文化管理方法、军事管理方法等；按管理对象的类型，分为人事管理方法、物资管理方法、财物管理方法和信息管理方法等。

要提高管理方法的效能，就必须实现管理方法的现代化。第一，实现管理方法的科学化。企业要按照客观经济规律和生产技术规律的要求进行组织和管理，正确指挥，科学决策。第二，实现管理方法的最优化。管理方法尽可能实行量化，通过对多种方案的比较和优选，寻求最佳方案，取得尽可能高的经济效益。第三，管理方法的文明化。企业要搞文明生产，不但要有好的厂房和设备，还要有良好、优美的工作环境，职工要讲究文明礼貌和道德风尚，领导者要树立以人为本、尊重下级的思想，实现文明管理。第四，管理手段的现代化。要广泛采用计算机及各种信息、网络技术，努力实现管理和办公手段的现代化。

第四节　管理的过程

一、管理的职能

管理职能即指管理者所从事的职能活动。西方管理理论至今对管理职能的划分意见不一。最早系统提出管理职能的是法国的法约尔。他认为，管理的职能包括计划、组织、指挥、协调和控制，这就是所谓的"五职能说"。其中，他重点强调了计划职能的重要性，在他的论述中，组织职能是指为实现组织的既定目标提供一切所需条件的过程，包括组织结构的建立、职工的招募、评价、训练以及规章制度的建立等；指挥职能就是管理层对下属给予指导的过程；协调职能是指为使组织目标顺利实现，而协调组织一切工作的过程；控制职能是为了实现组织计划而对实际工作进行调整和控制的活动过程。

自从法约尔提出管理职能学说以后，沿着法约尔的研究框架，诸多学者对管理的职能进行广泛深入的研究。表1-1列举了西方管理理论中诸位学者对管理职能的划分。从

表1-1中可见，计划、组织、控制是被普遍公认的三种基本管理职能。

表1-1　　　　　　　　西方管理理论中关于管理职能划分的主要观点

年份	理论代表	计划	组织	指挥	协调	控制	激励	人事	调集资源	通信联系	决策	创新	领导人们的努力
1916	法约尔	√	√	√	√	√							
1934	戴维斯	√	√										
1937	古利克	√	√	√	√	√		√		√			
1947	布朗	√	√				√						
1949	厄威克	√	√			√							
1951	纽曼	√	√	√		√		√					
1953	特里	√	√	√		√							√
1954	控制手册	√	√	√		√							
1955	孔茨和唐奥奈	√	√			√		√					
1956	特里	√			√	√	√						
1958	麦克法兰	√	√	√									
1964	梅西	√	√			√	√				√		
1964	米	√	√			√	√				√	√	
1964	孔茨和唐奥奈	√	√	√				√					
1965	希克斯	√	√			√					√	√	
1970	海曼和斯科特	√	√			√							
1972	特里	√	√			√							
1979	梅西	√	√	√							√	√	
1982	唐纳利、吉布森、伊凡塞维奇	√	√										

从西方管理理论关于管理职能的划分中可以看出：管理职能的划分不存在固定的模式。综合前人的研究成果，我们认为管理应包含以下五大职能活动：

1. 计划

计划是指管理者为实现组织目标对工作所进行的筹划活动。计划一般包括：调查与预测、制定目标、选择活动方式等一系列工作。任何管理者都要执行计划职能，而且，要想将工作做好，无论大事小事都不可能缺少事先的筹划。

计划职能是管理者的首位职能，它对未来事件作出预测，以制订出行动方案。计划工作是为事物未来的发展规定方向和进程，重点要解决好两个基本问题：一是目标的确定问题。如果目标选择不对，计划再周密具体也枉费心机，这是计划的关键。二是进程的时序，即先做什么，后做什么，可以同时做什么，均不能错位，这是计划的准则。

在管理科学中，研究的是计划的动态过程，也就是说，要研究计划产生的过程，从而探索制订计划的一系列科学程序和方法，为管理提供科学的计划决策。管理的计划职能就是要选择组织的整体目标和各部门的目标，决定实现这种目标的行动方案，从而为管理活动提供基本依据。因此，计划职能是管理的首要职能，是从现在通向未来的桥梁。

2. 组织

组织是管理者为实现组织目标而建立与协调组织结构的工作过程。组织职能工作一般包括：设计与建立组织结构，合理分配职权与职责，选拔与配置人员，推进组织的协调与变革等。合理、高效的组织结构是实施管理、实现目标的组织保证。因此，不同层次、不同类型的管理者总是或多或少地承担不同性质的组织职能。组织一般有两个基本要求：一是按目标要求设置机构、明确岗位、配备人员、规定权限、赋予职责，并建立一个统一的组织系统；二是按实现目标的计划和进程，合理地组织人力、物力和财力，并保证它们在数量和质量上相互匹配，以取得最佳的经济和社会效益。

某电器公司扁平化组织提升总体生产力

某电器公司曾在1997年做过一次组织扁平化的改革。该公司当时进行组织改造主要基于两个原因：一是1996年家电产业受整体经济景气低迷及市场饱和的影响，公司运营获利大幅度降低，未来市场前景未卜；二是全球产业的趋势转向新兴的科技电子信息市场发展，高度成熟的家电业备感压力。为了抛开企业包袱，提高公司形象及经营绩效，公司设立了革新小组，对部门进行了调整和组织扁平化。原公司人事架构共有9级，任务分派不清，许多人的工作是重复的。扁平化之后，削减了20%经理级以上的主管人员，把原来9级缩减为3个层级，在扁平化的组织框架下，公司初步分为营业本部、电子事业部和家电事业部。事业部之下设战斗体，事业部设有总经理1名，各战斗体之下设经理和专员。这样一来，削减了中间主管，缩短了决策过程，下级直接对董事长和总经理负责，从而提高了总体的生产力。

资料来源：罗珊. 组织行为学 [M]. 上海：格致出版社，上海人民出版社，2010。

---

3. 领导

领导是指管理者指挥、激励下级，以有效实现组织目标的行为。领导职能工作一般包括：选择正确的领导方式；运用权威，实施指挥；激励下级，调动其积极性；以及进行有效沟通等。凡是有下级的管理者都要履行领导职能，不同层次、类型的管理者领导职能的内容及侧重点各不相同。领导职能是管理过程中最经常、最关键的职能。

杰克·韦尔奇的领导才能

杰克·韦尔奇被誉为全美头号经理。自1981年他接任通用电气公司（GE）第8任总裁以来到1998年，GE公司各项主要指标皆保持着两位数的增长。在此期间，GE公司的年收益从250亿美元增长到1005亿美元，净利润从15亿美元上升为93亿美元，而员工则从40万人削减至30万人。到1998年底，GE公司的市场价值超过了2800亿美元，已连续多年名列"Fortune 500"前列。如此赫赫业绩，使通用电气在《财富》杂志第三届"全球最受推崇的公司"的评选中再次名列榜首，并且比位居第二的微软公司得票率高50%。18年来，尽管其他许多公司在严峻的全球经济中像多米诺骨牌一样纷纷倒台，可是韦尔奇始终领导着通用电气公司，并创造了收入和收益的一个又一个奇迹。作为一家拥有约3000亿美元财产、销售额高达1000多亿美元、30万员工分布在全球100多个国家的企业王国的最高主管，韦尔奇无疑是一位卓越的领导者。

资料来源：http://www.sohu.com/a/278180522_99942188。

4. 控制

所谓控制就是监视各项活动以保证它们按计划进行并纠正各种重要偏差的过程。控制是按照既定的目标、计划和标准，对组织活动各方面的实际情况进行检查和考察，发现差距，分析原因，采取措施，予以纠正，使工作能按原计划进行。控制与计划密不可分。计划是控制的前提，为控制提供目标和标准，没有计划就不存在控制；控制是实现计划的手段，没有控制工作，事先拟订的计划是不会自动实现的。控制活动为计划的实现提供保证。但是，控制比计划更重要，控制是管理的内涵，计划还是管理的外延。控制必须具备三个基本条件：一是有明确的执行标准，如数量、定额、指标、规章制度、政策等；二是及时获得发生偏差的信息，如报表、简报、原始记录、口头汇报等；三是纠正偏差的有效措施。缺少任何一个条件，管理活动便会失去控制。

美的集团的成本控制

美的公司成立于1968年，是一家领先的消费电器、暖通空调、机器人及工业自动化系统的科技企业集团，提供多元化的产品和服务。2016年，美的实现营业总收入约1598亿元，同比增长15%，净利润约159亿元。美的集团的模式就是以"成本领先"为导向的内部资源整合。在互联网行业的冲击下，传统制造业步步维艰，尤其在家电行业，轮番的价格战已经让很多不具备规模和实力的品牌退出了竞争。作为世界空调产业巨头之一的美的，"总成本领先"一直是美的在竞争中不断壮大的核心战略，美的的优势就在于坚持"总成本领先"的战略轨迹，不断平衡行业发展与自身发展之间的关系。从规模到技术，从品牌营销到市场布局的战略战术，形成持续的"总成本领先"优势。正因为如此，美的集团成功进入福布斯全球企业500强，在2015年《财富》中国500强榜单中，美的排名第32位，位居家电行业第一。其营业成本在国内行业中都处于领先优势，此外，美的集团的用人理念和人力资源实践在劳动力市场已经形成了良好的雇主品牌，美的实施成本效率战略，需要相匹配的员工行为和素质要求。成本控制不只是制造环节中原材料的节省，而且是企业内部各个环节对制造成本的管控，这需要每个部门每个员工时刻负起责任。美的的成本控制战略主要围绕以下三方面的人力资源实践进行：①提高员工能力的招聘和培训；②提升员工动机的绩效考核、薪酬激励以及竞争性的末位淘汰制度；③提供员工机会的层级优化、分权机制和人才选拔机制。

资料来源：刘善仕，刘学. 基于成本控制的人力资源管理研究：以美的集团为例［M］. 中国人力资源开发，2017（6）。

5. 创新

熊彼特（1912）认为，创新就是对生产要素的重新组合，企业家的职能就是创新。德鲁克也认为，企业的唯一职能是创造客户（价值）以及创新。寻找创新机会、管理创新过程，是每一位有成就的企业家和管理者的核心工作。创新是企业获得持续发展的最重要的动力和企业利润的源泉。创新大体有三种主要类型：技术创新、管理创新和制度创新。

技术创新是指把一种新产品、新工艺或新服务引入市场，实现它商业价值的过程；管理创新是指把一种新思想、新方法、新手段或新的组织形式引入企业或者国家的管理中，并取得相应效果的过程；制度创新是指将一种新关系、新体制或者新机制引入人类的社会和经济活动中，并且推动社会和经济发展的过程。而这三种创新中，核心是技术创新，技术创新可以为企业创造利润，管理创新和制度创新都应服从或服务于技术创新。

"请不要给我物本身"

有人说过这样一段话："请不要给我服装，给我有吸引力的外表；请不要给我鞋，要使我的脚舒服和乐于行走；请不要给我一座房子，给我一个安全、舒适、清洁和愉快的空间；请不要给我一本书，给我一段愉快和锻炼头脑的时间；请不要给我录音带，给我一段轻松美妙的音乐；请不要给我化妆品，给我美丽动人的形象；请不要给我物，给我主意、激情和益处。"它恰好说明了我们在研究顾客时要把握好顾客需求的本质，从而使创新的思路更加开阔，创新的成果对顾客具有更高的价值。

资料来源：丁波. 管理学［M］. 北京：科学出版社，2013.

管理的上述职能是相互关联、不可分割的一个整体。通过计划职能,明确组织的目标与方向;通过组织职能,建立实现目标的手段;通过指挥协调职能,把个人的工作与所要达到的集体目标协调一致;通过控制职能,检查计划的实施情况,保证计划的实现。管理职能的综合运用,归根结底是为了实现组织的目标。

1. 请举例说明管理的五大职能之间的关系。
2. 如何理解计划职能是管理的首要职能?

二、管理工作的基本思路

管理工作包含了五项基本职能,即计划、组织、领导、控制和创新,由此可以概括出管理工作的基本思路,如图1-3所示。

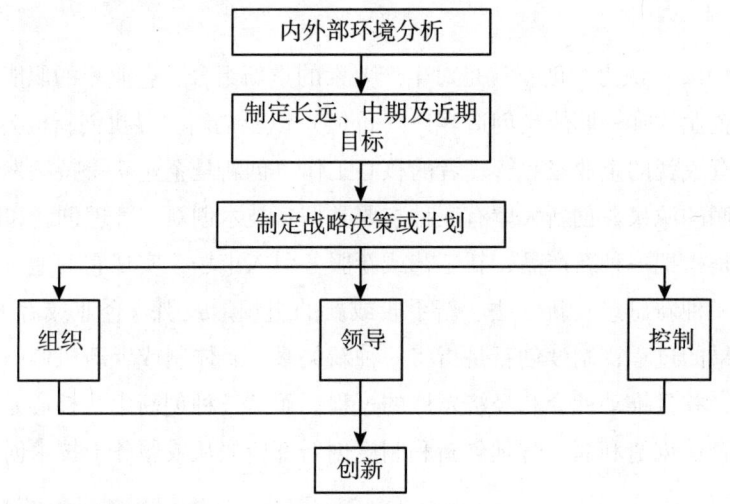

图1-3 管理工作的基本思路

管理者的基本工作思路可以归纳如下:

第一,管理者需要为组织设定目标和制订计划。他要根据内外部环境条件来决定目标是什么,还应该分别就每一目标,决定其应达到的水平。他应该确定为了达成目标,必须做些什么;还应该将他确定的目标明白地告知有关人员,这样才能使目标有效。

第二,管理者必须会组织。他应该分析各项必需的业务,分析各项必要的决策,以及业务与决策之间的关联。他必须将各项工作一一归类,然后把归类后的工作,分解为各种可以控制和管理的业务项目,从而将业务项目分化成可以控制和管理的职位。在此之后,他还必须将这些职位编组成单位,从而确立一种组织结构。最后,他得为每一个职位和每一个单位选定适当的负责人；并做好组织文化建设及组织整合工作。

第三，管理者必须做好领导。首先，管理者需要给予员工激励，并懂得交流。这样，他才能组成一个各司其职的团队。其次，对员工必须进行测评。他必须建立各种测评的标尺——在影响组织绩效及影响组织中人员绩效的各项因素中，恐怕没有任何因素比测评的标尺更为重要的了。最后，管理者还必须重视培养人才，也包括对自己的培训。

第四，管理者须做好组织监控。为实现组织目标，除要做好组织、领导工作，还须对组织人员、财务活动、作业活动、组织环境以及组织绩效进行监控。在某种程度上，监控对于组织目标实现的保障作用比计划更重要。监控按照时机和目的区分为事先控制、事中控制和事后控制。

第五，管理者还应努力进行创新。组织绩效目标是管理者主要关注的内容。以上所述目标、组织、领导和控制等，都是实现组织目标的常规管理工作。管理者在采用传统的管理手段和方法无法实现组织目标时，也须努力通过创新管理实现组织目标。

三、组织管理水平高低如何衡量

效益是管理的永恒主题。任何组织的管理都是为了获得某种效益。彼得·德鲁克在其《管理实践》中写道，"管理人员在作出每一个决定、采取每一个行动时，都必须永远把经济绩效摆在第一位。"效益取决于资源使用效率和效果。要使组织富有效益（包括经济效益和社会效益），就必须提升组织资源的使用效率和使用效果。效益的高低直接影响着组织的生存和发展，组织的效率和经济、社会效益高低就是衡量管理水平高低的标准。那么什么是效率、效果与效益呢？三者有什么关系呢？

效率的含义是随着生产力的发展而发展的。最初的效率概念就是传统意义上的劳动生产率的意思，因为在劳动力作为主要生产力的时候，劳动生产率基本上决定了整体的生产力。随着工业革命的深入，生产者的体力劳动逐步被机器设备所代替，要购买机器设备就需要大量的资金，因此，资金也被作为生产力因素之一来看待。当资金被作为生产力因素之后，人们逐渐开始把资金的投入和产出的大小作为企业效率高低的标志。效率的含义也有了扩展。

效率是指特定的系统在单位时间内的投入与所取得的产出之间的比率。

投入或成本从一般意义上来说就是利用一定的技术生产一定产品或提供一定服务所需要的资源，既包括物质资源，又包括人力资源；既包括有形资源，又包括无形资源。例如人力资源的投入、资金的投入、设备台时的投入、物料的投入、时间的投入等都属于资源的投入。产出是指人们利用一定的技术、一定的资源生产出来的物品或服务，既包括有形产品，又包括无形产品。这种产出可能是符合市场需求的产出，也可能是与市场需求和社会公众期望不符的产出。如果是符合市场需求和社会公众期望的有益产出，那么产出效率越高,则组织的效益越好。反之,则即使效率再高也是无效产出,并不会带来明显的经济效益和社会效益。

如果用公式来表达效率的概念,则:

$$效率 = 产出/投入$$

从该公式不难看出,提高效率有五个途径:
(1) 产出增加,投入减少。
(2) 产出大幅提高,投入少量增加。
(3) 产出适当减少,投入大量减少。
(4) 产出不变,投入减少。
(5) 产出增加,投入不变。

效果,是一项活动的成效与结果,是人们通过某种行为、力量、方式或因素而产生的合乎目的性的结果。企业生产的产品虽然质量合格,但它不符合市场需要,在市场上卖不出去积压在仓库里,最后甚至会变成废弃物资。这些产品的生产活动就是没有效果的,因为它既不符合企业的目标,也不符合市场需求。例如,实达电脑在1999年上的VCD项目,其产品本身是没有问题的,但是由于它所生产的是即将面临市场淘汰的产品,因此,这项投资活动是没有效果的。也就是说它的战略是错误的。一项决策的效果好坏取决于公司战略是否正确。

效益是指某一特定系统运转后所产生的实际效果和利益。效益是有效产出与其投入之间的一种比例关系,可从社会和经济效益两个不同角度去考察。两者既有联系又有区别。效益与效果和效率是既相互区别又相互联系的概念。

效益和效果、效率之间的关系是:

$$效益 = 效果 \times 效率$$

这个公式说明,若要提高效益就要用高水平的管理方法和机制去努力提高组织资源的产出效果和效率。只有想方设法提高组织资源的使用效率和效果才能提高组织的效益,这就是我们平时所说的管理的含义。管理就是用正确的方法(目的是为了提高效率)去做正确的事(目的是为了使得资源投入能够获得有用的效果)。比如,要投资符合国家政策、符合市场需求的项目,要投资能够给企业带来收入的项目,否则投资越多只能是亏损越多。这就要求企业的战略首先要正确。其次,企业在选择一个好项目后,要采取恰当的方式将项目运作好,比如在实现一定的销售收入和利润目标的前提下,尽可能节约各种资源(人力资源、财力资源、物力资源)的投入。这就要求企业有高水平的管理团队、先进的管理模式、管理方法、一流的员工队伍。

1. 效率高就一定效益好吗？
2. 有企业领导说，我是一个商人，只要赚钱什么都可以做。你认为这个观点正确吗？

四、管理是科学还是艺术

全世界的企业管理者大部分都不是学管理出身的，尤其是那些如雷贯耳的优秀管理者，韦尔奇、比尔·盖茨、新乡重夫竟没有一个有管理学位。反观那些从事科学职业的人，比如：医生、工程师、药剂师等，不受专业教育则不能从事相应职业。因此，如果医生、工程师、药剂师们所从事的专业是科学，管理就应该是不同于科学的东西。管理需不需要学习，为什么没学过管理的人也能将公司管理得很好？管理是科学还是艺术？这是一个争论已久的话题了。我们认为，管理既是一门科学，也是一门艺术。

所谓科学是指反映自然、社会、思维等客观规律的分科知识体系。管理作为科学，就是指人们发现、探索、总结和遵循客观规律，在逻辑的基础上，建立系统化的理论体系，并在管理实践中应用管理原理与原则，使管理成为在理论指导下的规范化的理性行为。如果不承认管理的科学性，不按规律办事，违反管理的原理与原则，随心所欲地进行管理，必然受到规律的惩罚，导致管理的失败。例如，在设计组织结构时不能违背一定的原则，如劳动分工，管理幅度和层次恰当，统一指挥和统一领导，责、权、利须对等一致等原则。在分配一定的机器和人力资源生产固定的两种产品时，可以通过建立线性规划模型来求解最优解。例如在进行项目投资决策时我们常使用净现值（NPV）和现值指数（PI）来对项目进行评价。这说明管理是有规律可循的。管理的科学性，表现在它是以反映管理客观规律的管理理论和方法为指导的，具有一套分析问题、解决问题的科学方法论等方面。

艺术通常指形状独特而美观的样子。漫画、喜剧小品等就是艺术。管理虽然可以遵循一定的原理或规范办事，但它绝不是"按图索骥"的照章操作行为。管理需要运用富有创造性的方式、方法达到管理的目标。管理需要创造性，不能机械照搬，即管理是一门艺术。管理者在实际工作中，面对千变万化的管理对象，因人、因事、因时、因地制宜，灵活多变地、创造性地运用管理技术与方法，解决实际问题，从而在实践与经验的基础上，创造了管理的艺术与技巧。这就是所谓管理是艺术的含义。

从上述分析可知，管理既是科学，又是艺术，管理是科学与艺术的结合。

微笑的力量

美国著名企业家吉姆·丹尼尔在企业濒临破产时不轻言放弃，他总是微笑着穿梭于各个车间，进行自己的管理。他把"一张笑脸"作为公司的标志，公司的厂徽、信笺、信封上都印上了一个乐呵呵的笑脸。员工们渐渐被他感染，每个人也都以微笑相待，重拾信心。结果，公司在几乎没有增加投资的情况下，生产效益提高了80%，靠一张"笑脸"神奇般地挽救了奄奄一息的企业。2004年8月雅典奥运会女排决赛，中国队以0∶2落后于俄罗斯队，这时的主教练陈忠和依然从容不迫，稳定执着，面带着极具魅力的微笑。姑娘们感受到了一种鼓舞人心的力量，奋起直追，终以一种豪气盖天的自信连扳三局，实现了惊天大逆转。

资料来源：梁伟. 校长的微笑管理法［J］. 教书育人（校长参考），2005（9）。

1. 请各举一个管理科学性和艺术性的例子。
2. 怎样解释许多民营企业家虽未经过管理专业课程的学习和管理技能训练，也能够造就一个大企业，成为卓越的企业领导者的现象？管理不需要学习吗？

第五节 管理学的研究对象与特点

一、管理学的研究对象

管理学作为一门独立的学科，研究的客体是人类社会的管理领域及其管理活动，研究的重点是管理领域中的特殊矛盾。因此，管理学是一门研究管理活动中基本管理关系、管理规律及一般方法的科学。掌握管理学研究的对象与方法，是我们学习管理学并领会其内容的关键之一。

（1）管理活动中的基本关系。包括管理主体与管理客体的关系、管理的隶属关系、管理的协作关系、管理中人与人的关系、管理中人与物的关系、管理中物与物的关系等。在管理活动中，正确处理这些关系，就能发挥各方面的积极性，从而提高管理效能。

（2）管理规律。有三种：管理系统整体规律、管理过程控制规律、管理的人员激励规律。在管理活动中要不断掌握这些规律，并善于运用到管理活动中去，才能提高管理效能。

（3）管理方法。管理方法是指人们在管理活动中，为达到既定的目标而采取的管理方式、程序和手段的总和。

（4）管理者。

（5）管理的历史。

二、管理学的特点

管理学是介于自然科学与社会科学之间的一门新兴学科，它具有"软科学"的性质。其具体特点包括：

（1）综合性。管理学是在社会科学、自然科学、技术科学和新兴科学（系统论、信息论、控制论、运筹学等）的交叉区域上建立起来的一门综合性学科。

（2）历史性。现代管理学是在继承、总结和发展前人管理经验与管理理论的基础上发展起来的。同时，管理理论将随着时代发展而不断地丰富、更新、完善。

（3）应用性。管理学是一门实践性很强的应用科学。管理的理论和方法是来自管理实践的科学总结，同时回到实践中去经受实践的检验，检验正确后再对管理实践进行指导。

（4）社会性。管理的社会性是由管理的二重性决定的。管理总是与一定的社会制度相联系，总是受一定的生产关系所制约，总要反映、体现统治阶级的意志，维护其经济利益。

三、管理学的研究方法

（1）实证研究法。实证研究法有广义与狭义之分。广义的实证研究法泛指所有经验型的研究方法，它包括：观察法、案例法等实地研究法；访谈法、问卷法等调查研究法；以及以数量分析技术为基础，采用数理统计和计量经济技术作为技术手段的统计分析法等。而狭义的实证研究法仅指统计分析法一项，这种研究法技术方法固定，研究程序明确，是实证研究法中研究技术比较成熟，技术含量比较高的研究形式。迄今为止，狭义的实证研究方法已经成为科学研究中的一种专门方法。

（2）案例研究法。有研究者指出，案例研究法在社会科学研究领域应用的源头大约可以追溯到20世纪初期人类学和社会学的研究，例如，英国人类学家马林诺斯基对太平洋上特洛布里安岛（Trobriand）原住民文化的研究，就是案例研究的先驱。马林诺斯基之后，案例研究法逐步发展成为一套规范的研究体系，出现了许多有重大影响的研究成果。例如，美国社会学家威廉·怀特（William F. Whyte）的《街角社会》，美国芝加哥大学社会学家托马斯（Thomas）和波兰社会学家兹纳涅茨基（Znaniecki）的《身处欧美的波兰农民》，以及我国著名社会学家费孝通的《江村经济：中国农民的生活》等，都被认为是案例研究的典范。

西格尔考（Siggelkow）最初在企业行为方面有"企业通过何种行为来开发国内市场"这样一个研究课题，为了解决这个问题，他采用先锋公司为案例，进行深入的调查研究。然而，在调研过程中，西格尔考惊喜地发现，先锋公司不仅在企业行为方面存在着典型的问题及现象，在诸如企业资源和组织结构等其他方面也很有特色，很有建树，这给研究者很大的启发。他将在案例研究中得到的新发现作为自己又一项研究课题，并通过实证研究得到圆满的解决，最终形成"Evolution toward fit"一文，发表在2002年的《管理科学季刊》（*Administrative Science Quarterly*）上，讨论了企业的资源和组织结构如何随着企业发展的不同阶段而变化的问题。

在目前的学术研究中，学者们更倾向于使用实证研究方法。根据中国知网的数据仅在中国期刊全文数据库中，在经济与管理目录下，1999～2019年5月，以"案例研究"为关键词，共发表了10000多篇文章，而以"实证研究"为关键词可搜索到的文章近11000篇。

（3）系统分析法。从20世纪60年代中期开始，一种认为组织应当按照系统框架来分析的思路获得很多人的赞同。现代社会任何一个组织的结构、功能及其活动都呈现其特有的系统性，例如汽车、动物以及人体都是系统，生理学家用系统观点来解释动物是怎样通过获取输入和产出输出来保持一种平衡状态的。图1-4表示了一种开放系统的组织。

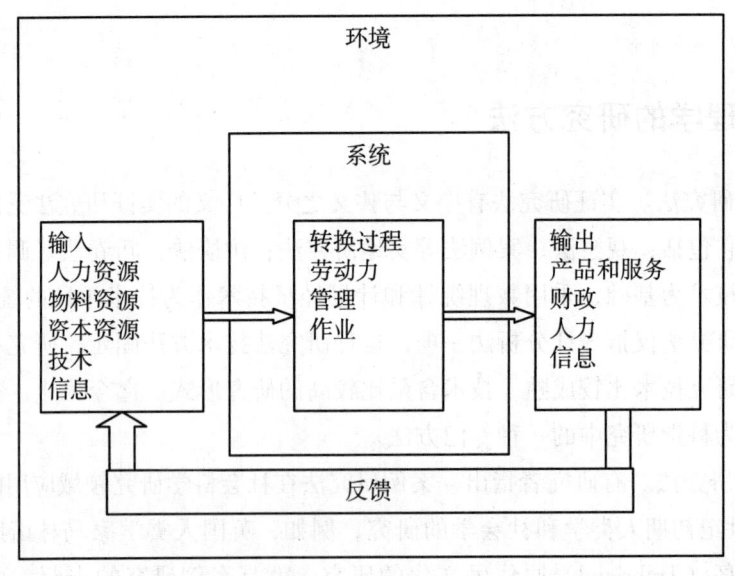

图1-4　系统分析方法

资料来源：斯蒂芬·P. 罗宾斯. 管理学 [M]. 4版. 黄卫伟，等译. 北京：中国人民大学出版社，1997.

系统分析方法是从整体出发，通过部分与整体的联系，来揭示系统的运动规律。例如，在进行投资决策时，我们通常需要进行系统思维，全盘考虑此项目所能产生的经济效益和社会效益,不能仅仅考虑其资源投入是否有保障,能否低成本获得资源,企业的生产能力,企业产品的销售以及所能实现的经济效益,而且也须对其社会效益如环保、社会就业等进行评价。泰勒认为其科学管理原理不是简单的一系列管理方法的堆砌,而是一套系统的管理理论和方法。

(4) 比较研究法。比较管理学是20世纪60年代以后发展起来的一个管理学分支。它是学者们对各国企业管理的实践经验和理论模式进行比较研究的成果。它研究不同国家(和地区)"管理现象"的异同点、模式及其效果,并且研究这些管理现象与文化地域环境因素的关系,进而探讨管理经验和管理模式的可移植性,以达到"博采众长,为我所用"的目的。这里所说的"管理现象"有着广泛的含义,既可以指管理体制、管理制度、管理规章和惯例,又可以指管理过程、管理哲学、管理行为和管理效率等。有比较,才能有鉴别、有取舍。比较的方法是对彼此有某种联系的事物加以对照,确定对象之间的差异点和共同点的方法。

(5) 数学方法。它是运用数学理论、技术对所研究的管理客体进行定量分析,并以数学的形式揭示其内在联系和运动规律的方法。

四、本书的结构和主要内容

本书的结构主要是围绕管理职能而展开的,全书共分为十章,它们分别是:

1. 认识管理

第一章主要介绍了组织的基本概念及要素,管理的基本概念和特点,以及二者关系,重点阐述了管理者的类型、角色及其素质,管理的对象及方法,管理职能及管理工作的基本思路等。

2. 管理思想和理论的演变

第二章主要系统阐述了西方早期、古典、行为科学管理理论、现代管理理论、后现代管理理论、战略管理理论;并对中国古代、近代以及现代的管理思想进行介绍。

3. 管理环境

第三章主要介绍了管理环境定义、类型、特点、环境与组织目标的关系,并对内、外部环境要素、指标及其对组织目标的影响、环境分析方法、环境调研与预测等进行系统的阐述。

4. 决策

第四章主要介绍了决策的定义及特点、条件、类型以及过程和影响因素,分析了决策的原则,详细阐述了战略决策的影响因素、总体战略决策的方法和确定性、风险性、不确定性决策问题的决策方法。

5. 计划

第五章主要介绍了计划的基本概念,计划的基本表现形式即宗旨、目标、战略、政策、战术、程序、规则、规划、预算，计划的类型及其内容，一般的计划编制的方法和网络计划技术。

6. 组织

第六章主要介绍组织概念、组织类型（如企业、政府、事业单位、公益性组织及各类社会团体等）及其目标、组织的要素、组织工作的目的和内容，并对组织结构设计须解决的五个问题、组织结构形式的选择和人员配备等内容进行了详细的分析和论述。

7. 组织文化与企业伦理

第七章主要介绍了组织文化的概念及特征、组织文化与传统文化的关系、结构与内容、优秀组织文化的类型划分、组织文化的作用、组织文化的诊断与分析、组织文化的建设、中国企业文化的特点分析，并基于目前社会背景分析了管理道德改善的必要性和途径，最后探讨了企业的社会责任问题。

8. 领导

第八章介绍了领导概念及其与管理的关系、领导的作用、领导及有效领导集体的条件，重点阐述了激励的作用、激励机制及激励过程模式、过程型激励理论、内容型激励理论、改造型激励理论、激励的方法、管理沟通的重要意义、管理沟通的类型、过程以及管理沟通的障碍及克服。

9. 控制

第九章介绍了控制的概念、控制与计划的关系、控制的必要性、有效控制系统的特点、控制过程，即明确控制对象，建立控制标准衡量实际工作，获取偏差信息，分析偏差原因并采取纠偏措施；同时还阐述了控制的方式和方法。

10. 企业创新

第十章介绍了创新概念、特点及类型，国家、企业及个人创新的必要性；重点论述了技术创新的概念及特点，技术创新的内容，技术创新与其他创新的关系，技术创新的过程、模式、中小企业创新面临的问题及解决对策建议等；最后分析了制度创新的含义、内容、意义、实施方法，以及组织创新的内容、原则和依据等。

本章小结

- 管理是为实现组织目标而对组织资源进行合理配置的综合性活动，具有四个基本特性：目的性、有效性、他人性和多样性。
- 效益是管理的永恒主题。任何组织的管理都是为了获得某种效益。效益的高低直接影响着组织的生存和发展，组织的效率和效益高低就是衡量管理水平的标准。组织高效率和高效益反映的是高水平的管理。
- 管理既有科学性，又有艺术性。
- 管理具有五项基本职能：计划、组织、领导、控制和创新。

● 管理者扮演着三大类角色。人际关系角色：挂名首脑、领导者、联络人；信息传递角色：监控者、传播者、发言人；决策角色：创业者、危机处理者、资源分配者、谈判代表。

● 里基·W. 格里芬认为，管理者必须具备六方面技能，即技术技能、人际技能、概念技能、沟通技能、决策技能和时间管理技能。

● 管理对象是管理者为实现管理目标，通过管理行为作用其上的客体。被管理的对象可以分成两类。第一类对象系统是直接对象不包含人的系统，如炼油装置系统、武器系统、股票价格系统、财务数据系统；第二类对象系统是直接对象包含人的系统，如企业、学校、医院、科室、班组等。

● 管理方法是指管理者为实现组织目标，组织和协调管理要素的工作方式、途径或手段。按作用的原理，可分为经济方法、行政方法、法律方法和社会心理学方法。

● 管理工作的基本思路：根据内外部环境条件制定组织目标、做好计划、组织、领导、控制和创新，以实现组织的目标。

【复习与思考】

1. 什么是管理？管理是如何产生的？
2. 如何理解管理是科学与艺术的统一？
3. 管理者有哪些职责？应具备哪些素质和技能？
4. 你认为应该如何提高管理者的素质和技能？
5. 管理者在扮演哪些不同的角色，管理者的角色具有普遍性吗？
6. 不同层级的管理者技能有何不同？
7. 简述管理学研究和学习的方法。

【案例分析】

李叶和王斌是大学同学，学的都是管理科学与工程专业。毕业后，李叶去了深圳一家有名的外资企业从事管理工作，而王斌却被学校免试推荐为该校的硕士研究生。一晃三年过去了，王斌又以优异的成绩考入北京某名牌大学攻读管理科学与工程的博士学位。李叶在当上部门经理后也来到该校参加 MBA 培训。王斌在办理报到手续时与李叶不期而遇。老同学相见自然免不了要促膝长谈，因此两人约定：晚上来个一醉方休。两人在酒足饭饱之余闲聊起来，由于两人志趣相同，一会儿，他们就关于"什么是管理"的话题聊开了。

王斌非常谦虚地问："李兄，我虽然读了许多有关管理方面的著作，但对于什么是管理我还是心存疑虑，管理学家西蒙说'管理就是决策'，有的管理学家却说'管理是协调他人的活动'，如此等等，真是公说公有理，婆说婆有理。你是从事管理工作的，那你认为到底什么是管理？"李叶略为思索了一会儿，说道："你读的书比我多，思考问题也比我深。对于什么是管理，过去我从来没有认真去想过，不过从我工作的经验看来，管理其实就是管人，人管好了，什么都好。"

"那么依你看,善于交际的、会拍'马屁'的人就是最好的管理者了?"王斌追问道。

"那也不能这么说,"李叶忙回答说,"虽然管人非常重要,但管理也不仅仅是管人,正如你所说的,管理者还必须做决策、组织和协调各部门的工作。"

"你说得对,管理不仅要管人,还有做计划、定目标、选人才、做决策、组织实施和控制等活动,这就是管理啦?"王斌继续发表自己的见解。

"可以这么说,我们搞管理的差不多啥都得做,今天开会,明天制订规则,后天拟订方案等,所以说,搞好管理可真不容易。"李叶深有感触地说。

"那你怎么解释'管理就是通过其他人来完成工作',难道在现实中这种说法本身就是虚假的吗?"王斌显得有点激动地说。

李叶想了一会儿才回答道:"我个人认为,'管理就是通过其他人来完成工作'这句话有失偏颇,管理的确要协调和控制其他人的活动,使之符合企业制定的目标和发展方向,但管理者绝不是我们有些人所理解的单纯的发号施令者,其实管理者的工作量非常大,在很多方面,他们还必须起到带头和表率的作用。"

"我同意你的观点,管理者不是发号施令者,管理也并不就是叫别人帮你做事。管理者是'舵手',是'领航员',他必须带领其他人一起为组织目标的实现而奋斗。不过在咱们中国,听说在一些国有企业,只要你能吃、能喝、会拍'马屁',你就是一个好管理者,就会受到上级的器重,对此你有何高见?""在咱们中国,的确存在着相当普遍的官僚主义、拉关系的现象,这恐怕是我们的传统体制留下的弊端。但这不是说管理就是陪人吃饭、喝酒、拍领导'马屁'。在外资企业,这种现象几乎不存在,只要你有本事,能干出成绩,用不着你去拍马屁送礼,上级也一样器重你,你就能获得提拔,得到加薪。因此,从某种意义上来说,管理就是管理者带领组织成员一起去实现组织的目标。"

"可是……"

夜深了,可李叶和王斌好像并没有丝毫的睡意,两人还在围绕着关于"什么是管理"的话题继续探讨着。

资料来源:http://www.doc88.com/p-771875280558.html。

思考题:
1. 管理就是做领导吗?
2. 管理者应承担哪些角色?

【技能拓展】

1. 分组就班级的管理现状进行讨论,列出班级管理的优缺点。
2. 组织参观某一企业,围绕管理的基本内容访问相关管理人员,并做好记录。

第二章 管理思想和理论的演变

导入案例

准时制和标准化生产

一百多年以来,管理人员应用不同的管理哲学,使汽车的生产方式发生了巨大的变化。

在1900年以前,工人组成生产小组相互协作,把各种零部件用手工的方式组装成汽车。这种小批量生产是非常昂贵的:组装一辆汽车需要花费大量的时间和精力;工人们一天只能够生产很少量的汽车。为了降低成本、提高销量,早期汽车厂的管理者需要具有较高的提高生产效率的技能。

1913年,亨利·福特(Henry Ford)使整个汽车行业发生了革命性的变化。他在底特律开办了"高地公园汽车厂",生产T型车。福特与他的生产管理团队开创了大批量生产系统,使得小批量生产系统在一夜之间变得陈旧过时。在大批量生产系统下,传送带将汽车传送到工人面前,流水线旁的每个工人负责完成一项特定的工作任务。

通用汽车公司和克莱斯勒公司的CEO——艾尔弗雷德·斯隆(Alfred Sloan)、沃尔特·克莱斯勒(Walter Chrysler)没有简单地模仿福特的方法,而是采取了一种新的战略:为消费者提供一个范围广泛的选择空间。

汽车生产的第二次革命发生在日本,而不是美国。20世纪60年代,大野耐———一位丰田汽车公司的生产工程师——在参观了美国三家汽车生产厂家后,开创了准时制生产(just-in-time)方式,成为管理思想的一大变革。

准时制生产背后的管理哲学,是通过在生产过程中连续地寻找、发现能够提高效率的方法来降低成本、提高质量、减少汽车装配时间。到20世纪70年代,日本管理者已成功高效地应用了这种新的生产系统,与美国竞争对手相比,他们生产的汽车质量更高、成本更低。到20世纪80年代,日本汽车企业已称雄世界汽车市场。

为了与日本同行竞争,美国三大汽车公司的管理者访问了日本以学习准时制生产方法。福特公司和克莱斯勒公司成为学习应用这一新的生产哲学以提高质量、降低成本最为成功的。事实上,到1995年,它们的生产成本已经与日本汽车企业基本持平。尤其是福特公司,还极大地提高了其汽车质量。但是,尽管采用准时制和标准化的生产体系取得了进步,美国企业在质量方面还是不能与丰田汽车公司相比,仍然需要借用新的管理理论研究成果推动企业质量水平的提升。

资料来源:https://wenku.baidu.com/view/4b27056076c66137ef061941.html,有删改。

【知识要求】

通过本章的学习，使学生了解古典管理理论中科学管理理论、一般管理理论、行政组织理论；行为科学理论中的人际关系理论、个体行为理论、团体行为理论、组织行为理论；现代管理理论的 11 大学派的主要内容；当代管理理论中的战略管理、企业再造、公司治理、业务流程重组等理论包含的内容。要求掌握各主流管理学派的观点及其对当今管理实践的指导作用。

【技能要求】

通过本章的学习，使学生能够在一定程度上运用管理思想和理论分析日常的组织行为，运用各学派的理论分析来解决管理实践中的问题。

【关键术语】

科学管理；一般管理理论；行为科学理论；现代管理理论；管理学派；管理思想

第一节 西方管理思想和理论的演变

西方管理思想虽然由来已久，但发展成为一套系统的科学理论并作为一门学科却是 20 世纪的事情。19 世纪末到 20 世纪初出现的古典管理理论一般被认为标志着管理学的诞生。此后，管理学经过百年发展，已成为学派纷呈、主张林立的学科。

从西方管理思想和理论的发展历史及内容来看，我国学者往往将其发展演变划分为五个阶段：早期管理思想、古典管理理论、行为科学管理理论、现代管理理论和当代管理理论。

一、早期管理思想（19 世纪末之前）

西方的管理实践活动历史悠久，经历了古代社会、中世纪封建主义时期、文艺复兴、第一次工业革命时期，在实践中积累了一系列较为丰富的早期管理思想。

1. 古代社会的管理思想

西方古代社会的很多方面都从国家管理的角度较多地涉及管理思想。西方文明古国，如希腊、罗马、埃及、巴比伦等，早期在文化、艺术、哲学、数学、物理学、天文学、建筑等方面上取得辉煌成就，积累了丰富的管理经验，浓缩了不少早期传统管理思想的精髓。

公元前 18 世纪古埃及法老任命一位叫约瑟的人为宰相，宗教事务由法老来管理，而世俗上的事务则由约瑟处理，建立了以法老为首的一整套专制体制管理机构。这被认为是西方最早的分权管理思想。

体现西方古代社会管理思想的一个比较具有代表性的法规是古巴比伦国王汉谟拉比颁布的《汉谟拉比法典》。汉谟拉比，古巴比伦王国第六任国王，他经过南征北战统一了两河流域，建立了西亚地区强大的奴隶制国家。为巩固政权和维护奴隶主的利益，颁布了一部全国统一的法典，即《汉谟拉比法典》，这是世界上第一部较完备的成文法典，汉谟拉比也是西方古代社会上第一个推行法治管理的国王，他颁布的法典成为管理史上的一个重要里程碑。

在古希腊和古罗马共和国时期，奴隶制的民主管理和军事管理成为古代政治管理思想的重要来源。

公元3世纪以后，随着奴隶制的衰落，基督文化逐渐占据统治地位。基督圣经中包含的一些管理思想在西方封建社会的管理实践中起着根本性的统治作用。在《圣经》中记载了耶思罗曾劝告摩西，让他在处理政务的时候，不需要事必躬亲，建议他挑选有才能的人任命他们为十夫长、百夫长和千夫长，分别负责各层级的事务，有难办的案件再交由摩西来处理。十夫长、百夫长、千夫长的任命体现了管理分权的思想，也体现了现代管理学的一个重要概念——管理幅度和管理层次。

从西方早期管理思想的萌芽可以看出，这些思想包含在丰富的管理实践之中，虽然散见于各种文化思想中，没有形成统一的思想体系，但范围宽阔，内容丰富，对西方管理思想的继续发展起到了重要的累积作用。

2. 中世纪封建主义时期的管理思想

中世纪（476～1453年）的欧洲是一个没有强有力政权统治的时代。封建割据带来频繁的战争，造成科技和生产力发展停滞，人们生活在毫无希望的痛苦中，所以中世纪或者中世纪的早期在欧美普遍称为"黑暗时代"。尽管如此，西方管理思想仍有进一步的发展，具有代表性的有威尼斯造船厂的规范管理思想和马基雅维利的领导素质理论。

威尼斯是地中海沿岸从事商业活动最早的城市，到10世纪末，已成为一个富庶的商业共和国。为保护资本的利益，威尼斯在公元14世纪开设了一家造船厂，由政府即国家议会直接管理，当时高超的管理水平体现于以下三方面：①政府与工厂的关系是控制与授权经营的关系。②政府给工厂下达明确的生产任务：制造、装配、修理兵船、军舰、武器和装备。③工厂内部的管理已具有相当的水平：仓库管理井井有条，存货控制随时可测，装配线已具有较高的科学水平。

还有意大利人尼克洛·马基雅维利（Niccolo Machiavelli），文艺复兴时期的政治思想家、历史学家，出身于佛罗伦萨一个没落的贵族家庭，著有《君主论》《战争的艺术》《佛罗伦萨史》等著作。在这些著作中很多地方闪烁着管理思想的光辉。在其著作《君主论》中，第一次运用了案例分析，说明一个君主应该具备的基本条件和才能，形成了关于领导理论的雏形。

3. 文艺复兴时期的管理思想

西方文艺复兴时期（14～16世纪）主要的社会思潮是人文主义，思想核心是"人乃万物之本"，主张以人作为衡量一切事物的尺度。人文主义者重视人的价值，提倡个性与人权，主张个性自由，反对天主教的神权；主张享乐主义，反对禁欲主义；提倡科学和文化，反对迷信。中世纪基督教神学否定人性，否定现实，认为人生来就有罪。而人文主义者认为主宰世界的不是上帝，而是人。这一肯定人、注重人性的核心思想为行为科学的诞生奠定了基础。人成为自由人，对资本主义精神和科学管理理论的形成产生了极为深远的影响。

文艺复兴运动对西方管理思想的发展有何影响？

4. 第一次工业革命时期的管理思想

公元16世纪开始的第一次工业革命，将整个世界推向了资本主义工业化大生产的轨道。新教伦理、个人自由伦理、市场伦理成为资本主义精神的来源；而英、法、美等相继爆发的资产阶级革命，标志着精神解放、政治宽松、经济自由、科技进步迎来了工业文明时代的到来；以英国为中心的第一次工业革命不仅是生产工具和动力的革命，其工厂制度的建立更是组织方式的革命。然而，在新生的资本主义迅速扩展的同时，工业化大生产也出现了许多新的问题，这些新问题主要表现为：①生产资料、技术、组织和生产过程有效结合的组织问题；②为实现企业目标，招募、训练、监督和激励等调节人行为的人事问题；③为达成组织生存与发展目标将上述两方面有机融合的管理问题。这些问题的出现，迫使早期的管理思想先驱者们从各种实践和一般规律层面提出了许多解决之道，标志着古典管理思想在理论上的形成。其中，具有代表性的学者是亚当·斯密（Adam Smith）、罗伯特·欧文（Robert Owen）、克劳塞维茨（Clausewitz）。

（1）亚当·斯密的劳动分工理论和经济人假设。

亚当·斯密是最早对经济管理思想进行系统论述的学者。他在1776年发表的《国富论》中，系统地阐述了劳动价值论及劳动分工理论。

劳动分工，即将工作分解成一些单一的和重复性的作业。在对比了一些工艺和手工制造业实行分工的前后变化后，亚当·斯密认为劳动分工的益处包括：第一，可使工人重复完成简单的单项操作，从而提高劳动熟练程度，提高劳动生产效率；第二，减少由于变换工作而损失的时间；第三，使劳动简化，使劳动者的注意力集中在一种特定的对象上，有利于创造新工具和改进设备。他的这些思想和主张，不仅适合当时生产发展的要求，而且也成为现代管理理论的重要原理之一。

亚当·斯密的另一个重要贡献是他的经济人假设。他认为，人们在经济行为中，追求的完全是私人利益，受到"看不见的手"的驱使，每个人在追求自身利益的同时促进了整个社会福利水平的提升。经济现象是基于以利己为主要目的活动而产生的。但每个人的利益又为其他人的利益所限制。这就使人们在追求自己利益的同时必须顾及其他人的利益。经济人的观点对于资本主义管理的实践和理论思想都有重要影响。

亚当·斯密的管理思想和观点对现代的经济和管理活动有何影响？

（2）罗伯特·欧文的人事管理思想。

罗伯特·欧文（Robert Owen）是一位杰出的空想社会主义者，也是一位具有丰富管理经验的企业家。他于 1800～1829 年在苏格兰纽兰纳克经营一家纺织厂，实行了一场具有划时代意义的实验。

在工业革命时期，英国的工厂对待工人十分残酷，工作时间长、劳动强度大、工资低、生活条件恶劣。为改变这种状况，欧文进行了一系列的改革：他停止对 10 岁以下童工的雇佣，让他们上学接受教育；缩短工人的劳动时间，并禁止对工人进行惩罚；提高工人的工资，改善他们的生活居住条件；设立工人医院、幼儿园、学校；发给工人抚恤金。他认为工人不只是一个"由许多零件组成的系统"，更是活的生命，需要把他们有效地组织起来，彼此合作，以便产生更大的成果。由于欧文是最早在企业管理中重视人的地位和作用的思想家，因此，很多管理学家将他称为"人事管理之父"。

（3）克劳塞维茨的管理思想。

克劳塞维茨（Clausewitz）在总结以往战争特别是拿破仑战争的基础上写成了《战争论》，指出工商业的经营同战争是很相似的人类竞争的一种形式，要素配合、进攻和防御、指挥者素质在商战中同样重要。

这个时期的管理者除了以上提到的三位外，比较著名的还有理查·阿克莱特（Richard Arkwright）在自己开办的机械工厂中的管理实践、丹尼尔·麦卡勒姆（Daniel McCallum）的管理制度、亨利·汤尼（Henry Tony）的收益分享制度与哈尔西（Halsey）的奖金方案等，对现代管理思想的发展也提供了许多有益的经验。

西方早期管理思想主要体现在国家管理和企业管理活动中，逐渐建立了国家管理的法律制度和企业激励制度。生产资料占有权、宗教文化、国家法律制度对国家统治产生了重要的影响，而当时的企业管理主要是在企业规模普遍偏小，资本家和企业主亲自进行企业管理的背景下产生，企业管理主要是凭借经验和直觉，工人的培养是以师傅带徒弟的方式进行，管理者认为工人是简单经济人，只要有可能工人就会逃避劳动，因此必须采取强制措施。

早期管理思想是随着生产力的发展，为了适应资本主义工厂制度发展的需要而产生的。这些管理思想还不全面、不完善，没有形成系统的理论和学派体系，因此，早期管理思想实际上可以认为是管理理论的萌芽或是初步发展阶段。

二、古典管理理论（20 世纪初～20 世纪 20 年代）

第一次工业革命以后，针对工厂制度发展的需要，人们开始探索科学管理的规律。从 19 世纪末 20 世纪初开始，这种理论探索开始从零散的感性认识上升为较系统的理性知识。这个时期是管理理论或思想发展的重要时期。其中比较有代表性的理论有泰勒（Frederick W. Taylor）的科学管理理论、法约尔（Henri Fayol）的一般管理理论、韦伯（Max Weber）的理想行政管理理论体系及梅奥（George Elton Mayo）的人际关系理论等。

（一）泰勒的科学管理理论

弗雷德里克·W. 泰勒，是美国古典管理学家、科学管理的主要倡导人。泰勒出生于美国费城一个富有的律师家庭，中学毕业后考上哈佛大学法律系，但因眼疾而不得不辍学。1875 年，他进入一家小机械厂当徒工，后转入费城米德瓦尔钢铁厂（Midvale Steel Works）当机械工人。在此期间，由于工作努力，表现突出，很快先后被提升为车间管理员、小组长、工长、技师、制图主任和总工程师，并在业余学习的基础上获得了机械工程学士学位。泰勒的这些经历，使他有充分的机会去直接了解工人的种种问题和态度，并看到提高管理水平的极大的可能性。

1. 科学管理理论的主要内容

泰勒一生都在与效率低下的现象做不懈斗争，并取得了多项发明专利。1911 年，他出版了《科学管理原理》，该书系统地阐述了科学管理理论。科学管理理论的主要内容包括：

（1）管理是一门科学，科学管理的中心问题是提高劳动生产效率。

科学管理是由诸多要素，而非个别要素构成的，泰勒认为科学管理具有以下内涵：①科学，不是单凭经验的方法；②协调，不是不和别人合作，不是个人主义；③最高的产量，取代有限的产量。泰勒认为科学管理的中心问题是提高劳动生产率，目的是发挥每个人最高的效率，实现最大的富裕。

（2）为了提高劳动生产效率，劳资双方必须开展一场心理革命。

泰勒认为，资方和工人的紧密、亲切的合作，是现代科学或责任管理的精髓。如何实现劳资双方的密切合作呢？泰勒指出，科学管理在实质上包含着要求在任何一个岗位的工人进行一场全面心理革命，要求他们在对待工作、同伴和雇主的义务上进行一场全面的心理革命。此外，科学管理也要求管理部门的人——工长、监工、企业所有人、董事会——进行一场全面的心理革命，要求他们在对管理部门的同事、对他们的工人和所有日常问题的责任上进行一场全面的心理革命。没有双方的这种全面的心理革命，科学管理就不会存在。在科学管理中，劳资双方在思想上要发生的大革命就是，双方不再把注意力放在盈余分配上，不再把盈余分配看做最重要的事情。他们将注意力转向增加盈余的数量上，使盈余增加到使如何分配盈余的争论成为不必要。他们将会明白，当他们停止互相对抗，转为向一个方面并肩前进时，他们的共同努力所创造出来的盈利会大得惊人。他们会懂得，当他们用友谊合作、互相帮助来代替敌对情绪时，通过共同努力，就能创造出比过去大得多的盈余。

因此，泰勒主张要使劳资双方进行密切合作，关键不在于制定什么制度和方法，而是要实行劳资双方在思想和观念上的根本转变。如果劳资双方都把注意力放在提高劳动生产率上，就可实现双方"最大限度的富裕"。

（3）必须选用第一流工人，并对他们进行必要的培训。

泰勒指出，健全的人事管理的基本原则是使工人的能力同工作相适应，企业管理当局的责任在于为雇员找到最合适的工作，培训他们成为第一流的工人，激励他们尽最大的力量来工作。

为了提高劳动生产率，必须为工作挑选第一流的工人，是泰勒在《科学管理原理》中提出的一个重要思想，也是他为企业的人事管理提出的一条重要原则。泰勒指出，人具有不同的天赋和才能，只要工作合适，都能成为第一流的工人。泰勒所指的第一流工人，就是指那些最适合又最愿意干某种工作的人。挑选第一流工人，就是指在企业人事管理中，要把合适的人安排到合适的岗位上。只有做到这一点，才能充分发挥人的潜能，促进劳动生产率的提高。

对于如何使工人成为第一流工人，泰勒不同意传统的由工人挑选工作，并根据各自的可能进行自我培训的方法，而是提出管理人员要主动承担这一责任，科学选择并不断地培训工人。泰勒指出，管理人员的责任是细致地研究每一个工人的性格、脾气和工作表现，找出他们的能力；另一方面，更重要的是发现每一个工人向前发展的可能性，并且逐步地系统地训练，帮助和指导每个工人，为他们提供上进的机会。这样，使工人在雇用他的公司里，能担任最高、最有兴趣、最有利、最适合他们能力的工作。这种科学地选择与培训工人并不是一次性的行动，而是每年都要进行的，是管理人员要不断加以探讨的课题。在进行搬运生铁的试验后，泰勒指出，在已知最原始的工种上，也有一种科学。如果仔细挑选了最适宜于干这类活计的工人，而又发现了干活的科学规律，仔细选出来的工人已培训得能按照这种科学去干活，那么所得到的结果必然会比那些在"积极性加刺激性"的计划下工作的结果丰硕得多。

（4）必须制定科学的工作方法。

泰勒认为，工人提高劳动生产率的潜力是非常大的，挖掘潜力的方法就是通过科学管理把工人多年积累的经验知识和传统的技巧归纳整理并结合起来，然后进行分析比较，从中找出其具有共性和规律性的东西，然后利用上述原理将其标准化，这样就形成了科学的工作方法。用这一方法对工人的操作方法、使用的工具、劳动和休息的时间进行合理搭配，同时对机器安排、环境因素等进行改进，消除种种不合理的因素，把最好的因素结合起来，就形成了一种最好的方法。

泰勒进一步指出，在科学管理的情况下，如果要用科学知识代替个人经验，一个很重要的措施就是实行工具标准化、操作标准化、劳动动作标准化、劳动环境标准化等标准化管理。这是因为，只有实行标准化，才能使工人使用更有效的工具，采用更有效的工作方法，从而达到提高劳动生产率的目的；只有实现标准化，才能使工人在标准设备、标准条件下工作，才能对其工作成绩进行公正合理的衡量。

泰勒不仅提出了实行标准化的主张，而且也为标准化的制定进行了积极的试验。在搬运生铁的试验中，泰勒得出一个适合做搬运工作的工人在正常情况下，一天至少可搬47.5吨铁块的结论；在铲具试验中，他得出铁锹每次铲物在重21磅时，劳动效率最高的结论；在长达26年的金属切削试验中，他得出影响切割速度的12个变数及反映它们之间相关关系的数学公式等，为工作标准化、工具标准化和操作标准化的制定提供了科学的依据。

（5）实行劳动定额和有差别的计件工资制。

当时美国企业普遍实行经验管理，由此造成一个突出的矛盾，就是资本家不知道工人一天到底能干多少活，总嫌工人干活少，拿工资多，于是通过延长劳动时间、增加劳动强度来加重对工人的剥削。而工人也不知道自己一天到底能干多少活，总认为自己干活多，拿工资少。当资本家加重对工人的剥削，工人就用"磨洋工"消极对抗，这样企业的劳动生产率当然不会高。为提高劳动生产率和改善工人工作表现，泰勒提出：

第一，设立一个专门制定定额的部门或机构。这个部门的主要任务是通过计件和工时的研究，进行科学的测量和计算，制定出一个标准制度，以确定合理的劳动定额和恰当的工资率，从而改变过去那种以估计和经验为依据的方法。

第二，制定出有科学依据的工人"合理日工作量"。通过各种试验和测量，进行劳动动作研究和工作研究。其方法是：选择合适且技术熟练的工人；研究这些人在工作中使用的基本操作或动作的精确序列，以及每个人所使用的工具；用秒表记录每一基本动作所需的时间，加上必要的休息时间和延误时间，找出做每一步工作的最快方法；消除所有错误动作、缓慢动作和无效动作；将最快最好的动作和最佳工具组合在一起，成为一个序列，从而确定工人"合理的日工作量"，即劳动定额。

第三，根据定额完成情况，实行差别计件工资制，使工人的贡献大小与工资高低紧密挂钩。在制定工作定额时，泰勒是以"一流的工人在不损害其健康的情况下，维护较长年限的速度"为标准，这种速度不是以突击活动或持续紧张为基础，而是以工人能长期维持的正常速度为基础。通过对个人作业的详细检查，在确定做某件事的每一步操作和行动之后，泰勒能够确定出完成某项工作的最佳时间。有了这种信息，管理者就可以判断出工人是否干得很出色。

泰勒认为差别计件工资制有利于充分发挥个人的积极性，有利于提高劳动生产率，能够真正实现"高工资和低劳动成本"，能更加公平地对待工人，迅速地清除所有低能的工人，吸收适合的工人来工作。因为只有真正好的工人，才能做到又快又准确，可以取得高工资率。泰勒认为这是实行差别计件工资制最大的优点。

为此，泰勒在总结差别计件工资制实施情况时指出，制度（差别计件工资制）对工人士气影响的效果是显著的。当工人们感觉受到公正待遇时，就会更加英勇、更加坦率和更加诚实，他们会更加愉快地工作，在工人之间和工人与雇主之间建立互相帮助的关系。

（6）实行计划职能与执行职能相分离。

泰勒指出，过去所有工作程序都由工人凭他个人或师傅的经验去干，工作效率由工人自己决定。由于这与工人的熟练程度和个人的心态有关，即使工人能十分适应科学数据的使用，但要他同时在机器和写字台上工作，实际是不可能的。泰勒深信这不是最高效率，必须用科学的方法来改变。为此，泰勒主张由资方按科学规律去办事，要均分资方和工人之间的工作和职责，要把计划职能与执行职能分开，并在企业设立专门的计划机构。泰勒在《工厂管理》一书中为专门设立的计划部门规定了17项主要负责的工作，包括企业生产管理、设备管理、库存管理、成本管理、安全管理、技术管理、劳动管理、营销管理等各个方面。所以，泰勒所谓的计划职能与执行职能分离，实际是把管理职能与执行职能分开；所谓设置专门的计划部门，实际是设置专门的管理部门；所谓"均分资方和工人之间的工作和职责"，实际是让资方承担管理职责，让工人承担执行职责。这也就进一步明确了厂资方与工人之间、管理者与被管理者之间的关系。

泰勒把计划的职能和执行的职能分开，改变了凭经验工作的方法，而代之以科学的工作方法，即找出标准，制定标准，然后按标准办事。要确保管理任务的完成，应由专门的计划部门来承担找出和制定标准的工作。

具体来说，计划部门要从事全部的计划工作并对工人发布命令，其主要任务是进行调查研究并以此作为确定定额和操作方法的依据；制定有科学依据的定额和标准化的操作方法和工具；拟订计划并发布指令和命令；把标准和实际情况进行比较，以便进行有效的控制等工作。在现场，工人或工头则从事执行的职能，按照计划部门制定的操作方法的指示，使用规定的标准工具，从事实际操作，不能自作主张、自行其是。泰勒的这种管理方法使管理思想的发展向前迈出了一大步，将分工理论进一步拓展到管理领域。

（7）实行职能工长制。

泰勒不但提出将计划职能与执行职能分开，而且还提出必须废除当时企业中军队式的组织而代之以"职能式"的组织，实行"职能式的管理"。

泰勒认为在军队式组织的企业里，工业机构的指令是从经理经过厂长、车间主任、工段长、班组长传达到工人。在这种企业里，工段长和班组长的责任是复杂的，需要相当的专门知识和各种天赋的才能，所以只有本来就具有非常素质并受过专门训练的人，才能胜任。泰勒列举了在传统组织下作为一个工段长应具有的几种素质，即教育、专门知识或技术知识、机智、充沛的精力、毅力、诚实、判断力或常识、良好的健康情况等。但是每一个工长不可能同时具备这几种素质。但为了事先规定好工人的全部作业过程，必须使指导工人干活的工长具有特殊的素质。因此，为了使工长职能有效地发挥，就要进行更进一步细分，使每个工长只承担一种管理的职能，为此，泰勒设计出8种职能工长，来代替原来的一个工长。这8个工长4个在车间、4个在计划部门，在其职责范围内，每个工长可以直接向工人发布命令。在这种情况下，工人不再听一个工长的指挥，而是每天从8个不同领导那里接受指示和帮助。

泰勒的职能工长制是根据工人的具体操作过程进一步对分工进行细化而形成的。他认为这种职能工长制度有三个优点：①每个职能工长只承担某项职能，职责单一，对管理者培训花费的时间较少，有利于发挥每个人的专长。②管理人员的职能明确，容易提高效率。③由于作业计划由计划部门拟订，工具和作业方法标准化，车间现场工长只负责现场指挥与监督，因此非熟练技术的工人也可以从事较复杂的工作，从而降低了整个企业的生产费用。

尽管泰勒认为职能工长制有许多优点，但后来的事实也证明，这种单纯"职能型"的组织结构容易形成多头领导，造成管理混乱。所以，泰勒的这一设想虽然对以后职能部门的建立和管理职能的专业化有较大的影响，但并未真正实行。

（8）例外原则。

所谓例外原则，就是指企业的高级管理人员把一般日常事务授权给下属管理人员，而自己保留对例外的事项一般也是重要事项的决策权和控制权，这种例外原则至今仍然是管理中极为重要的原则之一。

泰勒认为，规模较大的企业不能只依据职能原则来组织和管理，而必须应用例外原则，企业的高级管理人员把一般的日常事务交给下级管理人员负责处理，而自己负责对例外事项、重要事项进行决策和监督，如重大的企业战略问题和重要的人员更替问题等。泰勒在《工厂管理》一书中曾指出："经理只接受有关超常规或标准的所有例外情况的、特别好和特别坏的例外情况、概括性的、压缩的及比较的报告,以便他有时间考虑大政方针并研究他手下的重要人员的性格和合适性。"

泰勒提出的这种以例外原则为依据的管理控制方式,后来发展为管理上授权原则、分权化原则和实行事业部制等管理体制。

1915年3月,一次外出发表演讲的归途中,他在通风的卧铺车厢感染了肺炎,不久被夺去了生命。泰勒是带着郁闷的心情离开这个世界的。他生前殚精竭虑研究的科学管理原理和方法,由于受到曲解而推行举步维艰。国会听证会上国会议员和调查人员无休止的盘问,特别是几次发生的针对推行泰勒制的工人罢工风潮,更是伤透了这位骨子里同情工人并付出了艰巨劳动的思想者的心。为了排除人们的疑虑,这位不善言辞的人不得不屡屡长途履行,为其理论和方法进行说明和辩护。

2. 科学管理理论的贡献与局限

泰勒的科学管理理论的提出,一方面为现代科学管理理论和制度形成奠定了良好基础,另一方面由于泰勒的科学管理理论是适应一定的历史条件形成的,因而也存在一定的局限性。

泰勒科学管理理论的贡献。当时泰勒制定的一些基本的管理制度,使管理者和劳动者在工作中密切合作,以保证工作按标准的设计程序进行。随后,美国企业的生产率有了大幅度的提高,出现了高效率、低成本、高工资、高利润的新局面。由此可见,泰勒的科学管理理论对当时企业管理从经验管理走向科学化起到了重要作用:为作业方法和作业定额提供了客观依据;增加了劳资协调的可能性;促进了公众对提高低效率的关心;加强了社会公众对消除浪费和提高效率的关心,促进了经营管理的科学研究。其后的管理科学、运筹学、成本核算、准时生产制等,都是在科学管理理论的启发下产生的。

泰勒科学管理理论的缺陷。总体而言,泰勒的科学管理理论是适应历史发展的需要而产生的,同时也受历史条件和个人经验的限制,存在一定的局限性。主要表现为以下两个方面:首先,对工人的看法是片面的。他认为工人的主要动机是经济的,工人最关心的是提高自己的工资收入,即单纯的坚持"经济人"假设。其次,不重视人群的社会因素。泰勒的科学管理仅重视技术的因素,不重视人群社会的因素,他所主张的专业分工、管理与执行分离、作业科学化和严格的监督等在加剧了对工人的剥削的同时,使工人越来越成为机械的附属品,成为机械模式的生产工具——活的机器。所以泰勒制的推行在实践中遇到了巨大的阻力。还有,缺少对企业整体经营和管理的研究。由于泰勒本人长时间从事现场的生产和管理工作,所以泰勒的一系列主张,主要是解决工人的操作问题、生产现场的监督和控制问题,管理的范围比较小,管理的内容也比较狭窄,忽略了工人参与决策的能力。对于企业的供应、财务、销售、人事等方面的活动,基本上没有涉及。

你能举出一个应用了泰勒科学管理理论的例子吗?

(二)法约尔的一般管理理论

泰勒制在科学管理中的局限性,主要由法国的管理学家亨利·法约尔进行了适当的补充。法约尔和泰勒虽然是同时代的人,但个人经历不同。

亨利·法约尔19岁毕业于法国圣太田市的国立矿业学校,随后受雇于康门曲里·福尔享包特矿业公司,因为在任职期间表现出了卓越的管理才能,从而出任该矿业公司的总经理长达30余年。1916年,他发表了其最主要的代表作——《工业管理和一般管理》,被誉为"经营管理之父"。

1. 经营与管理

法约尔认为,经营与管理是两个不同的概念。企业经营活动可以分为技术活动、商业活动、财务活动、安全活动、会计活动、管理活动六大类。技术活动是指生产、制造;商业活动是指采购、销售和交换等;财务活动是指资金的取得和控制;安全活动是指商品和人员的保护;会计活动是指盘存、会计报表、成本核算、统计等;管理活动是指计划、组织、指挥、协调和控制五种职能。

法约尔认为企业六大活动与管理的五项原则之间具有密切的关系,如图2-1所示。管理活动只是六大经营活动中的一种。

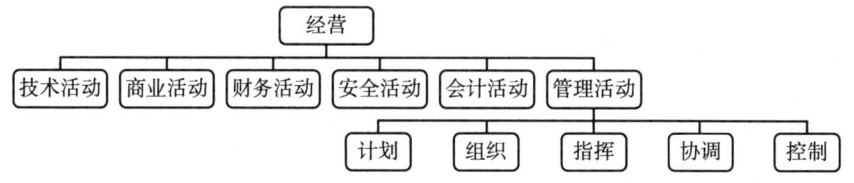

图2-1 法约尔管理职能关系

(1)计划。计划是对有关事件的预测,并以预测的结果为根据,拟订出一项工作(操作)方案。所订计划,应尽量顾及将来,甚至需要长达5~10年的计划。

(2)组织。这是指有关各项劳动、材料、人员等的一种结构,如期完成指派的任务。简要地讲,组织是为机构中各项资源的有效协调。

(3)指挥。指挥是有关领导的艺术,以促进组织产生期望的行为为目的。如何能有效地进行指挥?法约尔列出若干建议,例如,自己以身作则、对组织的不断检查、不合格人员的淘汰、不为细枝末节的事务所困等。

(4)协调。协调主要指维持必要的统一,达到组织的目标。法约尔认为,主管人员与部署经常举行会谈是协调的一个方法。

(5)控制。控制在于使各项工作能按既定计划进行。每项活动的任何一个方面,如人力、物力、劳动等,都必须进行控制。

可见,管理既是经营不可缺少的一种活动,又是自成体系的一个职能。

2. 管理的原则

法约尔认为,管理作为一种经营活动必须坚持14项基本原则。

（1）劳动分工。通过对劳动过程的科学分解，实现"劳动简化和专业化"。劳动分工的好处是可以减少浪费，提高劳动效率和工作成果。

（2）权力与责任对等。权力与责任对等是指有权力的地方，就有责任；责任是权力的孪生物，是权力的当然结果和必要补充。权力指的是发布命令并使人服从的力量。法约尔把管理人员的职务权力（法定权力）与个人权力（非法定权力）相区别。从整体利益出发，对行使权力的行动，根据其有害还是有益，实行惩罚或奖励，这是良好的管理条件。

（3）纪律严明。纪律就是服从企业中各方达成的协议。法约尔认为纪律是一个企业蓬勃发展的关键，没有纪律，任何一个企业都不能兴旺繁荣。但是，有了纪律还不能保证组织机构有良好的秩序。另一个重要的条件就是需要有效的领导人，遇有不服从、不遵从纪律的情况时，要执行惩罚措施，纪律是领导人"生产"的产品。

（4）统一指挥。法约尔主张，一个职工在任何活动中，都只能接受一个上级的指挥。正如一个人不能同时伺候两个主人一样，双重指挥对于权力、纪律和稳定性都是一种威胁。

（5）统一领导。统一领导是指凡具有同一目标的各种活动，只能在一个主管和一个计划下进行；只有在一个良好的组织机构下才能有效。它是统一行动、协同力量、集中力量的重要条件，没有统一领导就谈不上统一指挥。

（6）个人利益服从整体利益。组织的目标包含个人的或群体的目标，个人目标的实现不能损害组织的利益。因此，法约尔认为要克服愚昧、野心、自私、懒惰、软弱和一切企图把个人或小集团置于组织之上从而导致冲突的个人情绪，领导层要有坚定性，要经常监督，以身作则，协议尽可能公正。

（7）合理报酬。合理报酬有利于激励员工积极工作，维持组织的有效经营，但在职工的报酬方面，法约尔并没有提出一个明确的报酬制度。他认为，一项报酬制度必须具备以下条件：必须能确保公平的待遇；应对有贡献的职工进行奖励；奖励不得超过合理的界限。

（8）适当集权。集权即组织权力的集中和分散，往往会影响管理者下属作用的发挥和组织运作的效率。实际上，组织必有某种程度的集权化，究竟应该集权到什么程度才最合适、最有益呢？一个组织"最适当"的集权化和分权化程度也往往是变化的，不是固定不变的，但最终目标都是最大限度地利用职工的能力，达到最高的劳动效益。

（9）跳板原则。为了克服由于统一指挥而产生的信息传递延误，法约尔提出了一项"跳板原则"，人称"法约尔桥"。利用这种跳板原则可以横跨过执行权力的路线而直接联系。但这种横跨直接联系只有在有关各方面同意且上级知情的情况下才能进行。

（10）秩序井然。法约尔认为：凡事都各有其位，并且都应各在其位。所谓秩序原则，即每一件事有一定位置，每一个人有一定职位，各得其所。每个职工都必须处在他能最好地做出贡献的职位上。

（11）公平对待。合情加上合理则为公平。用这一原则对待已建立的规则，对待职工，可以鼓励职工倾其全部的忠诚和热情去履行他们的职责。

（12）人员稳定。法约尔认为，如果人员不断变动，工作将永远得不到良好的完成。一般来说，成功的组织，人员应该是稳定的。

（13）创造性。法约尔认为，创造性是行动的动力，必须大力提倡，充分鼓励首创精神。但是，应该以不违背职权和纪律为限。

（14）人员团结。一个组织机构中的人员团结，应该视其集体成员之间的协调和团结程度而定。在法约尔看来，加强人员团结的最有效的方法，在于严格的统一指挥。

法约尔提出的 14 项管理原则在今天是否依然有效？

3. 关于法约尔一般管理理论的评价

法约尔提出的一般管理理论管理理论，后来成为管理过程学派的理论基础，法约尔被称为"管理过程之父"，同时也为以后各种管理理论和管理实践提供了理论框架及重要依据，是古典管理思想的重要代表。但是，其管理原则过于僵硬，缺乏弹性，无法根据实际情况合理调整，以至于有时实际管理工作者在工作中无法完全遵守。

（三）韦伯的理想行政组织理论

马克斯·韦伯出生于德国的一个富裕家庭，其家庭有着广泛的社会关系。马克斯·韦伯于 1882 年进入海德堡大学法律系，并先后就读于柏林大学和哥廷根大学。他受过 3 次军事训练，对德国的军事生活和组织制度有相当的了解，这对他后来得出的组织理论有着重要的影响，他还曾担任过教授、政府顾问、编辑，使其对社会学、宗教学、经济学与政治学都有相当的造诣。通过对国家和教会的研究，他认为凡是管理比较正规，非人情化的组织效率都较高。因此高效率的组织应该是较正式的组织，即理想的行政组织。

韦伯认为，理想的行政组织是通过职务和职位来管理的，而不是通过传统的世袭地位来管理的。要使得行政组织发挥作用，管理应以知识为依据进行控制，管理者应有胜任工作的能力，应该依据客观事实而不是主观意志来领导。韦伯认为，理想行政组织应具有以下特点：

（1）应有明确的目标。

（2）必须实行劳动分工。

（3）各种职位按权力等级组织起来，形成一个指挥链或等级系列。

（4）根据正式考试或技术资格挑选组织成员。

(5) 担任公职的人一般是任命的而不是选出的。

(6) 行政管理人员领取固定的薪金,是专职的公职人员。

(7) 行政管理人员不是他所管辖的企业的所有者。

韦伯认为,他这种理想的行政组织是最符合理性原则的,其效率最高,在精确性、稳定性、纪律性和可靠性等方面都优于其他组织形式。而且这种组织形式适用于各种管理形式和大型的组织,包括企业、教会、学校、国家机构、军队和各种团体等。

韦伯的理想组织体系是否会产生高效率?

(四) 古典管理理论演进

基于上述古典管理理论的分析和阐述,其演进图可以归纳为如图 2-2 所示。

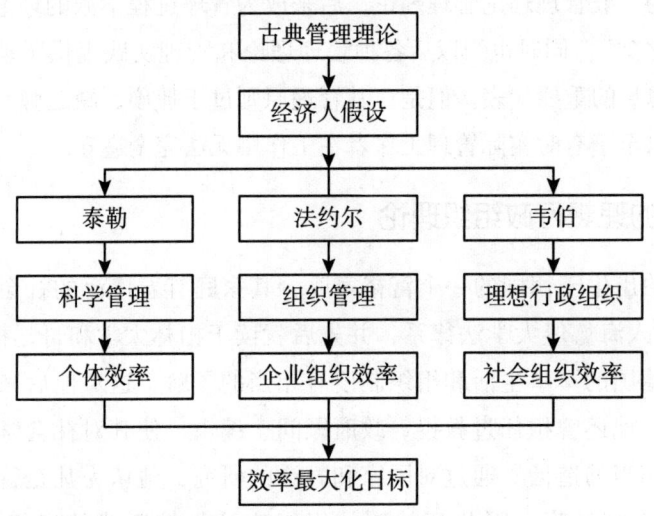

图 2-2 古典管理理论的演进

1. 古典管理理论的意义

古典管理理论的建立具有非常重要的意义:

(1) 通过科学研究的方法发现管理学的普遍规律,古典管理理论的建立使得管理者开始摆脱了传统的经验和凭感觉来进行管理。

(2) 提出了一些管理的原则、管理职能和管理方法,并且主张这些原则和职能是管理工作的基础,对企业管理有着重大指导意义,也为总结管理思想史提供了重要的参考价值。

(3) 古典管理理论为后来的行为科学和现代管理学派奠定了管理学理论的基础,当代许多管理技术与管理方法皆来源于古典的管理理论。

（4）古典管理学派所研究的问题有一些仍然是当今需要研究的管理问题。

2. 古典管理理论的局限性

当然，古典管理理论也存在以下一些问题：

（1）古典管理理论基于当时的社会环境，对人性的研究没有深入进行，对人性的探索仅仅停留在"经济人"的范畴之内。

（2）古典管理理论对组织的理解是静态的，没有认识到组织动态演化的本质。

（3）古典管理理论研究的着重点是企业内部，把如何提高企业的生产率作为管理目标，这对企业提高生产率有相当大的指导意义。然而任何一个组织系统都是在一定的环境下生存发展的。社会环境在不断变化，企业的生存发展是在不断地和环境变化进行相互作用下前进的，企业的经营管理必须要研究外部环境的因素和企业之间的相互适应关系，使管理行为和手段都随着社会环境的变化而变化。这些都是古典管理理论没有进行研究的，由于古典管理理论对组织环境以及环境变化的考虑较少，因此对管理动态性未予以充分的认识和关注。

总的来说，古典管理阶段是基于"经济人"假设提出和形成管理理论，随着社会和经济的发展，这一阶段的管理思想的局限性日益突出，因此行为科学思想的兴起成为时代的必然。

三、行为科学管理理论（20世纪20~50年代）

古典管理理论从不同的方面对管理思想和管理理论进行深入研究，并对管理实践产生深刻影响，但其特点着重强调管理的科学性、合理性、纪律性，而未给予管理中人的因素及其作用以足够重视。

20世纪20年代末到30年代初美国出现经济大危机，罗斯福政府从宏观上对经济实施管制，管理学者们则开始从微观上研究"硬件"以外造成企业效率下降的影响因素。由此出现的行为科学管理理论开始重视研究人的心理、行为等对高效率地实现组织目标（效果）产生的影响。这些研究起源于梅奥（G. E. Mayo）进行的霍桑实验。1949年在美国芝加哥召开的一次跨学科会议上，首先提出"行为科学"这一名称。1953年，这门综合性学科正式被命名为"行为科学"。

1. 梅奥的人际关系学说

梅奥出生在澳大利亚，早年学医，后又学习心理学，是原籍澳大利亚的美国行为科学家，人际关系理论的创始人。他到美国以后，执教于宾夕法尼亚大学的华登金融商业学院。1926年，应聘在哈佛大学担任工业研究副教授，主要代表著作有《组织中的人》《管理和士气》等，多是从工业文明的角度探讨社会问题。在美国西方电器公司霍桑工厂主持进行了长达8年的实验研究——霍桑实验，真正揭开了作为组织中人的行为研究的序幕。

霍桑实验是一项以科学管理的逻辑为基础的实验，其初衷是试图通过改善工作条件与环境等外在因素，找到提高劳动生产率的途径。1924～1932年，先后进行了四个阶段的实验：照明实验（1924～1927年）、继电器装配工人小组实验（1927～1928年）、大规模访谈实验（1928～1930年）和继电器装配实验（1931～1932年）的研究。据此，梅奥总结出了人际关系学说的主要观点：

（1）现代社会的工人已经不是简单的"经济人"，而是"社会人"。

梅奥在历时两年的大规模的访谈实验中，发现职工由于可以不受拘束地谈自己的想法，发泄心中的闷气，从而态度有所改变，劳动生产率相应地得到了提高。而且工厂实施的奖励性工资制度并未像传统的科学管理理论认为的那样，使工人最大限度地提高生产效率。因此，梅奥认为，工人是社会人，他们的行为并不单纯出自追求金钱的动机，还有社会方面的、心理方面的需要，即追求人与人之间的友情、安全感、归属感及受人尊敬等，而后者更为重要。这是对古典管理理论的"经济人"假设的否定。因此，不能单纯从技术和物质条件着眼，而必须首先从社会心理方面考虑合理的组织与管理。

（2）提高工作效率的关键是提高工人的士气和积极性，为提高士气必须采取新的领导方式。

既然实验表明管理方式与职工的士气和劳动生产率有密切的关系，那么就应该了解职工对现有的管理方式有什么意见，为改进管理方式提供依据。于是梅奥等人制定了一个征询职工意见的访谈计划，在1928年9月到1930年5月不到两年的时间里，研究人员与工厂中的两万名左右的职工进行了访谈。在访谈计划的执行过程中，研究人员对工人在交谈中的怨言进行分析，发现引起他们不满的事实与他们所埋怨的事实并不是一回事，工人在表述自己的不满与隐藏在心理深层的不满情绪并不一致。比如，有位工人表现出对计件工资率过低不满意，但深入地了解以后发现，这位工人是在为支付妻子的医药费而担心。

根据这些分析，研究人员认识到，工人由于关心自己的个人问题而会影响到工作的效率。所以管理人员应该了解工人的这些问题，为此，需要对管理人员，特别是要对基层的管理人员进行训练，使他们成为能够倾听并理解工人的访谈者，能够重视人的因素，在与工人相处时更为热情、更为关心他们，这样才能够促进人际关系的改善和职工士气的提高。

（3）企业中除了正式组织之外，还存在着"非正式组织"。

在考察计件工资制对生产效率的影响的实验中，实行集体计件工资制：以小组的总产量为依据对每个工人付酬，并强调必须进行互相协作。起初设想这种付酬方式可以通过工作效率高的职工带动效率低的职工提高工效，因为他们都想取得最高的经济利益。但通过观察发现，产量只维持在中等水平。更令人惊讶的是：工厂部门中的社会群体能对各个成员的生产行为进行强有力的控制。调查发现，产量之所以维持在中等水平是因为工人估计到，如果产量超过了约定俗成的非正式标准，工资率将会降低，或者计件工资的计件基准

（即管理当局规定的产量标准）将会提高。所以工人面对两种危险：一是产量过高，导致降低工资或提高产量标准；二是产量过低，引起监工的不满。每个工人的共同感觉是：不要超过非正式的标准而成为"生产冒尖者"，也不要寄生性地低于一般的标准而成为"生产落后者"，使同伴受到损失。这些工人为了维护班组的群体利益，自发地形成了一些内部规范，每个人的产量基本都围绕那个非正式"标准"上下波动。为了使内部规范得以实行，群体成员采用了一些内部纪律，如嘲笑、讽刺、"给上一拳"。这个群体中的工人把相互间的感情看得很重要，为此他们宁可拒绝物质利益的引诱，维系感情实际上成了群体内部的一种激励因素。工人们甚至采取各种秘密的措施来维护自己在群体中的资格。如果一个工人产量过高，会隐瞒多余的产量，只报告符合群体规范的数量，并放慢速度，从隐藏的产量中补充不足。

由此，梅奥得出企业中除了存在着古典管理理论所研究的为了实现企业目标而明确规定各成员相互关系和职责范围的正式组织之外，还存在着非正式组织。所谓非正式组织，就是未经正式筹划而是人们在交往中由于工作性质相近、社会地位相当，对一些具体问题观点基本相同，或者性格、业余爱好和感情比较相投而自发形成的一种个人关系和社会关系网络，主要是追求成员之间的亲密情感、友好相处。这种非正式组织的作用在于维护其成员的共同利益，使之免受其因内部个别成员的疏忽或外部人员的干涉所造成的损失。为此非正式组织有其特殊的情感和倾向，组织中有自己的核心人物和领袖，有大家共同遵循的观念、价值标准、行为准则和道德规范等。同时也指出，非正式组织与正式组织有重大差别。在正式组织中，以效率逻辑为其行为规范；而在非正式组织中，则以感情逻辑为其行为规范。如果管理人员只是根据效率逻辑来管理，而忽略工人的感情逻辑，必然会引起冲突，影响企业生产率的提高和目标的实现。因此，管理当局必须重视非正式组织的作用，注意在正式组织的效率逻辑与非正式组织的感情逻辑之间保持平衡，以便管理人员与工人之间能够充分协作，为组织目标的实现发挥积极作用。

在决定劳动生产率的诸因素中，根据"社会人"和"非正式组织"的观点，置于首位的因素是工人的满意度，而生产条件、工资报酬只是第二位的。职工的满意度越高，其士气就越高，从而产生的效率就越高。高的满意度来源于工人个人需求的有效满足，不仅包括物质需求，还包括精神需求。

梅奥的人际关系学说与泰勒的科学管理理论有何区别？

2. 马斯洛的需要层次论

马斯洛（A. H. Maslow），美国著名心理学家。1943年在其所著《人的动机理论》一书中提出需要层次理论，是最主要的、应用最普遍的激励理论之一。

马斯洛认为，人是有需要的动物，人的需要从低到高可以划分为五个层次，即生理需要、安全需要、归属需要、尊重需要、自我实现需要。各层次需要的基本含义如下：

（1）生理需要。它包括饥、渴、衣、住、性的方面的要求，是人类维持自身生存的最基本要求。马斯洛认为，只有这些最基本的需要满足到维持生存所必需的程度后，其他的需要才能成为新的激励因素。

（2）安全需要。它是指人类要求保障自身安全、摆脱事业和丧失财产威胁、避免职业病的侵袭、接触严酷的监督等方面的需要。马斯洛认为，整个有机体是一个追求安全的机制，人的感受器官、效应器官、智能和其他能量主要是寻求安全的工具，甚至可以把科学和人生观都看成是满足安全需要的一部分。

（3）归属需要。这一层次的需要包括两个方面的内容。一是友爱的需要，即人人都需要伙伴之间、同事之间的关系融洽或保持友谊和忠诚；人人都希望得到爱情，希望爱别人，也渴望接受别人的爱。二是归属的需要，即人都有一种归属于一个群体的感情，希望成为群体中的一员，并相互关心和照顾。

（4）尊重需要。尊重的需要又可分为内部尊重和外部尊重。内部尊重是指一个人希望在各种不同情境中有实力、能胜任、充满信心、能独立自主。内部尊重就是人的自尊。外部尊重是指一个人希望有地位、有威信，受到别人的尊重、信赖和高度评价。马斯洛认为，尊重需要得到满足，能使人对自己充满信心，对社会满腔热情，体验到自己活着的用处和价值。

（5）自我实现需要。这是最高层次的需要，它是指实现个人理想、抱负，发挥个人的能力到最大程度，完成与自己的能力相称的一切事情的需要。马斯洛提出自我实现的需要是努力实现自己的潜力，使自己越来越成为自己所期望的人物。

马斯洛还认为，人的需要有轻重之分，只有低层次的需要得到满足才会产生更高层次的需要；只有尚未满足的需要才能够影响人的行为，激励人们去从事某种行为；满足较高层次需要的途径比满足较低层次需要的途径多。

1. 满足职工需要只能依靠钱吗？
2. 如今许多单位提出"事业留人，感情留人，待遇留人"，请说出其理论依据是什么？

3. 赫茨伯格的双因素理论

弗雷德里克·赫茨伯格（F. Herzberg）是美国行为科学家，其主要著作有《工作的激励因素》《工作与人性》《管理的选择：是更有效还是更有人性》等。双因素理论是他最主要的成就。20世纪50年代末期，赫茨伯格和他的同事们对匹兹堡附近一些工商业机构的约 200 位专业人士做了一次调查。调查中发现，使职工感到满意的因素与使职工感到不满意的因素是性质上完全不同的两类因素。

让职工感到不满的因素主要包括：公司政策与行政管理、监督方式；与主管的关系；与下级的关系；与同事的关系；工资；个人生活条件等与工作环境和工作条件相关的因素。赫茨伯格认为，与工作条件相关的这些因素得到改善时，职工的不满如怠工、对抗会消除，但是不能使职工非常满意，也不能激发其积极性，促进生产效率的提高。赫茨伯格把这类因素称为保健因素，意即只能防病不能治病，它们与工作的外部环境有关，属于保证工作完成的基本条件。

让职工感到满意的因素主要包括：工作富有成就感；工作成绩能得到社会承认；工作本身具有挑战性；受到重视；个人发展的可能性；负有重大的责任等。赫茨伯格认为，与工作本身的特点和内容联系在一起的这类因素的改善能够激励职工的积极性和热情，从而会经常提高一个人的生产效率。如果处理不好，也会引起职工的不满，但影响不是很大。赫茨伯格把这类因素称为激励因素。

赫茨伯格认为只有激励因素，也就是从工作本身激励才能调动职工的积极性，才能提高生产效率。

赫茨伯格的双因素理论将传统理论认为的"满意的对立面是不满意的一个单独连续的两个端点"的观点修正为"满意的对立面是没有满意，而没有满意并不代表不满意；不满意的对立面是没有不满意的两个连续体，没有不满意也并不代表满意"，如图 2-3 所示。

传统模型：　　满意 | ⟵⟶ | 不满意
双因素模型：　满意 | ←激励因素→ | 没有满意 ≠ 不满意
　　　　　　　不满 | ←保健因素→ | 没有不满 ≠ 满意

图 2-3　传统模型与双因素模型的区别

因此，双因素理论与马斯洛的需要层次理论是相吻合的，马斯洛理论中低层次的需要相当于保健因素，而高层次的需要相似于激励因素。

思考你所在组织的"保健因素"和"激励因素"。

4. 麦格雷戈的 X 理论—Y 理论

道格拉斯·麦格雷戈（Douglas M. Mc Gregor）是美国著名的行为科学家。1935 年，他取得哈佛大学哲学博士学位，随后留校任教；1937~1964 年在麻省理工学院任教，但其中有 6 年（1948~1954 年）在安第奥克学院任院长。任院长期间，他对当时流行的传统的管理观点和对人的特性的看法提出了疑问。其代表作是他在 1957 年 11 月的美国《管理评论》杂志上发表的《企业的人性方面》一文,提出了有名的"X 理论—Y 理论"。

当时流行的传统管理理论对人性的看法是,好逸恶劳是人的天性,人总是尽量逃避劳动。一般的人没有什么抱负,宁愿被领导,力求避免责任。由于这种特性,对大多数人来说,必须采取高额奖励加上强制措施或惩罚办法("胡萝卜+大棒式"的管理),迫使他们完成组织的任务。例如,丰田公司美国市场运营部副总裁鲍勃·麦格克雷(Bob Mccurry)就是 X 理论的追随者,他激励员工拼命工作,给员工丰厚的奖金,并实施"鞭策"式体制,严格管理,在竞争激烈的市场中,这种做法使丰田产品的市场占有份额得到了大幅度的提高。

与这些消极的人性观点相对照,麦格雷戈把他对人性的看法称为 Y 理论。Y 理论认为,消极或被动抵抗组织需要并不是人的天性。愿意承担责任、把行动指向组织的目标这些全都存在于人的身上,而不是由管理人员强加到人们身上的。管理人员的责任在于使人们有可能自己认识到并发展人的这些特性,并对组织条件和作业方法进行安排,使得人们能够把自己的努力用于组织目标从而实现个人目标。

你认为一般企业的销售人员应该用 X 理论还是 Y 理论来进行管理?

5. 超 Y 理论

麦格雷戈提出 X 理论—Y 理论后,美国学者乔伊·洛尔施、约翰·莫尔斯选择了两个工厂和两个研究所进行试验,分别验证 X 理论、Y 理论。试验结果如表 2-1 所示。

表 2-1 　　　　　　　　超 Y 理论试验

研究对象	工厂	研究所
X 理论管理方式	好	不好
Y 理论管理方式	不好	好

乔伊·洛尔施、约翰·莫尔斯由此而得出结论,不同的人对管理方式要求不同,即超 Y 理论。这也是管理学的权变思想的体现。

6. Z 理论

二战后,尤其是 20 世纪 50 年代以来,日本经济发展异常迅速,到 70 年代以后,美国受到日本的强大挑战。美国加利福尼亚大学管理学院日裔美籍教授威廉·大内(William G. Ouchi)从 1973 年开始对日本的企业管理方式进行研究。经过与美国的企业对比研究发现,日本企业的管理效率一般较美国要高。因此提出,美国的企业应该结合本国的特点向日本企业管理方式学习,形成自己的管理方式。它把这种管理方式称为 Z 型管理方式,并称这种理论为 Z 理论。

Z 理论的主要内容包括：①长期雇佣制；②集体决策；③个人负责制；④缓慢的评定和提升；⑤适度专业化的职业道路；⑥含蓄控制和明确控制相结合；⑦整体关心，包括对职工家庭的关心。

美国宝洁公司曾经进行过 Z 理论的实践并获得了巨大的成功。宝洁公司中的一个事业部在美国各地和其他许多国家销售工业用品和消费品。这个事业部来了一位新主任。他极力主张推行 Z 理论。他们首先从高层开始，进行一系列的讨论，对 Z 理论做了充分的考察。然后起草了一个有关管理宗旨的陈述，其核心内容为：以相互信任和尊重为基础的坦率的信息交流和参与决策。接着，从上向下贯彻，两年后，取得了很好的效果。质量、可靠性、交货时间等方面的成绩衡量从 88%～90% 提高到 96%～98%，年利润从 1500 万美元提高到 6000 万美元。

从以上阐述中可以看出，传统管理把人当作实现目标的工具、手段，行为科学管理理论特别强调以人为本。以人为本就是要深刻认识到人在社会经济活动中的作用，突出人在实现管理目标中的作用。强调组织管理者要尊重人、依靠人、发展人、为了人。

什么是以人为本？在企业决策中如何体现以人为本？

四、现代管理理论（20 世纪 60～70 年代）

现代管理理论是继科学管理理论、行为科学理论之后，西方管理理论和思想发展的第三阶段，特指第二次世界大战以后出现的一系列学派。这些学派，在历史渊源和论述内容上互相影响，对西方早期管理思想的进一步发展产生了重要影响。与前阶段相比，这一阶段最大的特点就是学派林立，新的管理理论、思想、方法不断涌现。美国著名管理学家哈罗德·孔茨（Harold Koontz）将这种管理学派林立的情况形容为热带雨林，有些"密不可穿"，并将管理学派概括为 11 个：管理过程学派、管理经验学派、社会协作系统学派、决策理论学派、管理科学学派、管理系统学派、人际关系学派、群体行为学派、社会技术系统学派、权变理论学派、经理角色学派。

1. 管理过程学派

管理过程学派的特点是把管理学说同管理人员的职能，也就是同管理人员从事工作的过程联系起来。他们认为，无论组织的性质多么不同（有营利性的、政府的、宗教的等），所处的环境多么不同，但管理人员的职能是相同的。因此，他们首先确定管理人员的职能作为理论的概念结构，如管理过程学派的早期创始人法约尔把管理划分为计划、组织、指挥、协调、控制五项职能。此后又有大量的管理学家对管理职能进行了划分，虽然与法约尔的职能划分并不完全一致，但也大同小异。古典组织理论学家莫尼（Money）、厄威克（Lyndall F. Urwick）、古利克（Luther Gulick）等都属于这一学派的前期代表人物。现代主要的代表人物有哈罗德·孔茨、奥唐纳（McDonald）等。

管理过程学派的基本管理思想包括：

（1）管理是一个过程，可以通过分析管理人员的职能从理性上很好地加以剖析。

（2）可以从管理经验中总结出一些基本道理或规律。

（3）可以围绕这些基本原理开展有益的研究，以确定其实际效用，增大其在实际中的作用和适用范围。

（4）这些原理只要还没有被证明为不正确或被修正，就可以为形成一种有用的管理理论提供若干要素。

（5）管理是一种可以依靠原理的启发而加以改进的技能。

（6）即使在实际应用中由于背离了管理原理而造成损失，但管理原理仍然是可靠的。

（7）尽管管理人员的环境和任务受到文化、物理、生物等方面的影响，但管理理论并不需要把所有的知识都包括进来才能起到一种科学基础或理论基础的作用。

管理过程学派的主要贡献有两个方面。一方面，是其理论的系统性。从确定管理人员的管理职能入手，并将此作为管理过程理论的核心结构。另一方面，管理过程学派确定的管理职能和管理原则，为训练管理人员提供了基础。管理过程学派也存在缺陷，例如所归纳出的管理职能不能适用所有组织，所归纳的职能并不包括所有的管理行为。

2. 管理经验学派

管理经验学派又称案例学派，以向大企业的经理提供管理企业的成功经验和科学方法为目标。管理经验学派的主要代表人物有彼得·德鲁克（Peter F. Drucker）、欧内斯特·戴尔（Ernest Dale）、威廉·纽曼（William H. Newman）、艾尔弗雷德·斯隆（Alfred P. Sloan）等学者，以及大公司的董事长、总经理等。代表人物的构成比较复杂，有管理学家、经济学家、心理学家还有企业家。

管理经验学派认为管理学就是研究管理经验，认为通过对管理人员在个别情况下成功的和失败的经验教训的研究，会使人们懂得在将来相应的情况下如何运用有效的方法解决管理问题。因此，这个学派的学者把对管理理论的研究放在对实际管理工作者的管理经验教训的研究上，强调从企业管理的实际经验而不是从一般原理出发来进行研究，强调用比较的方法来研究和概括管理经验。管理经验学派的主要观点包括：

（1）管理应侧重于实际应用，而不是纯粹理论的研究。管理学如同医学、法律学和工程学一样，是一种应用学科，而不是纯知识的学科。但管理又不是单纯的常识、领导能力或财务技巧的应用，管理的实际应用是以知识和责任为依据的。

（2）管理者的任务是了解本机构的特殊目的和使命。

（3）管理者应使工作富有活力并使职工有成就感。

（4）管理者应处理本机构对社会的影响及其承担相应的社会责任。

（5）组织应实行目标管理的管理方法。

管理经验学派是一个很庞杂的学派，有一些学者受传统管理理论的影响较深，还有一些则向行为科学靠拢。虽然功利主义的经验论实际成就不大，但其中有些研究反映了当代大工业生产的客观要求。

3. 社会协作系统学派

社会协作系统学派是从社会学的角度来分析各类组织。社会协作系统学派的特点是将组织看做一种社会系统，是一种人的相互关系的协作体系，它是社会大系统中的一部分，受到社会环境各方面因素的影响。美国的切斯特·巴纳德（Chester L. Barnard）是这一学派的创始人，他的著作《经理的职能》对该学派有很大的影响。总体来看，该学派的理论有以下一些要点：

（1）组织是一个社会协作系统。这个系统能否继续生存，取决于：①协作的效果，即能否顺利完成协作目标；②协作的效率，即在达到目标的过程中，是否使协作的成员损失最小而心理满足较高；③协作目标能适应协作环境。

（2）正式组织存在需具备三个条件：①有一个统一的共同目标；②每一成员都能够自觉自愿地为组织目的实现作出贡献；③组织内部有一个能够彼此沟通的信息联系系统。此外，在正式组织内部还存在着非正式组织。

（3）对经理人员的职能提出三点要求：①建立和维持一个信息联系的系统；②善于使组织成员能够提供为实现组织目标所不可缺少的贡献；③规定组织目标。

在政府机关等部门的组织形式中，是否应有非正式组织的存在？并分析其利弊。

4. 决策理论学派

决策理论学派的代表人物是美国著名的诺贝尔经济学奖获得者西蒙教授，他致力于决策理论、运筹学、电子计算机在企业管理中的应用等方面的研究，获得了丰硕的成果，其代表作是《管理决策新科学》。决策理论学派基本思想包括：

（1）管理就是决策。

决策理论学派认为管理就是决策，管理是以决策为特征的；决策是管理人员的主要任务，管理人员应该集中研究决策问题，决策贯穿于整个管理过程。组织的全部活动都是集体活动，对这种活动的管理实质上就是制定一系列决策。制定计划的过程是决策；在两个以上的可行性方案中选择一个，也是决策；组织设计、机构选择、权力分配属于组织决策。

（2）决策是一个过程。

西蒙认为，决策是一个包括四个阶段的完整过程，即：①情报活动，其任务是收集和分析反映决策条件的信息;②设计活动,在情报活动的基础上设计、制定和分析可能采用的行动方案;③抉择活动,从可行方案中选择一个适宜的行动方案;④审查活动,对已作出的抉择进行评估。决策理论学派从一个完整的过程来理解决策,从而得出管理就是决策这个结论。他们认为把决策过程四个阶段的活动加在一起,就构成了经理所做的主要事情。

(3) 在决策标准上用"令人满意"的准则代替"最优化"准则。

决策的核心是选择,而要进行正确的选择,就必须有合理的标准。西蒙认为人们在决策时,不能坚持要求最理想的解答,常常只能满足于"令人满意的"决策。因此,在确定方案时应采用"令人满意的准则"来代替传统决策理论的"最大化准则"。"满意化准则"是比"最优化准则"更为现实合理的决策准则。

(4) 一个组织的决策根据其活动是否反复出现可分为程序化决策和非程序决策。

经常性的活动的决策应程序化,以降低决策过程的成本,只有非经常性的活动,才需要进行非程序化的决策。西蒙用心理学的观点和运筹学的手段,提出了一系列指导企业管理人员处理非程序化决策的技术,在企业界产生了重要影响。

5. 管理科学学派

所谓"管理科学"实际是泰勒的"科学管理"理论的继续与发展。它们都是企图摒弃凭经验、凭直觉、凭主观判断来进行管理的传统,主张采用科学的方法,探求最有效的工作方式或最优方案,以达到最高的工作效率。花最短的时间、最小的支出,取得最大的效果。但"管理科学"的研究,已经突破了操作方法、作业水平的范围,向整个组织的所有活动方面扩展,要求进行整体性、系统性、全面性的研究。它将现代科学技术如电子技术、系统论、控制论、信息论等和管理手段,广泛地运用到管理上,形成一系列新的组织管理方法和技术,以获得最佳的经济效益,使整个管理工作提高到前所未有的水平。有的人用"管理科学"一词来统帅这一系列组织管理的方法和技术,并把从事这方面工作的人称之为管理科学学派。

管理科学学派的发展与运筹学的研究和应用分不开。在概念界定上,管理科学学派认为,管理就是制定和建立数学模型与程序的系统,就是用数学符号和公式来表示计划、组织、控制、决策等合乎逻辑的程序,求出最优的解答,以达到企业的目标。所以,所谓管理科学就是制定用于管理决策的数学和统计模型,并把这些模型通过电子计算机应用于管理。

管理科学主要的不是研究、探索管理的科学,而是设法把科学的原理、方法和工具应用于管理的各种活动,降低不确定性,以便使投入的资源发挥更大的作用,得到最大的效益。因此,可以说"管理科学"是现代的"科学管理"。正如有的管理学著作所指出的,尽管很难给管理科学学派的范围划出清晰界限,但是它的研究具有以下一些特征:以决策为主要着眼点;以经济效果标准作为评价的根据;依靠数学模型和电子计算机作为处理和解决问题的方法和手段。

6. 管理系统学派

管理系统学派产生于 20 世纪 60 年代初，是运用系统科学的理论、范畴及一般原理，分析组织管理活动的理论。其代表人物有美国的卡特斯、罗森茨韦克，两人的代表作是合著的《组织与管理：系统与权变的方法》。管理系统学派的主要理论观点包括：

（1）组织是一个由相互联系的若干要素所组成的人造系统。

（2）组织是一个为环境所影响，并反过来影响环境的开放系统。组织不仅本身是一个系统，同时又是社会系统的分系统，它在与环境的相互影响中取得动态平衡。

（3）从系统的观点来考察管理有助于提高组织的效率。

系统管理和系统分析在管理中被应用，提高了管理人员对影响管理理论和实践的各种相关因素的洞察力。该理论在 20 世纪 60 年代最为盛行，但由于它在解决管理的具体问题时略显得不足而稍有减弱，但仍然不失为一种重要的管理理论。

你认为管理系统学派存在的最大缺陷是什么？你对此有什么看法？

7. 经理角色学派

经理角色学派是 20 世纪 70 年代在西方出现的一个管理学派，着重研究管理者在组织中扮演的角色和管理任务，代表人物是加拿大的管理学家亨利·明茨伯格。20 世纪 60 年代末期，明茨伯格通过对 5 位总经理的工作进行仔细研究后，发现管理者扮演着 10 种不同的但却高度相关的角色。明茨伯格认为，这些角色对于所有经理的工作都具有普遍性，因此，可以通过对经理人员在管理过程中所充当的角色的研究来形成管理的理论体系，这样才能使理论对实践有指导意义。

明茨伯格把管理者所担任的 10 种角色进一步组合成 3 个方面：人际关系角色、信息传递角色和决策者角色，详见第一章。

8. 权变理论学派

权变理论是在经验主义学说的基础上进一步发展起来的，继系统理论之后，于 20 世纪 70 年代出现的另一个试图综合各个管理学派的理论。可划归权变学派的管理学家及其理论观点很多，其中影响比较大的有：乔伊·洛尔施和约翰·莫尔斯的"超 Y 理论"；罗伯特·豪斯的"途径—目标理论"；菲德勒的领导方式权变理论以及卡曼的"领导生命周期理论"等。

美国学者卢桑斯（F. Luthans）在 1976 年出版的《管理导论：一种权变学》一书中系统地概括了权变管理理论。他认为：

（1）权变理论就是要把环境对管理的作用具体化，并使管理理论与管理实践紧密地联系起来。

（2）环境是自变量，而管理的观念和技术是因变量。这就是说，在某种环境条件下，对于更快地达到目标来说，就要采用某种管理原理、方法和技术。比如，如果在经济衰退时期，企业在供过于求的市场中经营，采用集权的组织结构，就更适于达到组织目标；如果在经济繁荣时期，在供不应求的市场中经营，采用分权的组织结构可能会更好。

（3）权变管理理论的核心内容是：环境变量与管理变量之间的函数关系就是权变关系。环境可分为外部环境和内部环境。外部环境又可以分为两种：一种是由社会、技术、经济和政治、法律等所组成；另一种是由供应者、顾客、竞争者、雇员、股东等组成。内部环境基本上是正式组织系统，它的各个变量与外部环境各变量之间是相互关联的。

权变理论的出现，对于管理理论有着新的发展和补充，主要表现在它比其他一些管理学派与管理实践的联系更具体，与客观实际更接近一些。但是，权变理论仅限于考察各种具体的条件和情况，而没有用科学研究的一般方法来进行概括，只强调特殊性，否认普遍性，只强调个性，否认共性。

9. 人际关系学派

人际关系学派是由行为科学学派演变而来的。人际关系学派认为，既然管理是通过人与人之间的共同合作来完成工作，那么，对管理进行研究就必须围绕人际关系这个核心。这个学派把有关的社会科学原有的或新近提出的理论、方法和技术用来研究人与人之间和人群内部的各种现象，从个人的品性动态一直到文化关系，无不涉及。

人际关系学派尤其注重管理中"人"的因素，认为在人们为实现其目标而结成团队一起工作时，他们应该互相了解，强调管理的民主性和职工参与管理的重要性，即通过利用各种形式，让各级管理人员和职工有提出建议、参与决策、参与管理的机会。这样，人们可以在实现组织目标的同时，也能获得个人社会需要和心理需要的满足。

10. 社会技术系统学派

社会技术系统学派是由英国的特里斯特等人通过对英国的达勃姆煤矿现场作业组织进行研究的基础上形成的。通过对英国煤矿中长壁采煤法生产问题的研究，他们发现只分析企业中的社会方面是不够的，还必须注意其技术方面。因为许多矛盾的产生是由于只把组织看成一个社会系统，而没有看到它同时又是一个技术系统。企业中的技术系统（如机器设备和采掘方法）对社会系统有很大的影响，对个人心理也会产生很大影响。该学派提出组织绩效不仅取决于人们的行为态度及其相互影响，而且也取决于人们工作所处的技术环境。个人态度和群体行为都受到人们在其中工作的技术系统的重大影响。因此，必须把企业中的社会系统同技术系统结合起来考虑，而管理者的一项主要任务就是要确保这两个系统相互协调。

11. 群体行为学派

群体行为学派同人际关系学派关系密切，甚至易于混同。但它关心的主要是群体中人的行为，而非人际关系。它以社会学、人类学和社会心理学为基础，而不以个人心理学为基础。它着重研究各种群体行为方式。从小群体的文化和行为方式，到大群体的行为特点，都在它的研究之列。它也常被称为"组织行为理论"。

"组织"一词可以表示公司、政府机构、医院或其他任何一种事业中一组群体关系的体系和类型。有时按切斯特·巴纳德的用法，用来表示人们间的协作关系。而所谓正式组织则是指一种有着自觉的精心筹划的共同目的的组织。

1. 从现代西方管理思想的演变中你得到了什么启示？
2. 这些启示对你以后参与组织管理有什么影响？

五、现代管理理论的新发展（20 世纪 80 年代至今）

进入 20 世纪 80 年代以后，随着社会、经济、文化的迅速发展，特别是信息技术的发展与知识经济的出现，世界形势发生了极为深刻的变化。面对信息化、全球化、经济一体化等新的形势，企业之间竞争加剧，联系增强，管理出现了深刻的变化与全新的格局。正是在这样的形势下，出现了企业文化、战略管理、业务流程再造、客户关系管理、学习型组织等一些全新的管理理论趋势。

1. 企业文化理论

20 世纪 70 年代末 80 年代初，由于经营风险增大，竞争激烈，管理日趋复杂，在西方管理理论界出现了一种重视企业文化的思潮。企业文化理论发源于美国，而企业文化的实践主要出自日本。二战后，作为战败的日本满目疮痍，一片废墟，而且当时日本既没有自然条件方面的优势（国土狭小，自然资源贫乏），也没有政治、军事、经济、技术等方面的优势。但日本经过短短的二十几年的发展成为世界上的经济强国，甚至对先进管理理论的"输出国"美国也产生了很大的冲击。于是美国的经济学家和管理学家开始研究日本的"经济奇迹"的奥秘，这些学者把目光集中在美日的文化差异上，并有了惊人的发现，相继出版了一系列的企业文化书籍，如沃格尔（Ezra F. Voger）的《日本名列第一》、帕斯卡尔（R. T. Pascale）和艾索斯（A. G. Athos）合著的《日本的管理艺术》、彼德斯（Thomas J. Peters）和沃特曼（Robert H. waterman）合著的《追求卓越》、迪尔（Terrence E. Deal）和肯尼迪（Allan A. Kennedy）合著的《公司文化》、威廉·大内的《Z 理论》等，从而形成了较系统的企业文化理论。企业文化理论指出企业文化的差异导致了经济效益的差异，日本企业文化比美国企业文化更能激励企业的活力和竞争力；没有强大的企业文化，即价值观和信仰等，再高明的经营战略，也无法获得成功；企业文化不仅对本企业员工的思想和行为具有强大的导向功能、凝聚功能、约束功能、激励功能、创新功能等，而且企业文化对本企业所在社区、企业产品所覆盖的地区具有辐射功能。

2. 战略管理理论

20 世纪 80 年代前后，世界进入科技、信息、经济全面飞速发展时期，同时竞争加剧，风险日增。为了谋求企业的长期生存发展，企业开始注重构建竞争优势。安索夫（Ansoff）的《公司战略》（1965）一书的问世，开创了战略规划的先河。到1976年，安索夫的《从战略规则到战略管理》一书出版，标志着现代战略管理理论体系的形成。20世纪80年代初，以哈佛大学商学院的迈克尔·波特为代表的以行业结构分析为基础的竞争战略理论，取得了战略管理理论的主流地位。

3. 核心竞争力理论

20世纪90年代，信息技术迅猛发展，导致竞争环境日趋复杂，企业不得不把眼光从外部市场环境转向内部环境，注重对自身独特的资源和知识（技术）的积累，以形成企业独特的核心竞争力。1990年普拉哈拉德（Prahalad）和哈默尔（Hamel）在《哈佛商业评论》上发表的《企业核心能力》掀起了核心能力研究的高潮，标志着战略管理研究进入了一个新的阶段。一般将这个阶段的战略管理理论称为核心竞争力学派。

由于核心竞争力学派再次将目光从外部环境转向企业内部，其战略分析模式也典型地回归古典战略理论的SWOT分析模式，所以也有人将这个阶段的战略管理理论称为新古典企业战略理论。普拉哈拉德和哈默尔认为，核心竞争力是组织中的积累性学识，特别是关于如何协调不同的生产技能和有机结合多种技术流的学识，它是企业可持续竞争优势与新事业发展的源泉，应该成为公司战略的焦点。核心竞争力之所以能为企业带来竞争优势，是由它自身特性决定的，即价值创造性、延展性、难以模仿性和难以替代性。因此，并不是所有的资源、知识和能力都能形成企业的竞争优势，只有具备这些特性的资源、知识和能力才构成企业的核心竞争力。显然，强调以企业生产、经营行为和过程中的特有能力为出发点，制定和实施企业竞争战略的理论思想就是核心竞争力理论。

与迈克尔·波特的竞争战略理论的最大不同是，核心竞争力理论学派打破了"企业黑箱论"，从企业独特的资源、知识和能力的角度揭示了企业竞争优势的源泉。但是，许多战略管理学家认为，相对于以前的战略理论流派而言，核心竞争力理论还不成体系，叙述纯文字化，对于什么是核心能力尚未形成统一的概念，核心竞争力理论只解释了核心能力是企业长期竞争优势资源，并未给出识别核心竞争力的方法。

试分析核心竞争力战略理论对企业管理实践的影响。

4. 战略联盟

进入20世纪90年代中期，随着产业环境的日益动态化，技术创新的加快，竞争的全球化和顾客需求的日益多样化，企业逐渐认识到，如果想要发展，无论是增强自己的能力，还是拓展新的市场，都需要与其他公司共同创造消费者感兴趣的新价值。企业必须培养以发展为导向的协作性经济群体。在此背景下，战略联盟理论开始成为企业战略管理研究的一个新焦点。

战略联盟理论的出现，使人们将关注的焦点转向了企业间各种形式的联合。这一理论强调竞争合作，认为竞争优势是构建在自身优势与他人竞争优势相结合的基础上的。但是，联盟本身固有的缺陷，以及基于竞争基础上的合作，使得这种理论还存在许多有待完善之处，企业还在寻求一种更能体现众多优越之处的合理安排形式。

对比现代管理理论和战略管理理论存在的最大差异是什么？

5. 业务流程再造理论

进入20世纪七八十年代，市场竞争日趋激烈。美国企业为挑战来自日本、欧洲的威胁而展开探索。1993年，美国麻省理工学院教授迈克尔·哈默（M. Hammer）博士与詹姆斯·钱皮（J. Champy）提出了业务流程再造理论（business process reengineer，BPR），在20世纪90年代达到了全盛的一种管理思想。

业务流程再造的基本内涵是以流程运作为中心，摆脱传统组织分工的束缚，提倡面向客户、组织变通、员工授权及正确地运用信息技术，达到快速适应市场变化的目的，包括不同程度的业务提升、业务优化、业务改造。业务流程再造的目的是在成本、质量、服务和速度等方面取得显著的改善，使得企业能最大限度地适应以顾客、竞争、变化为特征的现代企业经营环境。

业务流程再造强调以业务流程为改造对象和中心，以关心客户的需求和满意度为目标，对现有的业务流程进行根本的再思考和彻底的再设计，利用先进的制造技术、信息技术以及现代的管理手段、最大限度地实现技术上的功能集成和管理上的职能集成，以打破传统的职能型组织结构，建立全新的过程型组织结构，从而实现企业经营在成本、质量、服务和速度等方面的巨大改善。

业务流程再造的方法中，头脑风暴、德尔菲法、价值链分析和竞争力分析都是经典的管理方法和技术，而ABC成本法、标杆瞄准法、流程建模和仿真则是比较新的方法，尤其是流程建模和仿真，为业务流程再造项目提供了有力的工具。将上面这些的方法和技术综合在一起，就为业务流程再造团队提供了一整套有力的工具，可以在整个业务流程再造过程中进行运用。

6. 客户关系管理理论

客户关系管理（customer relationship management，CRM）是选择和管理有价值客户及其关系的一种商业策略，要求以客户为中心的商业哲学和企业文化来支持有效的市场营销、销售与服务流程。如果企业拥有正确的领导策略和企业文化，CRM将能为企业实现有效的客户关系管理。

CRM的概念由美国Gartner集团率先提出，是企业为提高核心竞争力，达到竞争制胜，快速成长的目的，树立以客户为中心的发展战略，并在此基础上展开的包括判断、选择、争取、发展和保持客户所需的全部商业过程；是企业以客户关系为重点，通过开展系统化的客户研究，以及优化企业组织体系和业务流程，以提高客户满意度和忠诚度，提高企业效率和利润水平的工作实践；也是企业在不断改进与客户关系的全部业务流程，最终实现电子化、自动化运营目标的过程中，所创造并使用的先进的信息技术、软硬件和优化管理方法、解决方案的总和。CRM整合了客户、公司、员工等资源，对资源有效地、结构化地进行分配和重组，便于在整个客户关系生命周期内及时了解、使用有关资源和知识；简化、优化了各项业务流程，使公司和员工在销售、服务、市场营销活动中，能够把注意力集中到改善客户关系、提升绩效的重要方面与核心业务上，提高员工对客户的快速反应和反馈能力；也为客户带来了便利，客户能够根据需求迅速获得个性化的产品、方案和服务。

7. 学习型组织理论

20世纪90年代以来，知识经济的到来使信息与知识成为重要的战略资源，相应诞生了学习型组织理论。学习型组织理论是美国麻省理工学院教授彼得·圣吉在其著作《第五项修炼》中提出来的。彼得·圣吉认为，未来真正出色的企业，将是能够设法使各阶层人员全心投入，并有能力不断学习的组织。

在学习型组织中，有五项新的技能正在逐渐汇集起来，这五项技能被圣吉称为"五项修炼"。第一项修炼是自我超越（personal mastery）：发展自身，而不是除掉什么。第二项修炼是改善心智模式（improving mental models）：发掘内心世界的图像（假设、成见等），使这些图像浮上表面，并严加审视；有效地表达自己的想法，并以开放的心灵容纳别人的想法。第三项修炼是建立共同愿景（building shared vision）：整合个人愿景，转化为能够鼓舞组织的共同愿景。第四项修炼是团体学习（team learning）。第五项修炼是系统思考（systems thinking）。

第二节　中国管理思想和理论的演变

世界上任何国家的管理思想都是深深地根植于这个国家人民的生存生活环境和民族文化土壤之中。中国是一个具有五千多年悠久历史的文明古国，在中华民族长期生存繁衍发展的历史长河中，创造了光辉灿烂的传统民族文化。悠久的中国传统文化孕育了博大精深的管理思想，产生了多姿多彩的、独具特色的管理方式和方法，培养了一批又一批优秀的国家和企业管理人才。

一、中国古代的管理思想

1. 管仲的社会管理思想

管仲,名夷吾,汉族,中国春秋时期齐国颍上(今安徽颍上)人,史称管子。春秋时期齐国著名的政治家、军事家,周穆王的后代。管仲少时丧父,老母在堂,生活贫苦,不得不过早地挑起家庭重担,为维持生计,与鲍叔牙合伙经商;后从军,到齐国,几经曲折,经鲍叔牙力荐,为齐国上卿(即丞相),被称为"春秋第一相",辅佐齐桓公成为春秋时期的第一霸主,所以又说"管夷吾举于士"。管仲的言论见于《国语·齐语》,另有《管子》一书传世。

管仲主张将被统治的广大群众按照他们个人的职业分为四大社会集团——士、农、工、商。他认为四大社会集团的成员不能混合"杂处",必须各按其职业"群萃而州处",而且各集团的成员的职业都须世代相传,如"士之子恒为士""农之子恒为农""工之子恒为工""商之子恒为商"。这就可以使人们世世代代相传下去以实现封建生产关系的再生产,尤其是替统治阶级保证了封建劳动力的长期再生产。管仲的管理思想体现于其所著的关于国家治理的鸿篇巨制《管子》中,主要包括以下五方面内容:

(1)"霸王之形"的国家治理理想态势。成就王业和霸业的君主善于分析天下形势,摆正自己的位置,然后不失时机地去行动。其中,修德义、用智谋、强兵富民、善于利用天时地利等方面是成就王、霸之业必不可少的条件。

(2)"明分任职"的协调君臣关系。重点在以法为度,主张君臣各司其职。君主的职责主要是用人、制令和赏罚,人臣的职责是守任治事。

(3)"以人为本"的管理宗旨。"得人之道,莫如利之","政之所兴,在顺民心。政之所废,在逆民心","争天下者,必先争人"。

(4)"轻重"之术的经济管理方法。在重视农业、稳定个体农民经济的基础上,管仲主张通过商品经济来富国、强国,提出了国家通过货币、商品的"轻重"关系来调控经济的理论。

(5)"依法治国"的国家治理保障。

2. 《吕氏春秋》——杂家管理思想之大成

《吕氏春秋》是战国末年(公元前239年前后)秦国丞相吕不韦组织属下门客们集体编撰的杂家(儒、法、道等)著作。《吕氏春秋》对先秦诸子的思想进行了总结性的批判,认为这些不同的思想应当统一起来,"一则治,异则乱;一则安,异则危"。《吕氏春秋》的主要思想包括:

(1)先修身再治国的为君之道。主张全生保身的生活态度,大公去私的品格修养,居安思危的忧患意识,力排众议的决策能力,厚德兼顾重法。

(2)因时顺势的管理机制。主张适应时势,慎思明辨,义重于利,因势利导。

（3）仁德利民的民本思想。主张以民为本。

（4）知人善任的系统方法。主张善于认识人才，选拔人才，培养人才，使用人才。

3. 老子的管理思想

老子，又称老聃、李耳，春秋时期楚国苦县厉乡曲仁里人，是我国古代伟大的哲学家和思想家，道家学派创始人。其被唐皇武后封为太上老君，世界文化名人，世界百位历史名人之一，存世有《道德经》（又称《老子》）。其作品的精华是朴素的辩证法，主张无为而治，其学说对中国哲学发展具有深刻影响。在道教中老子被尊为道祖。

2500多年前，老子就朦胧地感觉到有一种支配天、地、人间运行的客观存在的物质力量，他把这种力量称之为"道"。他明确意识到有一种"独立不改，周行而不殆，可以为天下母"的力量。这是老子讲"道"的精华所在，接近于发现自然界存在着不受任何神力主宰的客观规律，是对原始朴素唯物论的重大贡献。

老子在《道德经》第一章开宗明义："道可道，非常道；名可名，非常名。无名，天地之始；有名，万物之母。"显然，老子所讲的"道"，不仅仅限于人类社会的范围，即所谓"人道"，而且还包括"天道""地道"，最后，天道、地道、人道都要服从于自然。所以，老子关于"道"的理念是"大自然法则支配一切"的概念。这就是有名的"道法自然"命题的由来。在老子看来，"道"先于物质生成之前就存在了。老子的"道法自然"思想所表现的"道"的理念完全突破了西周以来天道观的束缚。

4. 孟子的管理思想

孟子，名轲，字子舆。战国时期鲁国人，中国古代著名思想家、教育家，战国时期儒家代表人物。著有《孟子》一书。孟子继承并发扬了孔子的思想，成为仅次于孔子的一代儒家宗师。"仁也者，人也"（《尽心下》）、"不以仁政，不能平天下"（《离娄上》）、"天时不如地利，地利不如人和""君臣、父子、兄弟终去仁义，怀利以相接，然而不亡者，未之有也。"（《告子下》）、"上下交征利而国危矣""苟为后义而先利，不夺不餍"（《梁惠王上》）等均是孟子的经典核心思想。

孟子是我国古代第一个把仁爱和管理结合起来的思想家。在孟子看来，只要管理者能真正实行尊重人、爱护人的人本管理，就能平治天下。这是孟子管理思想中的一个核心思想。

分析老子的管理思想和孟子的管理思想存在的差异。

5. 孙子的管理思想

孙子，姓孙，名武，字长卿，春秋末期军事家，哲学家。孙子的管理思想集中体现于其所著的《孙子兵法》中，主要论述了战争的普遍规律，深刻地剖析了如何赢得战争的各种因素,以及战争与政治、经济、外交、天文、地理等各种因素的关系,指出将帅指挥战争要审时度势,因时因地制宜,绝不可凭主观意愿行事。"上下同欲者胜""知己知彼,百战不殆""上兵伐谋""兵无常势,水无常形,能因敌变化而取胜者,谓之神""出其不意,攻其不备""避实就虚""速战速决"均是其经典作战谋略。

试论述中国古代各管理思想的现实意义。

二、中国近代时期的管理思想

新中国成立前,我国管理思想的主要来源有四个:洋务派、民族实业家、维新派和革命派。具体可以划分为五个阶段。

1. 鸦片战争以前的管理思想

1840年鸦片战争之前,中国实行闭关锁国的封建政策,不存在正式的工业,仅有一些处于资本主义萌芽形态的小商品经济以及尚未形成规模的封建手工业。当时的社会等级排序是"士、农、工、学、商",可见商人的社会地位极其低下。此时的管理思想主要体现为僵化的封建国家管理和尚欠发达的军事管理。

2. 洋务派的管理思想

鸦片战争之后,国门大开,外国商品蜂拥而入。我国官僚资产阶级和民族资产阶级相继对其仿效,自19世纪60年代起,陆续兴办了一些我国早期的近代工矿企业,由此形成中国近代管理思想最早的两个主要来源:洋务派企业和民族资本主义企业。

早期的洋务派企业正是在技术主义迷信的前提下形成的。其主要指导思想是主张"经世致用"的文学派学者魏源,他在《海国图志》里提出的"师夷长技以制夷",主要特征是重技术、不重管理,即学习西方的技术,搞技术主义迷信,基本没有对封建制度的改变,从而导致了1895年甲午中日战争的失败。甲午中日战争的失败,标志着洋务派求强路线的破产。但是直到1911年辛亥革命清政府才被推翻,此时洋务派的管理思想才算彻底破产。洋务派创办的企业主要有三种形式:官办(主要是军工企业)、官督商办和官商合办,其中官督商办企业所占比例最大,而官商合办实为官督商办。总体来看,官督商办企业的管理及其体现出来的管理思想,相比军工企业要有所提高。洋务派主要代表人物有:曾国藩、李鸿章、左宗棠、张之洞、冯桂芬、郭嵩焘、容闳、王韬、薛福成、马建忠等。其管理思想主要特征有:浓厚的封建性、严重的殖民地性、重技术而不重管理等。

3. 民族实业家的管理思想

鸦片战争中清政府的失败也导致了对民族资本主义工商业控制的放松(以前重农抑商),由此逐渐诞生了一个全新的社会阶层——民族实业家。民族资本主义工商业的性质、作用与洋务派企业都很不相同，其最初出现可以追溯至1852年粤人郭甘章出资在上海虹桥兴办的船坞。早期比较著名的民族工商业集团有：荣氏集团、启新洋灰公司、滦州矿务公司、华新纱厂、耀华玻璃公司等。民族实业家的经营管理思想的主要优点有：充分开发和利用"人和"的优势；善用自身优势，创造名牌产品；"人弃我取、避实就虚"的战略战术；注重西方科学管理思想与中国本土文化的有机结合。在他们优秀经营管理思想的指导下，中国民族企业以弱敌强甚至以弱胜强，与外资企业进行了卓有成效的斗争。民族实业家管理思想经历的时间跨度最长，一直延续到1956年完成对民族资本主义工商业的社会主义改造。

4. 维新派的管理思想

维新派即资产阶级改良派，属于近代资产阶级意识形态范畴，反映了刚刚转化为资产阶级和具有资产阶级倾向的商人、地主和官僚的利益要求。早期的维新派形成于19世纪六七十年代，在1884年中法战争以前，曾附属和依存于洋务派，但由于两者在对待"中学"与"西学"的态度上存在差异，洋务派强调"中体西用"，而维新派表现出更多的资本主义倾向，因而从中法战争后开始从洋务派中逐渐分离出来，并且形成一个以康有为为首的影响巨大的独立政治派别。"公车上书"标志着维新派集中提出了发展资本主义的经济纲领。维新派管理思想的理论本源主要是西学，其中作为灵魂和核心的则是西方资产阶级进化论和天赋人权学说。主要代表人物有：康有为、梁启超、谭嗣同、严复等。维新派管理思想一直延续到1927年。在1911年辛亥革命之前维新派的主要敌人是洋务派，因此其主要作用是积极的；1911年之后维新派的主要敌人则是革命派，其主要作用则是消极的。

5. 资产阶级革命派的管理思想

1894年11月，孙中山在檀香山组建了中国近代第一个资产阶级革命团体兴中会。与主要代表民族资产阶级上层利益的维新派的管理思想不同，代表民族资产阶级中下层利益的革命派则要求通过资产阶级革命推翻清朝的封建统治，建立资产阶级共和国，进而促进中国资本主义经济的进一步发展。即不仅要学习西方的技术，更要彻底变革封建制度。资产阶级革命派在引进西方现代政治思想的同时，又引进了西方的现代科学管理思想，同时与中国的传统管理思想相融合，进而提出自己的一整套行政管理思想。革命派的代表人物有孙中山、廖仲恺和朱执信等。革命派管理思想侧重于宏观的国家管理，如孙中山的国民经济管理思想、行政管理思想，廖仲恺的新国家建设思想，朱执信的土地国有思想等。

三、中国现代管理思想

新中国成立后，中国管理思想的发展基本上可以划分为三个比较明显的阶段：第一阶段是从1949年新中国成立至1978年党的十一届三中全会决定进行改革开放这一计划经济时期，第二阶段是改革开放到1992年确立社会主义市场经济体制为我国经济体制改革的时期，第三阶段为1993年党的十四届三中全会到现在建立社会主义市场经济体制的时期。

1. 计划经济时期的管理思想

新中国成立初期，由于旧的行政管理、宏观经济管理以及微观企业管理等思想和方法已经不能适应新中国社会主义建设的需要，鉴于当时的国际国内形势，我国的经济管理体制基本上是照搬照抄苏联模式，部分吸收西方和中国传统管理思想，主要是通过行政区域、行政层次、行政原则来组织经济，用行政命令的方法管理经济，强调中央统一的指令性计划，实行统一物价、统一就业。1956年毛泽东在《论十大关系》中提出可以向西方学习科学技术和企业管理之后，由科学家和工程专家倡导，开始大规模引进与创新西方的科学管理理论。这一时期企业管理的发展大致可以划分为四个阶段：1949~1952年，企业管理的特点是破旧立新，变革企业管理制度；1953~1957年，企业管理的特点是全面、系统地引进苏联的企业管理制度和方法，实行科学管理；1958~1965年，企业管理的主要特点是探索我国自己的企业管理道路，创建有中国特色的现代企业管理理论体系；1966~1976年的"文化大革命"则使我国的企业管理遭受到严重的破坏。1976年10月"文化大革命"结束后至1978年底期间，我国开始着手恢复正常的企业生产运行秩序，但是受到以往指导方针的禁锢，僵化的计划经济体制依然如故，企业只不过是在恢复"文革"前的秩序，旧体制束缚下的企业管理仍然只能是徘徊不前，不可能出现突破性的新进展。总之，此时期形成了一个包括行政管理思想、社会管理和经济管理思想、文艺管理思想、人才管理和教育管理思想、现代化军队管理思想、党务管理思想、柔性管理思想等完整的计划经济管理思想体系。从管理科学发展的角度看，这一时期为中国管理科学的形成时期。

2. 经济体制改革时期的管理思想

1978年十一届三中全会决定实行改革开放政策后，我国进入经济体制改革时期。经济管理总的指导思想是"大的方面管住管好，小的方面放开放活"和"简政放权"，实行计划经济与商品经济的统一。在"对内搞活、对外开放"的方针指引下，为了加快企业管理现代化的进程，总结我国的管理经验和大胆吸收、借鉴国外的先进管理理论与方法，西方管理思潮开始大规模引进我国，包括全面质量管理、系统工程、系统论、控制论、信息论、运筹理论、技术经济学等。这一时期的企业管理可以划分为三个阶段：1978~1981年，为恢复性整顿阶段（或放权让利阶段）；1982~1985年，为适应我国经济建设的要求，对企业进行了全面的整顿工作，同时进行了企业管理现代化试点，此阶段也称"利改税"阶段；1986~1992年，为企业全面管理现代化阶段（或承包制阶段）。总之，此时期形成了包括社会管理思想、经济管理思想、行政管理思想、人才管理思想、教育管理思想、科技管理思想、文艺管理思想等体系，是极为丰富、独具特色、行之有效的，是以"实事求是"为根本原则、目标管理为其核心、民主管理为其特点、法制管理为其手段的比较完整的社会主义管理思想体系。

从管理科学发展的角度来看，这一时期是我国管理思想和理论最活跃的时期。无论在宏观管理理论、微观管理理论方面，还是在发展中国自己的管理科学方法、大规模吸收与消化西方管理科学方法方面，都取得了许多创新。这一时期中国管理科学的最基本特点就是"改革创新"。

3. 社会主义市场经济时期的管理思想

1993年十四届三中全会以后，我国开始进入社会主义市场经济时期。这一时期我国的企业管理思想发生了更加深刻的变化，总体表现在：企业管理理论逐步完善，适应市场经济要求的产权清晰、权责明确、政企分开、管理科学的现代企业制度逐步建立；企业管理的思想、目标、体制和组织都更加符合现代市场经济的要求；企业管理的内容逐步丰富和完善；企业管理手段、方法进一步趋向现代化；国际标准开始在企业中广泛应用；企业的基础管理工作有所加强。

1993年以后，不仅一大批较有影响的管理学术著作得以出版，更多的国外管理理论也被引进我国，高校管理学教育与学术研究也开展得如火如荼，一些结合中国国情的管理理论也得以提出和成熟，比如西安交大席酉民教授的和谐管理理论和复旦大学苏东水教授的东方管理理论，就是有益的尝试并取得了显著的成绩。此时期以"以我为主、博采众长、融合提炼、自成一家"为总原则的具有中国特色的社会主义管理科学正在形成。

思考

1. 顺应时代的变化，谈谈你认为我国管理发展的趋势是怎样的？
2. 管理发展的新趋势对管理者提出了什么新的要求？

本章小结

- 研究管理的历史可以理解现代的管理理论与实践。现代管理理论是一个不断发展、检验、修正、再检验的过程。
- 系统化的管理思想是在19世纪末20世纪初，随着生产力的高度发展和科学技术的进步，在西方形成并蓬勃发展起来的。其主要的管理思想流派除传统的经验管理思想外，还包括科学管理思想、行为管理思想、定量管理思想、权变管理思想。
- 科学管理思想着眼于寻找科学的管理劳动和组织的各种方法，其代表性的理论有泰勒的科学管理理论、法约尔的一般管理理论和韦伯的行政组织理论。他们都主张管理的科学化和专业化，并以提高劳动生产率为研究目标。
- 行为管理思想的研究重点在分析影响人的行为的各种因素，强调管理的重点是理解人的行为。其代表人物有梅奥、马斯洛、麦克雷格等。他们都把人看做是宝贵的资源。
- 定量管理思想的核心是把数学、统计学、计算机用于管理决策和提高组织效率，其特点是用先进的数学方法及管理手段，使生产力得到较为合理的组织，以获得最佳的经

济效益，而较少考虑人的行为因素。
- 权变管理思想认为，在管理中要根据所处的内外条件随机应变，没有一成不变、普遍适用的"最好的"管理理论方法。这个学派强调管理者的实际工作取决于所处的环境条件，因此管理者应根据不同的情景及其变量决定采取何种行动和方法，并试图寻求最为有效的方式来处理一个特定的情景和问题。
- 作为文明古国，中国在各个历史发展时期，都有极其丰富的管理思想。其中主要有关于运筹与决策的思想、关于人类行为与心理的思想、关于领导艺术的思想等。
- 管理理论随着社会经济的发展而发展，进入20世纪90年代以后，各种新的管理理论不断出现，如业务流程再造、学习型组织等。进入21世纪以后，随着竞争的加剧、科技的发展，将引起管理思想的进一步发展。
- 管理思想及理论随着社会实践的发展将不断发展、不断完善。

【复习与思考】

1. 西方管理思想是如何随着社会的发展而发展的？
2. 管理者在创新中如何发挥作用？
3. 比较东西方管理理论演变过程的同异。
4. 你经历过非正式组织对你的影响吗？你认为非正式组织是利大于弊还是弊大于利？
5. 有人认为，只有定量分析管理问题才谈得上科学管理，你同意吗？为什么？
6. 管理理论的发展和趋势对我们有什么启示？
7. 通过查阅相关资料，指出如何认识最近几年新经济时代的管理创新。

【案例分析】

利达公司是一家经营绩效良好的企业，在前些年有过骄人的业绩。但近几年来，公司的盈利水平不断下降，一个中等规模的企业，盈利水平甚至不如本地一家小型企业。公司上下对此颇感迷惑，人心浮动，企业面临着严峻的考验。一天，公司总经理把总经理助理小赵叫到办公室。总经理首先跟他简单地讨论了公司目前的经营状况，明显地表示了对这现状的担忧。接着，总经理交给小赵一个特殊的任务：集中一段时间，深入调查一下造成企业目前盈利水平下降的主要原因是什么，并提出对策建议。

小赵来这个企业工作时间不长。他过去曾系统学习过管理理论，对古典管理理论与现代管理理论都有较深入的研究。他对总经理交办的这个任务高度重视，决心运用所学的管理理论分析与解决本企业的实际问题。小赵首先将目光投向市场，在激烈竞争的今天，市场是决定企业盈利水平最首要的因素。在调查的过程中，小赵了解到，本公司为开拓市场，建立了本地同行业最庞大的营销队伍，而且每年的营销预算都高于同行业其他企业，建立了与本地几家最大企业旗鼓相当的市场份额。他觉得营销环节问题不大。

接着他调查了本企业产品开发与价格情况。他了解到，本企业有很强的技术力量，有一支高水平的科技开发队伍。本企业的产品不比同行的产品差,而且价格合理,不高也不低。他也感到困惑,这怎么会造成盈利水平的不断下降呢?他又深入车间了解一线生产情况。生产线运行正常,员工们工作也较为认真。当然,也发现有些员工积极性不是很高,工作节奏较慢。车间主任抱怨道:"去年每人都涨了一级工资。咱厂在本地工厂中工资是最高的,可是这些工人的积极性一点也没有提高。"关于严格管理,他说道:"其实咱厂管理是很严格的,有那么多的管理规章制度。我本人对下属的管理就是非常严格的,对于那些迟到早退、生产不合格产品、材料损失浪费的工人从不客气,都狠狠地进行批评。可是这些现象就是屡禁不止,生产率就是不上去。有的工人好像是在同厂里作对。其实厂子黄了你的饭碗也打了。我也没办法了。"小赵还了解到公司的管理机构庞大,管理费用高,产品生产成本也普遍高于同行,据说原材料进价也偏高等。调查的情况千头万绪,小赵决定运用管理理论进行分析,并提出有效的对策方案,以出色地完成总经理交办的任务。但他似乎觉得在运用泰勒的经济刺激手段与现代行为科学原理之间还有些冲突,还有需要进一步理顺的地方。

资料来源:https://www.docin.com/p-315744511.html。

思考题:

1. 造成该公司盈利水平下降的原因有哪些?最主要的原因是什么?

2. 你认为解决该公司问题,应用泰勒的科学管理原理还是应用行为科学原理,哪个更为重要?

3. 请你对小赵制定解决该公司问题对策方案提出建议。

【技能拓展】

1. 完成一对一角色扮演测评的案例材料。

2. 通过对模拟案例的分析,扮演其中一位管理者的角色,结合本章节所学的管理理论,利用不同的管理理论分析一个组织存在的问题,并找出解决问题的方法。

(1) 通过各种途径,获得一份管理上存在问题组织的材料。

(2) 分析组织所存在的问题,确定自己角色扮演的对象。

(3) 应用所学的各种管理理论,对组织进行重新管理安排,使组织健康发展下去。

(4) 由学生多渠道寻找相关组织资料,确定一个案例中不同角色人员的分配。

(5) 分配后的资料学生分组整理,确定最终的处理办法。并将最后结果分类讨论,评价角色扮演处理问题的优缺点,并将讨论过程及分析结果做好记录。

3. 每个小组上交一份新的组织管理方案,由老师批阅后记入小组积分;同时,别的小组成员对此方案进行评价打分,最终确定最佳方案。

第三章 管理环境

导入案例

生死海尔

如今风头正盛的是小米、阿里、腾讯和华为，它们携互联网思维四处突击，颇有摧枯拉朽之势。而吹响转型号角多年、心无旁骛埋头自我变革的海尔，在外界看来，似乎已不再代表新锐与先锋。

这家曾被公认为中国企业领航者的巨舰，在互联网时代是否已"廉颇老矣"？中国企业家群体中唯一被称做"管理哲学家"的张瑞敏，能否通过"自以为非"的全面变革引领海尔继续成为"时代的企业"？

实际上，谈到互联网转型，没有哪个企业像海尔起步那么早，"折腾"那么久，动静那么大。

2014年，张瑞敏又提出了"企业平台化、员工创客化、用户个性化"，并借用著名的"砸冰箱"，干脆提出了"砸组织"！在张瑞敏看来，第三次工业革命已经到来，企业需从人本管理时代进入能本管理时代，而企业应变成分散型+合作型和按社区集聚的扁平化组织。因此，海尔的组织结构也应从"倒三角"进一步变革成节点闭环网。

而今，海尔最新的探索已经成果初现——其内部衍生的"雷神"在游戏领域演绎出了"小米神话"。此外，"智慧烤箱""无限电力传输"等项目也都问世在即。截至2014年1月，海尔内部已形成几百个利益共同体（海尔简称"利共体"）和96个小微在线项目（即利共体下面的孵化项目组织），并建立了30多个平台，主要孵化内部"小微"。一批"小微"正在海尔平台上萌发。

显然，此时下定论为时过早。在互联网时代，全世界尚没有成型的管理模式、理论和工具。像海尔这样几万人的大企业，去做互联网转型，挑战和风险无疑都很大。海尔原总裁杨绵绵曾意味深长地说："如果海尔不'折腾'，三五年内会过得很好。"不难品出的弦外之音，成为海尔持续变革的动因。不在涅槃中重生，就在折腾中死去。环境改变了，则管理模式也需要不停更新进步。

资料来源：杨光，孙春艳，庄文，刘奔．生死海尔[J]．中外管理，2014（4）。

【知识要求】

通过本章的学习，使学生了解环境对管理的影响、环境管理的步骤与方法、环境研究的程序和方法；理解管理环境的含义、研究管理环境的意义与作用，理解 PEST 分析、波特的"五种力量模型"的基本内涵，理解 SWOT 分析的内涵与步骤；掌握环境要素的分类及外部环境要素的构成。

【技能要求】

通过本章的学习，使学生具备一定的环境分析能力，能运用 PEST 分析和波特的"五种力量模型"进行组织外部环境分析，同时，学生能理解 SWOT 分析的基本思想，并能运用该方法对某组织内外部环境进行简要分析。

【关键术语】

管理环境；一般环境；具体环境；组织文化；物质环境；SWOT 分析；环境调查；环境预测

第一节 管理环境概述

一、管理环境概念及特点

1. 管理环境的概念

组织与环境的关系表现为投入和产出的交换。组织要从环境中获得投入，然后借助组织的功能将投入转换成产出，再把产出投入环境中，使产出成为其他组织的投入，就像自然界中的生物链一样循环往复。从这方面看，组织是一个"开放系统"，如图3-1所示。

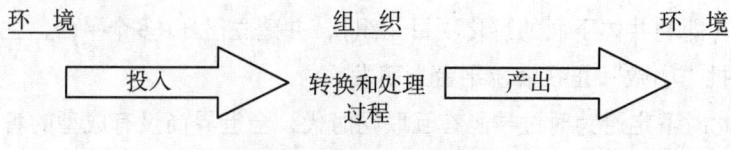

图3-1 作为开放系统的组织

因此，一个组织的绩效，不仅取决于管理者的努力，而且会受到存在于组织内部和外部的各种条件因素的影响，这些存在于组织内部和外部的影响组织业绩的各种力量和条件因素的总和称为管理环境。一位作家说，"从整个宇宙中减去代表组织的那一部分，余下的部分就是环境。"

组织都是有目标的，而组织目标能否实现与其所处的环境具有密切的联系。因此，作为组织的管理者要密切关注组织所处的环境状况及其变化趋势。曾经有一位玩具生产企业因为未关注欧盟实施的最新的有关儿童玩具材料的毒害标准规定的变化，结果导致运输到欧盟港口的玩具被客户退货，引致企业巨额损失。最终该企业创始人因不堪压力自杀结束了自己的一生。这是个悲剧，但这个事实告诉我们管理者务必关注环境条件的变化。

2. 管理环境的特点

管理环境具有以下几个特点：

（1）复杂性。环境是复杂的，管理者做决策需要考虑的环境因素多。

（2）动态性。环境因素是始终在不断变化之中的。

（3）可知性。环境虽然复杂又在不断变化，但是还是可以认识并能把握其变化规律的，这就是其可知性。

（4）不可控性。组织外部环境因素的存在和变化是不以组织的意志为转移的，是不可控的，只能适应，或加以引导。

二、管理环境分类

1. 根据环境因素与组织的从属关系分为组织外部环境和组织内部环境

（1）组织外部环境是指存在于组织之外的，对组织业绩产生影响的所有环境因素。根据其对组织产生的是直接的还是间接的影响，组织外部环境可分为宏观环境和行业竞争环境两大类。

宏观环境是指在一定时空内社会中各类组织都会面对的环境。宏观环境大致可分为政治环境、经济环境、社会文化环境、技术环境和自然环境五个方面。宏观环境的影响常常是广泛的，可能影响处于其中的所有组织，而不一定只影响某一特定的组织。宏观环境因素对某一组织的影响虽不是直接的，但这些因素都有可能对组织产生某种重大的影响，因此管理者都必须认真分析和研究自己的组织所处的宏观环境。在大多数情况下，宏观环境是特定组织的管理者所无法影响和控制的，因此，适应和利用是最常用的应对策略。

行业环境是指与特定组织直接发生联系的那些环境因素，典型的行业环境包括竞争对手、顾客、供应商、政府管理部门和相关利益集团（如消费者协会、妇联）等。与宏观环境相比，行业环境对特定组织的影响更明显，它将直接增加或减少组织的效益，也更容易被组织管理者识别、影响和控制。当然，不同组织所面临的具体环境是不一样的，而且会随着组织所提供的产品或服务的范围及其所选择的细分市场的变化而发生变化。例如，瑞士劳力士公司和蒂麦克斯公司都制造手表，但它们的具体环境因其经营不同的细分市场而有所不同。

（2）组织内部环境是存在组织之内的，对组织业绩产生影响的环境因素，具体可分为组织文化与组织资源环境。组织文化是指组织在长期的实践活动中所形成的，并且为组织成员普遍认可和遵循的具有本组织特色的价值观念、团体意识、行为规范和思维模式的总和。组织资源环境是指组织内部的资源拥有情况和利用情况，包括人员素质、资金实力、科研力量、专利技术和信誉等。组织文化决定了组织中什么是被认可的、什么是被反对的；组织资源环境则直接影响着企业能做什么，不能做什么，以及能够做到何种程度。它们不仅影响组织目标的制订，而且还将直接影响该组织管理者的管理决策和管理行为，并最终对组织绩效产生影响。

一个组织所面临的内外部环境可以用图 3-2 表示。

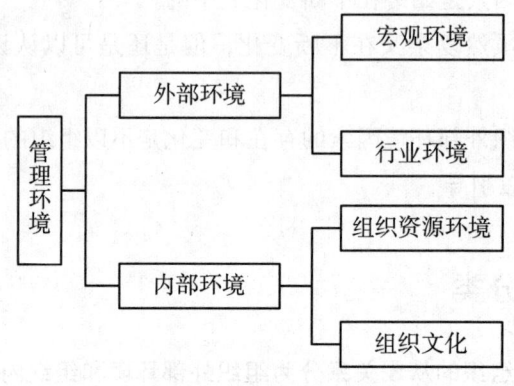

图 3-2 管理环境分类

1. 组织的管理环境是一成不变的吗？
2. 不同企业的行业环境一样吗？

我国"最惨的"万达广场

中国的很多城市都建有万达广场，并且万达对于建造选址非常讲究，一般都会建在人流量很大的地方，而且很多旅游景区附近一般也有万达，就是为了方便人们购物，促进当地经济的发展。但是在我国的长白山旅游景区附近却有一个万达被人们称之为"最惨的"万达广场。

长白山风景区的万达广场是一个旅游项目，总投资高达 230 亿元。在这个地方建造万达广场的目的主要是针对来这里旅游的游客。长白山是我国著名的旅游景区，这里有壮阔的雪山，美丽的风景吸引众多游客来这里游玩。所以，当时在这里建造万达广场的时候，很多人都认为这是稳赚不赔的生意。这里的万达广场不仅有各式各样的商铺，还设置了高尔夫球场，甚至还为来这里的游客修建了客房。但实际上去长白山旅游的游客并没有大量的光顾这里。

长白山风景区周边的常住人口不到 10 万，所以当地居民的消费能力有限。久而久之这座万达广场一直处于亏损的状态，里面的商家也都搬走了。如今这座万达广场也就成了空城，里面的高尔夫球场，客房都被拆除，如今更是面临着倒闭的危机。

正是因为在这里建造万达广场时没有认真分析这里的管理环境，只看到了长白山的游客众多，没有对外部环境进行剖析，导致了这里变成了"最惨的"万达广场。

资料来源：https：//baijiahao.baidu.com/s？id=1622650874634022746&wfr=spider&for=pc，有删减。

2. 依据企业所面临环境的复杂性和动态性可以分为四种外部环境

美国学者汤姆森（James D. Thompson）提出从两个不同的环境层面来确定组织所面临的环境不确定性程度：一是环境变化的程度：静态（稳定）—动态（不稳定）层面；二是环境复杂性程度：简单—复杂层面。

环境的动态性是指环境因素在时间上的变化状况。如果环境因素在较长时间内没有什么变化，那么这种环境是稳定的；如果环境因素瞬息万变，难以预料，这样的环境自然就是不稳定的。在稳定的环境中，管理人员可以比较准确地进行计划和预测。

环境复杂性是指组织环境中的要素数量和组织需掌握的与这些要素相关的知识广度。影响企业的外部因素多，而且各因素之间又相互影响，这样的环境是复杂的；如果影响企业的外部因素只有少数几个，而且相互间较为独立，这样的环境则是简单的。

由环境的变化程度和复杂程度可以形成四种典型的组织环境，如图 3-3 所示。

环境状态		变化程度	
		稳定	不稳定
复杂程度	简单	单元1：低度不确定性 稳定的和可预测的环境； 环境要素少，环境要素有某些相似且基本维持不变； 对环境要素的复杂知识的要求低	单元3：中高度不确定性 动态的不可预测的环境； 环境要素少，环境要素有某些相似但处于连续变化的过程中； 对环境要素的复杂知识的要求低
	复杂	单元2：中低度不确定性 稳定的可预测的环境； 环境要素多，环境要素间彼此不相似但单个环境要素基本维持不变； 对环境要素的复杂知识的要求高	单元4：高度不确定性 动态的不可预测的环境； 环境要素多，环境要素间彼此不相似但处于连续变化过程中； 对环境要素的复杂知识的要求高

图 3-3 环境的不确定性矩阵

(1) 低度不确定（简单+稳定）。

在图3-3的"简单+稳定"象限中，环境的不确定程度很低，属于低度不确定，企业对环境的预测和适应是比较容易的。例如，某些专业化生产包装容器的企业，如啤酒瓶、氧气瓶等生产企业。这类企业生产的品种比较单一；客户常常是少数固定的几家，往往签订固定供货合同；所需原材料的品种也较少；它们的竞争者也有限；而产品的需求量是比较容易掌握的，因而这类企业的环境因素比较简单，而且在多年中保持相对稳定。煤炭、石油和矿石的开采企业也可归属于这一类。

(2) 中低度不确定（复杂+稳定）。

在图3-3的"复杂+稳定"象限中，环境的不确定程度有所提高，属于中低度不确定，这主要是由于影响企业的外部因素增加了。尽管影响的范围有一定扩大，但由于这些因素变化缓慢，因而预测并适应环境还不是很困难。例如，许多生产、加工食品的企业，特别是生产人民基本生活所需食品的企业可归属于这一类。这类企业的产品品种花色多，所需原材料也各不相同，供应商来自多方面，市场面多种多样，同行业的竞争者也较多；但是由于人们的生活习惯相对稳定，因而市场需要也比较稳定，能够比较准确地了解顾客需求的花色和数量。

(3) 中高度不确定（简单+不稳定）。

在图3-3的"简单+不稳定"象限中，环境的不确定程度进一步提高，属于中高度不确定。影响企业的外部因素虽然不多，但这些因素变化快，难以预测，而且由于企业为适应环境而采取的行动会引起环境因素的反作用。如需求弹性大的产品提价后需求量会相对萎缩；企业如采用降价竞争策略，会引起竞争者的连锁反应等。例如，西方的快餐食品企业可归属于这一类。这类企业专门供应某一两种快餐食品，生产的品种单一，生产量大，原材料供应渠道固定。顾客市场面和竞争者是有限的。但这种行业的外部环境因素变化较快，往往由于相关的可替代食品业的兴起而引起需求的变化，而且很难事先准确预测。

(4) 高度不确定（复杂+不稳定）。

在图3-3的"复杂+不稳定"象限中，环境不确定性达到最高程度，属于高度不确定。企业的外部因素错综复杂，而且这些因素很不稳定，变幻莫测，因而风险性很大。例如，电子计算机制造企业、家用电器企业、时装生产企业等可归属于这一类。这类企业产品品种、规格、花色多样；顾客、供应商和竞争者很多；由于顾客爱好、技术发展等因素，市场变化极快而又难以预测其变化的方向和速度。因而这类企业的环境不确定程度最高。

对于高度不确定的环境，因为环境的复杂性和动态性，决策难度最高；低不确定的环境因为各项环境因素的相对稳定性和低复杂性决策难度相对较低。对于决策者来说，如何将未来高度复杂和不确定的环境在目前确定下来，降低决策者的风险则是诸多管理决策者面临的难题。

三、管理环境研究的作用

1. 环境研究可以提高组织决策的正确性

外部环境分析可以为组织提供大量的能够客观反映环境特点及其变化趋势的信息;内部环境分析可以使组织明确自己的资源状况和利用能力,了解组织文化特点及其对组织成员行为倾向的影响。在此基础上,组织可以根据自己的优势和劣势,制定出既符合环境要求,又能为组织成员所接受并愿意为其实施而努力的正确决策。

2. 环境研究可以提高组织决策的及时性

要及时利用机会、避开威胁,必须在机会刚刚出现或威胁尚未到来之时就已能及时发现,这样才能使组织及时制定决策、采取措施,而这就必须进行环境研究。

3. 环境研究可以提高组织决策的稳定性

组织活动必须根据环境的变化来进行,而环境特别是外部环境又是不断变化的,这是否意味着组织活动的方向和内容的决策也必须频繁发生变化呢?不是的,因为任何决策的制定和执行都是一个过程,并包括许多工作,这些工作的完成需要一定的时间,都有一个时期,因此,组织的决策必须保持一定的稳定性。

决策的稳定性和活动的适应性之间的矛盾可以通过环境研究来解决。环境研究可以帮助组织认识环境的变化规律、预测环境发展的前景,从而使组织今天的决策不仅适应今天的环境特点的要求,而且能符合明天发生变化后的环境特点的要求,这样决策就可以保持相对稳定性了。

第二节 组织外部环境

外部环境是组织存在的土壤,它既为组织的活动提供条件,同时也必然因此而对组织的活动起到制约作用。外部环境是在不断变化的,外部环境的种种变化,可能给组织带来不同程度的影响:一是为组织的生存和发展提供新的机会,比如,新资源的利用可以帮助企业开发新的产品,执政者的变化可能导致环保政策的修订;二是环境在变化过程中为组织生存造成某种不利的威胁,比如,技术条件或消费者消费偏好的变化可能使企业产品不再受欢迎。因此,组织想要持续生存,并在生存的基础上不断发展,就必须及时采取措施,积极地利用外部环境在变化中提供的有利机会,同时也要积极采取对策,努力避开这种变化可能带来的威胁。而通过外部环境研究,不仅可以帮助我们了解外部环境现在的特点,而且可以使我们认识外部环境是如何从过去演变到现在的,从而揭示外部环境变化的一般规律,并据此预测它在未来的发展和变化趋势。

一、外部一般环境

一般环境影响着组织和具体环境,对于管理者而言,产生于一般环境变化中的机会和威胁比产生于具体环境中的机会和威胁更难辨识、更难做出适当的反应。但是,这些变化对管理者和组织有很大的影响。一般环境主要包括人口环境、政治环境、经济环境、社会文化环境、技术环境和自然环境。

1. 人口环境

人口环境通常是决策者首先要考虑的环境因素。人口环境既是影响一个组织特别是企业需求的重要因素,也是影响一个企业员工供给的重要因素。据新华社报道,在杭州举行的首届中国农民工信息化论坛发布的报告显示,我国东南沿海三大制造业基地全部面临技工短缺的危机。报告显示,三大制造业基地重点城市通过劳动力市场招聘的各类最紧缺人员约为52万人,而通过劳动力市场应聘这些紧缺岗位的求职者约为18万人,用人缺口高达34万。人口老龄化、独生子女增多等均可能是劳动力紧张的重要原因。

在人口环境方面,我们需要关注的是人口总量及其增长速度、人口构成(年龄、性别、受教育程度等)、人口分布情况、家庭规模的变化等因素。

人口变化对企业的影响

目前,世界上人口变化的主要趋势是:(1)世界人口迅速增长,已突破70亿。这意味着消费将持续增长,世界市场将继续扩大。在我国,劳动就业压力将长期存在。同时,随着人口增长,耕地减少,我国农村剩余劳动力将向非农业转移。(2)发达资本主义国家的出生率开始下降,儿童减少。这种趋势,一方面对以儿童为目标市场的企业是一种环境威胁,另一方面年轻夫妇可以有更多的闲暇和收入用于旅游、在外用餐、文体活动等,因此,可为相应的企业带来市场机会。(3)许多国家人口趋于老龄化。在我国也有这种趋势,老年人市场正在逐步扩大,老年人的消费能力也在逐渐增强,因此,企业应当认真研究老年人市场的问题。(4)许多东方国家的家庭状况正在改变,家庭规模向小型化方向发展,几世同堂的大家庭大为减少。(5)在西方国家,非家庭住户也在迅速增加。非家庭住户包括单身成年人住户、暂时同居户和集体住户。

资料来源:尤利群. 管理学 [M]. 杭州:浙江大学出版社,2019。

---

2. 政治环境

政治环境包括组织所在地区的政治制度、政治形势、执政党的性质、政府的方针和政策、法律法规等。政治环境对一个组织的影响主要表现在地区政局的稳定性和政府对各类组织或活动的态度上。地区政局稳定性是一个组织在制定其长期发展战略时所必然要考虑的，因为它将影响组织目标实现的可能性大小；政府对各类组织和活动的态度决定了组织可以做什么、不可以做什么，从而确定了组织的行为边界，对组织的行为具有导向和规范的作用。比如政府对汽车召回制度的实施，使得汽车生产厂商都尽可能地在汽车出厂之前将所有的质量问题解决掉。

管理者必须全面了解与本企业生产经营活动有关的各种法律法规、方针政策等，依法管理企业，并运用法律、政策保护企业的合法利益，减少不必要的损失。另外，优秀的管理者对法律、政策不仅能做出迅速的反应，而且要能有一定的预见力，预见到可能获得通过的法律、可能出台的政策或做出的政策调整，及时调整自身的管理政策和管理方法。

中美贸易对抗环境下的亚源公司

2018 年春以来，美国以"中国制造 2025 计划"将会威胁到美国的根本的竞争优势——技术和知识产权为由，对中国发起"301 调查"，继而对中国约 500 亿美元的输美商品加征 25% 的关税。中方立即给其迎头痛击，对美大豆等农产品、汽车、化工品等加征 25% 关税。接着，贸易战继续扩大，中美双方继续扩大对对方国家出口产品的关税征收，至今仍处于白热化阶段。亚源国际集团有限公司作为台资企业，且主要业务面向美国，面临着巨大的困难与压力，客观上极高的关税给予公司近乎毁灭的打击，对美业务停滞不前。巨大的蛋糕近在咫尺却无法分得一小块，目前来看，亚源国际集团对美业务举步维艰，甚至到了放弃市场的地步。

资料来源：陈杨，殷浩萱. 中美贸易对抗环境下亚源公司国际市场营销分析 [J]. 现代营销（经营版），2018（11）：98。

政治环境中既有相对稳定的成分，又有动态变化的成分，它们具体是指哪些因素？对于管理者来说，应重点关注稳定的因素还是动态的因素，为什么？

3. 经济环境

经济环境是指影响组织生存与发展的社会经济状况以及国家经济政策，分为宏观经济环境和微观经济环境两个方面，包括社会经济水平、经济周期、产业结构、居民的购买力水平、消费结构、价格、财政税收制度、利率与通货膨胀水平以及国家的经济管理体制等要素。经济环境可能是一般环境中对组织特别是企业的经营管理活动影响最为直接的部分。

（1）宏观经济环境主要指一个国家的人口数量及其增长趋势、国民收入、国民生产总值及其变化,以及通过这些指标能够反映的国民经济发展水平和发展速度。人口数量众多为企业经营提供了丰富的劳动力资源,决定了总的市场规模,又可能因其基本生活需求难以充分满足,从而构成经济发展的障碍;经济背景的繁荣显然为企业等经济组织的发展提供了机会,20世纪90年代经济的蓬勃发展,很大程度归因于信息技术的进步和全球贸易的发展,在这个过程中高科技公司获得了可观的利润。相反,宏观经济的衰退则可能给所有经济组织带来生存的困难。在经济衰退时期,像零售商店和旅馆等组织客户寥寥,像慈善机构和学校这样的非营利性组织得到的捐助就更少了。即使国家或地区经济只是小幅衰退,也会对组织产生很严重的影响。在2001年,经济上相对轻微的衰退是许多网络公司崩溃的主要因素,许多高科技公司如朗讯和康柏也因此出现重大亏损。

(2) 微观经济环境主要指企业所在地区或所需服务地区的消费者的收入水平、消费偏好、储蓄情况、就业程度等因素。这些因素直接决定着企业目前及未来的市场大小。假定其他条件不变,一个地区的就业越充分,收入水平越高,那么该地区的购买能力就越高,对某种活动及其产品的需求就越大。一个地区的经济收入水平对其他非经济组织的活动也是有重要影响的。比如,在温饱没有解决之前,居民很难自觉主动去关心环保问题、去支持环保组织的活动。

经济环境不断改善,中国平安寿险业务持续增长

中国平安是我国最大的保险公司,近年来其保险业务发展迅猛。主营业务收入从2010年的1894亿元迅速增长到2018年的9768亿元,比2017年增长9.65%,归属于上市公司股东的净利润1074亿元,比2017年增长20.56%。2018年中国平安的寿险和健康险业务收入同比增长7.3%至723亿,主要是因为人口老龄化加剧、重大疾病及各类慢性病发病率、死亡率逐渐提升,医疗费用不断增长都会导致对于寿险的需求不断增长,同时我国经济不断发展、人均收入水平逐年上升,对健康及保障的需求不断增长,保险产品也逐渐由理财转向保障、寿险产品的消费属性提升。

资料来源:2018年中国寿险行业现状及未来发展趋势分析,http://www.chyxx.com/industry/201801/605714.html。

4. 社会文化环境

社会文化环境包括一个国家或地区的居民受教育的程度、文化水平、宗教信仰、风俗习惯、审美观点和价值观念等。社会环境中最为重要的是文化传统和教育。不同的国家(或地区)和民族,其社会文化传统和教育水平往往不同,这会影响甚至改变人们的生活习惯和价值观念,而且对企业的产品和服务提出不同要求。管理的实质是对人的管理,那么社会环境对管理实务的影响和重要程度便是显而易见的。风俗习惯、文化传统、道德价值观念等对人们的约束力量往往比正式法律的约束力量要大得多。

在全球化背景下，企业进行跨国经营，还要分析东道国社会文化环境（尤其是东道国的宗教信仰和风俗习惯）对企业经营的影响。

归真堂的上市失败

福建归真堂药业股份有限公司成立于2000年，注册资本为人民币6000万元，是一家以稀有名贵中药研发、生产、销售为一体的综合性高科技中药制药企业。公司主营业务突出，形成了完善的黑熊养殖、熊胆系列产品的研发、生产和销售业务体系，拥有独立的品牌、技术和完善的销售网络。公司秉承"弘扬国药，健康民生"的企业理念，构建良性循环的生态产业链，依托归真堂熊胆粉的高贵品质、显著疗效、天然养生等优势，品牌化发展，以店铸牌，锐引中国名贵中药养生新潮流，将归真堂铸就为优势民族中药品牌。

由于"活熊取胆"模式引起激烈争论，归真堂三年上市路遭遇重重阻力，一边是中药协支持，一边是动物保护组织、民众的强烈反对。2012年福建归真堂上市时，深圳猫网组织在深圳归真堂门店前进行抗议活动，动物保护热心人士表演行为艺术，抵制归真堂股票上市。2013年6月，归真堂宣告终止IPO。

资料来源：http://finance.ifeng.com/stock/special/fjgzt/，根据凤凰网报道改编。

企业在不同国家的活动应当与每个社会的文化特质保持一致，产品分销渠道也应根据当地条件进行不同的规划。在促销方面，尤其要注意广告内容与各国文化背景的协调，广告色彩与各国的偏好相一致。在价格策略方面，应注意其价格往往取决于被感受的价值而不是其实际价值。在产品品牌的选择上，应注意各国消费者对品牌的不同偏好，选择产品所使用的品牌名称、厂商名称和产地名称。如驰名世界的德国名车"Benz"，在我国曾译作"本茨"，有音无义，如同化工产品；后改译为"奔驰"，音义俱在，汽车奔驰之状跃然欲出。

5. 技术环境

技术环境因素是指科学技术水平的提高、新工艺和新技术的出现与推广应用等构成的组织环境因素，它是影响组织及管理活动的另一个十分重要的因素，有时甚至会决定一个企业组织的前途和命运。如主要由英特尔公司开发的功能更为强大的微处理器引起了刺激个人计算机需求的信息技术革命，造就了一批成功的公司（如戴尔和康柏），也导致了另一些公司的衰退。

新技术的频繁问世对企业组织决策能力提出了更高的要求，采用最新技术是企业组织的重要竞争手段。在这方面，如果决策及时正确，可以在竞争中占据有利地位，但若决策迟缓或失误，也会使组织失掉良好机遇或造成重大损失。

> **互联网技术、区块链技术发展驱动商业银行数字化转型**
>
> 以互联网的兴起和普及为重要标志的新一轮科技革命，彻底改变了人们的生活和企业的生产方式，新兴技术的蓬勃发展对商业银行而言也蕴含着巨大的机遇。在金融领域，移动互联网将金融服务渗透到更多的生活场景。大数据技术通过对海量数据的分析挖掘，提升了信息搜集和处理效率，助力金融产品的精准营销；在信用征集方面，采用非传统的数据源和强大的数据分析进行风险定价，实现快速贷款，为个人与企业间的相互借贷提供了便利。金融云计算技术以强大运算能力将数据、客户、流程、服务及价值通过数据中心、客户端等技术手段分散到"云"中，为大数据分析提供技术支撑。区块链技术以其独特的分布式记账方式可以帮助整个金融系统构建去中心化的交易市场与实时结算清算系统，确保平台交易的真实性和可靠性，极大地提升金融服务效率。可以说，科技革命所带来的金融服务渠道扩大，获取客户成本降低，将要求商业银行向数字化转型。
>
> 资料来源：王海江. 商业银行互联网金融发展策略研究 [D]. 浙江工业大学硕士学位论文，2019。

新技术的采用虽然可能带来极大的收益，但是风险也很大。因为其发展前景往往具有很大的不确定性，开发管理缺乏现成经验，技术和人员方面也有一系列新的要求，所以决定采用新技术并非易事。它要求管理者具有胆识和远见，善于洞察机遇，并能正确估计风险，及时正确地做出决策。

技术环境除了要考察与企业所处领域的活动直接相关的技术手段的发展变化外，还应及时了解国家对科技开发的投资和支持重点、该领域技术发展动态和研究开发费用总额、技术转移和技术商品化速度以及专利及其保护情况等。

6. 自然环境

自然环境主要指地理位置、气候条件以及资源状况等自然资源因素。相对于其他一般环境因素而言，自然环境是相对稳定的。自然资源因素与企业的厂址选择、原材料供应、产品输出、设备和生产技术的应用等众多方面都有着紧密的关系。

地理位置是制约组织活动，特别是企业经营的一个重要因素，当国家在经济发展的某个时期对某些地区采取倾斜政策时尤其如此。企业是否靠近原料产地或产品销售市场，也会影响到资源获取的难易和交通运输成本等。

气候条件及其变化亦然。气候趋暖或者趋寒会影响空调机厂家的生产或者服装行业的销售，而四季如春、气候温和则会鼓励人们远足郊外，从而为与旅行或郊游有关的产品制造提供机会。

资源状况则与地理位置有密切的关系。资源，特别是稀缺资源的蕴藏不仅是国家或地区发展的基础，而且为所在地区经济的发展提供了机会。没有地下哗哗流淌着的石油，许多中东国家难以在沙漠中建造绿洲。我国许多农村地区乡镇企业的发展,在初期也正是靠优越的地理位置、靠资源开发而逐渐积累资金的。资源的分布通常影响着工业的布局,从而可能决定着在不同地区的不同产业经营的企业的命运。

随着经济和技术的发展,自然环境不论是从法律上还是从企业的社会责任角度来说,都必将成为企业必须关注的问题。对于任何组织来说,不仅要有效地利用、开发自然资源环境,更要很好地保护环境。

查阅相关资料,分析您所在地区某产品的宏观环境。

二、行业竞争环境

美国著名战略专家、环境学派的代表迈克尔·波特(Michal Porter)认为,公司业务战略选择应根据行业竞争结构及竞争强度而定,并据此开发了帮助经理人员理解外部机会和竞争威胁的五种力量分析法(见图3-4)。战略专家运用这种分析方法分析产业吸引力和市场机会,在分析的基础上形成战略。接下来的一步是判断企业是否有必需的技能来实施选定的战略,或者它能否以合理的成本购得这些必需的技能。

波特认为影响一个行业的竞争因素主要有现有竞争对手、潜在竞争对手、替代品竞争对手、供应商、买方(或顾客)五种因素。

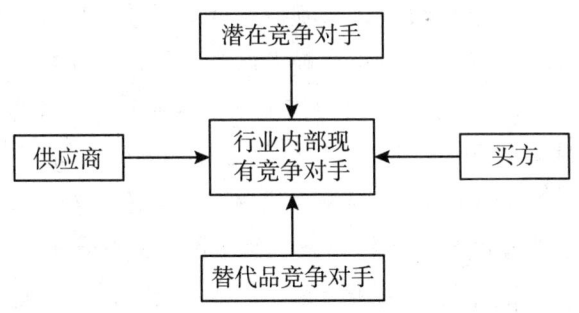

图3-4 驱动行业竞争的五种力量模型

1. 行业内现有竞争对手研究

企业面对的市场通常是一个竞争市场。同种产品的制造和销售通常不止一家企业。多家企业生产相同的产品,必然会采取各种竞争措施争夺用户,从而形成市场竞争。任何忽略竞争者行为的组织都要付出惨重的代价。

现有竞争对手的研究主要包括:

(1)竞争对手基本情况研究。主要对竞争对手的数量、分布区域、规模、资金实力和技术力量等方面进行研究,其目的是找到本组织的主要竞争者。而为了能在众多的同种产品中找出竞争对手,必须对它的竞争实力以及其变化情况进行分析判断,这可以通过对该组织的销售增长率、市场占有率和产品的获利能力三方面的分析达到。

(2) 主要竞争对手研究。比较不同企业的竞争实力,找出主要竞争对手之后,还要研究其所以能对本企业构成威胁的主要原因,是技术力量雄厚、资金实力强、规模大或是其他原因,其目的是找出主要竞争对手的竞争实力的决定因素,以帮助企业制定相应的竞争策略。

(3) 竞争对手的发展动向研究。包括竞争对手的市场发展或转移动向和产品发展动向。要收集有关资料,密切注意竞争对手的发展动向,分析竞争对手可能开辟哪些新产品、新市场,从而帮助企业先走一步,争取时间优势,使企业在竞争中争取主动地位。根据迈克尔·波特的观点,在判断竞争对手的发展动向时,要分析退出某一产品生产的难易程度,即对诸如资产的专用性、退出成本的高低、相关领导人的心理因素及政府和社会的限制等构成行业退出障碍的因素进行分析。

企业的竞争对手是否就是行业中实力最强的组织?

加多宝和王老吉的竞争

加多宝和王老吉的故事,相信大家都不陌生。早在 2012 年之前,市面上冠以"王老吉"商标的凉茶有两种。一种是由加多宝集团生产的红罐包装,另一种是由广药集团生产的绿盒包装。两者其实都是自有配方,各自经营,只是加多宝要向广药支付"王老吉"的品牌使用费。严格来说,他们之间有合作,但终究是一对竞争者。那个时候的凉茶风头无限。但是后来,为利益也好,为名誉也罢,双方在持续的互相攻击中斗了 5 年,凉茶没有进步,所有的资源都用在了争个对错上。这种态度类似于"竞争对手中心论"的思想,整天盯着对方的一举一动,想要先发制人,其实已经受制于人。不少消费者都感叹,如果这些年来,加多宝和王老吉能放下隔阂,一起把凉茶概念做好,也许现在的凉茶已经成为世界第一"软饮"了。没有永远的对手,只有永远的竞争。太针锋相对的竞争,其实会因小失大。如何对待竞争对手,体现了一个企业的高度。

资料来源:http://baijiahao.baidu.com/s?id=15963795826804966004&wfr=spider&for=pc。

2. 潜在竞争对手研究

潜在入侵者进入行业,将变成显在的竞争者,由于它的新业务能力和充裕的资源,将导致行业竞争更加激烈，其结果是产品价格可能被压低或经营成本上升，从而导致行业利润率下降。潜在入侵者进入行业的可能性大小，既取决于由行业特点决定的进入难易程度，又取决于现有厂商可能做出的反应。原有厂商可能采取的反击措施，迫使那些对某种产品的生产垂涎欲滴、跃跃欲试的企业不得不认真思考、慎重决策。

新厂家进入某个行业的难易程度通常受下列因素的影响：

（1）规模经济。规模经济表现为在一定时期内产品的单位成本随总产量的增加而降低。规模经济表明企业经营只有达到一定规模，才能收回经营过程中的各种耗费。规模经济的存在阻碍了对行业的入侵，因为它迫使进入者或者一开始就以大规模生产并承担遭受原有企业强烈抵制的风险，或者以小规模生产而接受产品成本方面的劣势，这两者都不是进入者所期望的。

（2）产品差别化。产品差别化意味着现有的公司由于过去的广告、顾客服务、产品特点或者由于第一个进入该行业而获得商标及顾客信誉上的优势。差别化迫使入侵者耗费大量资金克服原有的顾客忠诚，这种努力通常带来初始阶段的亏损，并且常常延续一定时期。这种为建立一种品牌的投资具有特别的风险，一旦进入失败将血本无归。

（3）在位优势。在位优势是指老厂家相对于新进入者而言所具有的综合优势，如拥有专利、熟练工人和管理人员、健全的进货渠道和分销渠道、关键资源垄断（甚至控制原材料）等。

我国铸造行业潜在入侵者研究

我国铸造行业新进入者的威胁是很大的，主要有以下几个因素：

(1) 铸造行业的规模经济小，无法成为进入行业的壁垒。

(2) 资本需求小。资本主要是用来投资办厂，对于不可回收的前期研究、广告与开发等资金的需求少，很多个人或企业都拥有进入该行业的资金。

(3) 铸造行业由于经验和学习而享有的成本优势不大。一个新员工在经过培训和实践后，生产效率和熟练员工差不多。

(4) 产品的差异化程度不大。现在铸造技术趋向于成熟，同类生产工艺生产的产品，质量差异不大，购买商主要关注产品的价格和质量。

(5) 我国已经加入了WTO组织，国外的铸造企业能很轻松地进入。

总的来说，我国铸造业新进入者的威胁是很大的。基于以上原因，我国的铸造企业数量在逐年上升，这样大大降低了铸造业的利润，铸造行业的平均资产收益率低于5%。

资料来源：陈永泰，张方，李莉，等. 我国铸造行业环境分析、评价及相应对策 [J]. 机械工人（热加工），2008（1—2）. 有删改。

入侵者：国内电视产业及时雨

在经历 3D 电视、LED 电视、智能电视等无数彩电厂商炮制的噱头后，电视机厂商终于要遭遇一场革命，一场由"入侵者"带来的革命。

但这场革命却是一场及时雨，因为"入侵者"正在让电视机厂商找回自信，面对国外对手的自信。毫无疑问，每一个"入侵者"的杀入角度都是内容，和硬件关系并不紧密。在时下电视机产品差异化越来越小的情况下，人们更关注电视机能够看到什么。而"入侵者"提供了这种可能，改变电视机只是功能机这一单一形态。这场革命的实质是让电视机不再是单纯的功能机，而这个实质，可以改变国内电视机厂商的从属地位。

因为国内电视机厂商在硬件上存在软肋，不掌握核心的制造工艺。电视的核心部件，要么是直接从国外购买，要么是在国外厂商的"扶持"下引进技术。硬件技术上的差距造成所有的主动权皆掌握在国外厂商特别是日韩的同行兼对手之手。一直萦绕国产电视的各种以炒作噱头求市场空间的做法，其实也根源于此。

"入侵者"提供了一种可能，彻底摆脱国产电视"提线木偶"命运的可能。国内电视厂商通过智能电视这一理念，无论是自建内容平台还是和"入侵者"联手，提供了迥异于对手的个性化智能平台，以及更为丰富的视听享受，而这不仅仅只是过去"看电视"的单一体验。

一个可以预见的未来是：如实现"兼容"，则用户对品牌的黏性将无比加大，因为可能你所最深爱的某些应用，真的只有这个硬件并不特别出色的智能电视品牌才能提供给你，而且你的朋友们或许也都在这个平台之上，让你不忍离去。

资料来源：中国行业研究网. http://www.chinairn.com/news/20131220/095651417.html。

3. 替代品竞争对手研究

所谓替代品，是指产品的使用价值或功能相同，能够满足消费者的需要相同，在使用过程中可以相互替代的产品，生产这些产品的企业之间就可能形成竞争。企业生产的产品，从表面上看，它们是具有一定外观特征的物质品，但抽象地分析，它们是能够满足某种需要的使用价值或功能。如飞机、汽车、轮船、火车，它们是一些外观形状、物理特性不同的产品，但它们的使用价值相同，在使用过程中就能相互替换。

替代品限定了行业内厂商的最高限价，从而限制了一个行业的潜在收益。替代品厂商的分析主要包括两个内容：一是判断哪些产品是替代产品；二是判断哪些替代品可能对本企业构成威胁。在判断威胁最大的替代品时，要特别重视以下两类产品：容易导致价格改善的替代品和现行盈利率很高的替代品。

逛百货商场曾经是很多城市人的一种生活方式和生活习惯，也让百货商场成为诸多市民购买服装、箱包鞋帽的一个最佳去处。现如今，随着天猫、唯品会、京东、苏宁易购等各类电商平台的崛起,传统的线下百货商场和零售店日受冷落。位于杭州市解放路、西湖边的杭州解放路百货商店股份有限公司就是一个典型的例子。20 世纪八九十年代人头攒动、熙熙攘攘、热闹非凡的场景如今一去不复返,现如今亲临商场购买的顾客越来越少。越来越多的消费者选择了网上购物,对线下的市场形成了巨大的冲击。线上消费逐渐替代了线下实体店消费。

4. 供应商研究

企业生产所需要的许多生产要素都是从外部获取的,提供这些生产要素的经济组织即是企业的供应商,管理者的重要职责之一就是保证投入资源的可靠供应。供应商在两个方面制约着企业的经营:其一,供应商能否根据企业的要求按时、按量、按质地提供所需的生产要素,影响着企业生产规模的维持和扩大;其二,这些组织提供货物时所要求的价格决定着企业的生产成本,影响着企业的利润水平。所以,供应商的研究也包括两个方面的内容:供应商的供货能力或企业寻找其他供货渠道的可能性和供应商的价格谈判能力。这两个方面是相互联系的,综合起来看,需要分析以下因素:是否存在其他货源、供应商所处行业的集中程度、寻找替代品的可能性、企业后向一体化的可能性。

当供应商垄断了组织原材料供应而组织又没有其他供货渠道可供选择时,供应商就具有相当强的价格谈判能力。例如,在长达 17 年的时间里,G. D. Searle 一直是 NutraSweet(一种大多数减肥节食饮料品生产都要用的人造甜味剂)的独家供应商。这种人造甜味剂不仅是减肥节食软饮料的重要原料,而且还没有替代物,由于 Searle 拥有 NutraSweet 的发明专利,而这一专利又规定其他组织 17 年之内不能生产与之抗衡的产品,所以赢得了一个享有特权的地位。直至 1992 年 Searle 的专利到期失效,许多公司可以生产与 NutraSweet 类似的产品,Searle 在 NutraSweet 售价才出现了下降。

5. 顾客研究

顾客是购买组织产品或服务的个人或单位。组织是为满足顾客需要而存在的,顾客是组织生存的基础。顾客在两个方面影响着组织的经营。其一,顾客对产品的需求决定着行业的市场潜力,从而影响行业内所有企业的发展边界;其二,不同用户的讨价还价能力会诱发企业之间的价格竞争,从而影响企业的获利能力。因此,顾客研究包括两个方面的内容:顾客的需求(潜力)研究以及顾客的价格谈判能力研究。

(1)需求研究。顾客需求研究一般包括总需求研究、需求结构研究以及顾客购买力研究。

(2)顾客的价格谈判能力研究。顾客的价格谈判能力是多种因素综合作用的结果。这些因素主要有购买量的大小、企业产品的性质、顾客后向一体化的可能性、企业产品在顾客产品形成中的重要性等。

海底捞的服务

海底捞成立于1994年3月20日,作为一家以川味火锅为主的大型直营连锁餐饮企业,它最初诞生于四川省简阳市简城镇。经过二十年的发展,海底捞目前已在中国31个城市共计有119家直营餐厅,并在韩国首尔、美国洛杉矶和新加坡有4家海外直营餐厅。海底捞的牌子已经成为国内火锅连锁餐饮企业的传奇代表。而海底捞始终秉承以"服务至上、顾客至上"的服务理念,以创新为核心,改变传统标准化、单一化的服务,立志于为顾客提供个性化的服务,致力于为顾客提供愉快的用餐环境。

海底捞服务被人们称为"变态式"个性化服务,这种个性化服务主要表现在五个方面:管家式服务、亲情式服务、保姆式服务、顾问式服务和情境式服务。从顾客即将进入餐厅开始,就有服务人员主动为其泊车,并利用顾客的就餐时间免费擦车。在顾客候位时,还会提供免费的水果饮料以及上网服务,另外为男士准备了免费擦皮鞋服务,为女士提供免费美甲服务。在顾客点餐时,可以根据个人喜好决定菜品的分量,同时,长发的女士会为其提供发皮筋,戴眼镜的顾客会送上眼镜布,就连在洗手台洗完手都会有服务人员亲切地递上纸巾擦手等。只有你想不到,没有海底捞做不到的服务。而现在,海底捞开通了"HI捞送"24小时外卖服务,让顾客随时随地都能享受到海底捞的美味和特殊的服务。海底捞正是由于对顾客进行了深入研究,不断抓住顾客的需求,提供最好的服务,让优质的服务成为了海底捞发展的最大优势,保持了它在行业持久的竞争力。

资料来源:石嘉莹,李娜. 基于顾客满意的个性化餐饮服务研究:以"海底捞"为例[J]. 商场现代化,2016(10):8-9。

你所在组织的顾客是谁?他们的需求有什么特点?

爱尔兰石油工业面临的五种竞争力量

经过结构化分析可以初步了解,在竞争环境中起作用的因素以及这些因素的变化所带来的影响。

过去30多年全球经济呈现出从控制经济转向自由市场经济的趋势,政府的私有化和非制度化法律导致了这种变革。开始于美国20世纪70年代的这种趋势紧接着于80年代在英国流行起来,而这种趋势是1992年后欧洲联盟(EC)的基本规则之一。

波特的五种力量模型可以提供一种分析了解产业本质特点的方法，并且可以了解这些产业会发生怎样的变化。石油行业是一个传统上由国家政府管理的典型的行业例子，80年代发生在爱尔兰的一切是在其他更多的地方所发生的各种变化中的一个典型。在爱尔兰，石油行业由四家公司统治，仍然保留的政府法规是为了保证一些重要产品的供应，这些产品在爱尔兰没有本地的替代品。燃料石油公司（其主要为发电和供热而提供石油）比零售商（向拥有汽车的大众出售汽油等）受到的经营限制要少得多，同时，燃料石油公司作为新竞争者进入行业时有一个天然的进入点（即很容易进入行业），这个行业在竞争较少的环境中取得了很高的利润。

由于外行业缺少该如何进行石油产品交易的有关知识，因此，进入市场的威胁很低，但是到80年代初随着现货交易的发展这种威胁越来越大，使许多企业进入该市场中。

替代品的威胁很低。一直到70年代后期石油可以满足国家70%以上的主要能源需求。但是在近10年的后期，南海岸发现了天然气，政府已经建立起了天然气分销体制，到1984年，石油已经被天然气占去了超过20%的市场。

购买者讨价还价能力很低。由管制者以石油公司的成本为基础，再加上一个允许的收益即为最高价。由于市场的需求很高而且还在不断增加，4家主要的公司都按规定（管制价）对其石油定价。

竞争很弱。设定的价格可以弥补公司成本，并能为交易方提供一个利润。需求很高，但是引入天然气后需求开始下降。

可见，石油行业是一个竞争不激烈、利润又很高的市场。但是，企业家们发现了另一个市场机会，即可以以比现有公司低的运营成本进入燃油行业，它会逐渐削弱政府的定价，并且当市场发生变化时会废除这些规定。最终结果是使燃料石油行业竞争大大加剧。

资料来源：[英] 格里·约翰逊，凯万·斯科尔斯. 公司战略教程 [M]. 金占明，贾秀梅，译. 北京：华夏出版社，1998：59。

第三节　组织内部环境

已经存在的内部环境因素，是实施管理的条件。在一定的时间范围，管理只能在内部环境因素确定的条件框架内展开。综合性内部能力对于一个企业的成功至关重要，这种观点已不新鲜。

内部环境由组织内部的物质环境和组织文化所构成。内部物质环境研究是要分析内部各种资源的拥有状况和利用能力，组织文化环境则是考察组织文化的构成要素及其特点。

一、内部资源环境

1. 人力资源研究

企业人力资源是那些体现于组织个体成员身上的、能够为组织提供服务的知识和技能，包括组织成员的智力、经验、教育和社会资本以及他们的洞察能力、分析判断能力、领导组织能力等。

企业人力资源的价值评估主要集中于员工拥有的知识、培训、员工的适应性和员工的投入程度与忠诚度，因此，员工在教育、技术及职业方面的合格证、企业相对于同行业的损失赔偿水平、员工关于劳动争端的记录以及换岗率都是评估企业人力资源的关键性指标。

企业人力资源对于企业竞争优势的贡献不仅仅在于张瑞敏、柳传志等高层管理人员的价值，更主要在于企业各层次的员工的整体价值。企业拥有的经验丰富能力强大的劳动力队伍、专有技术、积极上进的员工和厂风都是确立企业竞争优势的强势资源。

企业员工的社会资本，特别是企业家的社会资本也是企业竞争优势的重要来源。由企业内部人际关系网络和企业外部社会关系网络决定的企业家社会资本为企业决策信息收集、关键性资源获取以及企业内部人力资源的利用和积极性调动提供了可靠的保证。像美国石油等一批公司就以雇员地方关系能力作为其晋升的主要评价标准。

2. 有形资源研究

有形资源是指在传递客户价值的过程中生产消费的物理因素，它包括企业财力资源和实物资源。财力资源是一种能够获取和改善组织其他资源的资源，因此可以认为是反映组织活动条件的一项综合因素。财力资源研究主要是分析组织的资金拥有情况（各类资金的数量）、构成情况（自有资金与债务资金的比重）、筹措渠道（金融市场或商业银行）、利用情况（组织是否把有限的资金使用在最需要的地方），分析组织是否有足够的财力资源去组织新业务的拓展、原有活动条件和手段的改造，在资金利用上是否还有潜力可挖等。实物资源研究，就是要分析在组织活动过程中所需要运用的物质条件的拥有数量和利用程度。

有形资源中那些初级的一般性资源，如土地、通用设备、融资等很少成为企业竞争优势的来源。而那些高级的专业性资源，如先进的设备、吸引人才的不动产、遍布全球的分销设施、可以随时变现的自然资源储备等，由于它们与专有知识和技能有密切的联系，则对于企业竞争优势的建立有重要作用。

3. 无形资源研究

无形资源是指那些在传递客户价值过程中，没有发生损耗的、隐性的产品因素；它是根植于企业历史中的，对企业经营发挥长期作用的资源，包括知识技术资产和商誉。知识技术资产的主要特征是以专有技术，如专利、版权、商业秘密等形式保有的技术储备、技术运用中的专业知识和方法以及用于创新的研究设备和科技人员等，来自专利许可的收益以及研发人员占总人数的比例是衡量知识技术资产的关键指标。商誉主要包括来自顾客的信誉，如品牌、产品质量、可靠性等；来自供应商、债权人和债务人、政府、社区的声誉等，其关键指标为品牌识别、与竞争品牌的差价、重复购买率、公司业绩的水平和持续程度以及对产品性能的目标测量。

无形资源是企业持续竞争优势的来源。无形资源对于企业竞争优势的贡献是多方面的，它既可以为企业提供直接的营业收入和降低运营成本，也可以构建进入壁垒、形成垄断竞争、塑造良好形象、培育客户忠诚度，还可以实施法律权力、得到法律保护。例如，IBM 公司每年从生产许可行为中赚取的收入超过 10 亿美元。2007 年市场调查公司 Millward Brown Optimor 对全球最具价值品牌调查显示，排名前三位的公司谷歌、通用电气和微软，其品牌价值依次为 664 亿美元、619 亿美元和 550 亿美元。中国移动以 412 亿美元居第五位。

你所在组织内部资源的优势和劣势分别是什么？

二、组织文化研究

就像部落和民族有图腾和禁忌以指导每个成员如何与其同伴及外部人员交往一样，组织也有指导其成员应该如何行动的文化。所谓组织文化，是指处于一定经济社会文化背景下的组织，在长期的发展过程中逐步形成和发展起来的日趋稳定的、独特的价值观，以及以此为核心形成的行为规范、道德准则、群体意识、风俗习惯等。

组织文化对管理者的行为有重大的影响，当组织文化形成并得到加强时，它会到处蔓延并影响管理者所做的一切，通过左右管理者的知觉、思维和感觉影响管理者的决策。如图 3-5 所示，管理者任务的主要领域都受到他所处的组织文化的影响。

计划	组织
计划应包含的风险度 计划应由个人还是群体制定 管理者参与环境扫描的程度	员工工作中应有的自主权程度 任务应由个人还是小组来完成 部门经理间的相互联系程度
领导	控制
运用什么激励技术 哪种何种领导方式 是否要消除一切分歧	采用何种控制方式 员工绩效评价中应强调哪些标准 个人预算超支应有什么反应

图 3-5　组织文化对管理决策的影响

组织文化对管理者的约束很少是直截了当的，它们可能并不被写下来，甚至在口头上也很少被明确地说起，但它们确实存在，并影响者管理者的决策。例如，在一个致力于利润的平稳增长，并认为利润的增加主要通过降低成本来取得的公司里，管理者不太可能去建议那些创新的、风险大的、时间长的项目。而在一个以"顾客至上"为宗旨的组织里，也不会容许员工与顾客发生争执。

1. 根据组织文化对管理的影响程度的大小，可以把组织文化分为强文化与弱文化，组织文化越强，组织成员对组织价值观的认同感就越强，文化对管理的影响就越大。试分析，你所在组织的组织文化强吗？组织文化是越强越好吗？

2. 举例说明组织文化对管理决策的影响。

第四节 环境预测与分析

凡事预则立，不预则废。当年，优酷网站创始人古永锵辞去搜狐总裁兼首席运营官职位，大家都在猜测其去向时，其回到国内并在全国范围内进行了一项大规模调查，并认为视频一定是将来互联网的重要组成部分，从而创建了优酷社区视频网站。优酷视频网站区别于以分享个人制作的视频网站土豆网（每个人都是生活的导演）及美国 YouTube 网站，区别于专门提供正版影视的美国 Hulu（以付费用户为主）和 56 网（国内注册用户最多的视频网站，注册用户达 7000 多万，购买正版影视作品然后收取广告费，但是因为广告费增长远不及购买独播权的正版影视作品的高昂费用曾经一度入不敷出）。凭借准确的预测及其十几年职业生涯积累起来的强大资源，古永锵使优酷获得了迅速发展，一年之间便成为国内视频网站的代表。计划和目标给出了未来发展的方向，但未来是不确定的，这就需要预测，通过预测，把那些不确定因素的发生、发展及变化趋势尽可能地确定下来。预测，就是根据过去和现在的已知因素，运用人们的知识、经验和科学方法，对未来进行预计，并推测事物未来的发展趋势。预测为计划和决策提供依据，也是计划和决策的重要组成部分。

一、环境预测的过程

预测过程包括六个步骤：
第一步，确定预测目标。
根据社会需求、一般情报和创造性的直觉，按照计划和决策需要，提出预测的项目，确定预测要解决的具体问题、预测的内容、预测期限，提出基本假设，拟订预测提纲。

第二步，调查、收集、整理资料。

获得资料是预测的第二步工作，有些资料可能是现成的二手资料，但更多的可能需要通过调查。调查是一项基础性工作，要采用适当的调查方法，设计好调查样本和调查表，保证调查资料全面、可靠。

第三步，选择预测方法。

应根据不同的预测项目，选择适当的预测方法。比如，定性的或定量的；短期的或中长期的；技术预测或经济预测；等等。并要注意各种方法综合使用，相互印证。

第四步，进行预测。

第五步，分析、评价预测结果。

第六步，写出预测报告，提交决策者。

二、环境调查

环境调查是预测和决策的基础。所谓环境调查，就是利用科学的方法，有目的、有系统地收集能够反映与组织活动有关的环境在时间上的变化和空间上的分布状况的信息，为研究环境变化规律、预测环境未来变化趋势、进行组织活动的决策提供依据。进行环境调查时，一要结合调查的问题明确调查对象，二要根据研究的问题和调查对象确定调查方法。

1. 调查对象的恰当选择

确定调查对象的方法通常有两种，一种是全面调查，另一种是抽样调查。

全面调查，或称普查，是对需要调查的对象逐个调查。这种调查能够收集全面、广泛、可靠的资料，但调查费用较多，时间延续较长，实践中很少采用。

抽样调查是在被调查对象中，抽取若干个样本进行调查，然后根据对样本的调查结果来推论总体的一般特征。这种调查方法把对象集中于少数样本，因此所需成本和时间较少，比较经济。为使调查结论以及据此推论的总体特征与总体的实际特征尽可能吻合，这种方法必须解决两个问题，一是确定合理的样本容量，二是要使选择的样本具有代表性。在确定样本容量时，要综合考虑调查的经济性和调查结论的可靠性这两方面的要求。而要使选择的样本具有很好的代表性，就必须使用恰当的抽样方法。抽取样本的方法大体上可分为随机抽样和非随机抽样两种。其中，随机抽样是按照随机原则抽取样本，被调查对象的总体中每个个体被抽中的机会是均等的，因此样本有较好的代表性。而非随机抽样中每个个体的机会是不均等的。组织可根据调查目的、费用、调查对象的特征等来综合选择抽样方式。

2. 采用适当的调查方法

确定了调查对象后，还要由环境调查人员利用一定的方法，针对调查问卷或者调查提纲的内容去向调查对象提出问题、寻求答案。进行环境调查的方法一般有问卷调查法、现场访问法、观察法和实验法。

(1) 问卷调查法。问卷调查法也称问卷法，它是调查者运用统一设计的问卷向被选取的调查对象了解情况或征询意见的调查方法。问卷调查是以书面提出问题的方式搜集资料的一种研究方法。研究者将所要研究的问题编制成问题表格，以邮寄方式、当面作答或者追踪访问方式填答，从而了解被试对某一现象或问题的看法和意见，所以又称问题表格法。

调查问卷一般由卷首语、问题与回答方式、编码和其他资料四个部分组成。卷首语是问卷调查的自我介绍信，主要包括：调查的目的、意义和主要内容，选择被调查者的途径和方法，被调查者的希望和要求，填写问卷的说明，回复问卷的方式和时间，调查的匿名和保密原则，以及调查者的名称等。为了能引起被调查者的重视和兴趣，争取它们的合作和支持，卷首语的语气要谦虚、诚恳、平易近人，文字要简明、通俗、有可读性。

完美的问卷必须达到两个要求，即能将问题传达给被问的人和使被问者乐于回答。问卷设计应该遵循的原则有：①主题明确。②问题的排列应有一定的逻辑顺序，符合应答者的思维程序。一般是先易后难、先简后繁、先具体后抽象。③问卷语气要亲切，应使应答者一目了然，符合应答者的理解能力和认识能力，避免使用专业术语。④控制问卷的长度，回答问卷的时间控制在10分钟以内，不宜过长。⑤便于资料的校验、整理和统计。

问卷法的运用，关键在于编制问卷、选择被试和结果分析。

(2) 现场访问法。现场访问法是由调查者和被调查者通过直接交流的方法获得环境信息的方法，具体可以分为直接访问法（现场座谈、上门拜访等）和间接访问法（电话交流、电子邮件、即时通信）。现场访问法所得到的信息及时、反馈快，调查者可以根据现场访谈的情况判断信息的真伪，因此得到的信息比较真实。也可以对某些必要的问题进行深层次研究。现场访问法的缺点是成本高，被调查者的覆盖面有限。

(3) 观察法。观察法是指研究者根据一定的研究目的、研究提纲或观察表，用自己的感官和辅助工具去直接观察被研究对象，从而获得资料的一种方法。科学的观察具有目的性、计划性、系统性和可重复性。由于人的感觉器官具有一定的局限性，观察者往往要借助各种现代化的仪器和手段，如照相机、录音机、显微录像机等来辅助观察。

(4) 实验法。由调查人员根据调查的要求，用实验的方式，对调查的对象控制在特定的环境条件下，对其进行观察以获得相应的信息。控制对象可以是产品的价格、品质、包装等，在可控制的条件下观察市场现象，揭示在自然条件下不易发生的市场规律，这种方法主要用于市场销售实验和消费者使用实验。

三、环境预测

环境调查是环境预测的前提，环境预测是环境调查的逻辑延续。环境预测是指利用科学的方法，根据环境调查所收集到的资料，分析环境变化的规律，并据此预测环境在未来的变化趋势。

环境预测方法很多，通常划分为两大类：定性预测方法和定量预测方法。

1. 定性预测方法

定性预测方法是根据个人的知识、经验和主观判断，对环境的未来发展趋势做出估计，主要用于政治形势、政策法规等定性问题的分析和预测。这种预测方法的特点是时间短、费用省、简便易行，能综合多种因素。其局限性是预测结果在很大程度上取决于预测人员的经验，不易提供准确的数据。由于影响环境变化的因素中，有许多是定性的难以量化处理的，所以定性方法在环境预测中仍有用武之地。专家座谈法、德尔菲法和用户期望法均属于此类环境预测方法。

（1）专家座谈法。专家座谈法是将受邀专家聚在一起，由预测工作小组提供预测的问题以及相关的支撑材料，由预测专家根据自己的经验、专长和掌握的资料进行定性预测。这种预测方法优点是专家可以相互交流、相互讨论，可能会纠正某些错误的判断，预测速度较快。缺点是专家之间可能会相互影响，致使预测结果不够客观、准确。

（2）德尔菲法。德尔菲法是规避专家面对面讨论带来的不利影响，由预测工作小组成员事先准备好预测的问题以及相应的资料、表格等，将准备好的资料寄送或者送至专家手里，然后由专家背对背进行预测。预测结束后，由预测工作小组收集专家的预测意见进行汇总整理。将各位专家意见分送至专家处再进行第二次预测，再收集汇总整理专家意见，如此循环往复，直至各位专家的预测结论趋于一致，预测结束。

（3）用户期望法。用户期望法是在新产品投放市场之前，针对小范围内的用户进行逐一调查，了解小范围内用户对新产品的需求状况，从而进行市场预测的方法。

2. 定量预测方法

定量预测方法是通过分析环境调查收集的资料，用数学模型来描述影响环境变化的多种因素之间的关系，并据此预测环境发展趋势。这类方法一般利用已知的历史和现状方面的资料来预测未来。其优点是比较客观，得出的结论比较精确；缺点是难以考虑非定量因素的影响，同时对资料的完整性、可靠性和精确性的要求也比较高。

定量预测方法又可分为时间序列预测和因果关系分析两种。时间序列预测法是分析反映事物在历史上各个时期状况的资料，研究事物随时间变化的规律，据此预测事物的未来发展趋势，具体包括简单平均法、移动平均法、指数平滑法等；因果关系分析就是研究环境中某一因素发生变化时对其他社会经济现象可能产生的影响，常用方法有回归分析法、基数叠加法等。

（1）简单平均法。简单平均法是依据简单平均数的原理，将预测对象过去各个时期的数据平均，以这个平均数作为预测值。这个方法只适用于没有明显波动或较大增减变化的事件的预测。简单平均法的计算公式为：

$$Y_{n+1} = \frac{\sum_{i=1}^{n} Y_i}{n}$$

其中：Y_{n+1} 为预测值；Y_i 为第 i 期的数值；n 为期数。

（2）移动平均法。移动平均法是不断向前移动的、n 个数据的平均的方法，它通过引进越来越近的新数据，不断修改平均值作为预测值，这样就可以反映数值的变化趋势。如股票价格走势的预测，投资专家常使用此种方法。这里我们介绍一次移动平均法。一次移动平均法的计算公式为：

$$Y_{t+1} = \frac{\sum_{i=t-n+1}^{t} Y_i}{n}$$

其中：Y_{t+1} 为预测值，Y_i 为移动跨期内第 i 期的数值，n 为移动跨期。

（3）指数平滑法。指数平滑法分为一次指数平滑法、二次指数平滑法以及三次指数平滑法等。简单指数平滑法的预测公式为：

$$F_{t+1} = S_t = S_{t-1} + \alpha(A_t - S_{t-1})$$

其中：S_t 是 t 时期的指数平滑值；A_t 是 t 时期的实测值；$(A_t - S_{t-1})$ 是实测值和计算出来的前期的指数平滑值的差值，它表示预测的误差，将其乘以 α 再加上前期的平滑值，就得到新的指数平滑值 S_t；α 是取值一般在 $0.1 \sim 0.5$ 的平滑常数，α 值越高，对变化就越敏感，这是因为近期数据的权重更大。

指数平滑法具有旧数据不会被有意删掉或丢失、旧数据的权重会逐渐下降、计算简单、仅需要最新数据等优点。

（4）回归分析法。回归分析法是根据事物的因果关系对变量的一种预测方法。在自然界和经济界因果关系是普遍存在的，比如，收入对商品销售的影响，降雨量对农产品生产的影响，等等。我们可以利用这种普遍存在的因果关系进行环境预测。假设我们获取自变量与因变量样本数据后，运过描点法发现因变量与自变量之间呈现直线相关关系，则可以列出如下直线回归方程：

$$Y = A + B \cdot X$$

其中，

$$A = \overline{Y} - B\overline{X}$$

$$B = \frac{\sum_{i=1}^{n} X_i Y_i - n\overline{XY}}{\sum_{i=1}^{n} (X_i)^2 - n(\overline{X})^2}$$

在求出 A、B 参数以后，则可以利用 Y 与 X 的关系进行预测。

四、内外部环境综合分析法

任何组织的经营过程，实际上都是不断在其内部环境、外部环境及其经营目标三者之间寻求动态平衡的过程。组织的内、外部环境绝对不能割裂开来。如果一个企业能力很强，竞争优势十分明显，那么外部环境中的不确定性对该企业便不会构成太大的威胁。相反，不具任何经营特色的企业，外部环境再有利，也不会有快速的发展。因此，应对比分析外部环境中存在的机会和威胁与组织内部的优势和劣势，以便充分发挥组织的优势，把握住外部的机会，避开内部的劣势和外部的威胁。

SWOT 分析是最常用的内外部环境综合分析技术。SWOT 分析法又称为态势分析法，它是由旧金山大学的管理学教授于 20 世纪 80 年代初提出来的，SWOT 四个英文字母分别代表：优势（strength）、劣势（weakness）、机会（opportunity）、威胁（threat）。SWOT 分析就是将与研究对象密切相关的各种主要内部优势与劣势，以及外部的机会与威胁等，通过调查列举出来，并依照矩阵形式排列，然后用系统分析的思想，把各种因素相互匹配起来加以分析，从中得出一系列相应的结论，而结论通常带有一定的决策性。

其中，优劣势分析主要是着眼于组织自身的实力及其与竞争对手的比较，而机会和威胁分析将注意力放在外部环境的变化及对组织的可能影响上，由于外部环境的同一变化给具有不同资源和能力的组织带来的机会与威胁可能完全不同，因此，两者之间又有紧密的联系。通过 SWOT 分析，可以帮助组织把资源和行动聚集在自己的强项和有最多机会的地方。

SWOT 分析法常常被用于制定集团发展战略和分析竞争对手情况，在战略分析中，它是最常用的方法之一。SWOT 分析如图 3-6 所示。

	优势（strengths）	劣势（weakness）
机会 （opportunities）	SO 战略 利用外部机会，发挥内部优势	WO 战略 利用外部机会，弥补内部劣势
威胁 （threats）	ST 战略 利用内部优势，回避外部威胁	WT 战略 减少内部劣势，回避外部威胁

图 3-6 SWOT 分析

H 集团是南方著名的多业务单元的综合集团公司，主营以电力设施、设备业务为主，下面以 H 公司电能表业务战略的制定为例，说明 SWOT 分析的基本思路。

1. 内外部环境分析

首先，对 H 集团电能表业务的内部环境进行分析，明确其优势与劣势。其次，对 H

集团电能表业务的外部环境进行分析，发现当前或将来可能出现的机会与威胁。表 3-1 是 SWOT 分析中潜在的关键内外部因素，供具体分析时参考。

表 3-1　　　　　　　　　　SWOT 潜在的关键因素

项目	关键因素
潜在优势	核心技术、充足的资金、良好的顾客认知、高市场份额、高生产率、高产品/服务质量、低生产成本、优良的研发机构、高创新纪录、良好的高级管理层、专有的技术、好的分销渠道、政治保护、良好的战略、其他
潜在劣势	缺乏战略方向、过时的厂房、弱的信息技术系统、弱的控制系统、缺少资金、缺乏管理技能、内部权力斗争、弱的营销技能、缺乏原料供应、差的分销渠道、高成本结构、低产品质量、缺少创新纪录、其他
潜在机会	进入新的市场、相关活动的多元化经营、纵向一体化（前向或后向）、高增长预期、出口市场、竞争者力量弱、政府合同、取消管制、其他
潜在威胁	新的低成本竞争者、技术上的替代者、增长缓慢、新出台的管制条例、外汇汇率、顾客/供应商的议价能力、不利的人口变动、禁不起衰退的打击、顾客需求变化

2. SWOT 匹配，制定战略

对 H 集团电能表内外部环境因素进行 SWOT 匹配，分别如图 3-7 ~ 图 3-10 所示，并制定相应战略。

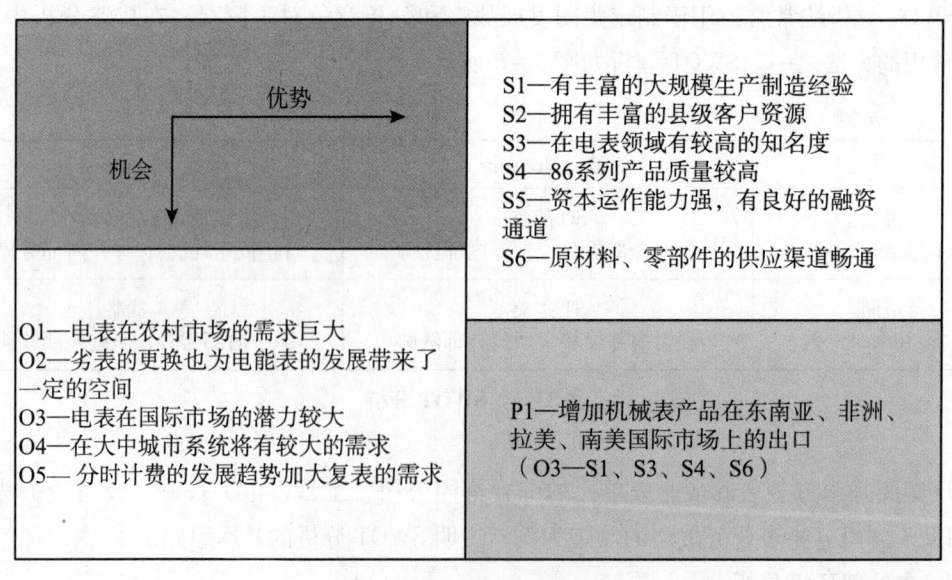

图 3-7　H 集团可选的 SO 战略

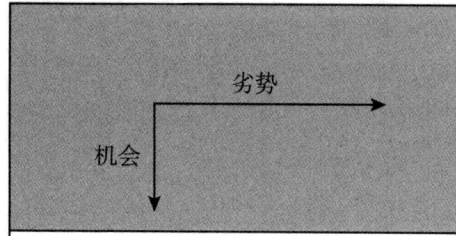

	W1—有销售、无营销 W2—传统成本的控制能力不足 W3—系列产品质量不稳 W4—没有明晰的研发方向，缺乏超前性 W5—研发滞后，研发人员从业经验不足 W6—信息管理薄弱 W7—对销售分公司的管理薄弱 W8—组织结构不足以支撑HL的发展战略 W9—与上级主管单位、地区级客户关系薄弱
O1—电表在农村市场的需求巨大 O2—劣表的更换也为电表的发展创造了一定的空间 O3—电表在国际市场的潜力较大 O4—在大中城市集抄系统将有较大的需求 O5—分时计费的发展趋势加大复费率电能表的需求	P1—尽快采取有效措施提高DD58、LD68系列产品质量（O2、O3、O1—W3） P2—明晰研发方向、提高技术管理水平，加大电子表、复费率表、集抄等新产品的开发力度（O4、O5、O6—W4、W5、W6）

图3-8 H集团可选的WO战略

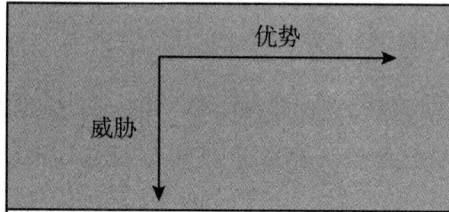

	S1—大规模生产制造经验丰富 S2—拥有丰富的县级客户资源 S3—在电表领域有较高的知名度 S4—系列产品质量较高 S5—资本运作能力强，有良好的融资通道 S6—原材料、零部件的供应渠道畅通
T1—随着两网改造的结束，电表市场需求将会骤降，行业利润率下降 T3—Y集团进入电能表市场，在低端市场与H集团竞争激烈 T4—国际知名公司进入中国电能表高端市场，导致竞争加剧 T5—用户个性化需求增多，对生产技术提出更高的要求 T6—地方保护主义导致部分地区市场存在进入壁垒 T7—T市厂家在电子表市场占据有利地位 T8—国有企业有良好的信誉，更高的质量，占领了一部分高端市场	P1—建立竞争对手进入的客户关系壁垒，增加市场份额（T1、T2、T3—S2、S3） P2—强化柔性化生产，以满足用户个性化需求（T5—S1、S6） P3—通过实施战略联盟，突破地方保护壁垒（T6—S3、S4、S5、S6）

图3-9 H集团可选的ST战略

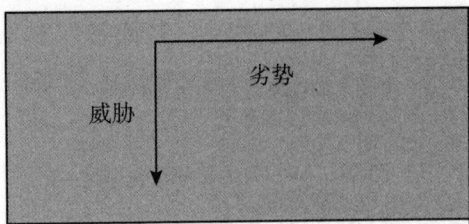

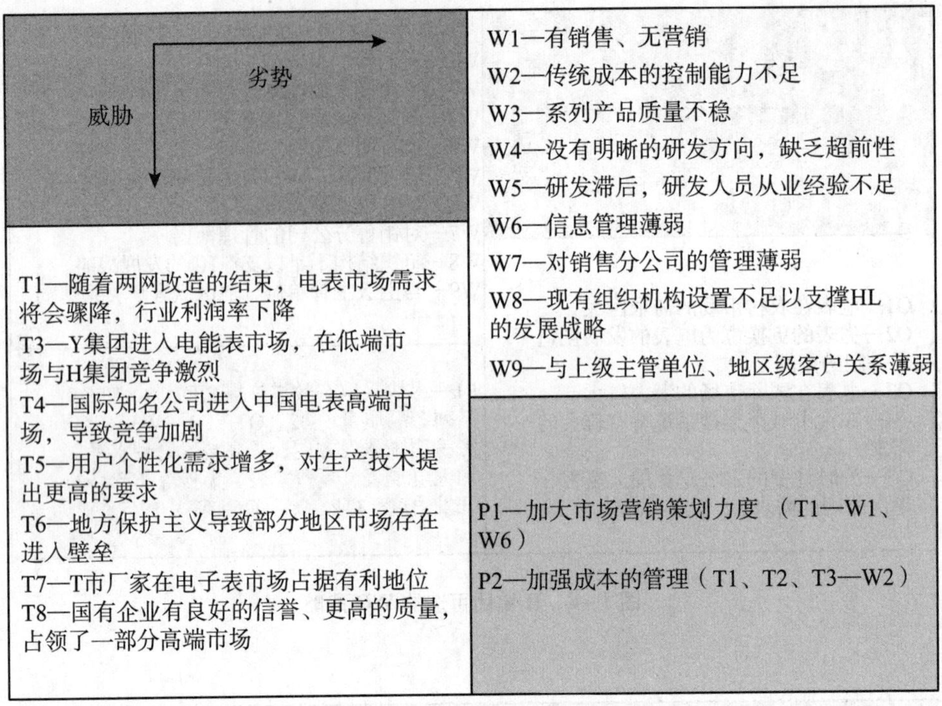

W1—有销售、无营销
W2—传统成本的控制能力不足
W3—系列产品质量不稳
W4—没有明晰的研发方向，缺乏超前性
W5—研发滞后，研发人员从业经验不足
W6—信息管理薄弱
W7—对销售分公司的管理薄弱
W8—现有组织机构设置不足以支撑HL的发展战略
W9—与上级主管单位、地区级客户关系薄弱

T1—随着两网改造的结束，电表市场需求将会骤降，行业利润率下降
T3—Y集团进入电能表市场，在低端市场与H集团竞争激烈
T4—国际知名公司进入中国电表高端市场，导致竞争加剧
T5—用户个性化需求增多，对生产技术提出更高的要求
T6—地方保护主义导致部分地区市场存在进入壁垒
T7—T市厂家在电子表市场占据有利地位
T8—国有企业有良好的信誉、更高的质量，占领了一部分高端市场

P1—加大市场营销策划力度（T1—W1、W6）
P2—加强成本的管理（T1、T2、T3—W2）

图 3-10　H 集团可选的 WT 战略

通过以上的分析已经能够清晰地看到 H 集团所面临的优势、劣势、机会、威胁以及相对应的战略举措，最后根据列出的战略举措设定备选战略并进一步分析，如图 3-11 所示。

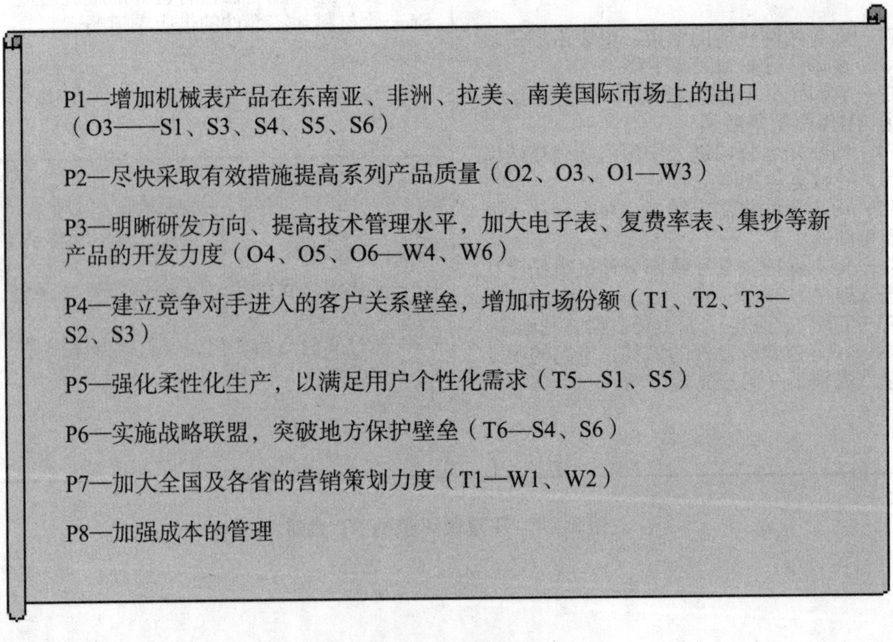

P1—增加机械表产品在东南亚、非洲、拉美、南美国际市场上的出口（O3——S1、S3、S4、S5、S6）

P2—尽快采取有效措施提高系列产品质量（O2、O3、O1—W3）

P3—明晰研发方向、提高技术管理水平，加大电子表、复费率表、集抄等新产品的开发力度（O4、O5、O6—W4、W6）

P4—建立竞争对手进入的客户关系壁垒，增加市场份额（T1、T2、T3—S2、S3）

P5—强化柔性化生产，以满足用户个性化需求（T5—S1、S5）

P6—实施战略联盟，突破地方保护壁垒（T6—S4、S6）

P7—加大全国及各省的营销策划力度（T1—W1、W2）

P8—加强成本的管理

图 3-11　可行的战略选择

本章小结

- 组织是一个开放的系统，环境必然会对组织产生影响。因此，任何一个组织都要进行环境研究，环境研究可以提高组织决策的正确性、及时性和稳定性。
- 所谓管理环境，就是指存在于组织内部和外部的影响组织业绩的各种力量和条件因素的总和，根据其存在组织内部还是外部，可分为组织外部环境和组织内部环境，组织外部环境根据其对组织业绩影响方式的不同，可分为宏观环境和行业竞争环境。组织内部环境可分为组织文化与组织物质环境。
- 宏观环境主要包括人口环境、政治环境、经济环境、社会文化环境、技术环境和自然环境。
- 具体环境是指对某一具体组织的目标的实现有直接影响的那些外部环境因素，主要包括现有竞争对手、潜在入侵者、替代品生产厂商、顾客、供应商、政府主管部门、特殊利益集团。
- 迈克尔·波特教授提出的"五种力量模型"是一种特别有效的分析行业环境的工具，即通过对行业竞争对手、潜在竞争对手、替代品竞争对手、供应商、买方（或顾客）的研究，分析企业所在行业内部的竞争状态。一个公司的竞争战略目标在于使公司能在行业内进行恰当定位，以便最有效地抗击五种竞争作用力并影响它们朝向自己有利的方向变化。
- 组织物质环境是指组织内部的资源拥有情况和利用情况，包括人员素质、资金实力、科研力量、专利技术和信誉等。内部物质环境研究是要分析内部各种资源（人力资源、有形资源、无形资源）的拥有状况和利用能力，
- 组织文化是指组织在长期的实践活动中所形成的，并且为组织成员普遍认可和遵循的具有本组织特色的价值观念、团体意识、行为规范和思维模式的总和。组织文化环境则是考察组织文化的构成要素及其特点。
- 任何组织的经营过程，实际上都是不断在其内部环境、外部环境及其经营目标三者之间寻求动态平衡的过程，因此，组织的内、外部环境绝对不能割裂开来。SWOT分析是将对企业内外部条件各方面内容进行综合和概括，进而分析企业的优势和劣势、面临的机会和威胁，并制定企业最佳战略的方法。通过SWOT分析，可以帮助企业把资源和行动聚集在自己的强项和有最多机会的地方。
- 每一个组织中都存在着限制管理者决策的内外部约束力量，尽管如此，管理者在环境面前也并非无能为力。在一个相当大的范围里，管理者能够对组织的绩效施加重大的影响。
- 对环境进行管理的核心是环境中蕴涵的不确定性，环境的不确定程度越大，则组织经营面临的风险越大。我们可以用环境的变化程度和复杂程度来衡量环境的不确定性，从而将组织环境分为四种典型的类型。

- 管理者首先要了解环境因素的变化情况，然后运用分析工具对其进行分析研究，最后对各种环境因素的影响做出相应的反应，包括主动适应环境的变化，或影响和改变环境等，使其朝着有助于组织的方向发展。
- 环境研究是一个过程，包括确定目标、调查收集资料、选择预测方法、进行预测、分析评价预测结果、提交预测报告等一系列工作。
- 定性预测方法有定性预测方法和定量预测方法。
- SWOT分析的基本思路是：首先通过对内部环境的分析，明确组织所具有的优势与劣势；其次通过对组织所处的外部环境的分析，发现当前或将来可能出现的机会与威胁；最后根据组织内外部环境分析，画出SWOT分析图，并据此制定组织战略。

【复习与思考】

1. 什么是管理环境？为什么组织要研究管理环境？
2. 外部环境的构成和特征是什么？
3. 宏观环境分析的主要内容是什么？
4. 波特的"五种力量模型"的主要内容是什么？
5. 简述SWOT分析的内涵及步骤。
6. 练习运用SWOT分析和波特的"五种力量模型"。
7. 什么是环境的不确定性？如何分析环境的不确定性？
8. 简述环境预测的程序。
9. 随着全球化的不断发展，跨国公司选择投资地点时，应当注意哪些环境因素？
10. 讨论经济全球化和经济一体化的进展对管理的影响。

【案例分析】

案例1　胡雪岩的启示

胡雪岩，安徽绩溪人，幼年丧父，家境贫寒，徒步百里到杭州，到一家钱肆当学徒。他头脑活络，善于经营，很得于姓主人的信赖，主人在其临终前将钱肆赠给了胡雪岩。1862年，胡雪岩因机缘攀上左宗棠，此后20年里一直做左的采运官，为之筹措钱粮、军饷，成了左的"钱袋子"。也正是在这个过程中，胡雪岩的财富惊人地暴涨。他仰仗左之权势，在各省设立阜康钱庄20余处，是信用最好、实力最强的徽商钱庄，并经营中药、丝茶业务，操纵江浙商业，资金最高达2000万两以上，拥有土地万亩，是为全国首富。他商业直觉超众，注重诚信，为人圆滑，处世周全，在狠赚钱的同时还深得朝廷信赖，从二品顶戴，是清朝300年唯一一个被赐穿黄马褂的商人。胡雪岩从容游走于商场、官场之间，是一个典型的官商，被认为是一个不世出的商业奇才。在他活着的时候，就有"做官要学曾国藩，经商要学胡雪岩"的说法。

江浙自晚明时,就是中国纺织业的中心。靠丝业致富的商人比比皆是,江浙是中国近代最为富庶的地方。有学者计算,湖州商人的财产总额达到 6000 万~8000 万两白银,相当于当时清政府一年的财政收入。江浙商人俨然与晋商、徽商并称为当时的"三大商帮"。胡雪岩为左宗棠采购军需,自然少不了与丝商打交道。

19 世纪 60 年代后,江南丝商面临重大危机。当时,英美各国在上海创设机械缫丝厂。西方工业革命的技术创新就是从纺织业开始的,所以,中国传统手工缫丝的生产效率和质量根本无法与机械缫丝竞争。洋商为了进一步掠夺中国的廉价劳动力和原料,垄断蚕丝出口市场,拼命压低生丝价格,抬高厂丝价格,生丝每担市值从 1868 年的白银 517 两,降至 1875 年的 285 两,再过 8 年,更暴跌至 200 两。兴旺百年的江南纺织业迅速没落。

目睹此景,胡雪岩认为商机浮现。缫丝产业蒸蒸日上,而作为原材料的生丝却价格日跌,这是一种极不正常的现象,据他观察,主要原因是华商各自为战,被洋人控制了价格权。于是他决定依靠自己的财力,与之一搏。另外,有消息显示,过去两年里,欧洲农业遭受天旱,生丝减产。

基于这些判断,首富胡雪岩出手,高调坐庄。百年企业史上,第一场中外大商战爆发了。

1882 年 5 月,他大量购进生丝 8000 包,到 10 月达到 1.4 万包,见丝就收,近乎疯狂。外商想买一斤一两而莫得,无可奈何,向胡说愿加利 1000 万两,如数转买此丝,胡非要 1200 万两不可,外商不买,过了数日,再托人向胡申买,胡坚持咬定此价。外商认为生丝原料仅操纵在胡一人之手,将来交易,唯其听命,从何获利?决心不买胡之生丝,等待次年新丝出来再说。胡则邀请丝业同行合议,共同收尽各地生丝,不要给外商,迫使外商出高价收购,以获厚利。

一开始,胡氏战略似乎奏效。1882 年 9 月,上海一级生丝已高涨至 17 先令 4 便士,而在伦敦交易所的价格仅为 16 先令 3 便士,国内价格反超国际期货价。到 1883 年 8 月,大商战进入决战时刻,胡雪岩前后已投入资金超过 1500 万两,继续囤货坚挺,大部分上海丝商停止营业,屏气而作壁上观。华洋双方都已到忍耐极限,眼见胜负当判,谁知"天象"大变。

变数之一,欧洲意大利生丝突告丰收,欧洲期货市场的紧张顿时缓解,消息传回中国,商心开始动摇。

更大的变数是,中法交恶,爆发战争。1883 年 10 月,法国军舰驶抵吴淞口,扬言进攻江南制造局,局势紧张,市民提款迁避,市面骤变,金融危机突然爆发。外国银行和山西票号纷纷收回短期贷款,个人储户也紧急提现。一般商品无不跌价 30%~50%,所有房地产都难脱手,贸易全面停顿。

11 月,江浙丝商的价格同盟瓦解,生丝易烂,不能久储,胡不得不开始抛售,价格一路狂泄,损失以千万两计。生丝对搏失利,很快影响到"坚如磐石"的钱庄,民众排队提款,一些与胡雪岩不和的官员乘机逼催官饷,可怕的挤兑风潮出现了。先是杭州总舵关门,继而波及北京、福州、镇江以及湖北、湖南等地的20多个字号,到12月5日,阜康钱庄宣布破产。

1884年8月22日,法国海军与左宗棠创建的清朝第一支现代化海军福建水师在马尾决战,福建水师舰队几乎全军覆没。1885年9月左宗棠病逝,11月,朝廷下令对胡雪岩革职查抄,严加治罪①,他遣散姬妾仆从,在圣旨到来之前,就非常"及时"地郁郁而死,他的棺木被一老仆埋于杭州西郊鸬鹚岭下的乱石堆中,一直到100年后才被人偶然发现。

资料来源:吴晓波. 跌荡一百年:中国企业1870~1977(上)[M].
北京:中信出版社,2009:44-46。有删改。

思考题:

1. 从管理环境的角度,分析胡雪岩为什么破产?
2. 从该案例中,如何看待管理者对组织环境的影响?
3. 你认为胡雪岩在这场与外商的商业决战中,其决策始终正确吗?为什么?如果你是胡雪岩,你会怎么办?

案例2 西尔斯是怎么被年轻一代顾客抛弃的

互联网企业崛起后,各大零售企业纷纷转向线上,西尔斯却反其道行之,继续强化线下业务,2005年和另一家陷入困境的零售商凯马特(Kmart)合并。西尔斯注重线下交易,其客户年龄偏大,逐渐失去了年轻一代,在与电商的竞争中败下阵来。

美国零售业标杆西尔斯百货(Sears)2018年10月在纽约南区破产法庭申请破产保护。在波士顿,西尔斯百货的唯一旗舰店就在麻省理工学院边上的Summerville购物中心里。从2018年10月下旬到圣诞节前,这家百货商店天天甩卖,飘扬在店堂里的是大幅黄色旗帜"3折"(70% off)、"一件不留"(everything must go)等。在那两个月里,我多次光顾Summerville的西尔斯百货,见证了这家零售业巨头的破产资产处置过程。说起全球百货公司,西尔斯是绕不过去的名字,它影响了美国几代人的生活。它在历史上的地位,比起今天的亚马逊有过之而无不及。

1869年,第一条连接美国东海岸和西海岸的太平洋大铁路修建完工,美国跑步进入工业化时代。在这条贯穿美国的大铁路上,有个铁路工作人员理查德·西尔斯。北美大铁路贯通,让美国具备了覆盖全美的邮政网络,西尔斯看中了这一独特优势,遂在全美火车沿线大规模发布邮购商品目录,大胆写上"世界上最便宜的商品,我们的贸易遍布全球"。

---

① 曾仕强在"百家讲坛"中的《胡雪岩的启示》中谈道:为助左宗棠西征,胡雪岩向洋人借款,他利用借贷款实付利息与应付利息之间的差额,吃了"回扣"。为官府贷款在中间吃"利差",这是朝廷万万不能允许的。这是清政府之所以对其革职查抄的原因。

北美大铁路繁荣，让西尔斯具备了全世界最早的物流网络。于是，大量的人们开始通过邮购方式订购西尔斯商品，而西尔斯则借助铁路便宜的运输方式，实现了最早的"电子"商务销售。

之后，西尔斯邮购网络继续扩大，商品范围不断扩张，从早期的钟表、机械零件发展到日常百货，还创始了"如有不满、原款退还"的业务模式，迅速聚集了大量顾客。到20世纪40年代，西尔斯成长为全球最大零售企业，营业额一度达到美国GDP的1%。西尔斯成为第一家"为所有人服务，所有商品有售"（everything for everyone）的百货店。当时西尔斯百货的零售目录长达1000多页，为人们提供了"一站式"买齐所需物品的便利。

二战结束后，西尔斯又开创性地构建起连锁经营体系，发展连锁商店模式，大大降低了运营成本。此后，连锁商店模式渐渐成了世界零售业的标准模式。西尔斯根据美国家庭普遍拥有汽车的特点，首创郊区购物中心模式，这种集商业、娱乐、餐饮、服务于一体的购物中心，彻底改变了美国人民日常休闲生活的购物方式和生活习惯。

1973年，西尔斯在芝加哥建造了当时全球最高的"西尔斯大厦"。80年代，西尔斯达到了巅峰，被公认为世界的零售百货之王，更是商业文明的标志。然而，从90年代中期以后，西尔斯就走上了一条下坡路，一走就是20多年。

西尔斯到底发生了什么？

由于长期积累的成功，西尔斯逐渐形成了呆板老化的供应链体系。在沃尔玛向超市业务模式全力拓展的时候，西尔斯仍然坚持传统百货模式，渐渐失去对客户的关注度，缺乏灵活性应对，在与沃尔玛等新型零售商的线下博弈中败北。在80年代后，石油危机导致的经济危机重挫西尔斯的主要客户群体，此时涌现出如塔吉特（Target）、凯马特（Kmart）和沃尔玛（Walmart）等一批低价零售商，西尔斯没有感受到威胁，反而开始进军保险、金融及房地产业务。此时崛起的代表性零售商——沃尔玛同样采取购物中心模式，但实行低价竞争战略。沃尔玛在郊区和公路附近开店，通过机动灵活的供应商管理模式，商品种类更全、价格更低。从进销渠道、分销方式，以及储运成本、营销费用、行政开支等各方面节省成本，全面战胜西尔斯。

2003年，没有任何零售行业经验、但有华尔街"巴菲特第二"之称的对冲基金经理埃迪·兰伯特（Eddie Lampert）通过二级市场收购获得了西尔斯公司控制权。兰伯特控股后，促成了西尔斯与凯马特的合并，试图靠削减成本、出售商业地产的策略扭亏为盈。但过犹不及，为节省成本、减少资本投资，导致店员严重不足，商店甚至出现地板塌陷、天花板漏雨等状况，严重影响客户体验。并且，兰伯特把西尔斯分拆为30多个经营单位，各自自负盈亏，内部相互竞争，缺少沟通协作。事实证明，对大型科技集团或金融机构适用的业务部模式，并不合适百货业。

近年来，西尔斯经营性现金流一直为负，维持基本日常运营，只能不断借债，根本无暇顾及革新发展了。2007年4月，西尔斯百货股价曾冲上144.1美元的顶峰，而在申请破产前夕的2018年10月14日只有0.41美元。10年间，西尔斯市值从300亿美元左右缩水至4亿美元！

在西尔斯之外，美国另一家著名零售商梅西百货在2017年关闭了68家门店，2018年又宣布关闭11家门店，全球最大玩具连锁零售商玩具反斗城（Toys "R" Us）继2017年申请破产保护后，于2018年6月关闭了美国境内全部门店。

在传统市场上被沃尔玛打得溃不成军，在电商市场上毫无建树，内部管理混乱，西尔斯的结局，再一次验证了变则通、不变则亡的古训。

资料来源：李曜. 西尔斯是怎么被年轻一代顾客抛弃的［N］. 上海证券报，2019-04-03。

思考题：
1. 环境对于企业经营有何影响？
2. 西尔斯在零售战场上失败的原因是什么？

【技能拓展】

【设计课目】某企业外部环境分析

【实训目的】理解环境要素及其对管理实践的影响。掌握环境分析的基本思考方法。训练环境分析的能力。

【实训内容】

（1）选择一家小型企业，采访企业主。

（2）了解该企业的定位和影响该企业经营的各方面因素。

（3）运用PEST技术，分析该企业的一般环境因素及其对企业经营绩效的影响。

（4）运用波特的"五种力量模型"，分析该企业的具体环境因素及其对企业经营绩效的影响。

（5）分析该企业外部环境的机会和威胁分别有哪些？

【方法与要求】

（1）由学生多渠道联系到某小型企业，采访企业主。

（2）学生运用本章所学知识，事先制订访谈计划，就企业定位及影响该企业的各方面因素进行采访。

（3）将搜集到的资料及采访记录进行汇总分析，以小组形式进行讨论，讨论这些因素中哪些是一般环境因素，哪些是具体环境因素，评价各因素对组织经营绩效的影响，并确定哪些因素会给组织未来发展带来机会，哪些因素会给组织未来发展造成威胁。

（4）结合调研情况以及对上述问题的分析和认识体会，形成调研报告。

【实训考核】

（1）每个小组上交一份企业环境分析报告，环境分析报告要求字数在2000字以上，正确运用 PESTN 技术和波特"五种力量模型"进行分析，并最终确定环境中的机会与威胁因素。

（2）由老师批阅环境分析报告后，记入小组积分。

（3）根据每个人在组内分工及实际工作情况，分 A、B、C、D 四个等级评定个人成绩。

第四章 决　　策

导入案例

可口可乐的决定

　　曾经在很长的一段时间里，相对于百事可乐而言，可口可乐是拥有绝对优势的。但是随着时间的推移，随着百事可乐不断做出正确而高效的营销投入，百事可乐正快速地缩小着自己与可口可乐之间的差距。随后很长的一段时间里，可口可乐和百事可乐"打"得都很厉害。面对百事可乐愈加凌厉而嚣张的挑战，原本不放在心上的可口可乐，终于无法再高枕无忧、安于现状了。

　　于是，可口可乐的最高管理层召开了一次会议，他们在这次会议上做出了一个决定，那就是他们要在可乐的口味上做出改变，并期望以此来挽救不断下降的市场份额。

　　可口可乐的技术人员开发出了一种味道更甜的新配方。这个新配方顺利地通过了口味测试，测试结果证明这种新配方在口味上是胜过百事可乐的。于是在 1985 年 4 月 23 日，可口可乐公司董事长罗伯特·戈伊朱埃塔向外宣布了一项惊人的决定，他宣布可口可乐公司决定放弃已经保持了 99 年没有变化过的传统配方。罗伯特阐述了这样做的原因，他说"现在的消费者更偏好口味更甜的软饮料"。而为了迎合这一需要，可口可乐公司决定更改配方，引入新配方来调整口味，并最终推出新一代可口可乐。

　　正当可口可乐的高层们满心欢喜地等待着自己的销售员带来好消息的时候，现实给了他们当头一棒。

　　在"新可乐"上市后的一个月，可口可乐公司每天接到超过 5000 个抗议电话，而且更有雪片般飞来的抗议信件。可口可乐公司不得不为此而专门开辟 83 条热线，并雇用更多的公关人员来处理这些抱怨和批评。有的顾客称可口可乐是美国的象征不应该随意变化，有的顾客威胁说情愿改喝茶水也不愿意再购买这个新口味的可口可乐。更有忠于传统可口可乐的人们组成了"美国老可乐饮者"组织并在发动全国抵制"新可乐"的运动。而且,越来越多的人开始寻找已停产的传统可口可乐。导致这些"老可乐"的价格一涨再涨。面市后两个月,"新可乐"的销量远远低于公司的预期值,不少瓶装商强烈要求改回销售传统可口可乐。

最终,拗不过消费者与媒体铺天盖地的批评,可口可乐在坚持了几个月后就宣布放弃新配方,全面启用老配方。也就是原本那个已经坚持了99年的配方。至此,可口可乐的新配方改革可以说是以完全失败告终。

历史"残忍地"记下了这属于可口可乐的不光彩一笔,但是它能给我们很多深刻的启示。

有很多的管理专家学者,以及可口可乐自身的管理者,都对这次失败进行了调查与反思。最终得到的结论认为,可口可乐公司的失败,与多方面因素都有密切关系,而最主要的原因,就是决策的不当。

资料来源:从可口可乐的决策失败看管理决策的重要. http://www.12reads.cn/35798.html,有删减。

【知识要求】

通过本章的学习,使学生掌握决策的概念及基本类型,理解决策的过程和决策的有限理性,并掌握决策的原则和各种决策方法。

【技能要求】

通过本章的学习,学生应能够运用决策的理论和方法进行基本问题的决策。

【关键术语】

决策;战略和战术决策;个体和群体决策;程序和非程序化决策;有限理性;决策过程;决策原则;决策方法

第一节 决策概述

一、决策的内涵

决策是管理者最重要的任务之一,决策既涉及人类生活的各个领域,也涉及社会的所有人,大到国家的政治、军事、经济、文化、教育等各种活动,小到家庭和个人的行动和打算。从日常生活工作到改造自然、改造社会的巨大变革,都与决策密切相关。例如大学的专业选择,购房决策,购买家庭汽车的决策,公司选址,产品开发决策,挽救国家经济的决策,等等。这些都是决策问题,但是它们又差别很大,决策方法也有所不同。因此我们首先需要弄清决策的基本概念、类型和特点。

决策既可以是狭义的概念,也可以是广义的决策概念。狭义的决策就是在关键时刻对某一事件中的两个或两个以上方案进行最后的抉择。例如,某地铁工地塌方,需要决策者迅速行动。关键时刻要对营救方案作出最后的选择,这种决策要求效率要高。广义的决策是指一个完整的决策过程,是为达到预期目标而从若干个备选方案中选择合理方案的分析判断过程。一个重大的决策常常需要经过认识和定义决策环境的性质、确定备选方案、选择最好方案并予以实施等一系列环节。例如某个项目投资决策,需要对内部人力资源状况、财力资源、组织文化、技术水平、市场需求、原材料供给、竞争对手的多寡、国家的法律法规等进行全方位的调研,然后在各备选方案中选择满意方案。

决策只求满意不求最优。令人满意的决策要求决策者理解决策的环境。绝大多数人认为满意的决策是追求某些指标的最大化,例如利润、销售、雇员福利和市场份额等。然而,在某些情况下,有效的决策则要将某些指标最小化,例如亏损、费用或雇员流失等。满意的决策甚至还可以是找到最好的脱离原有业务领域、解雇员工和终止或者组建战略联盟的方法等。

决策通常是为了解决一定的问题,也可能是为了把握机遇而对组织的资源进行配置的方案选择。例如面对公司连续的管理费用上升需要找到解决的办法,公司也常常需要想尽一切办法调动员工的积极性。面临全球性的金融危机,需要有效的政策措施解决企业开工不足、消费不振、失业上升的问题。

当然,决策效果好坏需要很长时间才能显现出来。

二、决策的类型

1. 按照性质不同划分

按照性质不同,决策可以分为战略决策和战术决策。

(1) 战略决策。

战略决策是指企业面对激烈变化的环境,严峻挑战的竞争,为谋求生存和不断发展而作出的总体性、长远性的谋划和方略。例如,企业提升核心竞争力的思路和规划、企业经营业务领域的选择、人力资源战略发展规划等均属于企业战略决策。战略决策的重点是解决企业与外部环境的关系问题,是对企业未来发展进行的长远和总体规划,属于长期决策。

战略决策失误与甲午之败

对于甲午战败之因,梁启超曾经讲道,"西报有论者曰:'日本非与中国战,实与李鸿章一人战耳!'其言虽稍过,然亦近之"。从战略决策角度分析,清政府战略决策屡屡失误,既与决策者自身认识、分析和决断能力不足有关,更与缺乏先进的战略决策体制机制有关。在战略决策时,清政府不是力争想到各种因素和条件,而是凡事都偏向于往好处思考,没有早打、大打、突然打、长期打、在自己本土打或到日本本土打的计划,无论是战略计划的制订,还是战争动员、后勤工作、兵力部署诸多方面都杂乱无序。正如当时美国驻华大使田贝在致美国总统的秘密报告中指出的那样:"中国以完全无准备状态卷入战争,乃史无前例。"

历史告诫我们,战略决策的风险是绝对的,相应带来的冒险也是绝对必要的。因此,战略决策者必须要有风险意识和敢于斗争、敢于胜利的胆识与气魄,善于在极大风险意识中发现和创造机遇,作出最佳抉择,最大限度地捍卫国家利益,最大可能地打赢战争或争取和平。

资料来源:肖天亮. 战略决策失误与甲午之败 [J]. 决策与信息,2014(5):34-38。有删减。

(2) 战术决策。

战术决策同战略决策不同。所谓"战术决策"是指企业在实现战略经营目标、经营方向、经营规划等战略决策过程中,对具体经营问题、管理问题、业务、技术问题的决策。战术决策主要解决"如何做"。例如企业中的4P(产品、价格、分销渠道和促销策略)组合策略,产品工艺路线的安排,各区域市场销售人员的配备均属于战术性决策。战术性决策通常涉及的时间范围较短。典型的由于战术决策成功的案例就是田忌赛马,田忌通过运用系统思维制订正确的战术方案而获得了胜利。

2. 按照问题的重复程度不同划分

按照问题的重复程度不同,决策可以分为程序化决策和非程序化决策。

程序化决策是按原来规定的程序、处理方法和标准去解决管理中经常重复出现的问题,又称重复性决策、定型化决策、常规决策。它可以通过制定规定程序、决策模型和选择方案的标准,按常规进行处理。车间调度员在安排工人的每天任务时通常是按照以往的习惯,将原本属于某个工人加工的产品依旧安排给相应的工人;企业在安排产品运输路线时,通常可以根据以往的经验和以往的产品运输和配送路线安排进行。这些都属于典型的程序化决策或者常规决策。人力资源招聘,通常是由用人单位提出申请,人力资源部门和主管领导批准,再行招聘。招聘一般也要经历以下程序:发布招聘广告,对应聘人员进行初步筛选,组织人员进行考核面试,确定人选,发送录取通知,办理入职手续,签订聘用合同,进行人员培训等。

> ## 某公司的程序化决策
>
> 　　一家年销售额达几十亿美元的美国公司,在全国设有40多家工厂,每家工厂中都设有一个主计员(总会计师),每位主计员有3~6个监督员向他汇报,并管理25~50个职员。至1994年,公司已成功地把主计员的几乎全部决策高度程序化了。大多数的主计员仅受过高中教育,然而,他们能遵从指导。公司制定了一份4000页的会计手册,并不断更新。它告诉每一位主计员遇到的绝大多数问题应如何处理。在这家公司中,高代价的人才集中在总部制定所有的非程序化会计决策。
>
> 　　资料来源:https://wenku.baidu.com/view/d4387e2066ec102de2bd960590c69ec3d5bbdb28.html。

　　非程序化决策是解决以往无先例可循的新问题,具有极大的偶然性和随机性,很少发生重复。这类决策又称为一次性决策、非定型化决策和非常规决策,通常是有关重大战略问题的决策,由于非程序化决策需要考虑内外部条件变动及其他不可量化的因素,除采用定量分析外,决策者个人的经验、知识、洞察力和直觉、价值观等主观因素对决策均有很大的影响。与程序化决策相比,非程序化决策过程中出现错误的可能性要大得多。绝大多数由高层经理们作出的战略(兼并、收购和接管)和组织设计决策属于非程序化决策。有关新设施、新产品开发的决策均属于非程序化决策。

　　西蒙认为,无论是现在还是将来,都无法改变这样的事实,即任何一个组织都是有等级分层次的。一般组织分三层:高层管理人员关注的是非程序性决策;基层管理人员关注的是程序性决策;中层管理人员主要应集中注意在程序性决策上,但也不排除下层管理人员参与非程序性决策。

3. 按决策主体划分

　　按决策主体,决策可以分为群体决策(组织决策)和个体决策。

　　个体决策指决策是单个人做出的。个体决策成为组织行为中非常重要的一部分。如高层管理者要决定设置什么样的组织目标,提供什么样的产品或服务,如何建构最佳的公司总部,在哪里建设一个新厂等;中低层管理者要决定生产日程安排,选择新员工,合理分配薪水的增长。当然,决策并非仅仅是管理者的特权。非管理层的员工所作出的决策同样影响到他们的工作和他们为之工作的组织。其中比较明显的决策可能包括:在具体某一天是否去上班,在工作中付出多大努力,是否遵守上司提出的要求等。另外,近年来越来越多的组织把工作相关的决策权授给非管理层的员工,这些权力在过去只有管理者拥有。

　　但是组织中的个体如何决策,他们最终作出的选择质量如何,在很大程度上受到知觉的影响。决策是对于问题的反应,由于事件的当前状态与期望状态之间存在着差距,因而要求个体考虑几种不同的活动进程。如果你的车在半路抛锚,而你又依靠它去学校上课,这时就出现了一个问题需要你进行决策。但是,大多数问题并非明确地标上"问题"的标签呈现在我们面前。对某一个人的"问题"在另一个人眼里可能是"事情的满意状态"。

比如，一名管理者可能认为在他的管辖区内本季度销售数字下降了2%是个非常严重的问题，需要他在这方面采取及时行动。而同一公司中另一区域的管理者面对同样2%的销售下降则可能感到十分满意。可见，对问题存在和决策需要的认识是一个知觉问题。

群体决策指决策者是两个或两个以上的人。群体决策和个体决策可以说各有优缺点。在组织中，群体决策的应用范围很广，但这是否意味着群体决策一定比个人单独决策优越呢？对这个问题的回答取决于多个因素。现在，我们就来看看群体决策的利弊。

（1）群体决策的优势。

群体决策和个体决策各有其优势，但都不是可以适用于任何环境的。与个体决策相比，群体决策有下面一些主要的优点：

其一，能提供更完整的信息。西方的许多国家的法律体系所接纳的一个基本信念是：两人智慧胜一人，这一点在陪审团制度中表现得最明显。在我们中国，也有一句俗语"三个臭皮匠，顶个诸葛亮"，说的都是群体决策的优点。因为在这一过程中，通过综合多个个体的资源，群体给决策过程输入了更多的信息，并带来了各个方面的经验和意见。

其二，产生更多的预备方案。因为上面提到的更多的完整信息，群体能够给决策过程带来差异性，并增加了多样性的观点，这就为多种方法和方案的产生提供了机会。尤其是当一个团队是由来自不同专业领域的人员组成时，这种优势会体现得更加明显。

其三，提高了决策的可接受性。许多决策在做出之后，因为不为人们接受而告夭折。但是，如果那些会受到决策影响的人和将来要执行决策的人能够参与到决策过程中去，他们就更愿意接受决策，并鼓励别人也接受决策。这样，决策就能够获得更多支持，执行决策的员工的满意度也会提高。

其四，增加合法性。群体决策过程与民主理想是一致的，因此，被认为比个人决策更合乎法律要求。如果个人决策者在进行决策之前没有征求其他人的意见，决策者的权力可能会被看成是独断专行。北美国家和许多资本主义社会较为重视民主的方法。

（2）群体决策的劣势。

当然，群体决策也不是没有缺点，其不足主要是：

第一，浪费时间。在群体内部进行决策时，因为人们的知识结构不同，立场和出发点相异，所以会在决策的过程中产生一定的分歧，尤其是在分歧很大时，这种协调、解释沟通的过程会浪费大量的时间。当然，这种结论也存在例外的时候，如果在进行一个决策时要了解多方面的信息，那么，个体决策这就需要花费大量的时间来查阅资料、了解信息、向别人咨询等，然而，群体决策时因为包括了不同领域的人员，他们了解多方面的信息，这样寻找信息所花费的时间就会大大减少。但是这种情况毕竟是例外，一般来说，和个体决策相比，群体决策的效率较低。

第二，少数人统治多数人。在一个群体和组织里，群体成员是永远不可能有绝对的平等的，不同的成员在组织级别、知识结构和水平、经验、对问题的了解程度、对其他成员的影响力、语言表达能力和技巧、判断性和其他禀赋等方面都有差异，甚至是很大的差异,这些差异就为一个人或几个人控制其他人提供了条件和基础,一些具有影响力且积极活跃的个别人或少数人对最终决策有决定性的影响力,比如某个组织的主要领导或者是在某一专业领域的权威等。

第三,屈从压力。群体中存在这么一种遵从现象:群体规范迫使人们遵从群体意见,人们希望自己成为群体一员并努力避免与群体的明显不一致,在群体中当个体对客观情况的看法和其他人群体成员明显不同时,他会感受到巨大的压力而调整自己的观点以顺从其他人的观点,而不是顺从真理或科学。在群体决策时,这种遵从压力会引发一种群体思维(groupthink)现象,也就是群体成员为了达到表面上的统一一致而隐瞒不同的意见或不受欢迎的观点,这最终会影响群体做出最优决策。

第四,责任不清。群体成员对于决策结果共同承担责任,但谁对最后的结果负责呢?对于个人决策,责任者是很明确的。对于群体决策,任何一个成员的责任都会降低。

(3) 提升群体决策效果的办法。

群体决策与个体决策相比,既有优点又有缺点,如何运用科学决策方法提高群体决策的效率和效果呢?可以采用以下方法提高群体决策的效果:

第一,提高决策者的素质,严格控制决策人员数量。为提高决策效率,通常参与决策的成员控制在 4~9 人比较合适,重大决策事项可以放宽至 10~15 人。为提高会议决策效率,组织者须要求参与决策人员事先进行充分的准备,查阅资料,准备发言提纲或发言稿。为保证决策方案不流于形式,需要认真做好会议记录或会议纪要,形成会议决议,落实决策执行责任人,已备会后复查。

第二,头脑风暴法。在群体决策中,由于群体成员心理相互作用影响,易屈于权威或大多数人意见,形成所谓的"群体思维"。群体思维削弱了群体的批判精神和创造力,损害了决策的质量。为了保证群体决策的创造性,提高决策质量,管理上发展了一系列改善群体决策的方法,头脑风暴法是较为典型的一个。

头脑风暴法是由美国创造学家 A. F. 奥斯本于 1939 年首次提出、1953 年正式发表的一种激发性思维的方法。此法经各国创造学研究者的实践和发展,至今已经形成了一个发明技法群,如奥斯本智力激励法、默写式智力激励法、卡片式智力激励法等。

所谓头脑风暴(brain-storming),最早是精神病理学上的用语,指精神病患者的精神错乱状态而言的。而现在则成为无限制的自由联想和讨论的代名词,这种方法目的是克服互动群体中的从众压力,鼓励创新思维。它运用激发想法与观念的过程,在这一过程中,鼓励人们提出各种备选方案,坚决杜绝对这些观念的批评意见。这种方法强调的是提出想法和观念的过程,主要是对所提出的每个方案进行可行性讨论,不一定形成最终的决策方案。

在头脑风暴讨论中,一定数量的人(通常是 6~12 人)围坐在一张桌子旁,领导者先讲明问题,然后让大家逐次自由发言,尽可能多地提出各种解决问题的办法。需要强调的是,在大家发言的过程中,任何人不得对任何方案提出批评意见,无论你有何不同意见,都必须等所有人发言完毕后再进行讨论和分析。

头脑风暴法又可分为直接头脑风暴法（通常简称为头脑风暴法）和质疑头脑风暴法（也称反头脑风暴法）。前者是在专家群体决策中尽可能激发创造性，产生尽可能多的设想的方法，后者则是对前者提出的设想、方案逐一质疑，分析其现实可行性的方法。

第三，名义群体法。名义群体法是指在决策过程中对群体成员的讨论或人际沟通加以限制，但群体成员是独立思考的。像召开传统会议一样，群体成员都出席会议，但群体成员首先进行个体决策。

这个方法要求按如下步骤进行。首先，领导说明问题；然后，在进行群体讨论前，每个人先写下自己对于解决问题的想法或观点并逐次表述观点，直到所有想法都记录在案，在表述和记录过程中不允许进行讨论；接着，群体对每个想法开始讨论，进行评价；最后，群体成员独自对观点和想法排序，最终选择人数最多、位居第一的办法（注：头脑风暴法通常只讨论和分析各方案可行性，参加会议的人不一定是最终拍板的人，真正的决策常在其他的会议上由决策者进行决策）。名义群体法的主要优点在于，使群体成员正式开会但不限制每个人的独立思考，又不像互动群体那样限制个体的思维，而传统的会议方式往往做不到这一点。

第四，电子会议。具体操作方法是：人们围坐在圆桌旁，每个人面前只放一台电脑，群体的总人数不要太多，最好控制在50人内。首先是要告诉大家问题，并要求他们把自己的意见输入电脑屏幕上，最后每个人的意见和投票结果情况都会在投影屏幕上显示出来。优点是采用匿名形式自由表达想法，可以充分表达自己的真实态度且不用担心惩罚，决策迅速且不跑题。

那么，群体决策和个体决策孰优孰劣呢？这取决于你衡量决策效果的标准。就准确性而言，群体决策更准确。证据表明，群体决策比个人决策质量更优。但就速度而言，个体决策优势更大。如果你认为创造性最重要，那么群体决策比个人决策更有效。如果你的标准是最终方案的可接受性，那么还是群体决策好。在考虑决策效果时不能不考虑决策效率。就效率这一点来说，群体决策总是劣于个体决策。就同一个问题而言，群体决策所用时间总是比个体决策所用时间多，而且很少有例外。因此，在决定是否采用群体决策形式时，应权衡一下群体决策在决策效果上的优势能否超过它在效率上的损失。

1. 在解决某一个专业技术问题时，应采用哪种决策方法？为什么？
2. 在国有控股、民营企业和私营企业中哪类决策方法较多？为什么？

三、决策的特点

决策的类型有很多且各有特点，但同时也有共同的特点。

1. 决策要求有明确而具体的决策目标

决策就是选择方案，如果决策的目标是模糊的，甚至是模棱两可的，那就无法以目标为标准评价方案，更无从选择方案了。决策目标作为评价和监测整个决策行动的准则，不断地影响、调整和控制着决策活动的过程，一旦目标错了，就会导致决策失败。比如高考学子临近挑选大学专业，你就要清楚自己想要的是什么，这可能与个人的价值观和目标有一定的关系。有的人甘于奉献青春和热血，做一名光荣的人民教师，为国家和社会培养栋梁之材，那么他很有可能会选择师范类的专业。有的人想要创建伟大的企业，为社会创造更多的就业机会和为国家缴纳更多的税收，那么他就很有可能选择工商管理类的专业学习创业和企业经营管理的知识。

2. 决策要求以了解和掌握信息为基础

一个合理的决策是以充分了解和掌握各种信息为前提的，即通过组织外部环境和组织内部条件的调查分析，根据实际需要与可能，选择切实可行的方案。千万不要在问题不明、条件不清、要求模糊的状态下，匆匆忙忙作出选择。要坚决反对"情况不明决心大，心中无数办法多"的错误做法。

浪潮电子紧跟时代发展趋势

浪潮电子信息产业股份有限公司是全球智慧计算的领先者，为云计算、大数据、人工智能提供领先的智慧计算。随着新一代信息技术的发展和普及，人类社会从信息化向智能化升级，社会计算的形态发生深刻变革，中国及全球服务器市场需求快速增长。根据第三方机构数据显示，2018年浪潮x86服务器出货量、销售额均居全球前三、中国第一，增速全球第一。2018年，在智慧计算战略的指导下，公司积极把握云计算、物联网、大数据、人工智能、工业互联网等智慧时代的发展新趋势、新机遇，坚持"开放、融合、敏捷"策略，在研发、生产、交付、服务模式等方面持续创新，各项业务持续保持快速增长势头，同时积极布局未来，加速推进全球化战略和AI智慧计算平台布局。人工智能是公司智慧计算战略的三大支柱业务之一，公司作为全球专业的AI计算力厂商，从计算平台、管理套件、框架优化、应用加速四个层次致力于打造敏捷、高效、优化的AI基础设施。目前，公司已成为百度、阿里巴巴、腾讯等客户最主要的AI服务器供应商，并与科大讯飞、今日头条、滴滴等人工智能领先科技公司保持在系统与应用方面的深入紧密合作，帮助AI客户在语音、图像、视频、搜索、网络等方面取得数量级的应用性能提升。根据第三方机构数据显示，2018年上半年，浪潮AI服务器市场占率51.4%，蝉联中国市场第一。

资料来源：《浪潮电子信息产业股份有限公司2018年年报》。

3. 决策要求有两个以上的备选方案，以便比较选择

决策必须有可供选择的方案，否则决策可能就是错误的。人们总结出这样两条规则：

一是在没有不同意见之前,不要作出决策;二是如果只有一种行事方法,那么这种方法很可能就是错误的。

4. 决策要求对控制的方案进行综合分析和评估

每个实现目标的可行方案都会对目标的实现发挥某种积极作用和影响,也会产生消极作用和影响,因此必须对每个可行方案进行综合分析和评价,即进行可行性研究。可行性研究是决策的重要环节。决策方案不但必须在技术上可行,而且应当考虑社会、政治、道德等各方面的因素,还要使决策结果的副作用(如环境污染)缩小到允许的范围。应通过可行性分析确定出每个方案的经济效果和所能带来的潜在问题,以便比较各个可行方案的优劣。

5. 决策追求的是最可能的优化效应

任何事情都不可能做到完美无缺。对于决策者来说,同样不能以最理想方案作为目标,而只能以足够好地达到组织目标的方案作为准则。即在若干备选方案中选择一个合理的方案。合理方案只能在决策时能够提出来的若干可行方案中进行比较和优选。决策的可行方案是在人们现有的认识能力条件下提出来的。

由于组织水平以及对决策人员能力训练方式的不同,可行方案的多寡和质量都是不同的。而且,由于人们对客观事物的认识是一个不断深化的过程,明天的认识比起今天的认识往往深刻得多。所以对于任何目标,都很难提出最优的方案,决策者只能得到一个适宜或满意的方案,而不可能得到最优方案。

西方经院哲学家布里丹曾讲过一个驴子吃草的故事很能说明决策只要满意,不需要追求最优。一头驴子外出觅食,发现两堆相距不远的草料。东边是一堆干草料,西边是一堆新鲜的嫩草。驴子很高兴,跑到大堆的干草料处刚要吃,突然想,西边那堆草料那么新鲜,肯定好吃,此时不去可能会被别的驴子吃掉,于是它就跑到嫩草堆。刚要吃,它又想,这堆草虽然很嫩,可别的驴子把那一大堆干草料吃光的话,自己就要饿肚子了,还是回去吃干草吧。于是它又跑回干草料堆。可是,它又特别想吃嫩草,就再次跑回嫩草堆。在嫩草堆那儿又担心吃不饱,又返回干草堆。驴子既想吃饱,又想吃嫩草,还担心干草料被别的驴子吃光。于是不停地往返于两堆草料之间,最终饿死在草堆旁。人们将这种选择上的困惑称为"布里丹效应"。要避免"布里丹效应"的发生,必须具备过人的知识、胆识、见识、能力、经验和智慧。当你面临选择时——不管是为企业发展指明方向,还是为团队制定目标,或者仅仅是决定怎样安排一天的工作——都必须懂得选择和放弃。选择上的困惑会导致机遇的丧失。在"信息爆炸"时代,各种真假信息都很诱人,选择来,选择去,总是拿不定主意,最后只好维持原状,继续按那种"老皇历"办事。于是,机遇往往就从身边溜走了。竞争是市场经济的规律,风险是商品生产的伴侣,怯弱和犹豫是发展的大忌。权衡利弊得失,作出正确抉择,不让可行的机会丧失,这是对每一个经营管理决策者的要求。

> ## 学会"决断"
>
> 科学家们曾经做过一系列实验,其中有一个实验是让一组被测试者在6种巧克力中选择自己想买的,另外一组被测试者在30种巧克力中选择。结果,后一组中有更多人感到所选的巧克力不大好吃,对自己的选择有点后悔。
>
> 另一个实验是在加州斯坦福大学附近的一个以食品种类繁多而闻名的超市中进行的。工作人员在超市里设置了两个食品摊,一个有6种口味,另一个有24种口味。结果显示有24种口味的摊位吸引的顾客较多:242位经过的客人中,60%会停下试吃,而260个经过6种口味的摊位的客人中,停下试吃的只有40%。不过最终的结果却出乎意料:在有6种口味的摊位前停下的顾客中30%都至少买了一种食品,而在有24种口味摊位前的试吃者中只有3%的人购买了东西。这说明,当人们面临更多的选择时,常常会感觉到无所适从,不知如何选择如何决策。做了选择可能也不一定是自己想要的结果。因此我们在做决策时,犹豫不决,经常寻求最优决策不一定能带来最优结果。做决策时只要相对满意即可,该决断时就要决断。
>
> 资料来源:雅瑟. 管理就像一本故事书 [M]. 北京:北京工业大学出版社,2009。有改编。

四、决策的影响因素

1. 决策目标

决策目标是指在一定的环境和条件下,根据预测所能希望得到的结果。决策要求有明确而具体的决策目标。若决策的目标是模糊的,甚至是模棱两可的,则无法以目标为标准评价方案,更无从选择方案。问题提出后必须明确问题能否解决、解决的程度、结果要达到什么要求等。这是以后判定和选择方案的依据和标准。

决策不可能同时达成所有的目标,很多情况下鱼与熊掌不可兼得,管理者必须设定优先顺序,有所取舍。也就是说,要明确列出决策所要实现的目标,并对目标进行优先排序和取舍。这一步最容易犯的错误是设定了几个本身就相互矛盾的目标,如果是这样,那么这种决策比赌博还没有理性。另外,决策虽然一开始是正确的,但是后续过程中前提条件发生了改变,如果不随之调整的话,就必然导致失败。因此,决策者必须一直牢记决策所要实现的限定条件。一旦现实情况发生大的变化,就应该马上寻找新的办法。

2. 环境

环境包括内部环境和外部环境,两者都会对组织绩效产生影响,是组织决策时必须考虑的因素。外部环境对组织决策的影响表现在:①环境的特点影响着组织决策的频率和内容以及组织的活动选择;②环境中的其他行动者及其决策也会对组织决策产生影响。对环境的习惯反应模式影响着组织的活动选择。例如,企业进行使命决策时往往需要考虑国家长远发展规划和产业政策、市场需求、竞争态势和企业自身实力等因素。

3. 过去决策

过去决策的经验对现在决策会产生影响。过去的决策对目前决策的制约程度主要受它们与现任决策者的关系的影响。

习惯与自然

一根小小的柱子，一截细细的链子，拴得住一头千斤重的大象，这不荒谬吗？可这荒谬的场景在印度和秦国随处可见。那些驯象人，在大象还是小象的时候，就用一条铁链将它绑在水泥柱或钢柱上，无论小象怎么挣扎都无法挣脱。小象渐渐地习惯了不挣扎，直到长成了大象，可以轻而易举地挣脱链子时，也不挣扎。

有位驯虎人本来也像驯象人一样成功，他让小虎从小吃素，直到小虎长大。老虎不知肉味，自然不会伤人。驯虎人的致命错误在于他摔了跤之后让老虎舔净他流在地上的血，老虎一舔不可收，最终将驯虎人吃了。

小象是被链子绑住，而大象则是被习惯绑住。老虎曾经被习惯绑住，而驯虎人则死于习惯（他已经习惯于他的老虎不吃人）。习惯几乎可以绑住一切，只是不能绑住偶然。比如那只偶然尝了鲜血的老虎。

资料来源：https://www.cnblogs.com/wicrecend/articles/4528830.html。

这种原本的习惯就相当于过去的决策一样，然而管理环境会随着时间的改变而改变，就像尝到了血的老虎，所以一个企业要时刻对于自己的决策进行思考，时刻考虑当前的管理环境，不要重复地依赖过去的决策。

4. 组织文化

从决策方面来说，组织文化会对决策的制定和执行产生重大影响表现在两方面。一是组织文化制约着包括决策制定者在内的所有组织成员的思想和行为；二是组织文化通过影响人们对改变的态度而对决策起影响和限制作用。

组织文化是构成组织内部环境的主要因素。某公司对高品质工艺技术非常内行，公司管理层决定把低成本快艇业务扩展为大量生产，但是他们很难改变工人的态度使其不再崇尚质量和工艺技术。于是管理层被迫对快艇生产重新安排，并招募一些独立的劳动力。由于组织的历史和文化不适应其新任务，这项新的事业失败了。

5. 决策者对风险的态度

任何决策都带有一定程度的风险性。愿意承担风险的决策者，通常会未雨绸缪，在被迫对环境作出反应以前就采取进攻性的行动，并会经常进行新的探索。不愿意承担风险的决策者，通常只会对环境作出被动的反应，事后应变，他们对变革、变动表现出谨小慎微。其活动往往受到过去决策的严重制约。

6. 决策的时间紧迫性

美国学者威廉·金和大卫·克里兰把决策划分为时间敏感型和知识敏感型。时间敏感型决策是指那些必须迅速而尽量准确做出的决策（战争中经常出现）；知识敏感型讲究决策的效果，它取决于决策质量。司马光砸缸的故事在中国家喻户晓。当司马光发现同伴落入水缸，知道来不及呼喊大人来救，自己便以砸缸的方式来解决问题。如果是一只皮球落入水缸，就不能简单地砸缸了。救人与救物的不同在于救人是不能延误时间的。在危难中受伤者有时主动断臂求生或者让他人帮助自己断臂求生，就是运用了时间原则。为了尽快地让自己摆脱可能更加危险的处境，选择一种虽然极痛苦但是有可能换得生存的方式自救，是有道理而且合于道德的。

五、有限理性决策

有限理性是美国著名学者赫伯特·西蒙于1947年提出来的，他也因此获得1978年诺贝尔奖。

西蒙指出，行政决策者都希望能够做出理性选择，即唯一的最佳选择。但是在制定理性决策时往往会发生许多决策者预料之外的事情，使决策者很难作出最佳方案的选择。这是因为任何由人组成的机构的信息和计算能力都是有限的。

传统的经济学理论都是将人和组织假设为即使面临变化不定的客观环境，也能够掌握完全信息，也能够了解所有的选择，并且能够按照"效率最大化"和"选择最优化"原则作出选择，这就是所谓的完全理性。而无论什么样的组织，都是按照理性模式设计出来的；不论什么人都是按照理性作出选择的。也就是说每个组织目标是十分明确的，组织的各个部门的功能是按照对环境输入的可预测性安排的，组织结构可以满足环境的各种需求，组织可以进行理性选择。

西蒙认为，传统经济学的完全理性在现实生活中是不存在的。西蒙认为，人的信息加工和计算能力是有限的，因此，由人组成的任何组织无法完全按照理性模式去行动，即人和组织没有能力同时考虑所面临的所有选择，无法按照"效率最大化"和"最优化原则"理性地指导自己的行动。

西蒙在对传统经济学的理性模式提出批评以及分析完全理性假定的不真实性的同时，提出了有限理性决策的特点：

（1）决策者在进行决策时对其决策状况的信息掌握不完备。按照理性的要求，行为主体应具备关于每种抉择的后果的完备知识和预见。而事实上，对后果的了解总是零碎的。正是这种"零碎"的认识，使决策者囿于理性的范围之内。

（2）得到大量有关信息的前提下，决策者充分处理信息的能力仍然有限。在西蒙看来，知识的不完备性、预见未来的困难性以及备选行为范围的有限性，决定了"客观理性"或称"完善理性"，在实际行动中是不存在的，人类行为所依赖的既不是古典经济学家所谓的"客观理性",也不是弗洛伊德所讲的"非理性",而是介于理性与非理性之间的"有限理性",任何组织和个人都只能被视为一个具有学习及适应能力的体系,而不应被看作是一个绝对理性的体系。因此,西蒙主张用以"有限理性"为基础的"行政人"取代"经济人"。西蒙提出了他关于决策准则的看法,即应该用"令人满意"的准则取代"最优化"的准则。他指出,人们和企业追求的不是既定目标的最佳化,而是"满意",人们会根据以往的经验调查他们的期望值。

(3) 合理性决策必须考虑人的基本生理限制以及由此而引起的认知限制、动机限制及其相互影响。从而所探讨的应当是有限的理性,而不是全知全能的理性;应当是过程合理性而不是本质合理性;所考虑的人类选择机制应当是有限理性的适应机制,而不是完全理性的最优机制。

(4) 决策者的主观作用很大程度上影响决策效果。决策者在试图构建一个问题的客观模式时,常常带有一种对问题先入为主的印象行动,致使主观的考虑渗入分析之中。当决策者获取信息时,他们是有选择的,有的加以重视,有的遭到忽略。一项决策的出台,应该是要预先确定目标和方向,然后才进行意向性的决策分析。

(5) 信息搜索行为的有效性受到所得到的信息的实质和先后秩序的影响。对决策环境的搜索是按照下列目的进行的:发现问题;辨别备选决定;决定结果;确定评估标准。虽然决策者对这些不同的目的有不同的搜索战略,但搜索既不是客观的,也不是穷尽的。决策者常常受到搜索过程早期发现的信息的影响,也受到先后秩序的影响。信息搜寻的最大困难在于搜寻对决策者的要求与过程评估对决策者的要求有矛盾。

(6) 当一项决定变得复杂,决策者将山穷水尽时,一些超负荷的信息会凝固。一旦发现这种情况,决策者将不得不求助于调节机制,而这一机制与理性过程并不相符。它包括:①省略——暂时不处理信息;②错误——不正确地处理信息;③排队——来不及对信息作出反应;④遗漏——有些信息未加处理;⑤一般化——对信息作出大而忽之的反应;⑥采用多种渠道——同时通过两个以上平行的渠道来处理信息;⑦逃避任务——除了特别复杂的问题常常导致采用非常简单的搜寻战略。一般来说,才尽智竭的决策者将面临这样一个困境——要么全力以赴,要么设法逃避。

(7) "刻板印象"导致决策者过去的成功和失败影响着他对后一个具体问题的态度。成功的经验能指导决策者在以后面对同一或类似具体问题时,提高信心指数,并且用同样的方法很熟练地解决该问题;而当决策者面对失败的问题,心理难免会存在一定的阴影,从而导致畏首畏尾,有时甚至知难而退。

(8) 个人的性格、喜好等能强烈地影响过程和选择的结果。决策者的价值观、看法、目的性等个人特征往往在作出决策时左右其决断和结果。此外,决策者的感情因素、人格等有时也会导致作出非理性的决定。

第二节 决策过程

决策过程是指从问题提出到定案所经历的过程。科学的决策程序是保证决策正确的重要因素。罗宾斯·斯蒂芬提出如下的决策过程，如图4-1所示。

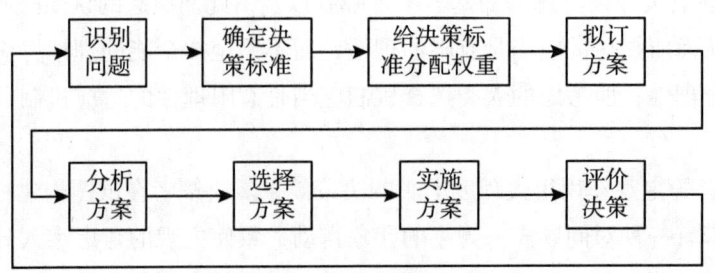

图4-1 罗宾斯·斯蒂芬的决策过程

一、识别问题

问题可以理解为在现有条件下，应该可以达到的理想状况和现实状态之间的差距。没有问题就无所谓决策，决策首先必须明确提出所要解决的问题。在很多情况下，决策不力往往是因为没有真正清楚地认识问题，或者把决策的焦点聚集到错误的或者并非重要的问题上去。所以说，正确地定义问题通常是决策成功的前提。否则可能导向错误的决策方向，不仅无法解决问题，还可能产生新的问题。

定义问题是为了设定范围、厘清细节，最好的方式就是将目前的问题切割成数个更小的问题，这样才能看清楚问题的原貌。定义问题主要分成四个方面：问题是何时发生的？问题是如何发生的？问题为何会发生？已经造成哪些影响？问题的厘清需要花费时间，在决策的过程中，有可能因为新资料的发现而有了不一样的看法，因此问题的定义是一个持续的过程，经过不断调整、重新解释，一次比一次更为完整、更为清楚。在此过程中还要进一步搞清楚究竟发生了什么事情，哪些因素与此问题相关。为了正确而全面地定义问题，唯一的办法就是：对照观察到的所有情况，不断对已有的定义进行检验，一旦发现该定义未能涵盖全部情况，就立即摒弃。

据说美国华盛顿广场有名的杰弗逊纪念大厦，因年深日久，墙面出现裂纹。为保护好这幢大厦，有关专家进行了专门研讨。最初大家认为损害建筑物表面的元凶是酸雨的侵蚀。专家们的进一步研究却发现对墙体侵蚀最直接的原因，是每天冲洗墙壁所含的清洁剂。而每天为什么要冲洗墙壁呢？是因为墙壁上每天都有大量的鸟粪。为什么会有那么多鸟粪呢？因为大厦周围聚集了很多燕子。为什么会有那么多燕子呢？因为墙上有很多燕子爱吃的蜘蛛。为什么会有那么多蜘蛛呢？因为大厦四周有蜘蛛喜欢吃的飞虫。为什么有这么多飞虫？因为飞虫在这里繁殖特别快。而飞虫在这里繁殖特别快的原因，是这里的尘埃最适宜飞虫繁殖。为什么这里最适宜飞虫繁殖？因为开着的窗阳光充足，大量飞虫聚集在此，超常繁殖……由此发现解决的办法很简单，只要拉上整幢大厦的窗帘。此前专家们设计的一套套复杂而又详尽的维护方案也就成了纸上谈兵。

因此，确定问题时要注意：
（1）确定是否存在需要解决的问题。
（2）确定问题出在何处。
（3）明确真正的问题及其可能的原因。

二、确定决策标准

管理者一旦确定了需要注意的问题，则对于解决问题中起重要作用的决策标准也必须加以确定。这就是说，管理者必须确定什么因素与决策相关。

例如，在购房时，购房者必须评价什么因素与其决策相关。这些标准可能是地段、面积、户型、建筑年代、价格等，这些标准反映出购房者的想法。这些与决策方案选择都是相关的。无论明确表述与否，每一位决策者都有指引他决策的标准。在决策制定过程的这一步，不确认什么和确认什么是同等重要的。假如购房者认为是否已装修不是一个标准的话，那么它将不会影响他（她）对于房子的最终选择。

购置一辆小汽车的决策标准应包括哪些？

三、给决策标准分配权重

在决策标准确定以后，接下来一步就是给决策标准分配权重，以对方案进行选择时汇总各方案得分时使用。在给各个决策标准分配权重时，通常考虑各决策标准对决策的影响程度。如果一项决策标准对决策影响大，那么分配给其的权重就大些；如果一项决策标准对决策影响不大，那么给其分配的权重就小。如在购房决策标准中，你认为地段最重要的，那么可以给地段一个较高的权重，户型是次于地段的一个决策标准，那么就可以给户型一个低于地段的权重。比如给地段的权重为10，那么户型的权重则可以给8。

四、拟订方案

决策也可以说是对解决问题的种种行动方案进行选择的过程，但如果不能将各种可行方案找到，选择的余地就很少了，也难以保证决策的质量。

备选方案不可能是一个，但也不可能太多。因此，备选方案是带有概括性、典型性和代表性的几个可能的方案。概括性是指所拟订的备选方案包括了所有可能的方案，典型性和代表性是指各方案之间互相排斥。在拟订备选方案的过程中，一个很重要的方面就是尽量找出限制性因素，遵循限定因素原理，对一些抉择方案进行排除。

在拟订决策方案时，应采用何种决策方法？

五、分析方案

每个实现目标的可行方案，都会对目标的实现发挥某种积极作用和影响，也会产生消极作用和影响。必须对每个可行方案进行可行性研究。可行性研究是决策的重要环节。决策方案不但必须在技术上可行，而且应当考虑社会、政治、道德等各方面的因素，还要使决策结果的副作用缩小到可以接受的范围内。

分析方案的另一个重要内容就是在建立了决策标准后对各备选方案进行客观比较，在客观比较基础上进行量化打分，再以各决策标准权重乘以相应的得分，得到该决策标准的各方案得分。

六、选择方案

在对方案进行分析评价以后，需要按照各方案的综合得分（综合得分等于各决策标准的加权得分之和）对决策方案进行选择。

评价与选择决策方案时，应如何兼顾组织和社会双重目标？

七、实施方案

很多人认为，方案选择出来，决策已经结束。但是，决策效果好坏，除了受到设计的方案影响之外，决策实施的过程也直接影响决策的效果。决策在执行过程中首先应当制订一个实施的方案，包括宣布决策、解释决策、明确实施决策的机构和人员以及他们的任务和责任、分配实施决策所涉及的资源和任务等。在决策执行过程中必须进行有效的控制和监督，对决策执行过程中的结果必须进行及时的反馈，这样才能发现问题，及时地纠正偏差。这一步骤对决策最终的结果影响很大，也是西蒙所强调的。

如何促使决策方案得到有效执行？

八、评价决策效果

对决策效果进行评价主要是评价决策实施之后的结果与期望目标之间是否一致。如果二者存在差距，找出差距产生的原因并在以后决策中尽量避免这类不利于决策的因素。对决策方案进行评价的目的是为今后决策提供借鉴，防止前次决策工程中产生的问题今后再次发生。

第三节　有效决策的原则

一、信息要充分

决策的成功与否对于组织发展具有异常重要的作用。信息是决策的基础，准确及时的信息是科学决策的前提，决策的过程就是分析信息、利用信息，根据信息进行评价、判断和作出抉择的过程。著名管理学家西蒙强调：成功的决策依赖于对有效信息、决策前提、目标及态度的准确把握。其中，后三者严格地说也是从信息中提炼出来的。由此可见信息对决策的重要意义。

情报在战争中的重要性

1941年11月14日下午三时许，英国首相丘吉尔收到一份紧急情报，内容是德国空军将于当天晚上袭击英国中部重镇考文垂，行动代号为"月光奏鸣曲"。经过情报部门的反复验证，证实情报是真的。因为这份情报是从德军使用的超级机密"恩尼格玛"机传送的。

"恩尼格玛"是德国在二战爆发前装备的一种全新机械加密机，它能随时组合字母，无限地对报文进行加密，密钥随时更换。希特勒曾断言，没有德国人的泄密，世界上没有人能解开这个秘密。但神通广大的英国谍报机关不仅搞到了一台"恩尼格玛"

机,并集中全国最优秀的数学家、密码专家、语言学家和电子专家,共同努力终于破译了"恩尼格玛"的秘密。

丘吉尔判断,德军使用了同样的"恩尼格玛",但却没有对袭击目标进行加密,说明狡猾的希特勒看到德国空军屡遭挫折,可能对"恩尼格玛"的安全性产生了怀疑。因此他采取投石问路的方法,故意对袭击地点没有加密,试探英国人是否有防备,来验证自己的判断。

这时,丘吉尔面临两难抉择:要么马上采取措施保护考文垂;要么牺牲考文垂,保住"恩尼格玛"的秘密,从而取得战略上的主动,为胜利创造有利条件。经过反复权衡和痛苦挣扎,最终,丘吉尔以其过人的胆略做出了牺牲考文垂的决定。

1941 年 11 月 14 日夜,考文垂遭到德国空军的野蛮轰炸,城市陷入一片火海,大量无辜平民在这次轰炸中失去了生命,这座历史名城也几乎变成一片废墟。丘吉尔和所有英国人一样,怀着沉痛的心情度过了这个不眠之夜。但考文垂人民的鲜血没有白流,历史也证明了丘吉尔决策的正确。在此后几年的战争中,盟军正是靠着"恩尼格玛"机,破译了德军的大量情报,从而始终掌握着战略主动,并最终埋葬了法西斯德国。

资料来源:https://baijiahao.baidu.com/s?id = 1622180037135903380&wfr=spider&for=pc,有删改。

虽然越来越多的决策者在实践中已经不断加强了自己的信息意识,但在基于信息决策的实践中,越来越多的决策者认为他们所处的信息环境带给他们的是恐慌、焦虑。波特将其称为"决策中的信息恐慌"。它主要体现在以下四个方面:信息过剩;信息不畅;难觅有效的信息分析手段;信息成本和效益难统一。

获得有效性的决策信息需要以下途径:有效的信息获取手段;有效的信息内容;有效的信息分析;有效的信息沟通。

二、预测原则

决策一般是面对未来,对未来起指导作用的,因此决策应有先见之明。许多决策,尤其是战略决策往往在短期内看不到实施效果,而一旦发现决策失误再来修正又为时太晚。

瑞士历来是钟表王国,1969 年他们研制出第一只石英电子表。但是他们做了错误的判断,认为发展前途不大,未予重视。而对新技术发明十分敏感的日本人得知后,经过从技术到市场多方面的调查分析,认为石英表大有可为,生产了大批优质石英表,打入世界市场,结果"石英技术誉满全球",仅在 70 年代末 5 年内就斗垮了 178 家瑞士机械手表厂。

所以预测对于决策具有重要意义。预测是人们作出正确决策的依据，是决策过程中的第一个步骤。

美国大企业家亨利·法约尔曾说过：预见的功能，即使不是管理的全部，至少也是管理的本质。

三、满意原则

企业经营管理的复杂性，往往使得寻求决策目标的最优解成为一件困难的事。有时，尽管这个最优解存在，但可能在寻找最优解过程中要耗费大量的人、财、物。因此，在决策中就不必费力去寻求十全十美的方案，选择一个相对满意的即可。满意原则的有关理论，是由美国的经济学家西蒙首先提出的。他认为最优化的概念只有在纯数学和抽象的概念中存在，而在现实生活中是难以存在的。如果要追求十全十美的决策方案，常会是"得不偿失，或是会耗费大量人、财、物，或可能时过境迁，痛失良机"。

四、系统原则

系统原则是指在决策过程中运用系统原理、方法，对决策对象进行分析研究，达到决策效果最优化的目的。系统原理是现代科学管理最根本的一条总原理，管理中是否运用系统原理，是现代管理和小生产管理的分水岭。运用系统原理，是科学决策的重要方法和标志。系统原则要求我们在决策时，把决策对象的组成当作系统来综合考虑，把组成这个整体的各个部分之间及对象同外部环境之间的联系和作用当作系统来考虑，把整个过程当作系统来考虑，把采取的方法、手段、途径当作系统来考虑，从而达到总体效果最佳和实现目标的方法手段途径最优化。

如办一所学校，除了考虑投资、校址、设备、师资、生源外，还要考虑社会各行业对人才的需求，现有的教育基础和未来科学技术发展的趋势。

五、可行性原则

这是决策过程中最重要、最关键的一步。可以说，没有可行性论证，就没有科学的决策。有这么一则古老的寓言故事。某地的一群老鼠，深为附近一只凶狠无比、善于捕鼠的猫所苦。这一天，老鼠们群聚一堂，讨论如何解决这个心腹大患。老鼠们颇有自知之明，并没有猎杀猫儿的雄心壮志，只不过想探知此猫的行踪，早做防范。有只老鼠的提议立刻引来满场的叫好声，它建议在猫儿身上挂个铃铛，如此一来，当猫儿接近时，老鼠们就能预先做好逃遁的准备。在一片叫好声中，有只不识时务的老鼠突然问道："那么，谁来挂铃铛?"不难理解，这是个讽刺的寓言。美国某商学院的教授把这个寓言搬进了课堂的讨论中，MBA 学生反应热烈，有的建议做好陷阱，让猫儿踏上后，铃铛自然缚在脚上；有的建议派遣敢死队，牺牲小我，成全大我；更有的宣称自己自出机杼，干脆准备毒饵，永绝后患。这是个没有结论的讨论，临走前，教授只是狡黠地留下一句话："想想看，为什么从来没看见过被老鼠挂上铃铛的猫？"这则寓言告诉我们，决策固然重要，但决策的最后目的是切实可行的执行与落实。

目的是为决策提供最佳方案，以保证实践活动稳操胜券。可行性论证具有两个特点：一是具有超前性。它都是在实际行动之前进行的，尽可能把失误排除在实施之前。二是具有最佳性。在可行性研究中通过各方面的精确分析，最后比较出最佳方案是其他方案无法比拟或替代的。对于决策方案必须先论证后决断，这个顺序决不能颠倒，这是经过千百个决策失败换来的教训。过去我们不懂得这个程序吃了不少苦头。

六、重大决策，集体决定

集团决策，即利用智囊团进行决策。随着社会的发展和科学的进步许多问题的复杂程度与日俱增，不少决策已非个人或少数人所能胜任的。因为再高明的领导，也不可能是无所不知、无所不能的圣人，智慧和才能都是有限的，所以要充分利用"外脑""思想库"，把大家的智慧集中起来。利用智囊团进行决策，有利于收集各种所需要的情报资料，有利于贯彻决策的整体性原则。现在各种智囊团已遍及世界。据不完全统计，20 世纪 80 年代初美国就有 18000 多个思想库，英国有 1000 余家，法国有 1000 多家，联邦德国有 600 多家。在经济发达的国家，利用智囊团协助政府、企业制定政策、处理重大问题，已成为一种惯用的做法。长期以来，决策失误，有许多是不懂得科学论证方法造成的。也有许多论证，会打着科学的旗号，实质上是摆花架子，危害性极大。

第四节　战略决策方法

20 世纪 70 年代以来，世界进入了战略管理时代。所谓战略是一个企业对外部环境充分把握，清楚认识自身的业务能力、能动员的资源，在此基础上作出的关于企业未来定位、走向和结构的谋略与规划。战略是对企业未来发展进行谋划，是一种决策、战略的制定过程，是对环境变迁的反应，是企业把握环境机遇，避免环境变化带来的威胁而趋利避害，寻求企业成长的过程。

一、战略决策应解决两个方面的问题

1. 发展方向

发展方向是指由企业宗旨或使命所决定的未来产品结构和目标市场发展方向，也称为企业未来的经营范围或经营领域。

经营领域就是企业的生产领域和市场领域的组合。其中，市场领域可以是整体市场，也可以是细分市场。

2. 经营结构

经营结构是指由企业的使命和经营领域所决定的各种资源和能力的配置状况。具体又可分为软结构和硬结构两类。软结构是企业的价值观念、经营思想、企业文化、公共关系等的组合。硬结构包括企业的各种经济资源结构、生产技术结构和组织结构。所以，经营结构实质上反映了企业在一定的价值观念和经营思想的指导下，围绕所从事的经营领域采取的资源配置状况。

从以上两个方面，也可以把战略理解为企业根据环境和竞争形势变化，作出的关于企业未来所要从事的经营领域以及投入这些领域的方式和强度的决策和行动的总称。

二、企业战略的构成要素

1. 企业使命和目标

每个企业从其建立开始，就应该承担相应的责任并履行相应的使命。企业的存在是为了在各种不同的环境条件下实现某种特定的社会目标，或满足某种特殊的社会需要。吉姆·柯林斯在他的著作《基业长青》中谈道："每个伟大的企业都有一个超越赚钱的目的。迪士尼是让人们快乐，惠普是做出技术贡献，而通用电气则是为世界培养 CEO。"这个超越赚钱的目的就是"使命"。企业使命是指企业区别于其他类型组织而存在的原因或目的。阿里巴巴的使命是"让天下没有难做的生意"，联通的使命是"一切为了沟通"。

企业使命陈述应包括以下三方面的基本内容：

（1）企业形成和存在的根本目的。

（2）为实现基本目的应从事的经营活动范围。它说明企业属于什么特定行业和领域。

（3）企业在经营活动中的基本行为规范和原则。

早在 1950 年，美国默克制药公司（Merck）总裁乔治·默克就说过这样一段话："我们应当永远铭记，药物是为人类而生产……"这段话是一直以来全球默克员工的行为基准，员工们会经常反复地听到这段话，因为他们坚信这个信念不能被遗忘。这个信念诠释了默克是谁，全体默克人在做什么。最终，默克的企业使命陈述为"我们的工作是保留和改进人类的生活。我们的一切行动必须以能否成功达到此目标来衡量。"默克的产品或服务的最终目的在于"人类的生活",以"保留和改进"的方式贡献价值,并特别强调公司以"成功达到此目标"为衡量一切努力的准则。一个好的"使命"会得到员工的认同,也会得到合作伙伴与客户的认同。在技术发达、竞争激烈和成本高企的现代商业年代,常常可以发现那些在业内兢兢业业、一以贯之的企业,在夯实基础上不断谋求强大者方能立于不败地位。而在通常情况下,这些企业都普遍地借助战略的力量来确立今日的强者地位,如联想、海尔、沃尔玛、敦豪航空货运等。因此,作为战略规划的源头——企业使命描述,在整个战略规划中无疑将起到承上启下,乃至决定性的作用,其是否创新性地描述将可能深刻影响企业整体战略在今后的实施效果。

丰田公司的宗旨

(1) 创造财富,贡献于社会。
(2) 以最低的成本生产质量最高的汽车。
(3) 对顾客负责,顾客是上帝;下一道工序是上一道工序的用户;在每道工序里来创造质量,一切为用户服务。
(4) 杜绝不必要事务。
(5) 重视员工的思想工作。
(6) 当你发现问题时,应当考虑如何处理,而不是开掉负有问题的人。

资料来源:https://baike.baidu.com/item/%E4%B8%B0%E7%94%B0%E4%BC%81%E4%B8%9A%E6%96%87%E5%8C%96/10206929?fr=aladdin#2。

2. 战略经营领域

战略经营领域,简称SBA,是企业生存发展的一个特定的微观环境,是企业在其中投放资源、提供特定产品或劳务、满足特定要求、迎战特定竞争、施展特定战略、追求理想效益的经营场所。企业不仅经营一个SBA,而且要有由两个以上的SBA所构成的微观环境时空格局,这就是企业的战略经营领域结构。

3. 竞争优势

竞争优势是指企业在所从事的经营领域中与竞争对手相比较的、强于竞争对手的市场地位,寻求和确立企业在各领域中起主导作用的重点,创造相对优势,并通过重点集中,以产生放大效应,形成可持续发展的局面。这就要求战略管理者要仔细考察和分析企业每一项经营业务的市场机会,以及与竞争对手相比所拥有的独特能力。

4. 资源配置

企业的资源配置是指企业根据战略期所从事的经营领域,以及确立竞争优势的要求,对其所掌握的各种经济资源,在质和量上的分配。其目的是形成战略所需的经营结构或战略体系。具体来说,应考虑以下问题:

(1) 企业如何在各业务(领域)之间分配其有限的资源,以获取最高的回报。

（2）就每项业务的各种可选择战略而言，哪种战略能带来最大的投资回报。

（3）资源短缺问题如何有效解决（采用集中优势打歼灭战）。

5. 增长向量

说明企业的成长方向。主要表明企业从原有产品与市场组合向未来产品与市场组合移动的方向。增长向量是为促进企业利润增长，将来准备开发的经营领域和行业。

6. 协同作用

协同作用是指企业各经营领域之间联合作用而产生的整体效果大于各自单独进行时的效果之和的效应，即整体大于部分之和的效应。为实现企业战略目标，如何协同各机构和人员，从而产生"1+1＞2"的效果。

三、企业战略的层次

对于一个典型的现代企业，其战略一般包括三个层面：公司总体战略、经营单位战略（事业部战略）和职能战略。相应地，企业战略管理也可以划分为公司总体战略管理、经营单位（事业部）战略管理和职能战略管理三个层次。

（一）公司总体战略（corporate strategy）

1. 总体战略的特点

公司总体战略是企业在对内外部环境进行深入调研的基础上，对市场需求、竞争状况、企业实力、国家政策、资源状况和社会要求等主要因素进行综合分析后，所确定的指导全局性长远性发展的谋划和方略。总体战略的特点：

（1）从形成的性质上看，公司总体战略是有关企业全局发展的、整体性的、长期的战略行为。

（2）从参与战略形成的人员看，公司总体战略的制定与推行，主要是企业的高层管理人员。

（3）从对企业发展的影响程度看，公司总体战略与企业的组织形态有着密切的关系。当企业的组织形态简单、经营业务和目标单一时，公司总体战略就是该项经营业务的战略，即经营战略。当企业的组织形态为了适应环境的需要而趋向于复杂化，经营业务和目标也多元化时，公司的总体战略也相应地复杂化。

2. 总体战略的类型及内容

按照划分标准不同，公司总体战略可以划分为若干类型。如按企业经营事业范围不同，企业总体战略可以划分为单一化和多样化经营战略方案；按企业经营态势不同，企业总体战略可以划分为发展型战略、稳定型战略和紧缩型战略；按企业经营空间不同，企业总体战略可以分为本地化、地区化、区际化、全国化、国际化和全球化经营战略。一般情况下，企业只能有一个总体经营战略，但是对于大型企业或具有一定实力的企业集团来说，可以选择一个带有综合性的总体战略，即复合型战略方案。例如，某大型计算机集团公司提出的多样化、集团化和国际化经营战略。某大型企业提出规模化、多样化、集团化、股份化和外向型经营战略。概括来说，公司总体战略主要强调两个方面的问题：一是回答"我们应该做什么业务"即确定企业的使命与任务，明晰企业的产品与市场领域以及企业的经营活动的范围和重点；二是回答"我们怎样去发展这些业务"，即在企业不同的战略经营单位之间如何配置企业有限的资源，以及采取什么样的成长方向。

从企业战略管理的角度来说，公司总体战略主要表现在以下几个方面：

（1）企业使命的确定。即企业最适合于从事哪些业务领域，为哪些消费者服务，企业向何种经营领域发展。

（2）战略经营单位的划分及战略事业的发展规划。

（3）关键战略经营单位的战略目标。

企业的总体战略主要是回答企业应该在哪些经营领域里进行生产经营活动的问题。因此，从战略的构成要素来看，企业使命、经营范围和资源配置是总体战略中的主要构成要素。竞争优势和协同作用则因企业不同而需要进行具体分析。在生产相关产品的多元化经营的企业里，竞争优势和协同作用很重要。它们主要是解决企业内部各产品的相关性和在市场上进行竞争的问题。在多个行业联合的大企业里，竞争优势和协同作用相对来说不是很重要，因为企业中各经营业务之间存在一定的协调性，可以共同形成整体优势。

企业究竟选择哪一种类型的总体战略，应对各种战略要素的主要关系进行综合分析后，作出正确的选择。即对企业与顾客的关系、企业与对手的关系、企业与供应者的关系、企业与国家的关系等重大战略关系进行研究，找出其主要矛盾，然后选出解决这一主要矛盾的总体战略方案。

（二）经营单位战略（SBU strategy）

企业经营单位战略是指大企业或集团性公司中的第二层次的经营单位（如事业部、分公司或子公司），为贯彻总公司或集团公司总体经营战略，适应环境变化的要求，对所选择的经营事业单位的发展作出的长远性的谋划与方略。企业经营单位的战略具有从属性和专业性的特点。产品定位战略（经营单位只生产某类产品中一个系列的产品定位和生产多个系列的产品战略）和竞争战略（成本领先战略、差异化战略和集中化战略）等都属于企业经营单位战略。

1. 经营单位战略与总体战略的关系

经营单位战略与总体战略的区别是：

（1）总体战略是有关企业全局发展的、整体性的、长期的战略安排，对整体企业的长期发展产生深远的影响；而经营单位战略着眼于企业中有关事业部或子公司的局部性战略问题，影响着某一具体事业部或子公司的具体产品和市场，只能在一定程度上影响总体战略的实现。

(2) 总体战略形成的主要参与者是企业的高层管理者，而经营单位战略形成的参与者主要是具体的事业部或子公司的经理人员。

经营单位战略与总体战略的关系是：某一经营领域的战略服从于总体战略规划，而总体战略的制定又要以经营领域战略为依据。

2. 经营单位战略的内容

从战略管理的角度看，这一层次的战略应解决好以下问题：

(1) 贯彻企业使命。
(2) 分析各经营领域发展的外部环境中的机会与威胁。
(3) 分析各经营领域的内部条件，以便认识自身的优势与劣势。
(4) 制定战略目标。
(5) 明确各经营领域的战略重点、战略阶段和主要的战略措施。

3. 经营单位战略的影响因素

企业经营单位采取何种战略方案，通常应对一系列因素作出深入分析后作出选择。影响企业经营单位战略选择的因素主要有：

(1) 国家的产业政策。

产业政策指一国中央或地方政府制定的，主动干预产业经济活动的各种政策的集合。产业政策的主要内容有：①产业结构政策。它通过对产业结构的调整而调整供给结构，从而协调需求结构与供给结构的矛盾。调整产业结构包括：根据本国的资源、资金、技术力量等情况和经济发展的要求，选择和确定一定时期的主导产业部门，以此带动国民经济各产业部门的发展；根据市场需求的发展趋势来协调产业结构，使产业结构政策在市场机制充分作用的基础上发挥作用。②产业组织政策。即通过选择高效益的、能使资源有效使用、合理配置的产业组织形式，保证供给的有效增加，使供求总量的矛盾得以协调的政策。实施这一政策可以实现产业组织合理化，为形成有效的公平的市场竞争创造条件。这一政策是产业结构政策必不可少的配套政策。③产业布局政策。即产业空间配置格局的政策。这一政策主要解决如何利用生产的相对集中所引起的"积聚效益"，尽可能缩小由于各区域间经济活动的密度和产业结构不同所引起的各区域间经济发展水平的差距。同一个国家在不同时期往往会推出不同的产业政策，企业二级经营单位也应根据国家的产业政策制定本单位的产品开发和生产战略。例如，欧盟决定自2009年开始推广使用节能灯，中国自2006年开始实施绿色照明工程，因此对于一个照明事业部来说，按照目前世界各国的产业政策趋势，应生产节能灯产品，尽量少生产或停止生产高能耗的照明产品。

(2) 市场需求演变趋势。

在企业进行了正确的行业选择以后，各经营单位对于应采取专业化的产品战略还是多系列产品战略的选择，应该进行深入的市场调研和分析预测，以掌握相关产品和服务的未来市场需求演变趋势。当某种产品在较长时间会受到顾客和用户的欢迎，且需求量巨大时，则经营单位可以采取产品专业化战略；当市场需求呈现多样化和个性化时，则应该选择差异化或者集中化的竞争战略。

（3）市场竞争态势。

市场竞争态势是指市场竞争状况，即市场竞争程度、市场竞争的焦点。如果竞争对手的产品质量趋同，市场竞争焦点在于质量，则可以考虑采用低成本竞争战略；如果竞争对手的产品质量、品种趋同，价格也接近的情况下，则应该采取多样化、差异化、特色化竞争战略。

（4）企业自身实力。

企业在制定二级经营单位战略决策时，也须考虑企业所拥有的资源状况，如资金是否充足，是否有足够的人才，相关产品和服务的研发能力如何，是否有营销经验和能力。如果自身实力与竞争对手相比，有明显差距，应该采用防御型战略；如果自身实力强大，拥有某个方面或几个方面优势则应该采用进攻型战略。如果企业自身实力不强，生产经营规模不大，不能满足众多市场的需求，则应采取集中化竞争战略。

（三）职能战略（unctional strategy）

职能战略也称分战略，是指按不同的专业职能对总体经营战略和二级经营单位战略进行落实和具体化的战略，即在总体战略指导下，为总公司各部门、二级经营单位各职能部门制定的战略，具有从属性、专业性和针对性特点。职能战略是为实施以上两个层次的战略而服务的。这一层次战略的重点是提高企业资源的利用效率，使企业资源的利用效率最大化。职能层次的战略可分为营销战略、人力资源战略、财务战略、生产战略、研究与开发战略等。

从战略管理的角度看，该战略应着力解决以下问题：

（1）贯彻企业发展的总体目标。
（2）职能目标的论证及细分。
（3）确定其战略重点、战略阶段和主要战略措施。
（4）战略实施中的风险分析和应变能力分析。

从实施意义上讲，只有在被各专业职能充分探讨的基础上，制定出职能战略之后，公司总体战略才得以形成，因为它涉及战略在各专业经营职能之间如何展开以形成战略体系；也涉及各职能如何利用所分配的资源及其利用的效果，以保证战略的实施。所以，职能战略不明确，公司战略仅仅是一个空中楼阁。

汪涛、郭锐（2008）通过实证研究证实：①当企业面临环境低不确定性（perceived environmental uncertaint，PEU）时，越倾向于自主品牌；②当企业具有高企业家导向（entrepreneurial orientation，EO）时，即有高度创新性、自主性等时，越倾向于自主品牌；③当企业拥有强势的组织能力（organizational capability，OC）时，越倾向于自主品牌；

④环境不确定性对组织能力与品牌决策选择的影响起正向调节作用,即当外部环境越动荡,企业就更依靠自身能力且着重从组织能力出发,做出相应的品牌决策选择。

四、总体战略决策的方法

经营单位战略关注的是该企业二级经营单位在相应经营领域的竞争地位,而企业的总体战略关注的问题是其经营领域结构的优化,即能更好地满足战略目标实现的经营领域的组合。总体战略即公司一级的综合战略,它是在充分考虑企业的资源能力和协同作用的条件下,解决企业应在哪些经营领域从事经营活动的问题。制定总体战略实际上是对经营领域结构的优化。

总体战略是在对各个经营领域评价的基础上,各个领域战略的有机结合。制定总体战略的程序有两种形式:可以先制定总体战略,再进行分解,形成各经营领域的战略;或各二级经营单位根据其所面临的具体的环境因素来制定经营单位战略,然后进行汇总,优化组合,最终形成总体战略。

1. 波士顿矩阵分析法

波士顿矩阵(BCG matrix),又称市场增长率—相对市场份额矩阵、波士顿咨询集团法、四象限分析法、产品系列结构管理法等,是由美国著名的管理学家、波士顿咨询公司创始人布鲁斯·亨德森于 1970 年首创的一种用来分析和规划企业产品组合的方法。波士顿矩阵分析法是按照市场引力与企业实力两个基本因素将企业的产品或者战略业务单位划分为四种类型,即"明星"业务、"金牛"业务、"瘦狗"业务和"问题"业务。对不同产品或者战略业务单位实行不同的发展战略。

市场引力包括企业销售量(额)增长率、目标市场容量、竞争对手强弱及利润高低等。其中最主要的是反映市场引力的综合指标——销售增长率,这是决定企业产品结构是否合理的外在因素。销售增长率可以用本企业的产品销售额或销售量增长率。时间可以是 1 年或是 3 年以至更长时间。

企业实力包括市场占有率,技术、设备、资金利用能力等,其中市场占有率是决定企业产品结构的内在要素,它直接显示出企业的竞争实力,可以用相对市场占有率或绝对市场占有率,但是要用最新资料。基本计算公式为:

$$\text{本企业某种产品绝对市场占有率} = \frac{\text{该产品本企业销售量}}{\text{该产品市场销售总量}}$$

$$\text{本企业某种产品相对市场占有率} = \frac{\text{该产品本企业市场占有率}}{\text{该产品市场占有份额最大者(或特定的竞争对手)的市场占有率}}$$

销售增长率以 10% 为中点,相对市场占有率以 1 倍为中点,将企业所有产品或战略业务单位划分为四种类型,如图 4-2 所示。

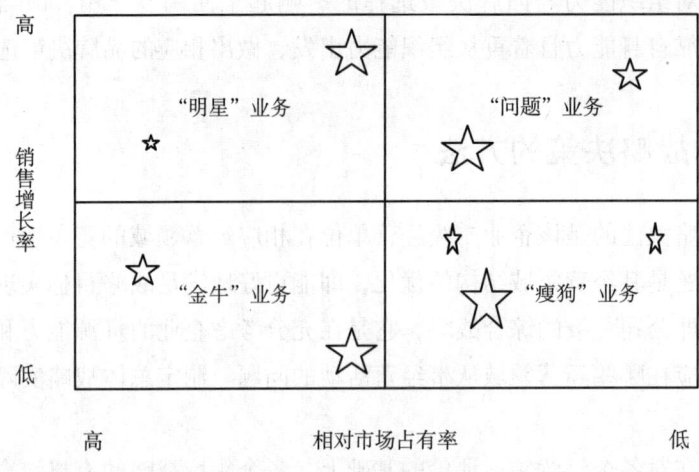

图 4-2 波士顿矩阵

各产品单位的特点及应采取的战略：

(1)"明星"业务。产品的市场相对占有率和行业增长率都较高，这类产品或业务既有发展潜力，企业又有足够的竞争力，是高速成长市场中的领先者，行业处于生命周期中的成长期，应是企业重点发展的业务或产品，采取追加投资、扩大业务的策略。

(2)"金牛"业务。产品的市场相对占有率较高，但行业成长率较低，行业可能处于生命周期中的成熟期，企业生产规模较大，能够带来大量稳定的现金收益。企业通常以"金牛"业务，支持"明星"业务、"问题"业务或"瘦狗"业务。企业策略是维持其稳定生产，不再追加投资，以便尽可能地回收资金，取得利润。

(3)"瘦狗"业务。产品的市场相对占有率低，同时行业成长率也较低，行业可能处于生命周期中的成熟期或衰退期，市场竞争激烈，企业获利能力差，不能成为利润源泉，如果业务能够经营并维持，应缩小经营范围；如果企业亏损难以维持，应采取措施，进行业务整合或退出经营。

(4)"问题"业务。行业增长率较高，需要企业投入大量资金予以支持，但企业产品的市场相对占有率不高，不能给企业带来较高的资金回报。这类产品或业务有发展潜力，但要深入分析企业是否具有发展的潜力和竞争优势，决定是否追加投资，扩大企业的市场份额。

2. 通用矩阵分析方法

通用矩阵，又称行业吸引力矩阵，是美国通用电气公司设计的一种投资组合分析方法。通用矩阵改进了波士顿矩阵过于简化的不足。首先，在两个坐标轴上都增加了中间等级；其次，其纵轴用多个指标反映产业吸引力，横轴用多个指标反映企业竞争地位。这样，通用矩阵不仅适用于波士顿矩阵所能使用的范围，而且对不同需求、技术寿命周期曲线的各个阶段以及不同的竞争环境均可使用。9个区域的划分，更好地说明了企业中处于不同地位经营业务的状态，如图4-3所示。

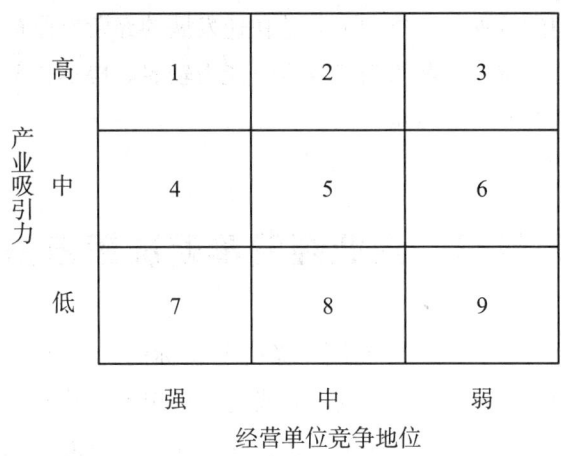

图4-3 产业吸引力—经营单位竞争地位矩阵

产业吸引力和经营单位竞争地位的值决定着企业某项业务在矩阵上的位置。

评价产业吸引力的指标有：市场规模、市场增长率、产业利润、竞争程度、需求的季节性与循环性、产业成本结构等。评价产业吸引力的大致步骤是：首先根据每个因素的相对重要程度，定出各自的权数；然后根据产业状况定出产业吸引力因素的级数；最后用权数乘以级数，得出每个因素的加权数，并将各个因素的加权数汇总，即为整个产业吸引力的加权值。

评价经营单位竞争地位的指标有：相对市场占有率、价格竞争力、产品质量、对顾客和市场的了解程度、销售效率、地区优势等。评估企业经营单位竞争地位的原理，与评估产业吸引力原理是相同的。

各经营单位的决策：

处于区域1和区域4的经营单位竞争能力较强，市场前景也较好。应优先发展这些经营单位，确保它们获取足够的资源，以维持自身的有利市场地位。

处于区域2的经营单位虽然市场前景较好，但企业利用不够——这些经营单位的竞争能力不够强。应分配给这些经营单位更多的资源以提高其竞争能力。

处于区域3的经营单位市场前景虽好，但竞争能力弱。要根据不同的情况来区别对待这些经营单位：最有前途的应得到迅速发展，其余的则需逐步淘汰，这是由于企业资源的有限性。

处于区域5的经营单位一般在市场上有2~4个强有力的竞争对手。应分配给这些经营单位足够的资源，以使它们随着市场的发展而发展。

处于区域6和区域8的经营单位市场吸引力不强且竞争能力较弱，或虽有一定的竞争能力（企业对这些经营单位进行了投资并形成了一定的生产能力），但市场吸引力较弱。应缓慢放弃这些经营单位，以便把收回的资金投入赢利能力更强的经营单位。

处于区域7的经营单位竞争能力较强但市场前景不容乐观。这些经营单位本身不应得到发展,但可利用它们的较强竞争能力为其他快速发展的经营单位提供资金支持。

处于区域9的经营单位市场前景暗淡且竞争能力较弱。应尽快放弃这些经营单位,把资金抽出来并转移到更有利的经营单位。

第五节 企业经营策略决策方法

经营策略决策问题可以按照决策问题中条件与目标的确定性程度分为确定性决策问题、风险型决策问题和不确定性决策问题三种类型。确定性决策问题是指为实现决策目标的备选方案有两个以上,但是每种方案实施以后只存在一种可能状态时的决策。风险性决策是指为实现一个决策目标的备选方案有两个以上,每个方案实施之后可能的状态至少有两个以上,决策者不能断定会出现何种状态,但各种状态可能出现的概率是已知的决策。不确定性决策是指为实现一个决策目标的备选方案有两个以上,每个方案实施之后可能的状态至少有两个以上,决策者不能断定会出现何种状态,而且各种状态可能出现的概率也是未知的决策。本节我们将着重就这三种决策问题的决策方法予以阐述。

一、确定性决策问题的决策方法

确定性决策问题,只存在一种确定的自然状态,决策者可依科学的方法作出决策。确定性决策必须具备的条件:存在着决策人要达到的一个明确的决策目标。如最大利润、最少成本等。有可供选择的两个以上的可行方案,肯定出现不以决策人主观意志为转移的一种自然状态,其概率为1,在这些条件下,损益值可以计算出来。

确定性决策的方法有以下几类:

1. 线性规划、库存论、排队论、网络技术等数学模型法

线性规划、库存论、排队论、网络技术等数学模型法都是运筹学课程中的重点内容。这里简单介绍一下线性规划的决策方法。

线性规划是在一些线性等式或不等式的约束条件下,求解线性目标函数的最大值或最小值的方法。线性规划方法主要用于解决两类问题:资源一定的条件下,力求完成更多的任务,取得好的经济效益;任务一定的条件下,力求资源节省。

运用线性规划建立数学模型的步骤是:首先,确定影响目标大小的变量;然后,列出目标函数方程;接着,找出实现目标的约束条件;最后,找出使目标函数达到最优的可行解,即为该线性规划的最优解。

【例4-1】某企业生产两种产品——桌子和椅子,它们都要经过制造和装配两道工序,有关资料如表4-1所示。制造可供总时间为48小时,装配可供总时间为60小时,销售一张桌子和椅子的利润分别为8元和6元,且假设市场状况良好,企业生产出来的产品都能卖出去，试问何种组合的产品使企业利润最大？

表 4-1　　　　　　　　　单位产品生产所需时间和单位产品利润

产品	制造所需时间（小时）	装配所需时间（小时）	单位产品利润（元）
桌子	2	4	8
椅子	4	2	6

分析：第一步，确定影响目标大小的变量。在本例中，目标是利润，影响利润的变量是桌子数量 T 和椅子数量 C。

第二步，列出目标函数方程：

$$L = 8T + 6C$$

第三步，找出约束条件。在本例中，两种产品在一道工序上的总时间不能超过该道工序的可供总时间，即：

制造工序：　　　　　　　$2T + 4C \leq 48$

装配工序：　　　　　　　$4T + 2C \leq 60$

除此之外，还有两个约束条件，即非负约束：

$$T \geq 0$$

$$C \geq 0$$

从而线性规划问题成为：如何选取 T 和 C，使 L 在上述四个约束条件下达到最大。

第四步，求出最优解——最优产品组合。求出上述线性规划问题的解为 $T = 12$ 和 $C = 6$，即生产 12 张桌子和 6 把椅子使企业的利润最大。

2. 盈亏平衡分析法

盈亏平衡分析是研究生产、经营一种产品达到不盈不亏时的产量或收入的一种分析模型（见图 4-4）。

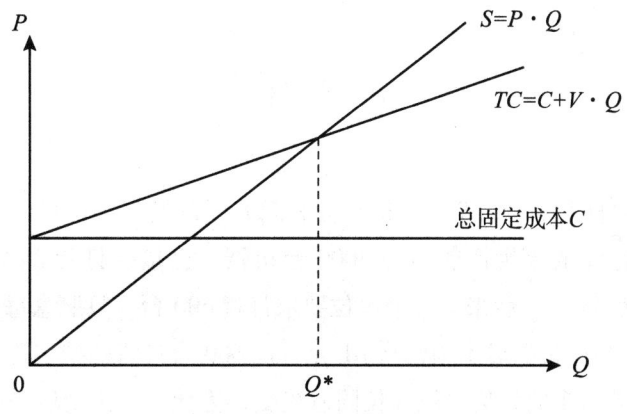

图 4-4　盈亏平衡分析基本模型

盈亏平衡分析法借助的基本公式是：

$$B = P \cdot Q - (C + V \cdot Q)$$

其中：B 表示目标利润；P 表示产品销售价格；Q 表示企业产品产销量；C 表示企业总固定成本；V 表示产品单位变动成本。

盈亏平衡点法主要可以用于：

(1) 确定盈亏平衡点产量。

根据盈亏平衡分析的基本公式，可以得出企业经营中的盈亏平衡点产量为：

$$Q = \frac{C}{P - V}$$

其中：Q 为盈亏平衡点产量（销量）；C 为总固定成本；P 为产品价格；V 为单位变动成本。

(2) 一定的目标利润时的产品产量。

根据盈亏平衡分析的基本公式，可以得出企业为实现一定目标利润情况下的产量为：

$$Q = \frac{C + B}{P - V}$$

其中：B 为预期的目标利润额；Q 为实现目标利润 B 时的产量或销量。

(3) 确定盈亏平衡点销售额。

确定盈亏平衡点销售额的基本公式为：

$$R = \frac{C}{1 - \frac{V}{P}}$$

其中：R 为盈亏平衡点销售额；其余变量同前式。

(4) 获得一定目标利润时的目标销售额。

基本公式为：

$$R = \frac{C + B}{1 - \frac{V}{P}}$$

其中：B 为预期的目标利润额；R 为获得目标利润 B 时的销售额；其余变量同前式。

【例 4-2】某企业的年生产能力为 3000 台机器，已接受订货 2400 台，每台价格为 100 元，单台成本为 85 元。后来又一个单位要求订货 600 台，只愿意每台采购价为 80 元。经计算，此时 3000 台产量的成本为每台 81 元，比 600 台订货的销售价还要高出 1 元。所以大多数人反对接受后来的订货，但厂长同意接受，为什么？接受后来的订货能增加获利多少？

分析：可以按照盈亏平衡分析法的盈利公式 $B = P \cdot Q - (C + V \cdot Q)$ 计算，接受订单后可以增加利润 9000 元，所以该厂长同意接受订货。

二、风险型决策的方法

风险型决策具备的条件：存在着决策人要达到的一个明确的决策目标；有两个以上可供选择的可行方案；存在着不以决策人意志转移的两种以上的自然状态，各种自然状态的客观概率可以预测出来，各种自然状态下的损益可以计算出来。

1. 决策损益表法

决策损益表法是指以决策收益表为基础，分别计算各个方案在不同自然状态下的损益值，然后按客观概率的大小，加权计算出各方案的期望收益值，进行比较，从中选择一个最佳的方案。

【例 4 - 3】某三个可行方案：扩建、新建、合同转包。据市场预测和分析，三种方案在实施过程中均可能遇到以下四种情况，现将有关资料估算如表 4 - 2 所示。

表 4 - 2　　　　　　　　　　损益表　　　　　　　　　　单位：万元

方案	销路好 ($P=0.5$)	销路一般 ($P=0.3$)	销路差 ($P=0.1$)	销路极差 ($P=0.1$)	期望损益值
扩建	50	25	-25	-45	25.5
新建	70	30	-40	-80	32
转包	30	15	-5	-10	18

由以上计算结果，可以看出应选择新建方案。

2. 决策树法

决策树的基本原理仍然以决策损益表为依据，通过计算和比较各个方案的损益值，借助于树枝图形，利用修建数值方法寻找出最优方案。它用于分析较为复杂的多级决策。它是用树状图来描述各种方案在不同状态下的收益，计算每种方案的期望收益，据此作出决策的方法。其优点是：

（1）决策树法有利于决策人员使决策问题形象化。

（2）把各种方案、可能出现的状态、可能性大小及产生的后果等，简单地绘制在一张图上。

（3）方便计算、研究与分析。

（4）同时还可以随时补充和修正。

下面通过一例题说明使用决策树法的决策过程。

【例 4-4】 某企业为了扩大产能,现有两个方案可供选择:一种是对生产线扩建;另一种是新建一条生产线。两个方案的经营年限均为 10 年,每个方案的投资和收益情况如表 4-3 所示。

表 4-3　　　　　　　　各方案的投资、损益情况　　　　　　　单位:万元

方案	投资额(万元)	销路好 ($P=0.7$)	销路差 ($P=0.3$)
扩建	300	100	20
新建	200	80	50

试用决策树法决策。

决策树法步骤:

首先,画出决策树图(见图 4-5)。

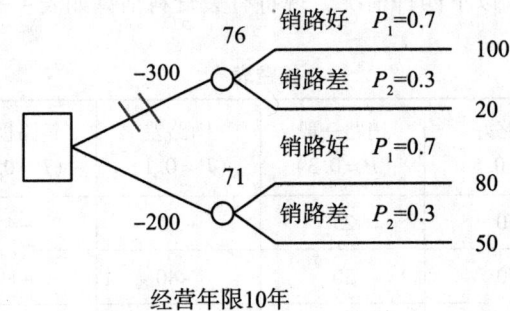

图 4-5　决策树(单位:万元/年)

然后,计算各方案的收益及净收益。

扩建方案的期望收益 = $100 \times 0.7 + 20 \times 0.3 = 76$(万元/年)

新建方案的期望收益 = $80 \times 0.7 + 50 \times 0.3 = 71$(万元/年)

扩建方案的净收益 = $76 \times 10 - 300 = 460$(万元)

新建方案的净收益 = $71 \times 10 - 200 = 510$(万元)

接着,比较净收益,选择方案。

因为新建方案的净收益>扩建方案的净收益,所以应选择新建方案。

最后,剪枝,即用双线划去扩建方案。

三、不确定性决策的方法

不确定性决策是指对未来事件,不仅无法估计在各种特定情况下的肯定结果,而且无

法确定各种结果发生的概率。这时，决策在不确定情况下进行方案的选择，主要取决于决策者的经验和主观判断。不确定性决策选择哪种方案，在很大程度上取决于决策者的风险价值观。根据决策者对待奉献的态度和看法，决策者可分成四种类型，相应的就有四种不同的选择标准。

(1) 小中取大法。也称作悲观原则，这类决策者对于利益的反应比较迟钝，而对损失的反应比较敏感，不求大利、唯求无险，不求有功、但求无过。

这种方法先计算出各方案的期望之后，找出各方案的最小损益值，再从中选择损益值最大的方案作为决策方案。

(2) 大中取大法。也成为乐观原则，这类决策者对于损失的反应比较迟钝，而对利益的反应比较敏感，他们往往谋求大利，不怕风险，敢于进取，以求突破。

与悲观原则相反，他们从损益值中挑选收益最大的方案作为决策方案，也就是极大损益值。

【例 4-5】某企业有三种新产品待选，估计销路和损益情况如表 4-4 所示。试分别用乐观准则、悲观准则选择最优产品方案。

表 4-4　　　　　　　　　　　　　　损益表　　　　　　　　　　　　单位：万元

状态	甲产品	乙产品	丙产品
销路好	40	90	30
销路一般	20	40	20
销路差	-10	-50	-4
最大利润	40	90	30
最小利润	-10	-50	-4

按照乐观准则，应选乙产品；按照悲观法，应选丙产品。

(3) 折中法。大中取小和小中取大都是以各方案不同状态下的最大或最小极端值为标准。但多数场合下决策者既非完全的保守者，也非极端的冒险者，而是介于两个极端的某一位置寻找决策方案，即采用折中法。方法如下：首先，找出各方案在所有状态下的最大值和最小值；其次，根据自己的冒险偏好程度，给定最大值一个乐观系数 a，a 在 0~1 之间，$a=0$ 则为悲观决策，$a=1$ 则为乐观决策。将各个方案在各种自然状态下可能取得的最大收益找出，用它乘以 a，再加上最小收益值乘以 $1-a$，即为各个方案折中后的收益值，从中找出折中后收益值最大的方案。

【例 4-6】某企业有三种待选销售方案的预测情况如表 4-5 所示。若取最大收益系数为 0.7，用折中法进行决策。

表 4-5　　　　　　　　A、B、C 三种方案在不同市场状态下的损益值　　　　　　　单位：万元

方案	畅销	一般	滞销	最大损益值	最小损益值
A	50	60	20	60	20
B	80	40	10	80	10
C	100	30	-40	100	-40

根据题意，最大系数为 0.7，则最小系数为 0.3。

各方案加权平均值为：

方案 A：$60 \times 0.7 + 20 \times 0.3 = 48$（万元）

方案 B：$80 \times 0.7 + 10 \times 0.3 = 59$（万元）

方案 C：$100 \times 0.7 + (-40) \times 0.3 = 58$（万元）

max ｛48，59，58｝ = 59，因此选择 B。

(4) 最大最小后悔值法。也称后悔值原则，这类决策者不愿冒大的风险，也不愿循规蹈矩，在决策时往往依据最小后悔值原则。

最小后悔值原则，以各个方案的机会损失的大小作为判别方案优劣的依据。

机会损失也就是后悔值，是指由于没有采取与实际状态相符的决策方案所造成的收益差额。

【例 4-7】A、B 两家企业为互相竞争的对手，A、B 博弈后，A 的收益情况如矩阵图 4-6 所示，请分别用悲观法、乐观法和最大最小后悔值法进行决策。

B 企业的可能反应

	B1	B2	B3
A1	13	14	11
A2	9	15	18
A3	24	21	15
A4	18	14	28

A 企业的策略

图 4-6　A 企业的收益

各种决策方法的结果见表 4-6 和表 4-7。

表 4-6　　　　　　　　A 企业的乐观法和悲观法决策

A 项目	B 企业的可能反应			乐观原则 （X）	悲观原则 （Y）
	B1	B2	B3		
策略 A1	13	14	11	14	11
策略 A2	9	15	18	18	9
策略 A3	24	21	15	24	15
策略 A4	18	14	28	28	14
相对收益最大值				28	15
选取的方案				第 4 方案	第 3 方案

表 4-7　　　　　　　　　　　　A 企业的最大最小后悔值法决策

项目	B 企业的可能反应			后悔值			最大后悔值
	B1	B2	B3	24-B1	21-B2	28-B3	
策略 A1	13	14	11	11	7	17	17
策略 A2	9	15	18	15	6	10	15
策略 A3	24	21	15	0	0	13	13
策略 A4	18	14	28	6	7	0	7
相对收益最大值	24	21	28				
最大最小后悔值							7
选取的方案							第 4 方案

根据最大最小后悔值法，A 应选择 A4 方案，因为此方案给 A 带来的最大的后悔值只有 7，A 选择 A4 的后悔值不会超过 7，可将机会损失限制最低限度内。

上述四种方法仅反映了决策者的价值观不同，但难以说哪种方法就是最好的。这也说明决策是有风险的。

本章小结

决策是管理者最重要的任务之一，决策遍布于一切管理职能之中。决策就是作出判断，进行抉择，是行动之前选择一个合理行动方案的活动过程。

- 决策的类型：①按照决策的性质划分，分为战略决策和战术决策。②按照决策问题的重复程度，决策可以分为程序化决策和非程序化决策。③按决策主体分类，决策分为群体决策（组织决策）和个体决策。
- 改善群体决策的方法：头脑风暴法、名义群体法、电子会议。
- 决策的特点：①决策要求有明确而具体的决策目标。②决策要求以了解和掌握信息为基础。③决策要求有两个以上的备选方案，以便比较选择，就是说，必须有可供选择的方案，否则决策可能就是错误的。④决策要求对控制的方案进行综合分析和评估。⑤决策追求的是最可能的优化效应。
- 决策的过程：识别问题、确定决策标准、给决策标准分配权重、拟订方案、分析方案、评价方案、实施方案和评价决策效果。
- 决策的前提条件：决策的成功与否对于组织发展具有异常重要的影响作用。成功的决策依赖于对有效信息、决策前提、目标及态度的准确把握。

- 决策的过程归纳为五个步骤：识别问题、确定决策标准、方案的拟定、方案的评价与选择以及方案的执行与反馈。
- 战略决策方法：公司总体战略决策、经营单位战略决策和职能战略决策。
- 经营策略决策方法：确定性决策的方法有以下几类：数学模型法与盈亏平衡分析法。风险型决策的方法：决策损益表法、决策树法。不确定性决策的方法：小中取大法、大中取大法、最大最小后悔值法。

【复习与思考】

1. 什么是管理学上的决策？决策有什么特点及意义？
2. 决策有哪些类型？
3. 简述决策的过程。
4. 决策会受到哪些因素影响？
5. 什么是头脑风暴法和名义群体法？
6. 某工厂为推销甲产品，预计单位产品售价为1200元，单位产品可变成本为700元，年需固定费用为1800万元。问：

（1）盈亏平衡时的产量是多少？

（2）当企业现有生产能力为5万台时，每年可获利多少？

（3）为扩大生产规模，需添置一些设备，每年需增加固定成本400万元，同时每台可节约成本100元，为扩大销路，计划降低售价10%。如果在5万台的生产能力下，此方案是否可行？

【案例分析】

领导的决策

某城市繁华地段有一家食品厂，因经营不善，长期亏损。该市政府领导拟将其改造成一个副食品批发市场，这样既可以解决企业破产后下岗职工的安置问题，又方便了附近居民。为此进行了一系列前期准备，包括项目审批、征地拆迁、建筑规划设计等。不曾想，外地开发商已在离此地不远的地方率先投资兴建了一个综合市场，而综合市场中就有一个相当规模的副食品批发场区，足以满足附近居民和零售商的需求。

面对这种情况，市政府领导陷入了两难境地：如果继续进行副食品批发市场建设，必然亏损，如果就此停建，则前期投入将全部泡汤。在这种情况下，该市政府盲目作出决定，将该食品厂房所在地建成一居民小区，由开发商进行开发。但由于对食品厂职工没能作出有效的赔偿，使该厂职工陷入困境，该厂职工长期上访不能解决赔偿问题，对该市的稳定造成了隐患。

资料来源：https://www.docin.com/p-1666921149.html。

思考题：

1. 从该市长的决策中反映出了哪些问题？
2. 假如你是该市的市长，你怎么做决策？

【技能拓展】

1. 假如大学毕业后你准备自主创业，应该如何选择战略经营领域？请进行一个战略决策方案设计。
2. 仔细观察你所在的组织（可能是班级或社团组织等）存在的问题，探索一下解决该问题的方案。

第五章 计 划

导入案例

计划是成功的前提

曾经有人做过这样一个实验：组织三组人，让他们沿着公路步行，分别向10公里外的三个村子行进。

甲组不知道去的村庄叫什么名字，也不知道它有多远，只告诉他们跟着向导走就是了。这个组刚走了两三公里时就有人叫苦了，走到一半时，有些人几乎愤怒了，他们抱怨为什么要大家走这么远，何时才能走到。有的人甚至坐在路边，不愿再走了。越往后人的情绪越低，七零八落，溃不成军。

乙组知道去哪个村庄，也知道它有多远，但是路边没有里程碑，人们只能凭经验估计大致要走两小时左右。这个组走到一半时才有人叫苦，大多数人想知道他们已经走了多远了，比较有经验的人说："大概刚刚走了一半的路程。"于是大家又簇拥着向前走。当走到3/4的路程时，大家又振作起来，加快了脚步。

丙组最幸运。大家不仅知道所去的是哪个村子，它有多远，而且路边每公里有一块里程碑。人们一边走一边留心看里程碑。每看到一个里程碑，大家便有一阵小小的快乐。这个组的情绪一直很高涨。走了七八公里以后，大家确实都有些累了，但他们不仅不叫苦，反而开始大声唱歌、说笑，以消除疲劳。最后的两三公里，他们越走情绪越高，速度反而加快了。因为他们知道，要去的村子就在眼前了。

上述实验表明，要想带领大家共同完成某项工作，首先要让大家知道要做什么，即要有明确的目标（走向那个村庄）；其次要指明行动的路线，这条路线应该是清楚的、快捷的（如路标），也就是说，要提出实现目标的可行途径，即计划方案。这些都是有效开展工作的前提，确定目标及实现目标的途径即是计划职能的核心任务。

【知识要求】

通过本章的学习，使学生了解计划的类型与表现形式、目标制定的基本原则；理解计划的含义与作用、组织目标的特点与作用、各类计划编制方法的基本内涵；掌握计划的制订过程、目标管理的基本思想。

【技能要求】

通过本章的学习，使学生具备一定的计划编写能力，能独自编写某组织主题活动策划等计划方案，同时，学生能理解目标管理的基本思想，并能运用所学知识对某组织目标管理实施效果进行简要分析。

【关键术语】

计划；目标；目标管理；滚动计划法

第一节 计划概述

任何管理者都必须制订计划，计划在所有的管理职能中是一个最基本的职能。在集体中工作的人们，要取得有效的成果，最主要的任务是设法使他们明确目的与目标，以及实现目的与目标的方法。一个企业、组织、一个地区或一个国家的命运，从某种意义上说取决于管理其事务的人的思想和计划。可以说，良好的管理，始于良好的观念、调查和计划。成功的计划在计划成功，失败的计划在计划失败。

一、计划的概念及内容

1. 计划的概念

计划是关于组织未来的蓝图，是对组织在未来一段时间内的目标及其实现途径的谋划与安排。一般地，人们在两种意义上使用"计划"一词。作为动词，"计划"代表着一类特定的行为，即指对各种组织目标的分析、制定和调整，以及对实现这些目标的各种可行方案的设计。作为名词，"计划"就是指上述计划行动的成果，这些成果包括各种明确的书面化的使命和目标说明，以及战略、政策、预算书等。管理者的计划工作就是把计划作为一种特定的管理行为，其内容包括规定组织在未来一段时间内所要实现的目标以及实现这些目标的途径即计划方案，因此，计划既涉及做什么，也涉及怎么做。

2. 计划的内容

无论是在动词意义上还是在名词意义上，计划内容都包含"5W1H"。计划必须清楚地确定和描述这些内容，如表5-1所示。

表5-1　　　　　　　　　　　　计划的内容和要素

计划的内容	说明
What	做什么？目标和内容
Why	为什么做？原因
Who	谁去做？人员
Where	何地做？地点
When	何时做？时间
How	怎样做？方式和手段

二、计划的类型

由于目标以及实现目标的方案有不同的类型，因此计划也是多种多样的。对计划类型的划分，有利于我们更深入地理解计划工作的实质，也有利于具体地分析和掌握有关计划工作的规律和方法。

1. 长期、中期和短期计划

计划可以按照时间期限的长短分成长期、中期和短期计划。现有的习惯做法是将1年及其以内的计划称为短期计划；1年以上到5年以内的计划称为中期计划；5年以上的计划称为长期计划。但是对一些环境条件变化很快、本身节奏也很快的组织活动，其计划分类也可能1年计划就是长期计划，季度计划就是中期计划，而月度计划就是短期计划。

在这三种计划中，通常长期计划主要是方向性和长远性的计划，它主要回答的是组织的长远目标与发展方向以及大政方针方面的问题，通常以工作纲领的形式出现。中期计划是根据长期计划制订的，它比长期计划要详细具体，是考虑了组织内部与外部的条件与环境变化情况后制订的可执行计划。短期计划则比中期计划更加详细具体，它是指导组织具体活动的行动计划，它一般是中期计划的分解与落实。

在管理实践中，长期、中期和短期计划必须有机地衔接起来，长期的计划要对中、短期计划具有指导作用，而中、短期计划的实施要有助于长期计划的实现。不考虑长期计划目标，仅局限于短期任务的完成，管理工作实际上也属于一种无目的的行为。在这方面，滚动计划方法对促使长、中、短期计划的衔接是十分有效的。

2. 业务计划、财务计划和人事计划

从职能空间分类,可以将计划分为业务计划、财务计划和人事计划。其中,业务计划是组织的主要计划,其内容涉及"物、供、产、销",具体包括产品开发、物资采购、仓储后勤、生产作业以及销售促进等内容。财务计划与人事计划是为业务计划服务的,也是围绕业务计划而展开的,财务计划研究如何从资本的提供和利用上促进业务活动的有效进行,而人事计划则分析如何为业务规模的维持或扩大提供人力资源的保证。

3. 战略计划、战术计划和作业计划

根据涉及时间长短及其范围广狭的综合性程度,可以将计划分为战略计划、战术计划和作业计划。战略计划是应用于组织整体的、为组织未来较长时期设立总体目标和寻求组织在环境中地位的计划,具有长期性、整体性和较大的弹性。战术计划是规定总体目标如何实现的细节计划,其需要解决的是组织的具体部门或职能在未来各个较短时期内的行动方案,具有局部性、阶段性的特点。作业计划是给定部门或个人的具体行动计划,通常具有个体性、可重复性和较大的刚性,一般情况下是必须执行的命令性计划。

战略计划、战术计划和作业计划强调的是组织纵向层次的指导和衔接。具体来说,战略计划往往由高层管理人员负责,战术计划和作业计划往往由中、基层管理人员甚至是具体作业人员负责;战略计划对战术、作业计划具有指导作用,而战术和作业计划的实施要确保战略计划的实施(见图5-1)。

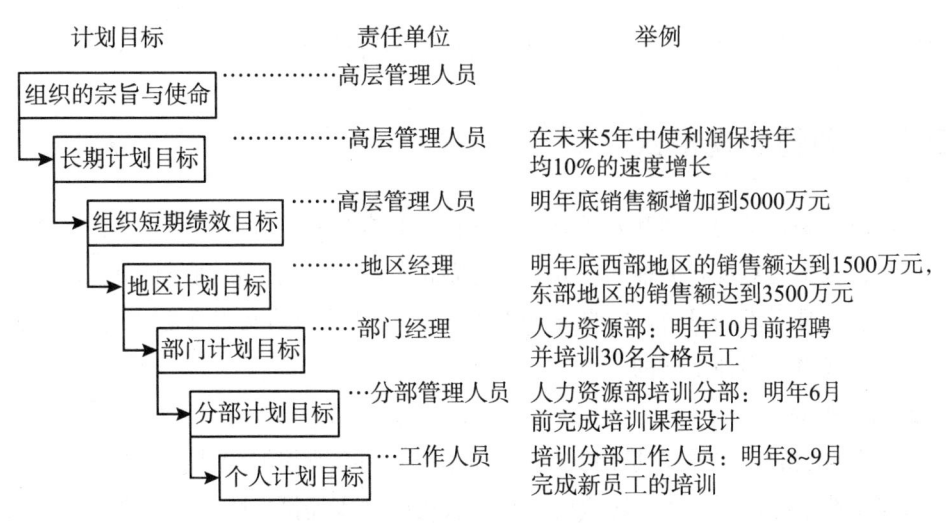

图5-1 不同层次计划目标关联示例

4. 具体性计划和指导性计划

根据计划内容的明确性标准,可以将计划分为具体性计划和指导性计划。具体性计划具有明确规定的目标,不存在模棱两可。指导性计划只规定某些一般的方针和行动原则,给予行动者较大自由处置权,它指出重点但不把行动者限定在具体的目标上或特定的行动方案上。比如,一个降低成本的具体计划可能规定未来6个月内成本要降低10%,而指导

性计划则可能只规定未来6个月成本要降低8%~12%。相对于指导性计划而言,具体性计划虽然更易于执行、考核及控制,但是缺少灵活性,它要求的明确性和可预见性条件往往很难满足。

5. 综合计划、专业计划和项目计划

计划也可以按照其所涉及的活动内容分成综合计划、专业计划与项目计划。其中综合计划一般会涉及组织内部的许多部门和许多方面的活动,是一种总体性的计划,如企业年度生产经营计划。专业计划则是涉及组织内部某个方面或某些方面活动的计划。例如,企业的生产计划、销售计划、财务计划等,它是一种单方面的职能性计划。项目计划通常是组织针对某个特定课题所制订的计划。例如,某种新产品的开发计划、某项工程的建设计划、某项具体组织活动的计划等,它是针对某项具体任务的事务性计划。

在一个组织中,每个部门都需要制订计划,也都会有自身的计划目标。因此,在一个组织中可能同时存在很多个专业和项目计划。综合平衡法有助于将这些计划衔接成为一个整体。所谓综合平衡法,就是从企业生产经营活动的整体出发,根据企业各部门、各单位、各个环节、各种要素、各种指标之间的相互制约关系,依照系统管理的思想,对企业内部的各种计划予以协调平衡,进而使计划成为一个相互关联、相互配合的有机整体。

为什么有了综合计划之后,还要有专业计划和项目计划?

三、计划的表现形式

计划是对未来行动的谋划和安排,可见,计划与未来有关,是面向未来的,而不是去过去的总结,也不是对现状的描述;同时,计划也与行动有关,是面向行动的,而不是空泛的议论,也不是学术的见解。面向未来和面向行动是计划的两大显著特征。正因如此,计划的表现形式也是多种多样的。

1. 宗旨与使命

任何一个组织的存在都有其独特的意义和作用,如企业能够为社会创造财富,学校能为社会培养和造就有用的人才,医院的存在为人类的健康提供保障,政府存在的必要性在于管理公共事业以及保证社会的稳定和发展。不同的组织扮演着不同的角色,并从不同的侧面为人类的文明与发展做出贡献。组织的宗旨和使命是组织成员在深入理解和把握组织存在的价值的基础上,对组织存在价值的高度凝练与概括。为使组织成员容易接受并牢记在心,组织的宗旨与使命往往简洁、形象、生动、有特色而且内涵丰富。

定义组织的宗旨和使命有助于促使管理当局认真思考确定组织将从事的业务范围。

> **阿里巴巴：一个用价值观、使命与愿景驱动的公司**
>
> 在中国互联网界，如果要问哪一家公司最喜欢谈论价值观、使命、前景，那无疑当属阿里巴巴；如果要问哪一家公司真正将价值观、文化贯彻到日常工作，成为全体员工执行不渝的行为信条，无疑也是阿里巴巴。阿里巴巴的培训包括新人培训及后续培训计划，新员工加入阿里巴巴都需要在杭州总部参加全面的入职培训、团队建设课程，该课程着重于公司的使命、愿景和价值观。阿里巴巴也会在定期培训、团队建设训练和公司活动中再度强调价值观和使命。除此之外，阿里还成立了"阿里学院"，成为业内电子商务人才及阿里巴巴内部人才培养的专门场所，马云为学院的特邀讲师。在阿里巴巴，如何强调与推崇价值观和使命都不为过。也正是马云对于阿里宗旨和使命的坚定贯彻与执行，才使阿里巴巴能走得这么稳健。
>
> 资料来源：http://www.360doc.com/content/18/0203/15/472536_727444926.shtml。有删改。

2. 目标

宗旨或使命往往太抽象、太原则化，它需要进一步具体为组织一定时期的目标和各部门的目标。组织的宗旨和使命是确定组织目标的出发点和基础。任何组织的目标如果不是依据自己的宗旨和使命得出的，或是偏离了组织的宗旨与使命，那么就一定会危及组织的生存与发展，一定会使组织的存在意义出现疑问。例如，若是让企业以培养人才作为其目标，让学校以创造最大利润为目标，这样的企业和学校的生存与生存意义都会出现问题。

3. 战略

战略是为了达到组织的总目标而采取的行动和利用资源的总计划，具体包括发展方向、行动方针和资源分配方案的确立。它是指导全局和长远发展的总方针，而不是具体说明企业如何实现目标。例如，海尔集团的发展战略是多角化经营战略和全球化经营战略，格兰仕的经营战略是低成本战略。

4. 政策

政策是对组织成员做出决策或处理问题所应遵循的行动方针的一般规定。政策是一种思想指南，它事先设定处理问题的方法，这减少了对某些潜在例行事件处理的成本。同时，政策包含着一些模糊的术语，留待行动者解释，即政策允许对事情有酌情处理的自由。自由处理的权限一方面取决于政策自身，另一方面取决于主管人员的管理艺术。如"使顾客满意""公司提供同行业中有竞争力的薪酬待遇"等都是政策。

5. 程序

程序是指规定一个具体问题应该按照怎样的步骤和顺序进行处理的标准操作方法，程序的实质是对所要进行的活动规定时间顺序。程序是行动的指南，而不是思想的指南。它没有给行动者随意处理的自由。在实际工作中，程序往往表现为组织的规章制度，如财务报销程序、图书馆借书程序、申请助学贷款程序等。

6. 规则

规则是对具体场合和具体情况下，允许或不允许采取某种特定行动的规定，它通常是最简单形式的计划。规则不同于程序，规则指导行动而不说明时间顺序，程序可以看作一系列规则的总和。规则也不同于政策，规则是一种清晰的陈述，明确告诉行动者他应该做什么，不应该做什么，因此，规则没有酌情处理的余地；而政策则保有一定的自由度，会给管理人员留有自由处理的空间。如"上班时间禁止上网聊天""本学期旷课时数超过课程总时数 1/3 的同学，取消考试资格"，就是规则。

7. 方案

也叫规划，是针对某一特定行动而制定的，包括目标、政策、程序、规则、任务分配、要采取的步骤和使用的资源及其他内容在内的一种综合性的工作计划。一项方案可能很大，也可能很小。通常情况下，一个主要方案可能需要很多支持性计划，所有这些计划都必须加以协调和安排时间。

8. 预算

预算是一份用数字表示预期结果的报表，也可称之为数字化的计划。预算通常是为规划服务的，但其本身可能是一项规划。预算在很多公司是基本的计划工作手段，同时也是一种有效的控制手段。如企业财务收支预算、固定资产投资预算、展览会参展预算等。表 5-2 是某公司参加博览会的预算。

表 5-2　　　　　　某公司参加博览会（3月31日至4月2日）预算

序号	项目	费用	备注
1	文化衫（礼品）	4600.00	130 件左右
2	样品费用	300.00	
3	材料费	1350.00	
3.1	柱子喷印费	400.00	
3.2	不锈钢杆子	200.00	
3.3	挂杆制作费	100.00	
3.4	其他	650.00	
4	小工费	1092.00	
4.1	人工费（2人）	520.00	130.00×2天×2人
4.2	住宿费	180.00	预定1个房间
4.3	临时费用	200.00	
4.4	交通费	192.00	48.00×4次
5	展位搭建费	1360.00	
5.1	地毯租赁费	360.00	10.00×36m²

续表

序号	项目	费用	备注
5.2	接线口（2个）	300.00	150.00×2个
5.3	临时用电费	500.00	
6	货物运输费	3000.00	
6.1	上海—杭州运费	2000.00	
6.2	装卸、搬运费	1000.00	
7	交通费	1980.00	
7.1	长途交通费	480.00	48.00×10人
7.2	市内交通费	200.00	
7.3	汽油费	500.00	
7.4	车辆过路费	800.00	
8	住宿费	4800.00	预计8人，定12间房（4晚）
9	餐费	2520.00	
9.1	午餐	840.00	
9.2	晚餐	1680.00	
10	出差补贴	1025.00	
11	资料费	1500.00	样宣600套
12	其他费用（不可预见费）	2000.00	
	合　计	25527.00	

制表：　　　　　　　　审核：　　　　　　　　批准：
日期：　　　　　　　　日期：　　　　　　　　日期：

四、计划的性质

1. 首位性

《孙子兵法》指出"用兵之道以计为首"，计划是管理活动的基础。一方面，一切管理活动都是为支持和保障计划目标的实现而展开的。另一方面，虽然在实践中，管理的各项职能是作为一个系统交织在一起的，但计划由于其具有确认组织目标的独特作用，因此成为其他各项职能执行的基础，具有优先性，只有有了计划以后，人们才能开展其他的管理活动。例如，一个企业如果没有生产经营计划，则它的任何组织管理、资产管理、控制管理等都会成为漫无目的的行为，无法称得上是管理。

2. 目的性

计划工作是为实现组织目标服务的。在组织中，每一个计划及其派生计划的制订的最终目的都是为了促使组织整体目标和各阶段目标的实现。如果没有计划，行动就必然成为纯粹杂乱无章的行动，只能产生混乱。计划工作具有强烈的目的性，它以行动为载体，引导着组织的经营运转。

3. 普遍性

一切有组织的活动，不管其大小、重要与否、是否为全局性的，都必须有计划。计划工作是渗透到组织各种活动中的普遍性管理工作。另外，各级管理人员实际上都要担负或多或少的计划工作，计划是管理人员最普遍参与的管理工作。在某些情况下，计划工作实际上是唯一需要开展的管理工作，像许多投资项目在计划的可行性分析阶段或许多行动在计划的可行性论证阶段，当发现计划不可行时，就会放弃采取下一步的行动，这样实际上计划工作就成了该活动中唯一的管理活动了。

4. 效率性

实现目标有许多途径，必须从中选择尽可能好的方法，以最低的费用取得预期的成果，保持较高的效率，避免不必要的损失。计划工作强调协调、强调节约，其重大安排都经过经济和技术的可行性分析，可以使付出的代价尽可能合算。

1. 是否任何计划中，都必须明确"5W1H"内容？
2. 如何理解计划工作的纵向层次性和横向协作性？试举例说明。

五、计划的作用

1. 计划是组织活动的指南，是管理者实现有效指挥的依据

计划能指明方向，能使组织在置身于复杂多变和充满不确定性的环境中，始终把其注意力集中在一定的目标上，使组织所有的行动保持同一方向。

管理者在计划制订出来之后就可以依据计划进行指挥了。这种指挥包括依据计划向组织中的部门或人员分配任务，进行授权和定责，组织人们开展按计划的行动等。在这一过程中，管理者都是依照计划进行指挥与协调的。

2. 计划是降低风险、掌握主动的手段

计划能预见变化，减少不确定性。未来的情况是不断变化的，尤其是在当今信息时代，世界正处在急剧的变化之中，社会在变革，技术在进步，观念在更新，一切都处在变化之中。而计划就是面向未来的，因此在计划编制的过程中，人们就必须预期各种变化以及各种变化会带来的影响。计划的编制者在编制计划时通常必须依据历史和现状信息对未来的变化做出预测与推断，并根据这些预测与推断制定出符合未来发展变化的计划。计划编制中的这些工作能够大大地降低未来不确定性所带来的风险。

3. 计划是减少浪费、提高效率和效益的方法

在计划编制过程中，有一项很重要的工作是进行综合平衡。这项工作的目的是要使未来组织活动中的各个部门或个人的工作负荷与资源占有都能够实现均衡或基本均衡。这种计划综合平衡工作可以消除未来活动中的重复、等待、冲突等各种无效活动，从而消除这些无效活动所带来的浪费。同时这种综合平衡工作还会带来资源的有效配置、活动的合理安排，从而提高组织的工作效率。计划可以从增产与节约两方面给组织带来效率和效益。

4. 计划为管理者提供了控制标准

计划是控制的基础。计划的编制为及时对照标准检查实际活动情况提供了客观的依据，从而也就为及时发现和纠正偏差提供了可靠的保证。没有计划，控制就无从谈起。

1. 有人说，不准确的计划是在浪费管理者的时间，你觉得呢？
2. 你认为计划可以消除变化吗？

第二节　计划编制的过程

计划编制本身也是一个过程。为了保证编制的计划合理，能实现决策的组织落实，计划编制必须采用科学的方法。虽然可以采用不同标准把计划分成不同类型，计划的形式也多种多样，但管理者在编制任何完整的计划时，实质上都遵循相同的逻辑和步骤。计划编制的过程如图 5-2 所示。

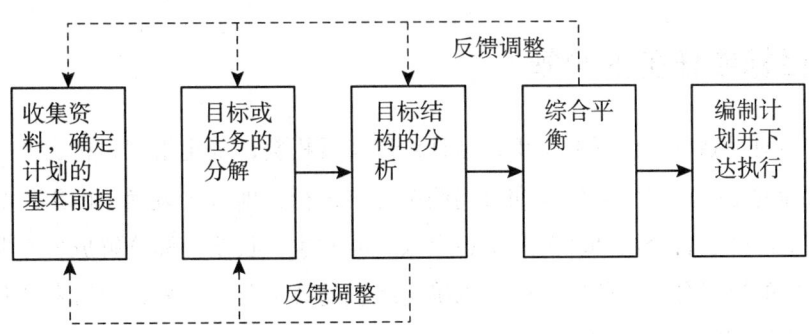

图 5-2　计划编制的过程

一、收集资料，确定计划的基本前提

计划是为决策的组织落实而制订的，因此，了解决策者的选择，理解有关决策的特点

和要求，分析决策的环境特点和决策执行的条件要求，是编制行动计划的前提。由于计划安排的任务需要组织内部不同环节的组织成员利用一定的资源去完成，因此计划的编制者还需收集反映部门和环节能力以及外部有关资源供应情况的资料，为计划编制提供依据。另外，在计划的前提中，有些是企业无法控制的，有些是企业可以完全控制的，对于可控的前提，企业应当在将来的计划中制定出具体的影响、控制和改变的措施和策略，而对于不可控的前提，则需要在计划中规定出适应或应变的办法。

有效地确定计划工作的前提，需要注意以下几点：

1. 合理选择关键性的前提

对于可能影响到计划的顺利实施的所有可能的内外环境因素，管理者不可能也不必要在制订计划之前就予以全部鉴定；相反，管理者需要把精力集中于研究那些具有战略意义的关键性前提。概括地说，管理者选择应予以重点注意的计划前提，需要提出并回答这样的问题：企业的内外环境中，哪些因素对计划的完成最有影响？

2. 提供多套备选的计划前提

这是指为应付未来突发的偶然事件，事先准备好若干套前提，并根据设定的多套前提拟订相应的计划。例如，如果预料到有可能出现价格上涨或下跌，或者发生地震，以及其他一些重要的政治、经济事件，针对这些特定的情况，企业有必要准备好应急计划。

3. 保证计划前提的协调一致

为使各部分计划能按照统一的前提来制订，毫无疑问，企业必须在每套计划方案制订中贯彻一致的前提。这要求在公司总部的组织下，对各分公司或各部门、各单位的前提进行分析研究、综合概括，保证它们之间彼此协调一致，以确保全公司的计划都按照同样的基调来进行制订。

二、目标或任务的分解

根据前述对计划基本前提的认识，估计组织发展机会，确定组织目标，并进行目标分解。组织目标的分解可以沿着空间和时间两个方向进行，即将决策确定的组织总体目标分解落实到各个部门、各个活动环节乃至各个人，同时也将长期目标分解成各个阶段的分目标。通过目标的层层分解、落实，就可以确定组织的各部分在未来各个时期的任务以及完成这些任务应达到的具体要求。

目标分解的结果会在组织内形成两种目标结构：一是目标的空间结构；二是目标的时间结构。目标结构描述了组织中较高层次或较长时期的目标（总体目标与长期目标）与较低层次或较短时期的目标（部门、环节、个人目标与各阶段目标）相互间的指导（如总体目标对各部门目标、长期目标对阶段目标）和保证（部门目标对整体目标或阶段目标对长期目标）关系。

三、目标结构的分析

目标结构分析一方面是研究较低层次的目标对较高层次目标的保证能否落实,即分析组织在各个时期的具体目标能否实现,以保证长期目标的达成;另一方面是研究组织的各个部分的具体目标能否实现,从而能否保证整体目标的达成。如果较低层次的某个具体目标不能充分实现,则应考虑事先采取有关补救措施,否则就应调整较高层次的目标要求,有时甚至可能导致整个决策的重新修订。只有使上下左右以及前后时期的目标相互衔接、彼此协调,才可能形成一个完整的目标体系。

四、综合平衡

综合平衡要求做好以下三方面的工作:

综合平衡首先是任务之间的平衡。即分析由目标结构决定或与目标结构对应的组织各部分在各时期的任务能否相互衔接和协调,因此包括任务的时间平衡和空间平衡。时间平衡是要分析组织在各时段的任务是否相互衔接,从而能够保证组织活动顺利地进行;空间平衡则要研究组织的各个部分的任务是否保持相应的比例关系,从而能够保证组织的整体活动协调地进行。

综合平衡要研究组织活动的进行与资源供应的关系,分析组织能够在适当的时间筹集到适当品种、数量和质量的资源,从而保证组织活动连续、稳定地进行。

综合平衡还要分析不同环节在不同时间的任务与能力之间是否平衡,即研究组织的各个部分能否保证在任何时间都有足够的能力去完成规定的任务。由于组织的内外环境和活动条件经常发生变化,从而可能导致任务需要调整,因此在任务与能力平衡的同时,还要留有一定的余地,以保证这种将会发生的调整在必要时有可能进行。

为什么在分配资源时,不能留有缺口,但要有余量?

五、编制计划并下达执行

在综合平衡的基础上,组织就可为各个部门(如生产、销售、人事、财务、供应)编制各个时段(长期、年度、季度、月度等)的行动计划,并下达执行。由各部门以至各个人负责执行的行动计划,应该是围绕总体行动方案而制订的派生计划。这种"派生"的身份决定了各种执行计划必须支持和保证总体计划方案的顺利实施。

××公司20××年度销售计划书

一、20××年度基本目标

本企业20××年度的销售目标如下:

1. 销售额目标:销售部部门年销售额达××万元以上;每位员工每月销售额达××万元以上。

2. 利润目标:20××年度实现利润达××万元以上。

3. 新产品的销售目标:新产品销售额达××万元以上。

二、实现目标的基本措施

1. 市场营销部门应采取措施,如培训、定期的经验交流等,使所有人员都能精通业务,有危机意识并能有效地工作。

2. 员工需全力投入工作,使工作向高效率、高收益、高分配的方向发展,公司需加强业务管理。

3. 为提高运营的效率,公司将大幅下放权限,使员工能够自主处理各项事务。

4. 为达到销售目标,建立岗位责任制,实行重赏重罚政策。

三、零售商的促销计划

(一)新产品的销售方式

1. 将全国有影响力的30家零售商店依照区域划分,在各划分区域内采用新产品的销售方式,即每人负责30家左右的店铺,每周或隔周做一次访问,借访问的机会督导、奖励销售,并进行调查、服务及销售指导和技术指导等工作。

2. 新产品的库存量应努力维持在零售店有一个月的库存量、代理店有两个月的库存量。

3. 销售主管及销售人员的职务及处理基准应明确。

(二)新产品协作机构的设立与工作

1. 为使新产品的销售方式及所推动的促销活动得以顺利展开,还要以全国各主力零售店为中心,依地区设立新产品协作次级机构。

2. 新产品协作机构的工作内容包括:分发、寄送相关杂志;赠送本公司产品的样品;安装各地区协作店的招牌;分发商标给市内各协作店;分发广告宣传单;积极支持经销商;举行讲习会、研讨会;增设年轻人专柜;介绍新产品。

(三)增强零售店员工的责任意识,加强其销售意愿

1. 奖金激励法。零售店员工每次售出本公司产品时都令其寄送销售卡,当销售卡达到15张时,即颁发奖金给本人以提高其销售积极性。

2. 加强销售人员的辅导工作。

(1)销售主管可利用访问进行教育指导说明,借此提高零售商店店员的销售技

及加强其对产品的认识。

（2）销售主管可亲自接待顾客，对销售行为进行示范说明，让零售商的员工从中获得直接的指导。

（3）邀请协作机构员工参加零售店员工的研讨会，借此提高其销售技巧及对产品的认识。

资料来源：https://wenku.baidu.com/view/db1da9e9856a561252d36f3f.html。有删改。

第三节 目标与目标管理

管理学家们曾经专门做过一次摸高试验。试验内容是把20个学生分成两组进行摸高比赛，看哪一组摸得更高。第一组10个学生，不规定任何目标，由他们自己随意制定摸高的高度；第二组规定每个人首先定一个标准，比如要摸到1.60米或1.80米。试验结束后，把两组的成绩全部统计出来进行评比，结果发现规定目标的第二组的平均成绩要高于没有制定目标的第一组。可见，目标对于激发人的潜力有很大作用。

一、目标的含义与构成要素

简单地说，目标就是关于组织未来的理想状态，目标指明了组织期望未来要达到的一种理想状态。因此，目标可用于校验人们的业绩水平，更是制订各种行动方案的前提和依据。

一个组织的目标通常包括以下构成要素：

（1）主体，指负责完成目标的机构或人员。

（2）客体，指受目标主体工作行为影响的机构或人员。

（3）事项，即对目标主体应当做什么和不能做什么的规定，它们构成了考核目标完成情况的标尺。

（4）具体指标，指目标主体完成目标任务所应达到的水准或标准，它们反映目标主体应完成各事项目标的程度。

举例来说，对订单交货工作，可以规定这样的效率目标：交货期——3周，运货成本——每个订单75元，顾客抱怨——每周不超过1次。很明显，该目标是针对负责订货交货工作的业务部门或人员制定的，他们是目标主体，而下订单的顾客是目标客体。"交货期——3周"等是用以衡量目标完成情况的标尺（交货期）及尺度（3周）。

二、组织目标的性质

1. 差异性

不同的组织在同一时间会有不同的目标追求。首先,不同类型的组织,由于其组织宗旨不同,其组织目标也自然大不相同。例如,企业性组织,其组织目标往往较多地表现为各种具体的盈利性指标,而事业性组织则不以盈利为主要目标。其次,同一类型的组织,尽管其组织宗旨基本相同,但由于受其所处的具体环境、所拥有的组织资源及价值观念等的制约和影响,即使其组织目标指标体系可能相同,其目标的具体数值也表现出很大的差异性,就像同一行业中的企业具有不同的年度组织目标一样。

2. 多重性

就组织的总体目标而言,由于组织要服务于各方面相关利益团体的要求,所以,多重性成为组织目标的一个基本特征。对某个特定的组织而言,其目标的多重性表现在:一方面,组织所要实现的目标往往是多样的,而不是单一的;另一方面,这些多目标之间可能存在某种要求不一致甚至相互冲突的关系。管理者在制定目标时,不仅需要规定各项目标加以实现的程度,同时还需明确各目标在目标总体结构中所占的权重,以及各自实现的时间期限等。只有这样,组织才可能在提出实现目标的行动方案时,将多目标问题的处理纳入计划工作有关的决策议程中。

3. 层次性

通常,一个运行正常的组织都存在一个与组织层次相关联的目标网络或目标体系、目标树。在这颗目标树的顶端是组织的宗旨与使命,由宗旨与使命派生出组织的战略目标,战略目标又派生出各支持性目标(具体目标)。

以目标树的形式来表示不同层次目标之间的关系,可以清晰地展现下层目标与上层目标之间所构成的"手段—目的"链条。即对于某一层次的目标来说,它的实现依赖于其低一层次的目标的实现,因此这低一层次的目标就成为实现上一层次目标的"手段",而此上一层次的目标就是"目的"。以此类推,这一层次的目标又可视为是其所力图服务的更高一层次目标的"手段",而更高一层次的目标是"目的"。以这种体现"手段—目的"链关系的目标树来反映组织各层次目标间的联结,可使组织成员对自己的工作将对组织整体做出什么样的贡献有明确的认识,以避免出现局部目标与整体目标相脱节的现象。

4. 时间性

目标是在未来一段时间内希望取得的结果或达到的程度,因此,任何目标都有时间性。这一方面意味着目标都是在特定时间内达到的,在确定目标时必须指明其时间区限;另一方面,这又意味着在不同的时间段,目标是发展变化的,目标制定者要根据环境的发展和自身条件的变化及时地制定出新的目标。

按照目标时间跨度的不同,目标可分为长期目标、中期目标和近期目标。一般来说,在一个组织中，管理层次越低，组织目标的时间跨度越短，目标内容越具体；反之，管理层次越高，组织目标的时间跨度越长，目标内容也越抽象和笼统。由于将来最终能够取得什么、做到怎样的程度，与近期做什么、怎么做密切相关，因此，在制定目标时，我们必须处理好长期目标和短期目标之间的关系，使得长期目标有短期目标作为保障，短期目标围绕长期目标来展开。

5. 挑战性

目标是关于组织想要达到的状态的描述，它反映了人们的一种想往，但这种想往要成为指导人们行动的准则，要求所制定的目标既要有挑战性，又要具备可达性，是二者合理的平衡。现实中，我们不时听到有人表扬某劳模在3年时间内完成了10年或20年的工作定额。这一赞词后面透露的是该企业定额标准过低，目标可能缺乏应有挑战性的管理问题。

当然，强调目标的挑战性并不意味着企业可以脱离客观实际而盲目冒进。目标的可达性反映了企业在制定目标过程中对内部资源和能力条件相适应的要求。不过，有进取心的管理者应该同时认识到，适应环境是一种被动的反应；积极地改造环境条件，使具有一定挑战性的目标具备实现的可能性，则是一种主动的管理行为。

1. 组织应该在哪些方面制定目标？
2. 组织目标是不是越多越好？

三、组织目标的作用

1. 指明组织方向

目标的订立为管理者提供了协调集体行动的力量，从而有利于引导组织成员形成统一的行动。所以，有人把目标的这一作用比喻为"北斗星"。

2. 激励组织成员

目标是一种激励组织成员的力量源泉。只有在员工明确了行动目标后，才能调动其潜在努力，尽力而为，创造最佳成绩。员工也只有达到了目标后，才会产生成就感和满足感。

分段实现大目标

1984年，在东京国际马拉松邀请赛中，名不见经传的日本选手山田本一出人意外地夺得了世界冠军。当记者问他凭什么取得如此惊人的成绩时，他说了这么一句话：凭智慧战胜对手。

当时许多人都认为这个偶然跑到前面的矮个子选手是在故弄玄虚。马拉松赛是体力和耐力的运动，只要身体素质好又有耐性就有望夺冠，爆发力和速度都还在其次，说用智慧取胜确实有点勉强。

两年后，意大利国际马拉松邀请赛在意大利北部城市米兰举行，山田本一代表日本参加比赛。这一次，他又获得了世界冠军。记者又请他谈经验。山田本一性情木讷，不善言谈，回答的仍是上次那句话：用智慧战胜对手。这回记者在报纸上没再挖苦他，但对他所谓的智慧迷惑不解。

10年后，这个谜终于被解开了，他在自传中是这么说的，"每次比赛之前，我都要乘车把比赛的线路仔细地看一遍，并把沿途比较醒目的标志画下来，比如第一个标志是银行；第二个标志是一棵大树；第三个标志是一座红房子……这样一直画到赛程的终点。比赛开始后，我就以百米的速度奋力地向第一个目标冲去，等到达第一个目标后，我又以同样的速度向第二个目标冲去。40多公里的赛程，就被我分解成这么几个小目标轻松地跑完了。起初，我并不懂这样的道理，我把我的目标定在40多公里外终点线上的那面旗帜上，结果我跑到十几公里时就疲惫不堪了，我被前面那段遥远的路程给吓倒了。"

在现实中，我们做事之所以会半途而废，这其中的原因，往往不是因为难度较大，而是觉得成功离我们较远。确切地说，我们不是因为失败而放弃，而是因为倦怠而失败。在人生的旅途中，我们稍微具有一点山田本一的智慧，用阶段性的小目标去实现一个大目标。用目标激励我们自己，一生中也许会少许多懊悔和惋惜。

资料来源：http://www.zhlzw.com/lz/gs/007/97049.html。

3. 凝聚组织成员

凝聚力是使组织成为一个多成员的联合体，而不是一盘散沙的重要因素。当组织目标充分体现了组织成员的共同利益，并与组织成员的个人目标保持和谐一致时，它能够极大地激发组织成员的工作热情、献身精神和创造性。当然，与组织成员的个人目标存在冲突的组织目标，则可能削弱组织的凝聚力。这从一个侧面说明，组织目标的制定是管理工作的一项重要内容。

4. 决策标准和考核依据

目标不仅是管理人员制定决策方案的出发点，而且是考核管理决策的制定和执行工作好坏的依据。组织制定了明确的目标，有关人员的思考和行动才有客观的准绳，而不至于凭主观意志做决定、凭主观印象做考核。

四、组织目标的制定原则

组织目标制定必须坚持"SMART"原则，即目标必须是具体的（specific）、可衡量的

（measurable）、能实现的（achievable）、相关的（relevant）、有时间框架的（time-frame）。SMART原则具体的含义如表5-3所示。

表5-3　　　　　　　　　　组织目标制定原则

组织目标制定原则	原则解释
具体的（specific）	明确而不含糊，能使员工明确组织期望他做什么、什么时候做以及做到何种程度。同时，每一层面的目标数量要有一定的限制，既然组织的资源是有限的，我们就只能将精力集中于最重要的事情上，目标太多会使人们无所适从；目标的表述要简明扼要、易懂易记，目标越容易理解，就越容易起作用
可衡量的（measurable）	如果目标无法衡量，我们就无法检查实际与期望之间的差异，从而无法指导人们不断改进工作，导致目标的作用无法落到实处。为此，除要明确目标内容的具体衡量方法外，目标值不应该用形容词，而应尽可能用数字或程度、状态、时间等准确客观地表述，衡量方法不应是主观判断，而应是客观评价
能实现的（achievable）	目标值应该是可实现的，而且应该尽可能高而合理，过高或过低都会影响目标作用的发挥
相关的（relevant）	目标是实现公司使命和愿景的重要工具，目标内容的确定必须与公司宗旨和愿景相关联。在分解目标时，应与员工的职责相关联，使组织的目标成为员工日常工作的一部分
有时间框架的（time-frame）	目标必须有起点、终点和固定的时间段。没有确切的时间要求，就无法检验；没有时间要求的目标，容易导致被拖延，即一项没有截止期限的目标常常是一项永远不会达到的目标

资料来源：邢以群. 管理学［M］. 北京：高等教育出版社，2007：127。

目标应能够实现

有个同学举手问老师："老师，我现在从事保险行业，我的目标是想在一年内赚100万元！请问我应该如何计划我的目标呢？"

"我们来看看，你要为实现自己的目标做出多大的努力。根据我们的提成比例，100万元的佣金大概要做300万元的业绩。一年300万元的业绩，一个月就是25万元的业绩，每一天就是8300元的业绩。"老师接着问他，"每一天8300元的业绩，大概要拜访多少客户？"

"大概要50个人。"

> "那么一天要50人,一个月要1500人;一年呢?就需要拜访18000个客户。"
>
> 这时老师又问他:"请问你现在有没有18000个A类客户?"他说没有。"如果没有的话,就要靠陌生拜访。你平均一个人要谈上多长时间呢?"他说:"至少20分钟。"老实说:"每个人要谈20分钟,一天要谈50个人,也就是说你每天至少要花16个小时在与客户交谈上,还不算路途时间。请问你能不能做到?"他说:"不能。老师,我懂了。这个目标不是凭空想象的,是需要凭着一个能达成的计划而定的。"
>
> 目标不是孤立存在的,目标是与计划相辅相成的,目标指导计划,计划的有效性影响着目标的达成。所以在执行目标的时候,要考虑清楚自己的行动计划,怎么做才能更有效地完成目标,是每个人都要想清楚的问题;否则,目标定得越高,达成的效果越差!
>
> 资料来源:https://wenku.baidu.com/view/946149bfd1f34693daef3ea0.html。

五、目标管理

美国管理学家彼得·德鲁克在20世纪50年代提出的目标管理,是一种激励组织成员的方法,也是保证计划能得到较好地执行的一种有效方法,迄今为止仍然是东西方组织普遍遵循的一种现代管理方法。我国企业于20世纪80年代初开始引进目标管理方法,并取得较好成绩。

1. 目标管理的含义及特点

目标管理,简称MBO,是英文management by objectives的缩写,它是一种系统方法,在该系统中下属和上级共同确定具体的绩效目标,定期检查完成计划的进展情况,并根据这种进展给予奖惩。它与传统管理方式相比具有鲜明的特点:

(1) 重视下属的参与。

目标管理是一种参与的、民主的、自我控制的管理制度,也是一种把个人需求与组织目标结合起来的管理制度。在这一制度下,上级与下级的关系是平等、尊重、依赖、支持,下级在承诺目标和被授权之后是自觉、自主和自治的。

(2) 目标层层分解,环环相扣。

目标管理通过专门设计的过程,将组织的整体目标逐级分解,转换为各单位、各员工的分目标。从组织目标到经营单位目标,再到部门目标,最后到个人目标。在目标分解过程中,权、责、利三者已经明确,而且相互对称。这些目标方向一致,环环相扣,相互配合,形成协调统一的目标体系。只有每个成员完成了自己的分目标,整个企业的总目标才有完成的希望。

(3) 重视绩效考核和奖惩

目标管理以制定目标为起点,以目标完成情况的考核为终结。工作成果是评定目标完成程度的标准，也是人事考核和奖评的依据，成为评价管理工作绩效的唯一标志。至于完成目标的具体过程、途径和方法，上级并不过多干预。目标完成情况也与奖惩挂钩。所以，在目标管理制度下，监督的成分很少，而控制目标实现的能力却很强。

2. 目标管理的步骤

（1）第一阶段——目标体系的确立阶段。

目标体系确立的过程和程序可分述如下：①最高管理部门提出组织的总目标。最理想的目标体系是从组织的最高管理部门开始的，这容易得到最高管理部门的支持。但是，由最高管理部门确定的目标只能是初步的和暂定的，下属把整套目标都制定出来以后，一般还需要对其进行修正和调整。②进行有关组织人事决策。即根据主要目标和次级目标的要求，对组织与人事进行分析，建立或调整组织机构和人员配置，以便每个目标都有人明确负责。③确定下属目标。即根据组织的总目标要求，组织下属部门和人员进行学习和讨论，并依此设定下级自己的目标，进而把组织的总目标分解成具体的工作目标，层层落实到科室、车间、班组和每个职工身上。④目标的平衡和调整。⑤目标体系的整理和确立。

（2）第二阶段——目标实施阶段。

这一阶段的工作内容主要包括：①对下级按照目标体系的要求进行授权，以保证每个部门和职工能独立地实现各自的目标。②加强与下属交流意见，进行必要的指导，最大限度地发挥下属的积极性和创造性。③严格按照目标及保证措施的要求从事工作；定期或不定期地进行检查等。

（3）第三阶段——成果评价阶段。

在达到预定期限时，上下级一起对目标的实施情况进行考核，客观地评价目标的完成情况，以目标完成情况为依据，按绩效状况奖惩，并找出取得成绩和出现问题的原因，总结经验，为下一期目标管理工作的改进和提高奠定基础。

3. 对目标管理的评价

据介绍，通用汽车公司最早推行了目标管理技术。到现在目标管理已经得到了广泛的应用。从应用效果上看，有成功也有失败。成功的原因主要有：①通过讨论与合作，强化了组织内部的沟通，进而使组织成员对目标及目标实施途径有了更清晰的认识和理解。②由于每个人都有了明确的工作目标，所以工作绩效的评价便更具有客观性，减少了主观性。③目标管理具有系统性，这对组织整体管理水平的提高是有好处的。④目标管理强调组织成员的参与，有利于调动大家的积极性。

目标管理实践上的失败主要来源于实施过程，主要表现为：①缺乏来自高层管理当局的支持。一些企业决定实施目标管理，但把具体的实施工作放手让基层管理人员去做，这样很难保证目标管理系统与组织的总体目标一致，也会减弱对参与目标管理的人员的激励力量。②一些企业在目标管理过程中过分强调定量的目标和计划，为了了解目标管理系统的进展状况，需要大量的文件和记录工作，给人们带来了过多的"额外负担"，容易引起人们的反感情绪。③缺乏沟通。有的情况下，组织的管理人员单方面地为各自的下属安排甚至是强制性地布置目标,下属没有参与的机会,这种做法违背了目标管理的宗旨。

1. 目标管理的重点是员工的自我控制,这是否意味着管理者在目标实施过程中就完全放手不管了?
2. 如果组织外部环境的不确定性程度很大,你认为该组织适合采用目标管理方法吗?
3. 如果管理者把员工看成是 X 理论假设下的人,你认为目标管理能取得良好效果吗?

第四节 计划编制的方法

计划编制的一般过程与方法可参照本章第二节,本节主要介绍甘特图、投入产出法、网络计划技术和滚动计划法。

一、甘特图

甘特图又称横道图,是由科学管理运动的先驱者之一亨利·甘特在第一次世界大战中提出来的。甘特图一种是项目计划管理的非常有用的工具,经常与网络计划技术同时使用。它是一种线条图,横轴表示时间,纵轴表示要安排的活动及其进度。甘特图可直观地表明任务计划定在什么时候进行和完成,并可对实际进展与计划要求做对比检查。这种方法虽然简单,但却是一种重要的作业计划与控制工作。它能使管理者很容易弄清一项任务或项目还剩下哪些工作要做,并评估出某项工作是提前了还是拖后了或者按计划进行着。图 5-3 就是一个关于工厂建设的甘特图。

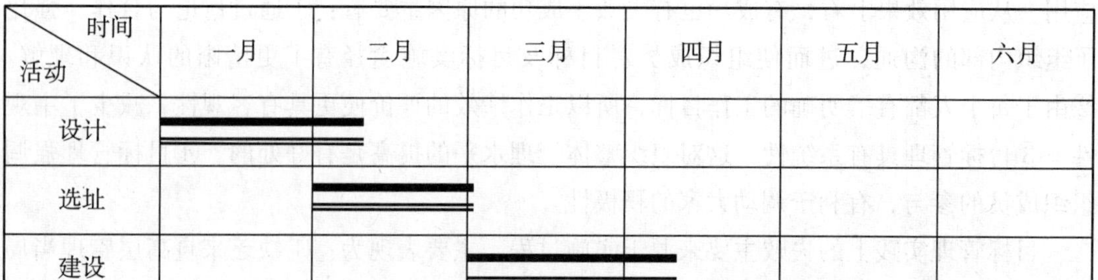

时间 活动	一月	二月	三月	四月	五月	六月
设计	══	═				
选址		══				
建设			══	══		
设备安装				══	══	
调试开工					══	══

图 5-3 某工厂建设的甘特图

由图 5-3 可见，该工厂建设一共包括设计、选址、建设、设备安装、调试开工五项活动，总工期为 6 个月，各项活动的计划起止时间如图中粗线段所示，而实际进展时间由图中双实线所示，这样，可以在任何时点检查工作的实际进展。假设图 5-3 反映的是项目进展到 4 月底时的实际情况，由此可见，除"设备安装工作"未按时完成外，其余各项工作进展均符合计划要求。因此，管理者应该寻找设备安装工作延期的原因，并采取措施加快该项工作进度，以免延误总工期。

甘特图主要用于项目计划管理，通过将项目工作层层分解，最终落实到甘特图上，项目的计划便具有很强的可操作性。上述项目计划所体现出的工作思路，在所有的计划工作中都值得借鉴。

甘特图的发明

甘特为管理学界所熟知的，是他发明的甘特图（Gantt Chart）。由于甘特过去当过教员，因而他注意用图表方法对管理进行生动地说明。在早期，他用水平线条图说明工人完成任务的进展情况，每天把每个工人是否达到标准和获得奖金的情况用水平线条记录下来，达到标准的用黑色加以标明，未达到标准的用红色加以标明。这种图表对管理部门和工人本人都有帮助，因为图表上记载了工作的进展情况以及工人未能得到奖金的原因。管理部门能够根据图表指出缺点所在，并把进展情况的资料告诉工人；而工人则能直观地看到自己的工作成效。由于这种绘图办法提高了工作效率，甘特又进一步扩大了这种图表的范围，在图表上增加了许多内容，包括每天生产量的对比、成本控制、每台机器的工作量、每个工人实际完成的工作量及其与原先对工人工作量估计的对比情况、闲置机器的费用，以及其他项目，使这种图表发展为一种实用价值较高的管理工具。

资料来源：https://baike.baidu.com/item/%E7%94%98%E7%89%B9/8641020。

二、投入产出法

投入产出分析是 20 世纪 30 年代由经济学家列昂惕夫首先提出的。它的主要根据是各部门经济活动的投入和产出之间的数量关系。所谓投入就是将人力、物力投入生产过程，在其中被消耗，这是生产性消费；所谓产出就是生产出一定数量和种类的产品。

投入产出分析作为一种综合计划方法，首先要根据某一年份的实际统计资料求出各部门之间的一定比例，编制投入产出表；然后计算各部门之间的直接消耗系数和间接消耗系数（合计便是完全消耗系数）；进一步根据某些部门对最终产品的要求，计算出各部门应达到的状况，据此编制综合计划。

这种方法的主要特点是：

（1）反映了各部门的技术经济结构，可用于合理安排各种比例关系，特别是进行综合平衡的一种有效工具。

（2）在编表过程中不仅能充分利用现在的统计资料，而且能建立各种统计指标之间的内在关系，使统计资料系统化，编成的投入产出表则是一个比较全面反映经济过程的数据库，可以用来做多种经济分析和经济预测。

（3）由于通过表格形式反映经济现象，涉及数学知识不深，因而易于理解，并易于为计划工作者所接受。

（4）适用范围较广，不仅可用于国家、部门或地区等宏观层次的计划制定，而且可用于企业的计划安排。

三、网络计划技术

网络计划技术是指用于工程项目的计划与控制的一项管理技术，是20世纪50年代后期在美国产生和发展起来的。这种方法包括各种以网络图为基础制订计划的方法，如关键路线法（CPM）、计划评审技术（PERT）、组合网络法等。网络计划技术在我国也被译为"计划协调技术""计划评审技术""网络计划技术"和"统筹法"等。

1956年，美国杜邦公司在制定企业不同业务部门的系统规划时，制定了第一套网络计划。这种计划借助于网络表示各项工序与所需要的时间，以及各项工序之间的相互关系。通过网络分析研究工程费用与工期的相互关系，并找出在编制计划及计划执行过程中的关键路线。这种方法称为关键路线法（CPM）。1958年美国海军武器部，在制定研制"北极星"导弹计划时，同样地应用了网络分析方法与网络计划，但它注重于对各项工作安排的评价和审查，这种方法被称为计划评审法（PERT）。鉴于这两种方法的差别，CPM主要应用于以往在类似工程中已取得一定经验的承包工程，PERT更多地应用于研究与开发项目。

1. 网络图的构成

网络图是网络计划技术的基础。任何一项任务都可分解为许多步骤的作业，根据这些作业在时间上的衔接关系，用箭头表示其先后顺序，画出一个由各项作业相互联系并注明所需时间的箭线图，就是网络图。图5-4便是一个简单的网络图。

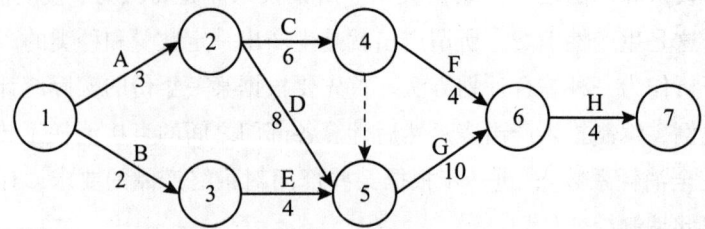

图 5-4　网络图

分析图 5-4，可以发现，网络图由以下部分构成：

（1）"→"，作业（activity）。即一项工作或一道工序，需要消耗人力、物力和时间的具体活动过程。作业的名称标注在箭线的上面，该作业的持续时间（或工时）标注在箭线的下面。此外，有些作业或工序既不占用时间，也不消耗资源，是虚设的，称为虚工序，在图中用"-→"表示。在网络图中设立虚工序的目的是为了避免工序之间关系的含混不清，以正确表明工序之间先后衔接的逻辑关系。

如工序 d 要在工序 a、b、c 都完成后方可开始，而工序 e 只需在 b、c 完成后即可开工，则网络图需引入虚工序，如图 5-5 所示。

又如，工序 d 在 a 之后，e 在 b 之后，f 在 a 与 b 之后，则网络图的画法如图 5-6 所示。

在实际工作中，为达到缩短工期的目的，经常采用平行作业和交叉作业方法，就必须在网络图中利用虚工序反映各工序间的逻辑关系。

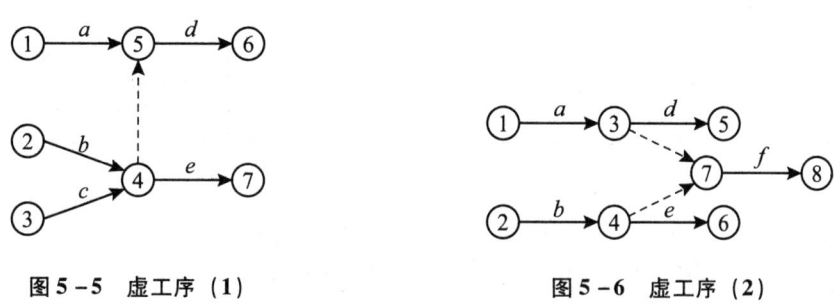

图 5-5　虚工序（1）　　　　　图 5-6　虚工序（2）

（2）"○"，结点或者事项（event）。即两个工序的连接点。结点既不消耗资源，也不占用时间，只表示前道工序结束、后道工序开始的瞬间。一个网络图中只有一个始结点，一个终结点。

（3）路线（path）。路线是从网络图中由始结点出发，沿箭线方向前进，连续不断地到达终结点为止的一条通道。一个网络图中往往存在多条路线。例如，图 5-4 中从始结点连续不断地走到终点的路线有 4 条。

一条路线上各项作业的时间之和是该路线的总长度（路长），在一个网络图中有很多条路线，其中总长度最长的路线称为关键路线（critical path），关键路线上的工序被称为关键工序。关键路线总长度决定了整个计划任务所需要的时间。关键路线上各工序的完工时间提前或推迟都会直接影响整个活动能否按时完工。确定关键路线，据此合理地安排各种资源，对各工序活动进行进度控制，是利用网络计划技术的主要目的。

2. 网络图的绘制步骤

绘制网络图时，可先按施工次序的约束条件画出草图，然后逐步调整安排，尽量消除交叉箭杆。经过多次修改，就能绘制出排列整齐，条理清晰的网络图。

【例 5-1】某工厂的一台大型设备维修计划，作业项目及所需工时见表 5-4。试画出该计划的网络图。

表 5-4　　　　　　　　　新产品投产计划所包含项目及其关系

工序代号	紧前工序	工序时间
A	—	6
B	—	9
C	A	9
D	B	10
E	B	8
F	C、D	14
G	C、D	10
H	E、F	6
I	G	12

编排时可以从终结点由后向前进行，也可以从始结点由前向后进行，还可以从最重要的工序开始，按照约束条件的相互关系安排。本例网络图如图 5-7 所示。

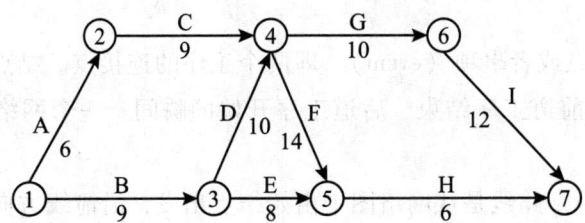

图 5-7　【例 5-1】的网络图

3. 网络图绘制的规则

（1）始、终结点唯一。只有一个总开工事项（一个始结点）和一个总完工事项（一个终结点），始结点无紧前工序，终结点无紧后工序。

（2）紧前工序需要完工，后续工序才能开始。每项工序开始之前，它的所有紧接前项工序必须已经完工，不能出现从箭线中间引出后一条箭线。

（3）两个结点之间只能有一条箭线，只能有一道工序。不能出现图 5-8 那种状态。

（4）工序不重复，网络无循环路线。工序从整个计划的开始到完工，只能被执行一次，因而不能出现循环路线。图 5-9 所示就是错误的。

图 5-8 两个结点之间只能有一道工序

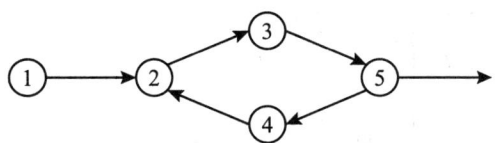

图 5-9 网络图中不能出现循环路线

（5）结点编号不重复，从小到大编号。

4. 结点时间计算与关键路线的确定

在画好网络图并标出各道工序的工时之后，就可以进行有关参数的计算，进而确定关键路线，进行工期优化。

（1）结点最早开始时间（ES_i）的计算。

以 T_{ij} 代表工序 $i{\rightarrow}j$（即从结点 i 到结点 j）所需作业工时，设 ES_i 代表以事项 i 为起始结点的各道工序最早开工的时间，以下称为结点 i 的最早开始时间，从始点为第 0 天（或小时）开始计。某结点的最早开始时间应能保证其所有紧前工序都已完工。从第一个结点开始，顺序计算，则始结点 1 的最早开始时间：$ES_1 = 0$。

当结点 i 的紧前工序只有一道时，即：

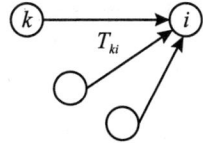

则其最早开始时间为：

$$ES_i = ES_k + 紧前工序的工时$$
$$= ES_k + T_{ki}$$

当结点 i 有多道紧前工序，即：

根据其紧前工序的完工时间，结点 i 有多个开工时间。但是，为保证结点 i 开工时其所有紧前工序都能完工，结点 i 的最早开始时间应取其最迟者，即：

$$ES_i = \max\{ES_k + T_{ki}\}$$

式中 $k<i$，k 代表 i 的多个紧前工序的起始结点。

【例 5-2】 计算【例 5-1】中各结点的最早开始时间。

解：$ES_1 = 0$

$ES_2 = ES_1 + T_{12} = 6$

$ES_3 = ES_1 + T_{13} = 9$

$ES_4 = \max\begin{Bmatrix} ES_2 + T_{24} \\ ES_3 + T_{34} \end{Bmatrix} = \max\begin{Bmatrix} 6+9 \\ 9+10 \end{Bmatrix} = 19$

$ES_5 = \max\begin{Bmatrix} ES_4 + T_{45} \\ ES_3 + T_{35} \end{Bmatrix} = \max\begin{Bmatrix} 19+14 \\ 9+8 \end{Bmatrix} = 33$

$ES_6 = ES_4 + T_{46} = 19 + 9 = 28$

$ES_7 = \max\begin{Bmatrix} ES_6 + T_{67} \\ ES_5 + T_{57} \end{Bmatrix} = \max\begin{Bmatrix} 28+12 \\ 33+6 \end{Bmatrix} = 40$

在网络图上，结点的最早开始时间标在方框中或者倒 T 字的左侧（见图 5-10），最后一个结点的最早开始时间就是整个工程的总工期。

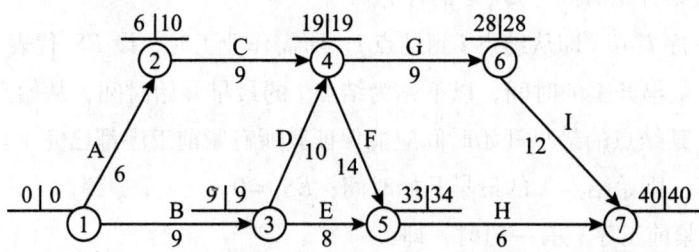

图 5-10 事项最早时间和最迟时间在网络图上的表示

（2）结点最迟开始时间（LS_i）的计算。

结点 i 的最迟开始时间从始点为第 0 天（或小时）开始计。某结点的最迟开始时间应能保证其所有紧后工序都能按总工期要求如期完工，从终点开始逆序计算。

终结点 n 的最迟开始时间：$LS_n = ES_n$（即等于总工期）。结点 i 的紧后工序只有一道时，即：

$$i \xrightarrow{T_{ij}} j$$

则其最迟开始时间为：

$$LS_i = LS_j - 紧后工序的工时$$
$$= LS_j - T_{ij}$$

当结点 i 有多道紧后工序，即：

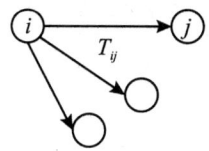

根据总工期对各紧后工序的要求,结点 i 有多个最迟开始时间。但是,为保证所有紧后工序都能按总工期如期完工,结点 i 的最迟开始时间应取其最早者,即:

$$LS_i = \min\{LS_j - T_{ij}\}$$

式中 $j > i$,j 代表 i 的多个紧后工序的完工结点。

【例 5-3】计算【例 5-1】中各结点的最迟开始时间。

解:$LS_7 = ES_7 = 40$(第 40 天)

$LS_6 = LS_7 - T_{67} = 40 - 12 = 28$

$LS_5 = LS_7 - T_{57} = 40 - 6 = 34$

$LS_4 = \min\begin{Bmatrix} LS_6 - T_{46} \\ LS_5 - T_{45} \end{Bmatrix} = \min\begin{Bmatrix} 28 - 9 \\ 34 - 14 \end{Bmatrix} = 19$

$LS_3 = \min\begin{Bmatrix} LS_4 - T_{34} \\ LS_5 - T_{35} \end{Bmatrix} = \min\begin{Bmatrix} 19 - 10 \\ 34 - 8 \end{Bmatrix} = 9$

$LS_2 = LS_4 - T_{24} = 19 - 9 = 10$

$LS_1 = \min\begin{Bmatrix} LS_2 - T_{12} \\ LS_3 - T_{13} \end{Bmatrix} = \min\begin{Bmatrix} 10 - 6 \\ 9 - 9 \end{Bmatrix} = 0$

网络图上,结点的最迟开始时间标在三角框中或者倒 T 字的右侧,如图 5-10 所示。

(3) 工序总时差 TF_{ij} 的计算。

所谓工序总时差是指在不影响工程总工期的情况下,工序工期可以推迟的时间。所以 TF_{ij} 表示工序 $i \to j$ 开工的机动时间。即:

$$\begin{aligned} TF_{ij} &= 工序 i \to j 的最迟开工时间 - 工序 i \to j 的最早开工时间 \\ &= LS_{ij} - ES_{ij} \\ &= (LS_j - T_{ij}) - ES_i \\ &= LS_j - ES_i - T_{ij} \end{aligned}$$

【例 5-4】计算【例 5-1】中各道工序的总时差。

解:列表 5-5 计算如下:

表 5-5 工序总时差计算

工序 $i \to j$	T_{ij}	ES_i	LS_j	TF_{ij}
1→2	6	0	10	4
1→3	9	0	9	0
2→4	9	6	19	4
3→4	10	9	19	0
3→5	8	9	34	17
4→5	14	19	34	1
4→6	9	19	28	0
5→7	6	33	40	1
6→7	12	28	40	0

(4) 关键路线的确定。

从表 5-5 看出,有的工序总时差为 0,有的不为 0。工序总时差为 0 的,表明该工序的开工时间无机动余地,必须准时开工,否则必贻误总工期。这种工序称为关键工序。工序总时差不为 0 的,表明该工序的开工时间有一定的机动余地,这种工序称为非关键工序。

从表 5-5 看出,关键工序可以按顺序连接起来。将全部关键工序按顺序连接起来,从起点到终点形成一条路线,这条路线称为关键路线。

关键路线上的工序由于无开工机动时间,所以所有关键工序的时间之和为总工期。

关键工序与非关键工序的区分仅仅是从总工期的角度考虑,与其在工程中的重要程度无绝对关系。

从表 5-5 中可知,其关键路线为①→③→④→⑥→⑦,在网络图上以双箭头线表示(见图 5-11)。

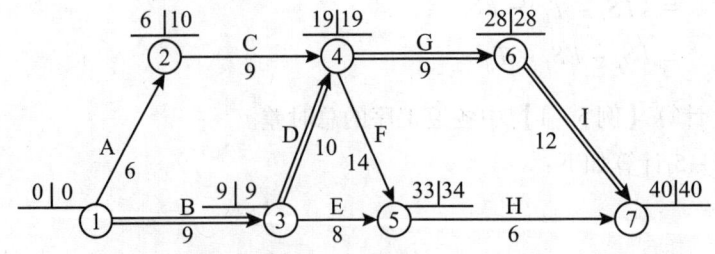

图 5-11 关键路线在网络图上的表示

(5) 关键路线的用途。

从以上分析可以得出：为保证总工期，必须保证关键路线上的各工序如期完成；欲缩短总工期，必须向关键路线"要工时"，即缩短某些关键工序的工时，必要时可考虑为这些工序增加资源，这就是关键路线的主要用途。

控制或缩短工程进度的途径很多。如在关键工序上加强管理、改进工艺、提高人员素质、减少工时消耗、提高工效，或从非关键工序抽调适量的人、财、物到关键路线上来。如对计划仍不满意，有必要重新调整工序之间的关系或对任务系统重新进行分解。

一般说来，如果关键工序工时压缩后，只有当关键路线不发生变化时，总工期的缩短时间才等于关键工序的缩短时间。当工时压缩后，原关键路线也可能变为非关键路线，因此必须对整个网络的时间参数重新进行计算，再次寻找关键线路，以检查此时的总工期是否达到要求。

【例 5-5】请根据表 5-6 画出网络图，计算各结点最早开始时间及最迟结束时间，确定关键路线及项目的总工期。

表 5-6　　　　　　　　　　某项目作业明细

项目	作业明细							
活动代号	A	B	C	D	E	F	G	H
紧后活动	C D	E F	E F	G H	G H	H	—	—
活动时间（周）	1	5	3	2	6	5	5	3

解：(1) 画出网络图，如图 5-12 所示。

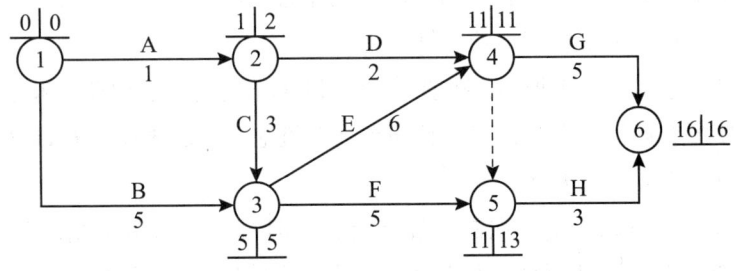

图 5-12　表 5-6 的网络图

(2) 在图上计算各结点最早开始时间和最迟结束时间，并标示在网络图上。如图 5-12 所示。

(3) 指出关键路线。

关键线路是：①→③→④→⑥（B—E—G）。

(4) 确定项目的总工期。

该项目总工期是 16 周。

5. 网络计划技术的评价

网络计划技术适用于各行各业，特别是包含多项作业、需要多家单位配合完成的大型工程项目。虽然该项技术需要大量而烦琐的计算，但在计算机广泛运用的时代，这些计算已大都程序化了。这种技术被广泛运用是因为它有一系列优点：

(1) 能清晰表明整个工程的各个项目的时间、顺序和相互关系，并指出完成任务的关键环节和路线。

(2) 可对时间进度与资源利用实施优化。在实施过程中，管理者可调动非关键线路上的人力、物力和财力从事关键作业，进行综合平衡。

(3) 可事先评价达到目标的可能性。该技术指出了计划实施中可能发生的困难点，以及这些困难点对整个任务产生的影响，从而准备好应急措施，减少延误任务的风险。

(4) 便于组织和控制。管理者可以将工程，特别是复杂的大项目，分成许多支持系统来分别组织实施与控制，这种既化整为零又聚零为整的管理方法，可以达到局部和整体的协调一致。

(5) 易于操作，具有广泛的应用范围，适用于各行各业，以及各种任务。

四、滚动计划法

1. 滚动计划法的基本思想

由于在计划工作中很难准确地预测将来影响组织经营的经济、政治、文化、技术、产业、顾客等各种变化的因素，而且随计划期的延长，这种不确定性越大。因此，若机械地按以前的计划实施，或机械地、静态地执行战略计划，则可能导致巨大的错误和损失。滚动计划法可避免这种不确定性带来的不良后果。

所谓滚动计划法，就是根据计划的执行情况和环境的变化定期修订未来的计划，并逐期向前推移，使短期计划、中期计划和长期计划有机地结合起来的一种计划制定方法，这是一种定期修订未来计划的方法。

滚动计划法的具体做法是：在制订计划时，同时制订未来若干期的计划，但计划内容采用近细远粗的办法，即近期计划尽可能详尽，远期计划的内容则较粗；在计划期的第一阶段结束时，根据该阶段计划执行情况和内外部环境变化情况，对原计划进行修订，并将整个计划向前滚动一个阶段；以后根据同样的原则逐期滚动。具体如图 5-13 所示。

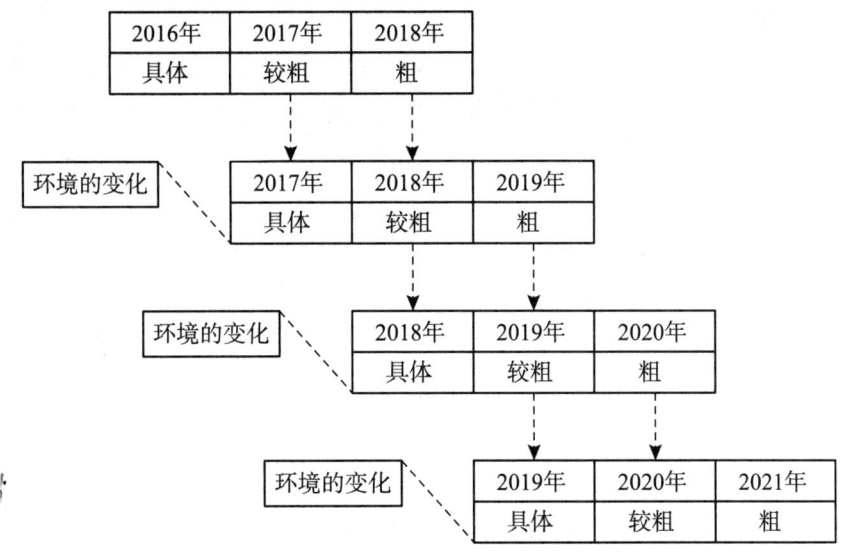

图 5-13 三年期的滚动计划法示例

2. 滚动计划法的评价

滚动计划法适用于任何类型的计划,这种计划制订方法虽然使计划编制和实施工作的任务量加大,但在计算机普遍应用的今天,其优点十分明显,主要体现在以下方面:

(1) 使计划更切合实际,特别使战略性计划的实施更加切合实际。

(2) 使长期计划、中期计划、短期计划相互衔接,短期计划内各阶段相互衔接,保证了计划的及时调整。

(3) 大大增加了计划的弹性,提高了组织的应变能力。

滚动计划的缺点主要是刚开始时的编制工作量较大,要同时编制若干期计划。

 思考

滚动计划一定是逐"年"滚动吗?

本章小结

● 计划是关于组织未来的蓝图,是对组织在未来一段时间内的目标及其实现途径的谋划与安排。计划既涉及做什么,也涉及怎么做。无论在动词意义上还是在名词意义上,计划内容都包含"5W1H",计划必须清楚地确定和描述这些内容。

● 计划是管理的首要职能,计划能指明方向、预见变化、降低风险、减少浪费、提高效率,并且它也是有效控制的前提。因此,每个管理者都必须要做计划。由于目标以及实现目标的方案有不同的类型,因此计划也是多种多样的。由于计划是面向未来和面向行

动的,因此计划的表现形式是多种多样的。

- 计划编制本身也是一个过程。虽然可以采用不同标准把计划分成不同类型,计划的形式也多种多样,但管理者在编制任何完整的计划时,实质上都遵循相同的逻辑和步骤,即:收集资料确定计划的基本前提、目标或任务的分解、目标结构的分析、编制计划并下达执行。

- 目标就是关于组织未来的理想状态,目标可用于校验人们的业绩水平,更是制定各种行动方案的前提和依据。组织目标具有差异性、多重性、层次性、时间性和挑战性。目标由主体、客体、事项和指标四个要素构成。在具体制定目标时,应坚持SMART原则。

- 目标管理是一种系统地制定目标并进行管理的有效方法。目标管理的基本思想主要有三个方面:一是组织及其管理工作必须有目标;二是组织中的各种目标之间在方向性必须高度一致;三是组织总体目标的达成取决于自下而上的层层保证。目标管理由三个阶段构成:目标体系的确立阶段、目标实施阶段和成果评价阶段。

- 常用的计划编制方法有甘特图法、投入产出法、网络计划技术和滚动计划法,各种计划编制方法的基本内涵和适用场合不同,要根据具体情况选择适用的编制方法。

【复习与思考】

1. 你对计划的概念是怎样理解的。
2. 管理者为什么要事先进行计划?
3. 一项计划应包括哪些内容?
4. 计划有哪些类型?不同类型的计划之间如何衔接?
5. 简述计划的编制过程。
6. 什么是目标?目标编制的基本原则是什么?
7. 编制大学期间的个人目标,并进行目标分解。
8. 试述目标管理的基本思想。
9. 德鲁克认为目标管理吸收了科学管理和行为科学的长处,你同意这种观点吗?请解释原因。
10. 各种现代计划方法的优缺点是什么?各适用于什么场合?

【案例分析】

一张督促实干的"考卷"
——牡丹江市直机关推行目标管理考核工作纪实

每到年底,黑龙江省牡丹江市直机关工委牵头组织的目标管理考核工作,牵动着机关每位干部的心。考核结果的揭晓,将决定每一名干部的年终奖数额,将成为每个部门负责人使用培养的重要参考,或提拔使用,或问责诫勉,都凝结在这张目标管理的"考卷"上。

考核指标具体而实在。市人力资源和社会保障局的指标是：2013年牡丹江市实现新增城镇就业7.2万人，"新农保""城居保"实现全覆盖，社会保险综合参保率达到92%，五项社会保险水平提高15%。

从2003年开始，牡丹江市委、市政府授权市直机关工委牵头组织目标管理考核工作，多年的探索和实践，摆脱了机关党建就学习抓学习、就思想抓思想"自我循环、自我空转"的模式，走出了"服务中心建设队伍"的新路，使机关党建的监督保障工作步入科学化轨道。

一、科学全面，用好绩效考评风向标

每年年初，牡丹江市直机关目标管理领导小组办公室都会根据经济社会发展总体目标和省里下达的目标任务，结合各单位实际制定"考卷"。

其内容不但包括地区生产总值、固定资产投资、公共财政预算收入等综合性目标，招商引资、公共节能减排、食品安全等重点职能目标，城市亮化工程、义务共建修路等阶段性重点工作，而且将领导班子建设、党风廉政建设、机关作风建设、精神文明建设也纳入其中。参加"考试"的不仅有市直党政群机关，还包括了人大、政协、公检法机关以及具有行政职能的市直事业单位和中央、省直驻牡丹江单位。

坚持定量考核与定性考核相结合，领导考核与群众考核相结合。既有省级主管部门的评价，直接主管领导和与工作相关单位的综合评价，还组织党代表、人大代表、政协委员、企业代表、社区代表参与评判。为鼓励创新争优，对在全国、全省介绍经验或受到表彰奖励的有关部门给予加分。为确保考核公平、公开、公正，由市统计局独立计票。

大胆使用科学高效的管理手段。应用最先进的目标管理网络体系，实现网上申报、网上监控、网上评价、实时网上在线考核，把思想领先、行动率先、业绩争先贯穿到考核的全过程。为督促"考生"取得优异的成绩，采取网上监控、实地查看、不定期听取汇报等形式，对各单位进行督查推进，对进度迟缓的目标单位进行预警，并向市主管领导和单位主要领导下达"预警通知单"。对年度考核优秀的单位进行奖励；不达标的单位不予奖励，第二年仍不达标的单位主要负责人将被行政问责。

这样的"大考"让牡丹江市直机关每个岗位有标准，人人肩上有指标，有效杜绝了"干与不干一个样""干好干坏一个样"。

二、随时监督，作风建设务实高效

牡丹江市直机关工委通过组织实施目标管理考评，一改只抓学习和思想的工作方式，切实有效地融入中心工作，成为督战员，有效地增强了机关党建工作的权威性和影响力。

加大日常检查推进力度，随时对市委市政府重要决策部署的落实情况、重点项目推进情况进行考核。改变电话要数据、邮件报情况、会议听汇报等传统做法，现场办公、实地检查，把目标管理延伸到最前沿，渗透到日常工作的各个环节，使各项工作查在平时、评在平时、促在平时。对正在进行的查进度，对已经完成的查效果，对没有完成的查原因，对存在问题的查责任。针对项目建设过程中存在的办事难、审批难、手续烦琐等问题，组织相关部门科室深入项目工地，为企业和投资者现场办公，面对面解答难题。

牡丹江市直机关目标管理考核"考"醒了"太平官"，考出了领导干部爱岗敬业、争先有为的新气象，形成了"以发展论英雄、凭实绩用干部"的用人导向。近年来，牡丹江市直机关的目标管理考核，在众多单位被评为优秀、良好受到嘉奖的同时，也有部分单位年度考核未达标而被"一票否决"。许多部门负责人感受到：以前是犯了错误才被问责，而现在只要完不成任务就让位或被诫勉，这种末位淘汰式的考核，虽显"残酷"，却能实实在在激发干劲。既有压力，也有动力。

如今，牡丹江市直机关干部埋头苦干的多了、无所事事的少了，主动服务的多了、上下推诿的少了，深入基层的多了、浮在机关的少了。房屋征收办工作人员围绕难点重点开展"百日清盘"专项行动，仅首月就完成目标任务的50%；市安全局虽不是招商引资主要单位，但在工作接触中，了解到有人准备建韩国商品批发集散中心的意向，也积极促成与相关部门签订合同。

如今，牡丹江市居民只需步行500米，就可到一处公园娱乐、健身。目标考核在工程建设中发挥了有力的助推作用。"百园工程"共包建绿地游园100个，涉及包建单位48家。2010年底"交卷"时，5家单位未完成包建任务，在目标考核中被"一票否决"。2012年市直机关工委牵头组织"北山公园改造工程"，108家机关单位积极参与，仅用5个月的时间，就完成了两年多的工作量，受到市委、市政府领导和广大市民的好评。

目标管理考核有力推动牡丹江市经济社会又好又快的发展。2013年，该市主要经济指标增速保持全省前列，对全省经济的贡献率上升到第三位。农民人均纯收入达到14900元，增长15%，连续11年领跑全省。棚户区改造、庭院治理等30件利民实事全部完成。

资料来源：http://dangjian.people.com.cn/n/2014/0213/c117092-24350445.html。

思考题：

1. 牡丹江市直机关推行的目标管理考核的难点在哪里？如何去克服这些难点？
2. 你认为实行目标管理时培养完整严肃的管理环境和制订自我管理的组织机制哪个更重要？

【技能拓展】[①]

【设计课目】模拟分析一份企业计划

【实训目的】通过各种途径获取一份企业计划，在分析计划书的过程中，理解计划的分类，领会计划制订的方法，并与目标管理知识相联系，整理出支持本计划的目标。

【实训内容】

（1）与相关企业管理人员沟通，获取计划书一份。

[①] 陈世艳，徐银富. 管理学实训教程[M]. 广州：暨南大学出版社，2006：34-35。

（2）了解制订计划的相关背景及实施情况。

（3）应用计划工作理论进行分析。

【方法与要求】

（1）由学生多渠道联系相关企业，获取计划书（可以是父母、同学、亲戚的单位，尽量获取近期计划）。

（2）将同学们搜集到的计划进行分类，然后分组进行讨论，讨论这些计划是由哪些部门制订的，制订的程序如何。认真评价计划优缺点，并将讨论过程及分析结果做好记录。

【实训考核】

（1）每个小组上交一份计划讨论记录，由老师批阅后记入小组积分。

（2）考核每个人所取得资料的典型性，分 A、B、C、D 四个等级评定。

第六章 组 织

导入案例

华为与中兴的集权与分权

中兴通讯股份有限公司、华为技术有限公司都是于20世纪80年代成立于深圳，同为通信领域的高科技公司，成长的外部环境相似，都完整地经历了中国通信技术从落后到崛起，再到领跑的过程。但两家企业明显不同的企业文化，导致了两家公司在增长方式、执行力和市场拓展方面的差异：中兴更加稳健，而且不太容易错失重大机会，未来更具有可预测性；而华为则具有更强的执行力，在市场上也更具有攻击性，敢于冒险。这恰好就应了那个形象的比喻：中兴像一头牛，而华为则更像一匹狼。

从管理结构看，华为更强调集权，中兴更强调分权。关于分权，任正非有一句名言："稳定是发展的基础，华为永远都实行中央集权。"在分权问题上，任正非是谨慎的：在中央集权的基础上，层层有序分权，口号是"充分授权，严格监督"。在最重要的人事权上，《华为基本法》明确规定：事业部的总经理、财务总监、人力资源总监和审计总监由公司任免。在利润分配上，事业部的全部利润由公司根据战略和目标统一分配。同时，经营决策权也不包含在华为事业部的权力之中。这样，分到华为事业部总经理手上的权力相当有限。作为事业部对外扩张动力的三大权力——经营权、财务权和人事权，都掌握在公司手中。把事业部的三大权力集中在公司政策层面，实际上造成了组织结构上的矩阵结构。在任正非看来，矩阵结构不仅是一种灵活的产品管理方式，而且还是依托横向流程管理权力，制约纵向的直线职能权力的重要工具。任正非看重的正是矩阵结构所表达的权力制衡的理念。

中兴实行分权。通过分权，中兴层层分解落实了以经济指标为纽带的责任，把压力传递给每一位员工，让公司上下都感受到市场化企业运作中的风险和压力，进一步激发了员工的主动性，增强了团队意识，提高了公司的整体凝聚力和经营管理水平。事业部的总经理和经营层成为公司总体管理链条上的重要一环，管理化整为零，上下分工，具体产品的市场和客户的管理任务由事业部承担，总部从中脱身出来，集中精力于战略规划和协调管理。

在中兴看来，以产品管理为主线的矩阵管理所具有的灵活性，正好可以弥补事业部制存在的资源难以共享、协调难度大的弊端。矩阵式小组往往比固定的产品部门或事业部有更强的灵活性、协作优势。

无论是华为的集权还是中兴的分权，都是组织工作中的一种方式，这两种方式，无所谓好坏，适合的就是最好的。

从上述案例我们可以发现，从基本的组织框架来看，以集权为特征的直线型职能管理和以分权为特征的事业部制管理，非常普遍地存在于大多数企业中。这两种方式，无所谓好坏，适合的就是最好的。一般而言，小企业规模小、人数少，好控制，所以往往采取集权式管理，效率高，灵活性强。规模大了，人数增加，从业务上讲必须分工，分工才能专业化，从个人精力上讲，必须分权，分权才能提高效率，恢复小公司的灵活性。这是一种随着企业情况变化而有所发展的实用主义的管理哲学和思维方法，公司应根据自身所处环境和自身条件恰当地设计组织结构。在确定分工关系的基础上，通过组织结构的设计和人员的配备明确了组织中每一个人的具体职责分工，还需通过权力的分配来明确各部门、各岗位在组织中的相互协作关系。

资料来源：http://www.sohu.com/a/297485086_255354。

【知识要求】

通过本章的学习，使学生了解组织的类型，组织工作的内容和目的，掌握组织结构的设计任务和具体形式，理解授权的定义，掌握如何有效授权。理解人员配备的基本原则和程序，明白员工培训的重要性，了解员工考核的常用方法。

【技能要求】

通过本章的学习，使学生具备一定的组织结构设计能力，学会设计组织结构图和部门职能说明书、岗位结构图和岗位职责说明书，能熟悉各种组织结构的具体形式，学会如何有效授权，处理好集权与分权的关系，掌握人员配备的基本常识。

【关键术语】

组织结构设计；组织结构形式；有效授权；集权；分权；人员配备

第一节 组织概述

组织是人们社会活动中分工和协作的方式。人的知识和能力决定了人们必须进行分工,以求提高效率,分工必然与协作相伴随,既有分工又有协作的形式就是组织,但分工和协作不是以任意的、随机的。计划确定了组织的具体目标,并对实现目标的方案途径做了安排之后,就必须设计、构建和维持一种合理的组织结构,包括设计组织结构、明确岗位职责和完成人员的配备等,从而保证组织的各项要素和各项活动在时间上、空间上和职能结构上既分工又协作,形成有机的整体,使组织的共同目标能协调有序地实现。

一、组织的概念

组织,一般有两种含义。一种是名词,指按照一定的宗旨和目标建立起来的集体,如企业、政府、事业单位、公益性组织及各类社会团体等;另一种是动词,是管理的一种职能,是指为了实现组织目标,将必须进行的各项活动和工作加以分类和归并,设计出合理的组织结构、配备人员并进行协调的过程。

二、组织类型

面对社会生活中复杂多样的组织,按照不同的标准,组织可以划分为不同的类型。

1. 正式组织与非正式组织

正式组织一般是指为了实现一定的目标具有严密结构的组织,主要表现在指挥链、职权与责任的关系以及功能作用,例如企业、党组织、政府各部门等。非正式组织是指在人际交往中自发产生的、具有共同情感的群体。这种群体由于共同的信仰、地理位置、兴趣爱好、亲朋好友关系等原因而自然形成,不是经过程序化而成立的,例如大学里兴趣爱好相同的非同班同学群体。

非正式组织与正式组织相互交错地同时并存于一个单位、机构或组织之中,是难以避免的,也是组织运作中的正常现象。在一个正式组织的管理活动中,应特别注意非正式组织的影响作用,对这种组织现象的处理,将会影响到组织任务的完成和组织运行的效率。

2. 实体组织与虚拟组织

实体组织就是一般意义上的组织。

虚拟组织,也被称为"影子组织",是指利用信息技术系统将分散的地理、人力与知识资源相连结,使资源不受地域时空限制得以高效利用的组织。随着信息网络的出现,虚拟组织得到了全方位的发展并获得了广泛的认同,它不同于实体组织,办公场所由员工自行安排,员工配置通信与信息技术(internet、email、传真电话、电话会议以及其他交流与项目管理的软件/工具),从而替代传统的面对面交流方式,该模式管理跨度大,富有较大弹性,具有易于重组、速度快和成本低的特点。例如,戴尔(DELL)电脑公司和美邦服饰公司，大量使用信息通信技术手段组织和协调各方资源。

3. 机械式组织与有机式组织

弗里蒙特·卡斯特（Fremont E. Kast）提出了机械式组织和有机式组织两种结构概念。机械式（刚性）组织，也称官僚行政组织，它具有严密的结构层次和固定的职责，强调高度的正规化，有正式的沟通渠道，决策常采用集权形式，例如学校、政府、直线制和直线职能制组织。有机式（弹性）组织，也称适应性组织，它刚性不足而弹性有余，边界模糊，可变性强，结构度低，职责常常根据需要进行不断的调整，更多地依靠非正式渠道进行沟通，决策常采用分权形式，例如扁平化组织、事业部制组织。

三、组织工作的内容

通过组织工作使有助于预定目标实现的各项活动彼此得以相互配合，实现人们常说的"协同效应"，即一个有效的群体的共同努力往往要大于他们单独努力的效果的总和。组织工作的内容包括以下几点。

1. 确定部门

确定部门的设置情况以及各部门之间的隶属关系和协作关系。

2. 确定人选

人员配备是组织结构设计的逻辑延续，是指组织根据目标和任务正确选择、合理使用、科学考评和培训人员，以合适的人员去完成组织结构中规定的各项任务，从而保证整个组织目标和各项任务完成的职能活动。

3. 确定责权

责权关系是组织的核心要素，责权关系确定了组织的信息沟通渠道并使领导功能得以体现。组织工作使每位组织成员都明确其具体的责任，清楚他们必须对谁负责，是谁向他们分配工作并对他们进行管理，进而使组织全体成员对组织的权力结构和权力关系有清楚的了解，促进各个部门和岗位间的沟通联络。

4. 排除混乱，建立配合默契的工作环境

组织工作的核就在于创造一个志同道合、相互协作的组织环境，管理者要建立一个适于组织成员间相互合作、发挥各自才能的良好环境，从而消除由于工作或职责方面所引起的各种冲突和混乱，建立配合默契的环境。

5. 实现组织目标

组织作为一项重要的管理职能，其形成和存在的基础在于，由于各种因素的限制，一个人或几个人的独立活动不能实现既定目标，因此一切组织工作都应该围绕着实现组织目标而努力。

第二节 组织结构设计

组织结构是指组织内部分工协作的基本形式或框架。分工是协作的前提,但又离不开协作,否则分工就会失去意义,造成组织效率低下。组织结构设计就是为分工协作提供一个基本框架。小规模的组织可以通过领导者发布指示和命令来维持其分工协作关系,大规模的组织则必须依靠组织结构来提供一个基本的分工协作的框架,以事先规定管理对象、工作范围和联络路线等事宜。

一、组织结构设计的基本内容

为确立分工协作的基本框架,必须确定以下五个方面的问题。

(一)分工关系

根据迈克尔·波特(Michael Porter)提出的价值链理论,为实现既定目标和履行社会责任,组织必须完成一系列基本职能,如制造业必须从事供应后勤、制造产品和销售等价值增值活动。基本职能的完成也需要辅助职能的配合,如技术开发、人力资源管理、采购等活动。基本职能与辅助职能又可以进一步地细分为试产、生产计划、生产作业和质量检验等若干环节,而上述各环节还可以进一步地细分下去。具体见图6-1。

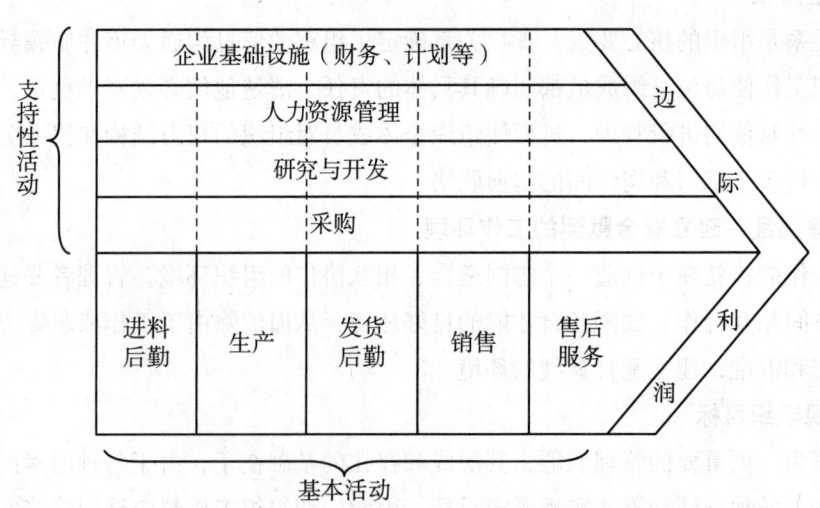

图6-1 迈克尔·波特的价值链理论

分工就是确定由谁来担当这些工作。分工能够使各种各样的工作简单化且高度专化，使每个人都掌握专业化技能，提高劳动生产率。当然分工也可能会导致工作单调乏味、妨碍组织内部人员流动、引起内部冲突等问题。因此，要全面权衡分工的利弊，决定组织分工的程度，并在此基础上确定每个人的职务。

（二）部门化

组成部门是组织协调的第一个方法。所谓部门化就是指在劳动分工的基础上，自上而下地对各种任务加以归类，根据不同的标准将相同或相近的工作归并到一起组成工作单位，形成一个个专业化的工作部门。部门设计之后，由组织高层管理者任命一个部门负责人，负责组织协调部门内部的人财物等资源，从而简化组织的协调工作。进行部门化，必须弄清楚两个问题，即设置几个部门合适（部门规模）、如何设计部门（部门化）。

1. 部门规模的确定

任何人的知识、经验、能力和精力等都是有限的，一个管理者所能管理的下属人数必定是有限的。因此，这也决定了高层管理者的组织部门不可能过多设置，这是管理幅度的问题。

所谓管理幅度是指一个管理者能直接有效管理的下属人数。扩大管理幅度，可以减少管理人员数量，降低管理费用，但也会产生监督弱化、不能给每一个下级以明确的指示、容易失控的问题。那么管理幅度究竟多大最为合适？至今未有明确的结论。

在设计管理幅度时，一般要考虑以下因素：

（1）主管和下属人员的工作能力。
（2）主管所处的管理层次。
（3）下属工作的相似性。
（4）计划和制度的完善及明确程度。
（5）信息沟通的方法和手段。
（6）下属工作地点的距离。
（7）组织变革的速度。

这些因素在不同企业里有很大的差异。因此最佳管理幅度是因企业、因人而异的。

管理幅度的有限性导致了组织层次的产生。组织层次是指一个组织从最高一级的管理者到最低一级管理者所经历的层级数量。管理幅度与组织层次互相制约，在一定的组织规模下二者存在着反比关系。根据管理幅度与组织层次之间的关系，由此形成了两种组织结构，即扁平化和陡峭型组织结构。通常我们把管理幅度较窄、组织层次较多的组织称为陡峭型组织结构，把管理幅度较宽、组织层次较少的组织称为扁平化组织结构。例如通用电器公司，它的管理者跨度已拓宽到10～12个下属，比15年前扩大了一倍。

思考

1. 若图6-2中的两图分别代表两个企业的组织层次与管理幅度,请问哪个是扁平化组织?
2. 管理幅度设计应该考虑哪些因素呢?

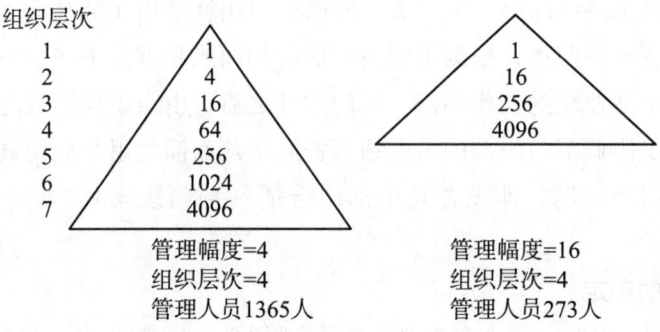

图6-2 组织层次与管理幅度

目前许多公司如沃尔玛、戴尔电脑、微软公司等均已经采取扁平化组织结构,扁平化已经成为21世纪组织结构的发展趋势之一,这是因为扁平化组织结构有其明显优势:信息沟通快,办事效率高;管理成本低;上下级关系密切。当然,扁平化组织结构也有其缺点,比如组织内部横向协调困难;上级不能向下级提供详细指导;缺乏激励性;容易失控。我国的许多企业近年来盲目地实行了所谓的扁平化,导致结果却不甚理想。

小米速度

小米公司成立于2010年4月,是一家专注于智能产品自主研发的移动互联网公司。小米公司凭借在国内手机互联网中的迅猛发展,在互联网企业中无疑成为"拔尖者"。由此世界同行业的焦点聚集到小米公司的身上。小米公司成功的方法值得我们关注和学习,其扁平化的组织结构的管理方式,以及用人方法也成为我们探究的重点。

小米组织结构中会有很多个小团队,这些团队有着超高的工作效率。能有这样的一个高效团队和扁平化组织管理密不可分,其基本组织结构非常简单,就是"创始人—团队领导—员工"三层。创始人一共8人,下辖若干个团队领导,每一个团队成员一般不超过10人。团队领导就是每个项目的负责人,除了要带领团队进行开发和日常管理事务之外,还要和其他的部门进行协调沟通。相比其他的行业大公司,小米的架构的确要扁平得多,因为有太多的大公司内部组织架构太过于复杂,公司内部信息的传达极不畅通,需要花太多的时间、精力在无谓的汇报、报批、开会之上。像这样的管理制度大大减少了管理信息反复确认沟通的时间,采取简单的层级,使团队能够有效地运营。

小米就是依靠这种组织管理模式，用短短几年时间，做到其他公司需要用十几年甚至几十年才能做到的事情。这惊人的效率是许多企业难以企及的，这也是大家嘴里所谓的"小米速度"。

资料来源：汪籽伶. 小米公司的组织结构管理模式以及用人之道 [J]. 知识经济，2017（6）：106 - 107。

2. 部门化

在企业实践中，部门化的形式是多种多样的，典型的有：

（1）职能部门化。这是最普遍采用的一种划分方法，即按专业化的原则，以工作或任务的性质为基础来划分部门。职能部门一般有生产、采购、销售、财务、人事等部门。

（2）过程部门化。按产品生产或服务提供所经过的阶段来划分，如针织工厂划分出倒纱车间、横机车间、套口车间、整烫车间和成品车间等部门。

（3）产品部门化。按组织向社会提供的产品来划分部门，如：家电企业可能会依据其产品类别划分出彩电部、空调部、冰箱部、洗衣机部等部门。

（4）地区部门化。按地理位置来划分部门，许多全国布局的公司或跨国公司常采用这种方式设立分公司。

（5）顾客部门化。在激烈的市场竞争中，顾客的需求导向越来越明显，当顾客达到一定规模时，企业努力满足不同顾客的需求，顾客部门化顺应了需求发展的这一趋势。如某企业营销中心旗下有大客户部和客户服务部。

（6）综合部门化。在现代企业中，采取一种部门化形式的组织是极其罕见的，绝大部分企业的组织结构都采用双重或多种标准的划分部门的方式。图 6 - 3 就是一个综合部门化组织图。

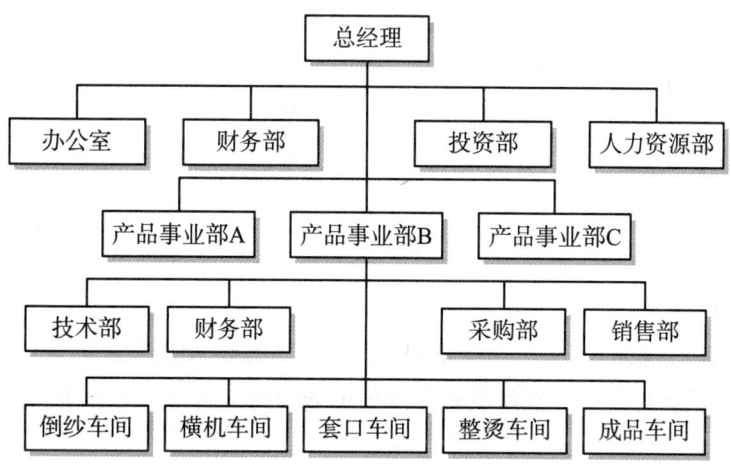

图 6 - 3　综合部门化组织

你还能举出综合部门化组织结构的企业例子吗？请对该企业组织结构进行简要描述。

（三）权限关系

每个组织都要进行各种决策，且要相互协调。如果所有决策都由最高层做出，各种决策是非常容易协调的。但是这种决策并不适合规模较大的组织，这会降低组织效率。因此，组织最高层必须将组织中的部分决策权分配给其下级，让其分担决策责任。问题是哪些权力分配给下级，分配多大的权力给下级，这是权限关系要解决的问题。

集权就是把较多和较大的决策权集中在组织高层；分权就是将决策权授予组织中下层。集权与分权的标志：关键在于决策权是集中还是下放。集权和分权是矛盾的两个方面，过分强调集权会导致决策速度变慢，降低组织的适应能力，妨碍对后备干部队伍的培养，降低组织成员的工作热情；而过分强调分权也会产生组织失控等问题。因此，组织中应正确处理集权与分权的关系。

影响集权和分权的主要因素有：

（1）组织的规模。组织的规模越大，要解决的问题就越多。由于高层管理者的时间和所拥有的信息有限，为了防止组织反应迟钝、决策缓慢，他们必然会把更多的决策权授予下级组织管理人员。

（2）产品结构及生产技术特点。企业产品单一，生产过程连续性强，各环节协作紧密，企业高层应集权多些；企业跨多行业经营，产品生产技术差别大，市场销售渠道不同，应加大分权程度。

（3）环境条件及经营战略。环境越复杂，经营风险越大，分权程度越大，环境较为简单、稳定的企业可以提高集权程度。另外，稳定型战略有利于提高企业集权程度，收缩型战略也必须加强高层集权，而增长型战略要求扩大分权。

（4）决策的重要性。企业决策包括企业发展战略决策、组织架构和人力资源管理决策、财务决策、生产决策、营销决策、投资决策、研发管理决策等，而每类决策又包含若干子决策、微小的决策。然而在不同的时空条件下，各种决策的重要性不尽相同；重要性不同的决策，要求其分权程度也不相同。

（5）下级管理人员的素质。分权需要一大批素质良好的中下层管理人员来受权，如果组织中缺少合格的管理人员，高层管理者就很可能倾向于集权，依靠少数高素质的人来管理组织。

（6）工作的性质。在企业中，不同工作的复杂性不同，重要性也不尽相同，因此要求的分权程度也有所不同。如销售一线和铸造现场工作则要求较高的分权。

(四)沟通与协调

组织结构因部门化和分工,使部门与部门、人与人之间的沟通和协调十分重要。合理的组织结构可使组织内的信息传递路线大大改善。在此,管理者不是扮演信差的角色原封不动地传递各类信息,而是必须对各类信息进行加工、整理,并据此做出自己的决策和解释,然后再予以上传或下达。当然,加工整理也会带来信息失真和遗漏等问题。

同时,传统的组织管理特别强调统一指挥的原则,认为下级只能接受一个直接上级的指示和命令,以免多头领导。这无疑会使信息变得更加集中,简化信息传递路线。但是,简化信息传递路线也会带来一些问题,其中最大的问题就是各部门之间的沟通由各自的管理者进行,而他们又无权直接协商,于是又不得不求助于他们的共同上级。这样一来,部门间的沟通和协调就变得极其复杂,不仅信息传递费时间、容易失真,而且又使管理者的信息传递负荷过重,影响其对重大问题的决策。为此,必须设计横向沟通和协商的路线。

德国国家发展银行上演的"摆乌龙"事件

2008年9月15日,拥有158年历史的美国第四大投资银行——雷曼兄弟公司向法院申请破产保护,消息转瞬间传遍地球的各个角落。令人匪夷所思的是,在如此明朗的情况下,德国国家发展银行居然按照外汇掉期协议的交易,通过计算机自动付款系统,向雷曼兄弟公司即将冻结的银行账户转入了3亿欧元。此事招致德国媒体和政府官员的强烈批评与质疑,并被媒体称为"最愚蠢银行"。

转账风波曝光后,德国舆论哗然,社会各界大为震惊。财政部长佩尔·施泰因布吕克发誓,一定要查个水落石出,并严厉惩罚相关责任人。一家法律事务所受财政部的委托,进驻银行进行全面调查。几天后,他们向国会和财政部递交了一份调查报告,调查报告并不复杂深奥,只是一一记载了被询问人员在这10分钟之内忙了些什么。这里,看看他们忙了些什么。

首席执行官乌尔里奇·施罗德:我知道今天要按照协议预先的约定转账,至于是否撤销这笔巨额交易,应该让董事会开会讨论决定。

董事长保卢斯:我们还没有得到风险评估报告,无法及时做出正确的决策。

董事会秘书史里芬:我打电话给国际业务部催要风险评估报告,可那里总是占线。我想,还是隔一会儿再打吧。

负责处理与雷曼兄弟公司业务的高级经理希特霍芬:我让文员上网浏览新闻,一旦有雷曼兄弟公司的消息就立即报告,现在,我要去休息室喝杯咖啡了。

> 文员施特鲁克：10时3分，我在网上看到雷曼兄弟公司向法院申请破产保护的新闻，马上跑到希特霍芬的办公室。当时，他不在办公室，我就写了张便条放在办公桌上，他回来后会看到的。
>
> 结算部经理德尔布吕克：今天是协议规定的交易日子，我没有接到停止交易的指令，那就按照原计划转账吧。
>
> 结算部自动付款系统操作员曼斯坦因：德尔布吕克让我执行转账操作，我什么也没问就照做了。
>
> 德国经济评论家哈恩说，在这家银行，上到董事长，下到操作员，没有一个人是愚蠢的，可悲的是，几乎在同一时间，每个人都开了点小差，加在一起，就创造出了"德国最愚蠢的银行"。实际上，这件"摆乌龙"事件酿成的悲剧一定程度上就是太过注重等级制度和信息的上下流程，而忽视了横向沟通的价值和意义。
>
> 资料来源：张淑琴. 从"摆乌龙"事件看"法约尔跳板"的横向沟通 [EB]. 金融界网, http://www.zgjrjw.com/news/lltt/200992/20401916885.html.

（五）程序化

组织结构最大的特点就是它有一套预设的行动框架，由此才能稳定地指导和规范组织成员和单位的行为。在某些情况下，当事者只要按既定规章和程序办事，即可保持日常工作的正常运转，如在事件 X 发生时采取 A 方案，事件 Y 发生时采取 B 方案等。一般来说，组织的工作能够程序化的尽量程序化，不能程序化的例外部分用非程序化方法解决。

有些程序存在于个人头脑中，如个人经验、岗位习惯等，有些程序则是以书面的形式出现的，如规则、职务分工规程和作业标准等。组织的程序化离不开程序的公文化，公文化的优点是明确、规范和可传授，并使各种协调方法和技巧变得更加科学统一，使组织活动有章可循。但是，公文化也会带来一些问题，如人们可能会过分注重规章、程序本身，而忘记了这些规章、程序究竟是为什么制定的，即只注重手段而忘记了目的，时间一长，各种规章和程序越搞越多，越搞越复杂，限制了主观能动性和创造精神的发挥。

二、组织结构设计的目标与成果

从操作角度看，组织结构设计的目标与成果就是提供组织结构图和部门职能说明书、岗位结构图和岗位职责说明书，从而体现组织内部的分工协作关系和权力配置情况。

1. 组织结构图和部门职能说明书

组织结构图描述的是一个组织内部部门的设置情况及其各部门之间的关系。组织结构图的样式很像是吊灯笼，如图 6-4 所示。通过图 6-4 可以看到：A 公司中有哪些部门，每个部门是否还有下属部门，各个部门之间的关系，等等。

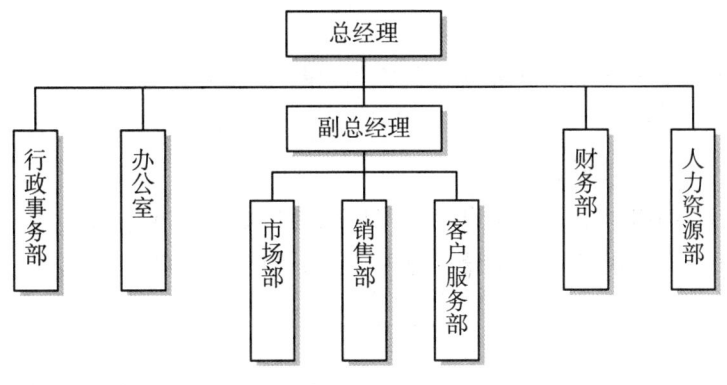

图6-4 A公司的组织结构

至于各部门究竟从事哪些具体工作，组织结构图却无法反映，要依靠部门职能说明书来明确各部门的具体工作。部门职能说明书主要说明在组织中需要设置该部门的理由、该部门与其他部门之间的相互关系、该部门的主要工作、该部门为了完成工作拥有的权力以及设置的岗位等。

部门职能说明书一般包括部门名称、上级部门、下属部门、协作部门、部门本职、部门宗旨、主要职能、主要责任、部门权力、岗位设置等内容。

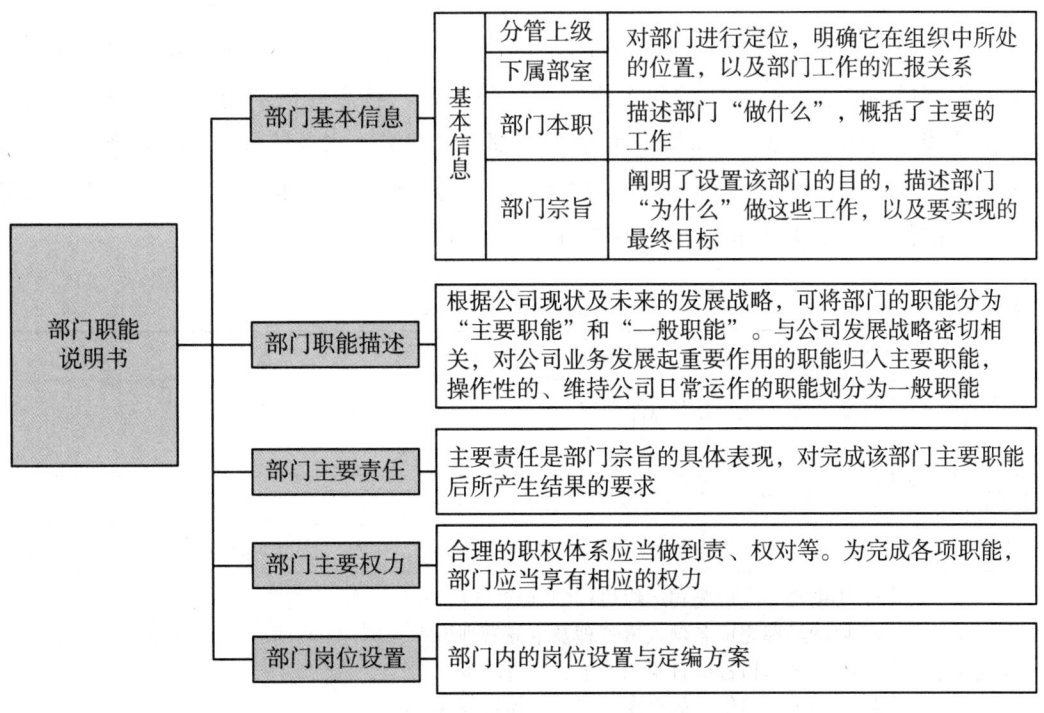

图6-5 部门职能说明书的基本要素

请参照图 6-5，写出 A 公司市场部的部门职能说明书。

2. 岗位结构图和岗位职务说明书

岗位结构图表明组织中的岗位设置情况以及岗位之间的权力关系。如图 6-6 所示，通过岗位结构图，可以明确 A 公司设有哪些岗位及各岗位之间的权力关系。

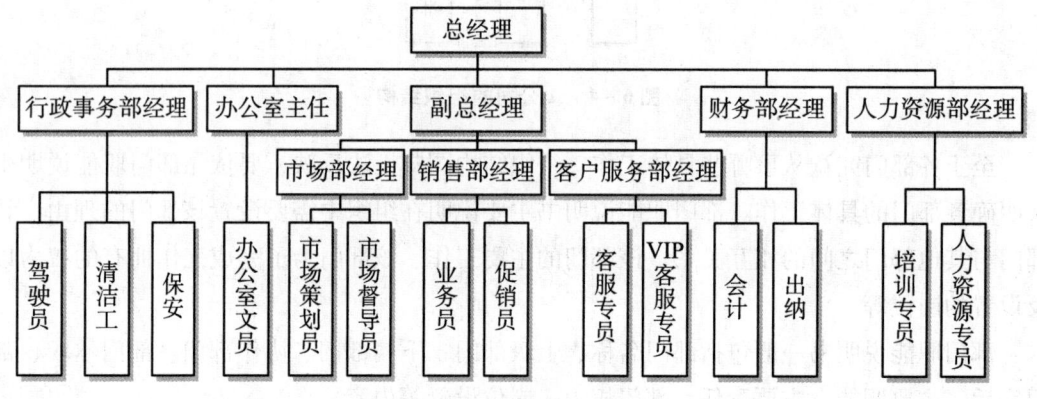

图 6-6　A 公司的岗位结构

图 6-6 虽然可以表明组织中的岗位设置情况以及岗位之间的权力关系，但是无法明确每个岗位的具体职责；要明确每个岗位的具体职责，就需要借助岗位职务说明书的帮助。岗位职务说明书一般包括职务名称、所属部门、职级、职务编号、配备人数、组织关系、管辖范围、工作目标、工作责任、主要权利、考核标准、任职资格、职业发展和辅导方向等。岗位职务说明书样本如表 6-1 所示。

表 6-1　　　　　　　　　　　岗位职务说明书样本

职务：主管	部门：人力资源部	职级：	职务编号：	配备人数：＿＿人
组织关系	直接上司——人力资源部经理 职务代理——人力资源部文员			
管辖范围	办公室内日常事务、HR 文员、地勤、司机			
工作目标	提供优质后勤支持服务，维持良好的办公秩序，完善、执行本岗位制度			
工作责任	1. 协助经理完成公司组织机构的制定 2. 协助经理完成各项人事管理及事务管理事宜 3. 配合公司目标制订组织方案、人事政策 4. 配合公司组织办好会议、接待、娱乐等各项活动 5. 进行人力资源分析，促进公司与员工间关系的和谐			

续表

主要权利	本部门下属员工工作监管权
考核标准	德——具有敬业精神，公平公正，工作投入感强，能亲力亲为 能——工作效能（用最少的钱，办最多的事情） 应变能力（突发事件的处理能力） 沟通能力（能处理好员工、公司与外界之间的关系） 勤——工作效率（处理事务性工作的速度） 绩——员工评价（公司员工、外界对服务的评价） 体——良好的心理素质，能面对内部员工的压力
任职资格	基本条件：1. 年龄要求：25岁以上 2. 性别要求：不限 3. 学历要求：本科以上 4. 工作经验：三年以上行政、人事管理经验，熟悉办公软件 5. 专业背景：管理类专业 6. 个人素质：有较强的书面表达和口头表达能力，具有良好的协作精神和职业道德 7. 语言要求：英语四级（含四级）以上 优先条件：1. 有MBA专业背景 2. 较强的纪律制度推行能力，组织能力
职业发展	人力资源部经理
辅导方向	不断改善人力资源管理方法，增强管理意识，组织能力

简而言之，一个组织好比一座房子，组织结构好比房子的框架，部门就是各个不同的房间，岗位设置就是在各个房间摆椅子，岗位分析就是判断坐在椅子上的人应做哪些工作、应给予什么薪酬回报以及坐在这把椅子上的人应具备哪些条件等。如同房子的框架有各种类型一样，组织结构也有不同的具体形式。

第三节 组织结构的具体形式

有多少个组织，就会有多少种组织结构，但有的组织结构之间会有很大的相似性。长期以来，人们创造并规范出许多组织结构形式，典型的有直线制、直线—职能制、事业部制、矩阵制等形式。下面简单介绍几种常见的组织结构形式。

一、直线制

直线制是最早也是最为简单的一种组织结构形式，是指组织领导关系按垂直系统建立，下属部门只接受一个上级的指令，不另设专门的职能机构，各级主管负责人对所属单位的一切问题负责的一种组织结构形式。如图 6-7 所示。

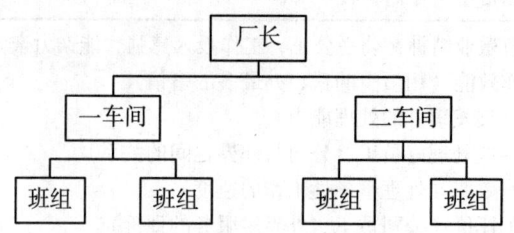

图 6-7 直线制的组织结构形式

直线制的优点是结构简单，隶属关系明确，易于统一指挥，职责分明，反应快速灵活，运营成本低。这种结构的缺点也显而易见，由于缺乏职能分工，管理者没有参谋和助手，对管理者要求素质高，决策风险也较大，更适用于规模较小的企业或业务活动简单、稳定的个体工商户。

二、直线—职能制

直线—职能制是指以直线制为基础，对职能制进行改进，取长补短，吸取这两种形式的优点而建立起来的组织结构形式，是目前各类组织最常采用的组织形式，如图 6-8 所示。

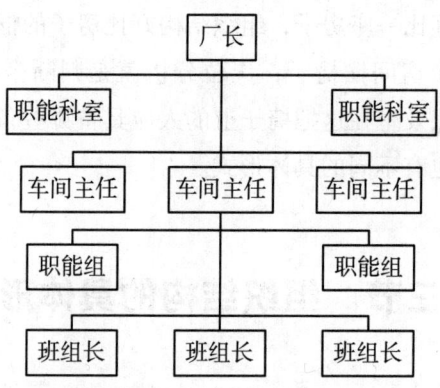

图 6-8 直线—职能制组织结构

直线—职能制结合直线制与职能制的优点，直线领导机构和人员在自己的职责范围内有一定的决定权和对所属下级的指挥权，并对自己部门的工作负全部责任。职能机构和人员，则是直线指挥人员的参谋，不能对直接部门发号施令，只能进行业务指导。

这种组织结构的优点是既保证了企业管理体系的集中统一，又可以在各级行政负责人的领导下充分发挥各职能部门的作用，组织稳定性好。例如，全由销售代表组成的销售部，其成员之间会经常交流工作经验，有些经验或知识会以报告、总结的形式固化下来，老人走了，新人来了，但是专业知识却容易传承下来。但其缺点也显而易见，由于各部门的工作性质不同，容易造成各个职能部门之间的隔阂和沟通障碍，从而引起工作流程的破碎化，职能部门之间的协作和配合性较差，办事效率低。

三、事业部制

事业部制组织结构又称为联邦分权制，是一种部门分权化组织结构，是一种以分权为基本特征的组织结构。事业部制是在20世纪20年代，随着企业规模的快速扩张，通用汽车总裁率先提出的一种分权化的组织结构，随后风靡世界。事业部组织结构如图6-9所示。

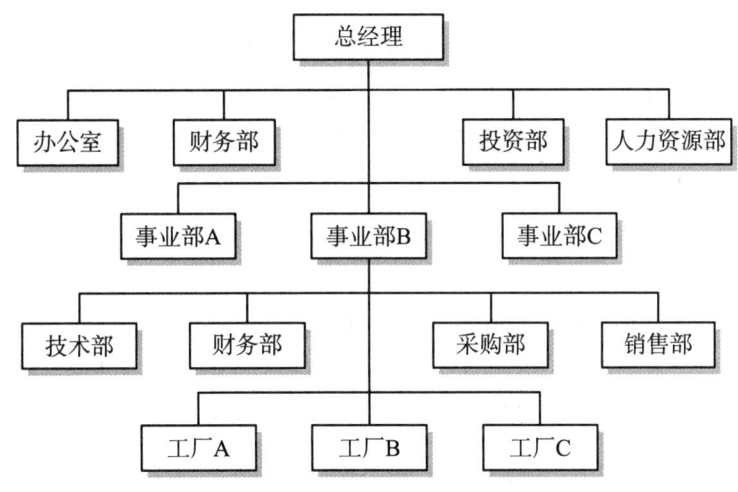

图6-9 事业部制的组织结构形式

事业部制的特点是把企业按照产品、客户类型或目标市场（地区）划分成各个经营单位即事业部。每个事业部在财务上向总公司负责，内部实行独立核算，自负盈亏；每个事业部都是一个独立的利润中心，并拥有独立的经营自主权。事业部划分的方法有：

（1）按产品分部。百事营销总部就是按照产品类别划分为乳酸饮料、瓶装水、牛奶、茶饮料四个事业部；拜尔制药按产品划分为处方药和非处方药与农业化肥产品两个事业部，两个事业部完全独立分开运作，因为两者的研发、生产和销售等各环节都无法共享资源和客户群。这样做还保证了各事业部对资源的直接控制，决策更简单灵活。

（2）按客户划分。银行和金融咨询服务类行业，都无一例外地选择这样的划分方式，他们将客户划分为公司客户、个人客户、机构客户，不同的客户可能消费相同的产品/服务。由于不同的银行提供的产品基本相同，只有更加贴近客户，了解客户的及时需求和客户的偏好，才能抓住商机。

对于部门划分，很多企业搞不清何时按客户划分，何时按产品划分。这时，我们应该比较不同产品之间的差异是否大过不同客户之间的差异，如果前者大于后者，应选择按产品划分，反之则选择按客户划分。

（3）按区域分部。按地域划分事业部也很常见。荷兰飞利浦公司将企业按国家或地区设立区域性部门。这些部门主要负责本地的客户和客户需求以及本地区特有法律、文化等问题。我们这里按区域划分，不是指划分销售市场，而是根据地区的客户差异，重新组织研发、生产、物流和销售。这种划分，只有当产品的规模效应不明显时，才能显出优势。随着全球物流采购系统的完善，地域的差异越来越小，产品的规模优势越来越明显。

事业部制的优点是可以把总公司从日常经营中解放出来，有利于内部竞争，可以加快企业对市场的反应速度，便于培养高级管理人才。其缺点和不足是机构重叠，易产生内耗；所需管理人员多，管理成本高；若公司规模太小，经济上不合算。因此，事业部制适用于各经营单位具有独立的产品、独立的市场、能成为独立的利润中心的大规模企业。

很多中国企业，为了将成本分摊得更加清晰，将本来不大的公司分成事业部，各事业部独立核算，但事业部内管理、业务运营、销售等各个环节与总部又无法完全独立，这样实际上就失去了事业部式组织结构的优势，并导致产品技术水平和质量控制无法统一。

四、矩阵制

矩阵制是指把职能划分的部门和按产品（项目）划分的小组结合起来组成一个矩阵，一名管理人员既同原职能部门保持组织与业务上的联系，又参加项目小组的工作的一种组织结构形式。这是一种为了改进直线职能制横向联系差，缺乏弹性的缺点而形成的一种组织形式，如图6-10所示。

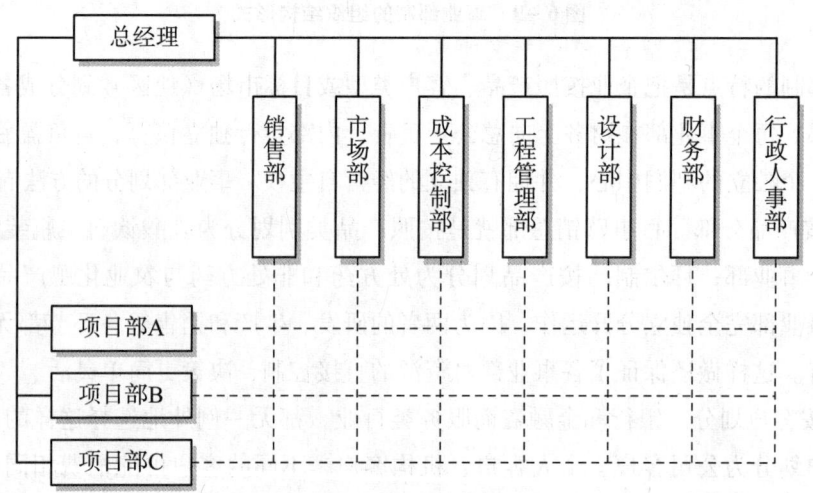

图6-10 矩阵制的组织结构形式

矩阵制的特点表现在围绕某项专门任务成立跨职能部门的专门机构上,这种组织结构形式是固定的,人员却是变动的,需要谁,谁就来。项目小组和负责人也是临时组织和委任的,任务完成后就解散,有关人员回原单位工作。因此,这种组织结构非常适用于横向协作和攻关项目,目前房地产企业较常采用这种组织结构。

矩阵制的优点是加强了部门之间的横向联系,克服职能部门相互脱节、各自为政的现象;专业人员和专用设备得到充分的利用;具有较大的机动性,资源利用率高;各专业人员互相帮助,相得益彰。其缺点是成员受项目小组和职能部门双重管理,违背了统一指挥原则,有问题难分清责任,这种人员上的双重管理是矩阵结构的先天缺陷。另外,由于项目组成人员来自各个职能部门,当任务完成以后,仍要回原单位,因而容易产生临时观念,对工作有一定影响。

五、网络组织结构

网络组织结构是一种只有很精干的中心机构,以现代信息技术手段和契约关系为基础,依靠外部组织进行制造、销售或其他重要业务经营活动的组织结构形式。在激烈的市场竞争中,一家企业已经难以在激烈的市场竞争中占据竞争优势,众多的企业只有联合起来,相互支持,互为补充,才可以使每个企业获得开展生产经营活动所需的资源。在这种经济背景下,网络组织结构这种组织模式相应产生了。作为一种新形式的组织结构,网络组织结构有助于组织自身规模的精简,使组织具有更大的灵活性和应变能力,进而成为当今社会的一种流行模式。

随着组织的边界日益模糊化和信息技术的发展,借用"外部资源整合"的策略,出现了虚拟企业,如图6-11所示。该组织形式仅保留最关键的功能,然后将其他功能虚拟化,以各种方式借用外力进行整合,进而创造企业本身的竞争优势。

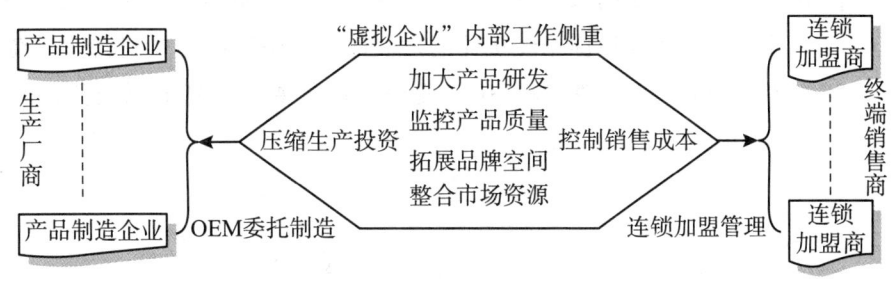

图6-11 虚拟企业主体结构

这种实体组织与虚拟组织交织的虚拟经营模式已成为21世纪组织发展的新趋势,适应于现今追求企业弹性化的经营管理潮流,在世界范围内被广泛应用。

ZARA 与美特斯邦威的"虚拟经营"模式

ZARA 是西班牙 Inditex 集团旗下的一个子公司,它既是服装品牌,也是专营 ZARA 品牌服装的连锁零售品牌。1975 年设立于西班牙的 ZARA,隶属于 Inditex 集团,为全球排名第三、西班牙排名第一的服装商,在世界各地 56 个国家内,设立超过两千多家的服装连锁店。ZARA 深受全球时尚青年的喜爱,设计师品牌的优异设计,价格却更为低廉,简单来说就是让平民拥抱高级时尚。

ZARA 服装公司较早地以其出色的品牌和服装设计能力创立了以整合外部资源的形式进行虚拟经营的模式,国内的服装公司也是紧跟其后,学习其虚拟经营模式。但是中国服装公司钟情于 ZARA 模式的现实处境是,它们通常都弱于品牌和设计,长于生产和本土渠道的开发。此前这些中国公司冀望于通过提升品牌和设计来赚取更高利润的努力大多并未成功,当他们得知比拼供应链也是一种途径时,自然兴趣颇浓。

美特斯邦威曾被视为中国最接近 ZARA 的公司。与大多以工厂起家的服装品牌不同,该公司董事长周成建依靠生产外包创立了"虚拟经营"模式,这让他在向 ZARA 学习的过程中可以摆脱掉自有工厂的桎梏。为了了解 ZARA 的运作模式,周成建还专门把一些订单交给 ZARA 在中国的代工厂,并自己到这些工厂详细了解整个运营过程。在 2008 年,美特斯邦威推出的新品牌 ME & CITY 更是从内到外复制了 ZARA 的门店。周成建很为这一新品牌供应链的运营速度而得意,在公司内部称尽管距离 ZARA 还有差距,但必然是中国速度最快的公司。

资料来源:https://wenku.baidu.com/view/36f96cd076a20029bd642d7f.html?qq-pf-to=pcqq.c2c,有删减修改。

同时,随着网络信息技术的深入发展,基于 Web2.0 的 Secondlife 和 Hipihi 等虚拟世界的兴起,人们开始关注和探讨虚拟经济体的发展前景。虚拟世界是现实世界在互联网上的影子,该世界使得企业的"物理存在"变得不再重要,也将虚拟经营模式发展到了极致。

钟安社：虚拟世界里的商业大鳄

作为 Web2.0 现象之一的 Second Life，以其三维拟真的用户界面、良好的互动性吸引了大量的网民和企业投身其中，丰田出售虚拟汽车，摇滚乐队 Duran Duran 通过 Second Life 来举办他们的演唱会，路透社甚至在上面建立了一个新闻机构，报道虚拟世界中的新闻。

而这里最为耀眼的网商就是华裔女子爱林·格雷夫（Ailin Graef）（Second Life 中虚拟化身名为钟安社）。凭借不到10美元的投资两年半的时间在 Second Life 赚得百万美元的故事，使她的网络虚拟形象登上了 2006 年《商业周刊》的封面。

在 Second Life 的虚拟土地市场，钟安社早期的奇迹是，用近 10 美元的成本买下了一些虚拟土地，然后通过"第二人生"强大的客户端设计三维建筑和风景，再出租和转卖获得收入。《商业周刊》这样评价钟安社的"产品"："不仅仅简单地搭建房屋……如果用户的电脑配置够高，互联网接入速度够快，再将日光和水波等动画效果加上之后，钟安社在'第二人生'中的建筑作品几乎令人身临其境。"

而如今人们再用这样的眼光去看这位网商，则大大跟不上虚拟世界的形势了。钟安社已经不仅是自己生产建筑、风景之类来销售，而且已经有近 100 名全日制员工为很多大企业定制生产虚拟世界里的空间，另外，钟安社现在也是 Second Life、Entropia Universe、IMVU 三个虚拟游戏里著名的"金融"大鳄。

在中国，钟安社已经组建了 8 个程序员团队，协助她实现"土地"扩张计划，其中 5 个团队位于武汉，致力于新的虚拟风景、基础设施、住宅和家具的创作，并为虚拟世界里的房地产服务提供 24 小时客户协助，其他团队负责营销和项目开发。钟安社选择将公司设在中国的一个重要原因是，这里有比德国更为成熟的虚拟经济基础，超过 50 万的中国人依靠玩网络游戏谋生。

如今的"钟安社工作室"已经拥有将近 100 名全日制员工，在 Second Life 中的土地面积也不少于 40 平方公里，她的居民人数达到数千人，是 Second Life 最大的房地产开发商和服务商。除了拥有"地产"之外，钟安社旗下还有"购物中心""连锁店""品牌"等其他租用和出售的"商品"。

相对于钟安社最初在 Second Life 通过虚拟杂志做广告来出售土地，如今的钟安社工作室已经和许多大客户建立了良好的合作关系，其中包括《财富》杂志评选的世界 100 强企业、教会和政府机构，钟安社工作室负责为他们开发和设计虚拟世界里的土地。

资料来源：刘春辉. 钟安社：虚拟世界里的商业大鳄 [J]. 中国电子商务，2008（Z1）。

六、多维立体型组织结构

多维立体型组织结构是由美国道—科宁化学工业公司（Dow Corning）于1967年首先建立的。它是矩阵型和事业部制机构形式的综合发展，又称为多维组织。在矩阵制结构（即二维平面）基础上构建产品利润中心、地区利润中心和专业成本中心的三维立体结构；若再加上时间维可构成四维立体结构。虽然他的细分结构比较复杂，但每个结构层面仍然是二维制结构，而且多维制结构未改变矩阵制结构的基本特征，多重领导和各部门配合，只是增加了组织系统的多重性。因而，其基础结构形式仍然是矩阵制，或者说它只是矩阵制结构的扩展形式。其组织结构的形式如图6-12所示。

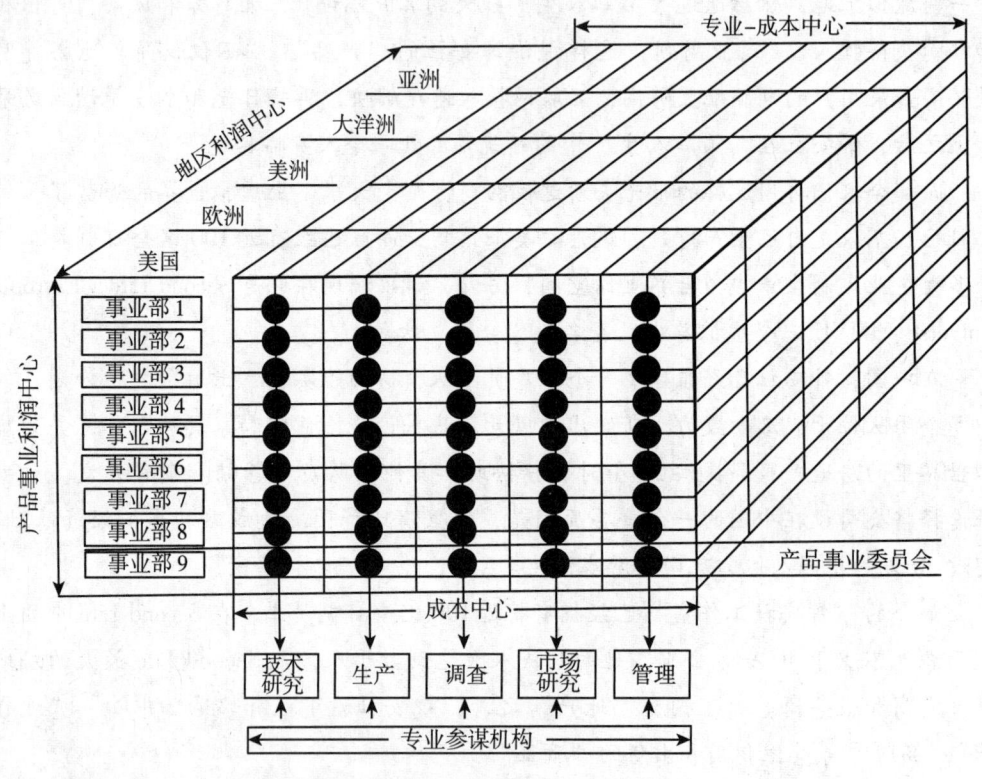

图6-12 多维立体型组织结构示意

所谓多维，就是指在组织内部存在三类以上（含三类）的管理机制。这种结构形式由三方面的管理系统组成：

（1）按产品（项目或服务）划分的部门（事业部），是产品利润中心。

（2）按职能如市场研究、生产、技术、质量管理等划分的是职能利润中心。

（3）按地区划分的管理机构是地区利润中心。

在这种组织结构形式下，每一系统都不能单独做出决定，而必须由三方代表，通过共同的协调才能采取行动。因此,多维立体型组织能够促使各部门从组织整体的角度来考虑问题,从而减少了产品、职能和地区各部门之间的矛盾。即使三者间有摩擦,也比较容易统一和协调。这种组织结构形式的最大特点是有利于形成群策群力、信息共享、共同决策的协作关系。这种组织结构形式适用于跨国公司或规模巨大的跨地区公司。

第四节　人员配备

人是组织中最重要的资源,西汉时期刘邦说:"论打仗我不如韩信,论谋略我不如萧何,但我却懂得如何使用这些人"。"得人者昌,失人者亡"是古今中外都公认的一条组织成功的要诀。

一、人员配备的原则和程序

人员配备是指为每个岗位配备适当的人和为每个人安排适当的工作。人员的配备是组织结构设计的逻辑延续。诚然,组织结构的设计为实现组织目标所必须开展的工作奠定了基础,但如果不能根据各岗位的要求选配到合适的人员,再好的组织结构也无法有效发挥作用。因此,在设计合理的组织结构的同时,还需为所设计的各岗位选配合适的人员。

人员配备需要遵循一定的原则和程序,才有可能选到组织需要的各类人才。

1. 人员配备的原则

(1) 人事匹配原则。该原则是人力资源招聘中的一条重要原则,也是一条根本性的原则。人事匹配原则指的是员工的选聘应以职位的空缺和实际工作的需要为出发点,以职位对人员的实际要求为标准,选拔、录用各类人员。

(2) 经济效益原则。人员配备计划的拟订以组织需要为依据,以保证经济效益的提高为前提,它既不是盲目地扩大员工队伍,更不是单纯为了解决就业问题,而是为了保证组织效益的提高。

(3) 量才使用原则。量才使用就是根据每个人的能力大小而安排合适的岗位。人的差异是客观存在的,一个人只有处在最能发挥其才能的岗位上,才能干得最好。

(4) 动态平衡原则。处在动态环境中的组织,是不断变革和发展的,人与事的配合也需要进行不断的协调平衡。所谓动态平衡原则,就是根据组织和员工的变化,对人与事的匹配进行动态调整。

2. 人员配备的程序

人员配备的任务是通过分析人与事的特点,谋求人与事的最佳组合,实现人与事的不断发展,而且人员配备的过程是有一定程序的,如图6-13所示。

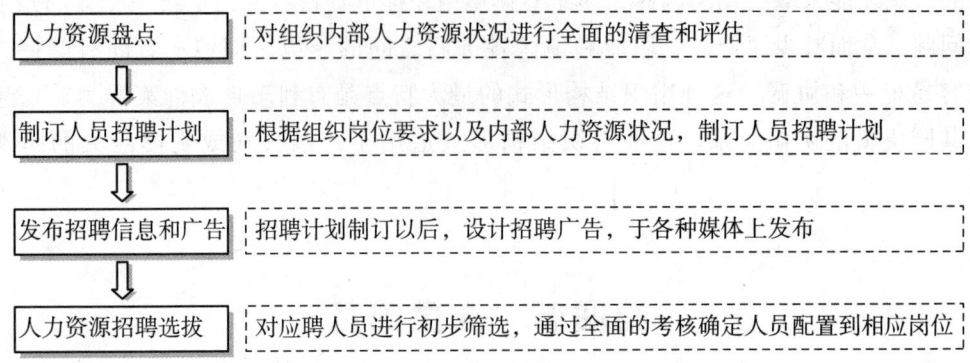

图 6-13 人员配备的程序

二、管理人员选拔的途径

1. 内部提拔

内部提拔是企业填补中高层管理职位空缺的一种最常见的方法。据有关资料显示,79%的美国公司管理层是从内部进行提拔。可见,内部提拔是一种常用的管理人员选拔的途径。

内部提拔的主要优点是:

(1)提拔内部员工可以提高所有员工对组织的忠诚度,使他们能做比较长远的考虑,流失率可能性也比较低。

(2)内部提拔可以丰富员工的工作内容。

(3)内部提拔可以促进员工的工作积极性。

(4)内部招聘对企业来说,不仅可以节约大量的招聘广告和筛选录取方面的相关费用,还可以节约相应的培训费用。

但内部提拔也存在一些不足,比如内部可选择面较小,近亲繁殖不利于开拓创新,落选者的不满情绪影响工作效率等。

索尼公司内部招聘制度提振员工士气

有一天晚上,索尼董事长盛田昭夫按照惯例走进职工餐厅与职工一起就餐和聊天。他多年以来一直保持着这个习惯,以培养员工的合作意识和与他们的良好关系。这天,盛田昭夫忽然发现一位年轻职工郁郁寡欢,满腹心事,闷头吃饭,谁也不理。于是盛田昭夫就主动坐在这名员工对面,与他攀谈。几杯酒下肚之后,这个员工终于开口了:"我毕业于东京大学。毕业时得到了一份待遇十分优厚的工作。但是,由于我对索尼公司崇拜得发狂,所以我决定辞职来到索尼公司。当时,我认为我进入索尼,是我一生的最佳选择,但是,现在才发现,我不是在为索尼工作,而是为课长干活。坦率地说,我这位课长是个无能之辈,更可悲的是,我所有的行动与建议都得课长批准。我自己的一些小发明与改进,课长不仅不支持,不理解,还挖苦我癞蛤蟆想吃天鹅肉,有野心。对我来说,这名课长就是索尼。我十分泄气,心灰意冷。这就是索尼?这就是我日思夜想的索尼?我居然放弃了那份优厚的工作来到这种地方!"

这番话令盛田昭夫十分震惊,他想,类似的问题在公司内部员工中恐怕不少,管理者应该关心他们的苦恼,了解他们的处境,不能堵塞他们的上进之路。于是,盛田昭夫产生了改革人事管理制度的想法。之后,索尼公司开始每周出版一次内部小报,刊登公司各部门的"求人广告",员工可以自由而秘密地前去应聘,他们的上司无权阻止。另外,索尼原则上每隔两年就让员工调换一次工作,特别是对于那些精力旺盛,干劲十足的人才,不是让他们被动地等待工作,而是主动地给他们施展才能的机会。在索尼公司实行内部招聘制度以后,有能力的人才大多能找到自己较中意的岗位,而且人力资源部门可以发现那些"流出"人才的上司所存在的问题。

资料来源:https://wenku.baidu.com/view/4fe6c78576a20029bd642dbb.html。

2. 外部招聘

外部招聘指的是职位空缺由企业外部的人员来补充。外部招聘的途径多种多样,大致可归结为以下几种:

(1) 校园招聘。选择那些能够提供合适人选的学校,到校园发布招聘信息或进行现场招聘,这是招收应届毕业人才的主要途径。有的企业与学校共建了人才培养基地,保持着长期的合作关系。

(2) 广告宣传。广告的传播媒体可选择杂志、报纸、电台、电视、互联网(各人才招聘网站、企业自身网站)等媒介,通过广告宣传的方式招聘,一方面是发布招聘信息,另一方面可以宣传企业。

(3) 人才市场。用人单位需支付一定的费用在人才市场摆摊设点,应征者前来咨询应聘。这种途径的特点是时间短、效率高,但缺点是很难招聘到高级人才和专门人才。

(4) 职业介绍所。普通工人和基层管理人员可通过该渠道获得,通常职业介绍所对用人单位不收费。

(5) 猎头公司。高级人才和特殊人才可通过猎头公司或人力资源公司猎取,其费用较高,一般按照该职位年薪的百分比支付,猎头公司的服务程序如图6-14所示。

(6) 员工介绍。由本企业员工推荐和介绍合适的人选,可通过现有员工进行初步筛选,招聘成本低,但其缺点是容易形成复杂的人际关系。

与内部提拔相同,外部招聘也有选才范围广、能够吸收到优秀管理人才、有利于引进新思想、新观念等优势,但同样也存在着打击内部成员的士气,有可能引起人员与原有人

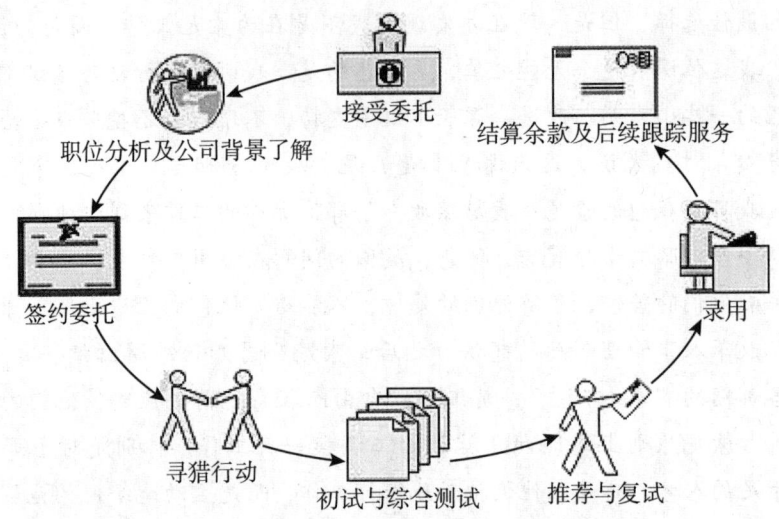

图6-14 猎头公司服务程序示意

员的矛盾与冲突等不足。

面对管理人员选拔两种途径，如何取长补短？只要有可能，尽量采取公开竞争的政策，向一切人员开放。

华为校园的招聘理念

华为的校园招聘一般安排在每年的11月，看到华为官网上2019届校园招聘活动已经拉开大幕，还提出了一个"勇敢新世界"的口号。华为成立了8个招聘小组，奔赴全国8个地区来开展本次的校园招聘活动，涉及的高校超过了50所。校园招聘作为一种特殊的招聘渠道，已经越来越受到企业的青睐，特别是像华为这样的大型企业，它更渴望从中发掘高素质的管理人才和专业技术人员。

经过多年的实践，华为的校园招聘已经变得非常专业，已经形成了自己的招聘理念和模式，华为树立了"双向选择"的现代人才活动观念。"双向选择"已经成为华为招聘工作中遵循的重要原则。双向选择最重要的是与应聘者特别是重点应聘者（潜在的未来雇员）进行平等、客观地交流，双向考察，看彼此是否真正适合。

除了那些常规的宣讲、笔试、面试等常规套路之外，华为为了能够进一步增强双方的互相了解，举办了一系列面向大学生的比赛活动。依据大学生特点专门定制了各种比赛环节，既能考察参赛者的专业技能，又能将企业文化融入其中，在潜移默化中影响大学生们对华为的认知，可谓一举多得。比如华为举办的"2018软件精英挑战赛"，让大学生充分展示自己的软件设计与编程能力。"2018华为销售精英挑战赛"模拟真实商业世界的比拼环境，让大学生充分认识华为销售岗位，学习销售知识，感受商场实战,锻炼实践能力,同时为参赛学生提供近距离接触华为的机会,"2018 华为网络技术大赛"致力于让参赛学生感受网络技术改变世界的魅力,享受架构设计和数据分析的乐趣,锻炼学生与人沟通和团队协作能力。

资料来源:http://www.hrsee.com/?id=880。

三、人员培训

人员培训是组织开发现有人力资源和提高员工素质以适应组织发展要求的基本途径,是人力资源管理中的一项重要工作。组织在不断发展壮大过程中所产生的人力资源需求,除了以招聘方式予以补充外,更主要的方式是通过开发组织现有人力资源来加以满足。培训是组织开发现有人力资源和提高员工素质以适应组织发展要求的基本途径。同时,为员工提供学习机会,使其看到在组织中的发展前途,以维持组织成员对组织的忠诚度。因此,培训既是为适应组织发展的需要,也是为实现员工个人的充分发展。通过培训与考核,可促使员工随着组织的发展不断成长,最终达到组织发展和员工成长的"双赢"。

培训可分为岗前培训、在岗培训、转岗培训、升职培训等。培训方式主要有在职和离职两种。按照培训内容可以分为企业文化培训、企业制度培训、工作技能与技术培训等。

四、人员考核

通用电气公司(GE)作为全球 500 强企业之一,完善的管理、辉煌的业绩,使其得到全球范围的尊敬,被评为:全球最受推崇的公司(《财富》,1998 年,1999 年,2000 年);全球最受尊敬的公司(《金融时报》,1998 年,1999 年,2000 年);全美最受推崇的公司(《财富》,1998 年,1999 年,2000 年);美国最大财富创造者(《财富》,1998 年,1999 年,2000 年);最大 100 家公司首位(《商业周刊》,1998 年,1999 年,2000 年);世界超级 100 家公司首位(《福布斯》,1998 年,1999 年,2000 年);通用电气公司总裁韦尔奇被评为"世纪经理人"。

通用公司这艘企业界航空母舰的管理之道,一直被人们奉为管理学的经典之作,而通用公司的考核制度则是其管理典籍中的重要篇章,从通用(中国)公司的考核制度可以发现通用公司考核秘籍的重点所在。

如何对组织成员的工作表现进行客观考核,是组织工作中保持人与事最佳组合所必须进行的工作。考核是指相关部门或人员,按照一定的程序和方法,对组织中各部门、各岗位在一定时期内表现出来的工作绩效或能力素质所做的评价。考核又称绩效评估或考评(performance management)。进行绩效评估的目的是保证组织目标的实现,促进员工的成长，为人员晋升和公平奖惩提供客观的依据。

人员考核的内容通常是德、勤、能、绩。通用（中国）公司的考核内容包括"红"和"专"两部分。"专"是工作业绩，指其硬性考核部分；"红"是考核软性的东西，主要是考核价值观；这两个方面综合的结果就是考核的最终结果，可以用二维坐标来表示。

人员绩效评估最常见的方法有以下几种：

（1）关键绩效指标考评法（key performance indicator，KPI）。关键绩效指标考评法是通过对工作绩效特征的分析，提炼出最能代表绩效的若干关键指标，以此进行绩效考核的模式。

（2）360度反馈法（360 degree feedback）。360度反馈法是利用从上级、下级、员工本人及其同事处获得的反馈意见进行绩效评估的一种方法。

（3）书面描述法（written essay）。书面描述法是指考评者以书面形式描述一个员工的长短处、过去的绩效与潜能，并提出改进建议的一种绩效评估方法。

（4）评分表法（graphic rating scales）。评分表法是先列出一系列绩效因素，然后由考评者针对每一个因素按增量尺度（如5分制）对员工进行评分。

（5）行为定位评分法（behaviorally anchored rating scales，BARS）。行为定位评分法是由考评者按序数值尺度对某个员工从事某项工作的具体行为进行评分。

（6）多人比较法（multiperson comparisons）。多人比较法是将一个员工的工作绩效与一个或多个其他员工进行比较。

（7）目标管理法（management by objectives，MBO）。目标管理法是由考评者评价一个员工既定目标的完成情况。

各种绩效评估方法的优缺点如表6-2所示。

表6-2　　　　　　　　　　　各种绩效评估法的优缺点

方　法	优　点	缺　点
关键绩效指标考评法	重点突出，可操作性较强	关键指标难以量化
360度评价法	全员参与，全面评价	耗时，容易流于形式，人际关系紧张
书面描述法	简单易行	更像是在衡量考评者的写作能力
评分表法	提供定量的数据，时间耗费较少	不能提供工作行为评价方面的详细信息
行为定位评分法	侧重于具体、可衡量的工作行为	耗时，使用难度大
多人比较法	将员工与其他人做比较	员工数量大时，操作不便
目标管理法	侧重于目标，结果导向	耗时

本章小结

- 面对社会生活中复杂多样的组织，按照不同的标准，组织可以被划分为不同的类型：正式组织与非正式组织；实体组织与虚拟组织；机械式组织与有机式组织。

- 组织工作的内容：确定部门；确定人选；确定责权；排除混乱，建立配合默契的工作环境；实现组织目标。
- 为了确立合理的组织结构，必须考虑以下五个方面的问题：分工关系、部门化、权限关系、沟通与协商和程序化。
- 组织的横向结构设计，即部门化问题。部门化是指在任务分工的基础上，自上而下地对各种任务加以归类，根据不同的标准将相同或相近的工作并归到一起组成工作单位，形成一个个专业化的工作部门。
- 组织的纵向结构设计，即管理幅度与组织层次的关系问题。人们把一个管理者能直接有效管理的下属的人数称为管理幅度。任何人的知识、经验、能力和精力等都是有限的，因此一个管理者所能管理的下属的数量必定是有限的，管理幅度的有限性导致了组织层次的产生。组织层次是指一个组织从最高层的直接主管到最低的基层具体工作人员之间的层次数。
- 所谓集权就是将决策权限尽量集中于组织上层，分权就是将决策权限尽可能地分配给组织下层。集权和分权是矛盾的两个方面，集权与分权相结合是正确处理决策权限关系的基本原则。
- 影响集权和分权的主要因素：组织的规模；责权和决策的重要性；组织文化；下级管理人员的素质；控制的需要。
- 从操作角度看，组织结构设计的目标就是建立组织结构和明确组织系统内部的相互关系，提供组织结构图和部门职能说明书、岗位结构图和岗位职责说明书。
- 长期以来，人们创造并规范出许多组织结构形式，常见的组织结构形式有：直线制、直线—职能制、事业部制、矩阵制和网络组织结构。
- 人员配备是组织结构设计的逻辑延续，是为每个岗位配备适当的人和为每个人安排适当的工作，因此被称为人事职能。人员配备的过程中必须遵循一定的原则：人事匹配、经济效益、量才使用和动态平衡原则。

【复习与思考】

1. 何谓组织？组织设计的任务有哪些？
2. 常见的传统组织结构类型有哪些？试比较其各自的优缺点。
3. 管理者可采用哪些方式进行部门化？请你描述你所在单位（或学校）的部门化方式。
4. 如何进行人员配备？
5. 请问外部招聘主要有哪些途径？
6. 内部提拔与外部招聘各有哪些优缺点。

【案例分析】

案例 1

　　这是一家从事应用软件开发的计算机系统集成公司，它隶属于一家高科技产业集团，下设市场部、软件开发部、技术支持部及办公室，公司的人事委托集团代行管理。

　　苏先生是这家软件公司的总经理，公司每天9:00上班，今天他不到9:00就到了公司。他计划今天能把最近即将招标的一个项目的技术方案写完。对这次招标，苏先生非常重视。他不希望在技术方案上出差错，于是亲自动手完成这个方案。9:00员工陆续到位，开始了一天的工作。此时，苏先生也有了一个初步的轮廓。

　　这时，电话响了起来，苏先生拿起电话，对方是正在实施中的大连项目的用户代表。用户反映，公司的技术人员到现场安装后，未调试软件就回去了，到现在快两个星期了，还没给解决，不知是怎么回事。苏先生听到这一情况很生气，一边安慰用户代表，一边想对策。他答应用户代表，最迟明天给他一个解决方案。挂了电话，苏先生把技术支持部的李经理找来了解情况，商量对策。

　　"老李，大连那个项目是怎么回事，刚才他们打来一个电话，说我们的人给人家安装没给调试就回来了。"

　　"是这么回事。这次去大连，是派张力和李明去的，他们到那儿把系统安装完后，用户又提出了一些新的要求。当时张力他们觉得新增功能不应包含在合同内，所以没给对方明确答复。大连那边所说的调试是指按他们的要求修改程序，根本不是什么现场调试。若不在现场调试好，能算安装完成吗？"

　　"那为什么回来之后，到现在还没给人家答复？"

　　"这你要问市场部了。张力和李明回来之后，我就把情况对市场部和软件部说了。软件部说，最近活儿多，根本没时间改。不知市场部是怎么跟用户协调的。市场部在谈这个单子的时候，有关系统硬件配置方面的要求事先也没跟我们打招呼。在合同签约之后才把系统配置给我们。在备货时，我们发现有些型号市面上已经淘汰了。更有甚者，有些货的价格比他们的报价还高。让我们怎么买？他们倒好，来了一个大撒把，单子一签，什么都不管。再有，软件部开发的软件也经常出毛病，让我们老招用户的骂。要知道，我们的工资水平在全公司是最低的。"

　　"好吧，下午1点，三个部门的经理都来，咱们碰一下，再决定大连的项目怎么处理。"苏先生觉得问题有点麻烦，想听听软件部的看法再做决定。

　　软件部的经理欧阳先生来到苏先生的办公室。

　　"欧阳，大连的项目需要改软件的事，你知道了吧？"

　　"这事儿老李找过我。但我们实在抽不出空。几个项目都压在我们身上了，而且都是急茬儿。我觉得应该在市场部加强技术力量，对项目的功能要求控制一下。现在可好，用户提什么要求就答应什么,根本不考虑我们开发的时间和工作量,在这种情况下,让我们怎么保证质量。话又说回来,技术支持部反馈回来的信息,很多是由于用户使用不当造成的。技术人员在给用户培训的时候应把常见的问题讲透。有些问题他们完全可以处理,不必事事找软件部。如果老找,要他们干什么。顺便跟您汇报一下,我们部的小任要求调走。"

"怎么回事?"

"说起来跟集团人事部的政策有关,小任是去年毕业来公司的。来的时候,人事部让他交了 3000 元押金。说是每个新来的学生都这么做。小任虽然不乐意,但还是交了。今年又来了一个新毕业的学生,为这 3000 元的事,找我好几趟。虽然我也觉得人事部定的政策有问题,但这是人事部的规定,我也没办法,可气的是,这家伙到处乱说,说什么'到这打工还交钱,这公司太黑,你们怎么能在这种公司待下去',等等。本来活就忙,这不是扰乱军心吗?一生气就让他走了。可小任听了那家伙的话,沉不住气了,说自己上当了,要让人事部给个说法。要么把 3000 元退回来,要么他走人。"

"他对现在的工资满意吗?"

"挺满意。这小伙子挺能干,给他的奖金也比较高,就是有点较真。在这个节骨眼上,出这事儿,真够烦的。"

"这小伙子不能放走。我找人事部商量一下,看看有什么办法。"

已经快 12 点了。大连的事还没解决,又冒出新的问题,苏先生心想,看来自己只能晚上加班赶写方案了。

思考题:
1. 请分析该软件公司的组织结构设置。
2. 你认为该公司的人员配备存在什么问题?
3. 为了防止类似于大连项目事件的再次发生,该软件公司应该采取什么措施?

案例 2

C 集团公司是某民营集团公司下属的一家玩具生产企业,由于集团公司业务经营规模的扩大,2001 年开始,集团公司老板决定将 C 公司交由企业聘请的总经理及其经营管理层全权负责经营管理。其间,公司老板基本上不过问玩具企业的日常经营事务,同时,既没有要求玩具企业的经营管理层定期向集团公司汇报经营情况,也没有对经营管理层的经营目标做任何明确要求,只是非正式承诺如果企业盈利了,将给予企业的经营管理层奖励,至于具体的奖励金额和奖励办法也不明了。而且,企业没有制定完善的规章制度,采购、生产和销售甚至财务全部由玩具企业的总经理负责。经过两年的经营,到 2003 年底问题出现了。

公司老板发现玩具企业的生产管理一片混乱,账务不清,在生产中经常出现用错料、装错模、次品率过高、员工生产纪律松散等现象,甚至出现个别业务员在采购中私拿回扣、收取外企业委托加工费不入账等问题。同时,因为账务不清,老板和企业经营管理层之间对企业是否盈利也各执一词,老板认为这两年公司投入了几千万元而没有得到回报,属于企业经营管理不善,而企业经营管理层则认为这两年企业已经减亏增盈了,老板失信于企业的经营管理层,没有兑现其给予企业经营管理层奖励的承诺。

面对企业管理中存在的问题,老板决定将企业的经营管理权全部收回,重新由自己亲自负责企业的经营管理,于是企业原有的经营管理层一下觉得大权旁落,认为老板对自己不信任,情绪低落,在员工中有意无意散布一些对企业不利的消息,使得企业人心涣散,经营陷入困境。

思考题:
1. 请分析 C 集团公司经营混乱的主要原因出在哪里?其权力分配存在什么问题?
2. 你认为该集团公司的老板应如何有效授权?

【技能拓展】

【实训主题】设计一份企业组织结构调查报告

【实训目的】组织结构是组织设计的结果,是组织职能要解决的核心问题之一。通过这次实训,可以直观地了解到组织中部门和岗位的设置情况和层次结构,组织内部的分工和各部门上下隶属关系等。

【实训内容】将全班学生进行分组,每个小组自行联系企业,通过企业实地调查,理解企业组织结构形式和运作情况,学会完成组织结构设计的具体任务:

(1) 了解一家企业组织结构的设置和运作情况。

(2) 运用所学的知识对组织结构设置的合理性进行分析并提出相应的改进措施。

【实训考核】每组将根据调查结果形成一份调查报告并制作幻灯片,并在课堂上报告其小组企业实地调查结果。其中调研报告包括:

(1) 报告封面和公司的简介。

(2) 画出该企业的组织结构图和岗位结构图。

(3) 选定该企业的某一部门,写出该部门的职能说明书以及岗位职能说明书。

(4) 写出小组成员通过这次技能实训的心得体会。

第七章 组织文化与企业伦理

导入案例

蒙牛的企业文化

蒙牛的企业文化是"责任先行",即把责任细化到企业的方方面面。蒙牛有一套用人的原则,就是任用德才兼备的全面人才,不用"无才无德"的人,同时"有才无德"的人限制任用,如果企业在用人方面没有原则,那么就会阻碍企业的发展,就是对社会不负责任。

做企业如同"做人",一个高尚的人要有自己的正确方向,有自己的道德标准,道德体系。做企业要讲"经营之道",企业的每一个因子都应烙上企业文化的印记,企业文化就是企业发展方向的"指导员"。蒙牛的每一天生产,甚至每一滴奶都蕴含着最精髓的"每一天,为明天"这样的企业文化,它倾注了企业所有人员对社会的责任。

蒙牛时时刻刻不忘提醒自己,只有高尚的人格才能创造出好的产品,高尚的企业才能成就高尚的事业。

蒙牛通过不断创新,不断研发新产品来满足消费者的口味,可见创新是一个企业快速发展的秘籍。

蒙牛用发展的眼光看问题,勇于承担绿色责任、环境责任、投身社会公益事业,这些责任已经成为蒙牛文化的重要组成部分,并受到社会的高度赞誉。

蒙牛从创始之初就定位为"百年蒙牛",她用行动证明,企业要想做大、做强、持续兴旺,就必须在创新的同时讲责任。经历了几多风雨的蒙牛越来越注重企业肩负的社会责任。蒙牛认为,一个持续发展的企业必定有好的企业文化,而蒙牛的企业文化是:社会责任永远高于企业或者个人利益。由此可见,有继往开来精神的同时又对社会负责的企业才是值得尊敬的企业。

资料来源:陈义. 蒙牛的企业文化是社会责任永远高于企业[J]. 功能材料信息,2010,7(1):29-30。

【知识要求】

通过本章的学习，使学生掌握组织文化、管理道德、企业社会责任的内涵、特点和基本内容，了解组织文化的类型及作用，管理道德的影响因素及其必要性，企业社会责任的重要性。

【技能要求】

通过本章的学习，使学生能够进行组织文化诊断，分析组织内文化建设的问题，通过一定的途径和方法改善组织的管理道德。

【关键术语】

组织文化；管理道德；企业社会责任

第一节　组织文化

一、组织文化的内涵

不同的组织有不同的文化，例如当你进入某个企业，你可能会感觉到该企业与其他企业明显不同的氛围，人们彼此打招呼的习惯，或他们是如何看待你这位新员工的。人们谈论的话题，或人们保持沉默，办公室的设备、布告栏以及许许多多不出声的暗示都会向你展示该企业的文化。正如每个人都有其独特的个性一样，一个组织也具有自己的个性，这种个性称为"组织人格""组织气氛"或"组织文化"。文化对组织发展甚至组织内每件事都产生着重要的影响。

组织文化有狭义和广义之分。狭义的组织文化往往是指精神文化，即组织在长期的实践活动中所形成的并且为组织成员普遍认可和遵循的具有本组织特色的价值观念、团体意识、工作作风、行为规范和思维方式的总和。广义的组织文化是指组织在长期发展中形成的物质文化和精神文化的总和，包括表层文化、中层文化和深层文化三部分。组织文化的核心是组织的价值观。组织价值观作为组织成员所拥有的共同信念和判断是非的标准，以及调节行为及组织内外关系的规范，对组织的生存发展至关重要。

企业价值观的核心就是企业伦理观。由于企业文化被理解为是企业处理企业内部与外部各种矛盾的一种哲学，这种哲学的存在使越来越多的企业将其核心价值观定义为对社会的一种责任，而非利润，特别是在日本的企业文化类型中更突出了这种倾向性。在卓越的企业文化中，企业哲学能够将这些貌似不可能融合的矛盾巧妙地协调成一种企业向上的动力，而不是像众多的企业认为的它们是相互独立、互相排斥的价值观。而企业伦理在企业文化中属于社会文化层面，它是通过道德规范来调节企业和员工行为的。因此，本章将从管理道德和社会责任两方面对企业伦理进行阐释。

二、组织文化的基本特征

文化是由人类创造的不同形态特质所构成的复合体，是一庞大的丰富而复杂的大系统，由于文化的层次不同，其所具有的功能、担负的任务、所要达到的目的也不一样。因此，组织文化作为一种子系统，其特征主要包括以下四个方面。

1. 无形性

组织文化所包含的共同理想、价值观念和行为准则是作为一个群体心理定势及氛围存在于组织中的，在这种组织文化的影响下，员工会自觉地按组织的共同价值及行为准则去从事工作、生活、学习，这种作用是潜移默化的，是无法度量和计算的，因此，组织文化是无形的。

2. 软约束性

组织文化之所以对组织经营管理起作用，主要不是靠规章制度之类的硬约束，而主要是依靠核心价值观以及由管理风格和管理观念（管理者说的话、做的事、奖励的行为）构成的管理氛围对员工的熏陶、感染和诱导，使组织员工产生对组织目标、行为准则及价值观念的"认同感"自觉地按照组织的共同价值观念及行为准则去工作。组织文化对员工有规范和约束的作用。

3. 稳定性和连续性

组织文化随着组织的诞生而产生，具有一定的稳定性和连续性，能长期对组织员工行为产生影响，不会因为日常细小的经营环境的变化或个别干部及员工的去留而发生变化。

4. 共性和个性

一方面，组织文化是共性和个性的统一体，组织大多都从事商品的生产经营和服务，都有其必须遵守的共同的客观规律，如必须调动员工的积极性，争取顾客的欢迎和信任等，因而其组织文化有共性的一面。而另一方面，由于民族文化和所处环境的不同，其文化又有个性的一面，据此我们才能区别美国的组织文化、日本的组织文化和中国的组织文化。同一国家内的不同组织，其组织文化有共性的一面，即有同一民族文化和同一国内外环境而形成的一些共性，但由于其行业的不同，社区环境的不同，历史特点不同，产品特点不同等，必然会形成组织文化的个性。而组织文化具有鲜明的个性、有活力和生命力，才能充分发挥组织文化的作用，使组织长盛不衰。

三、组织文化与传统文化的关系

1. 传统文化是组织文化的基石

西欧、美国、日本等国的组织文化建设都是以本国的传统文化为基础的,而且是组织文化塑造成功的典范。由于历史文化传统不同,企业家对员工的思想领导方式、价值观引导、企业文化结构、市场策略思想等也就有所不同,因此,传统文化是组织文化的基石。中华民族博大精深的传统文化,深刻地影响着企业的经营管理和组织文化塑造。组织文化中沉淀和凝聚着中华民族传统文化中儒家、法家、道家的伟大思想。中国的企业文化在国际交流中最有生命力的还是受中国传统文化影响的部分。要想发展、繁荣中国的企业文化,一方面要吸收国内外企业文化的优秀部分;另一方面更重要的是要把好的传统继承下来,在融合的过程中创新,实现两种文化的对接和超越。

2. 组织文化也是传统文化的一部分

组织是由人组成的,组成组织的个人同时也组成了一个更为广泛的群体。在这个更为广泛的群体中,也形成了一种文化叫传统文化。组织文化附属于传统文化,同时组织文化也构成了传统文化的一部分。组织文化与传统文化是一种相辅相成的关系,所以组织构建文化时必须遵循传统文化的原则,这也是一个小气候与大气候的关系。

四、组织文化的结构

组织文化通常可划分为四个层次,即物质层、行为层、制度层和精神层。

1. 物质层

物质文化层是组织文化的表层部分,它是组织创造的物质文化,是一种以物质形态为主要研究对象的表层组织文化,也是形成组织文化精神层和制度层的条件。优秀的组织文化是通过重视产品的开发、服务的质量、产品的信誉,以及组织生产环境、生活环境、文化设施等物质现象来体现的。

2. 行为层

行为文化层即组织行为文化,它是组织员工在生产经营、学习娱乐中产生的活动文化,包括组织经营活动、公共关系活动、人际关系活动、文娱体育活动中产生的文化现象。组织行为文化是组织经营作风、精神风貌、人际关系的动态体现,也是组织精神、核心价值观的折射。

3. 制度层

制度文化层是组织文化的中间层次,把组织物质文化和精神文化有机地结合成一个整体。制度文化层主要是指对组织和成员的行为产生规范性、约束性影响的部分,是具有组织特色的各种规章制度、道德规范和员工行为准则的总和。它集中体现了组织文化的物质层和精神层对成员和组织行为的要求。制度文化层规定了组织成员在共同的生产经营活动中应当遵守的行为准则，主要包括组织的领导体制、组织机构和管理制度等三个方面。

4. 精神层

精神文化层即组织的精神文化，它是组织在长期实践中所形成的员工群体心理定势和价值取向，是组织的道德观与价值观即组织哲学的综合体现和高度概括，反映全体员工的共同追求和共同认识。组织精神文化是组织价值观的核心，是组织优良传统的结晶，是维系组织生存发展的精神支柱。它主要是指组织的领导和成员共同信守的基本信念、价值标准、职业道德和精神风貌。精神层是组织文化的核心和灵魂。

因此，精神文化层决定了制度文化层和物质文化层；制度文化层是精神文化层与物质文化层的中介；物质文化层和制度文化层是精神文化层的体现。行为文化是以精神文化为指导、以制度文化为准绳，即行为是组织精神与制度作用力的真实结果。组织文化的结构如图7-1所示。

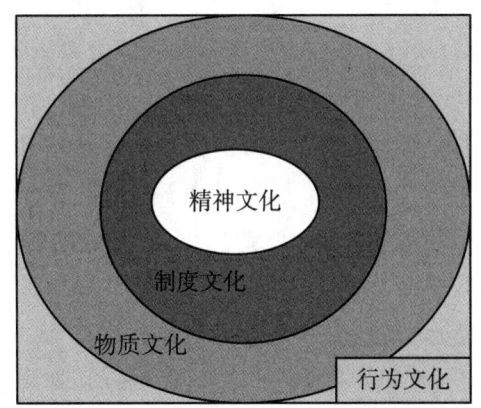

图7-1 组织文化的构成

五、组织文化的基本内容

1. 组织的最高目标和宗旨

组织的存在，都是为了某种目标或追求。学校有学校的宗旨，企业有企业的目标。学校的办学宗旨是教书育人，是为社会培养有用的人才；而企业是一个经济实体，必须获取利润，但我们绝对不能把盈利作为企业的最高目标或宗旨，纵观世界上比较优秀的组织，大都是以社会、顾客、员工服务等作为最高目标或宗旨。例如，沃尔玛的宗旨是"帮助顾客节省开支，使他们生活得更好"；微软公司的经营宗旨是随着时代的发展而不断变化的；宝钢以"高质量、高效率、高效益，建设一流钢铁企业"为目标和宗旨。

2. 共同的价值观

组织文化中所讲的价值观是指组织中人们共同的价值观。共同的价值观是组织文化的核心和基石。它为组织全体员工提供了共同的思想意识、信仰和日常行为准则，这是组织成功的必要条件。例如微软的价值观是正直诚实、坦诚大方对客户、合作伙伴和对新技术充满热情、直率地与人相处，尊重他人并且助人为乐，勇于迎接挑战，坚持不懈，严于律己，善于思考，坚持自我提高和完善；海尔的价值观的核心是"创新，不断地创新"。

3. 作风与传统习惯

作风与传统习惯是为达到组织最高目标的价值观服务的。组织文化从本质上讲是员工在共同的工作中产生的一种共识和群体意识，这种群体意识与组织长期形成的传统的作风关系极大。例如我国很多企业文化中的"自力更生、艰苦创业、团结奋斗、开拓进取"等精神，便体现了我国组织的作风及传统习惯。

"你好，微软公司"

微软公司曾发生过这样一件事。某年，公司举行庆祝会，员工们都集体在一家宾馆住宿，由于第二天的活动日程临时变动，前台服务员只得一个个打电话通知。第二天，这位服务员吃惊地说："你们知道吗？我给145个房间打电话，起码有50个电话的第一句是'你好，微软公司。'"

原来，进入微软技术支持中心的第一步，是接受为期一月的封闭式培训，培训的目的是把学子们转换为真正的职业人。光是关于如何接电话，微软就有一套手册，其中一条要求技术人员拿起电话，第一句话是："你好，微软公司！"

对此，微软（中国）有限公司总裁唐骏说："没有一个工作是十全十美的，工作中难免会有压力，有枯燥的时刻，把自己喜欢的工作干好是一种享受，把自己不喜欢的工作干好，更需要使命感。"这种精神就是我们说的敬业精神。在深夜里迷迷糊糊地接电话，第一句依然是"你好，微软公司。"

可见，微软公司的组织文化对员工的影响有多大。

资料来源：李永勤，郭颖梅. 组织行为学［M］. 昆明：云南大学出版社，2008。

---

4. 行为规范和规章制度

如果说组织文化中的最高目标和宗旨、共同的价值观和传统习惯是软件的话，那么行为规范和规章制度就是组织文化中的硬件部分，在组织文化中要配合软件，使组织文化得以在组织内部贯彻。

5. 组织价值观的物质载体

诸如标识、环境、包装、纪念物、制服等，也是组织文化硬件的一部分。以"康师傅"名称的由来为例，很多人认为"康师傅"的老板姓康，其实不然。"康"代表健康，念起来很响亮，"师傅"是中国最普遍的尊称，既是专业、好手艺的代名词，同时又显得非常亲切。再配上笑容可掬、造型憨厚的"胖师傅"形象，是一个很具号召力的标识设计。于是，顶新集团便锁定"康师傅"为产品的名称，创立知名品牌"康师傅"的台湾顶新集团，经过在祖国大陆十余年的发展，以从当初一个名不经传的小企业发展成为全球最大的方便面生产厂家之一。

阐述海尔的物质文化、行为文化、制度文化和精神文化的基本内容和典型特点。

六、优秀组织文化的类型划分

两种截然不同的组织文化

组织 A

这一组织是一家制造公司，雇员对公司忠诚，该公司雇员需要遵守大量的规章制度，管理者密切监督员工以保证不发生偏差。管理当局关心的是高生产率，而不管它对员工士气及流动的影响。

组织 B

这一组织也是一家制造公司。而在这家公司中，员工以他们的技术诀窍和专业知识及同公司外的广泛交往为荣，公司只有少量的规章制度，监督较松，因为管理当局相信公司的员工会努力工作并值得依赖。管理当局关心高生产率，但他们相信高生产率来自正确地对待员工。该公司对于被看作是良好的工作场所的声望感到自豪。

资料来源：罗宾斯．管理学［M］．4版．北京：中国人民大学出版社，1997．

不同组织存在不同类型的文化，而文化类型的划分，有助于人们认识不同组织的文化的差异，认识人与文化之间的关系的重要性。根据不同标准和不同用途，理论界目前对组织文化常见的划分方法有以下几种。

1. 按照权力的集中或分散划分

（1）独裁文化。具有独裁文化的组织往往是由个人或一个很小的群体领导这个组织。组织往往以企业家为中心，不太看重组织中的正式结构和工作程序。适合于一定规模的企业，但随着组织规模的逐渐扩大，往往权力文化会感到很难适应。

陈裕阳与他创造的公司：韩国现代

现代集团年销售额450亿美元，由40多个分公司组成，其经营业务相当广泛，从船运到半导体，从机动车辆到计算机，从工程到机器人，从石油化工产品到百货商店等。现代集团是一个纪律严明、带有军事风格的组织。使现代集团成为这样一个组织的人是陈裕阳。

> 1915年陈裕阳出生于韩国一个贫苦的农民家庭,有6个兄弟姐妹。二战结束后,他建立了一个汽车修理厂,取名为"现代"。一个巨大的王国就是从这个小小的开端起步的。在公司的整个发展中,陈裕阳的风格塑造了现代集团特有的文化,家庭忠诚感和专制统治。"老板总是老板",现代美国分公司总裁金泳达如是说。
>
> 在他权力的顶峰,陈裕阳是一个令人畏惧的人物。有人说,在现代集团的经营委员会会议室里备有担架,因为陈裕阳有时会把不听他话或不按他的方式做事的下属击倒。
>
> 资料来源:朱启臻.组织行为学[M].北京:知识产权出版社,2007。

现代集团代表了独裁文化的模式,企业家具有神圣的权力和威严。

(2)官僚文化。在这样的组织里,你是谁并不重要,你有多大能力也不重要,重要的是你在什么位置,你和什么人的位置比较近,做每件事情都有固定的程序和规矩,人们喜欢的是稳重、长期和忠诚,有的甚至是效忠。这种文化看起来安全和稳定,但是当组织需要变革的时候,这种文化则会受到较大的冲击。

(3)任务文化。在这种文化中,团队的目标就是要完成设定的任务。成员之间的地位是平等的,这里没有领导者,唯一的老板就是任务或者使命本身。有人认为这是最理想的组织模型之一,但这种文化要求公平竞争,而且当不同群体争夺重要的资源或特别有利的项目时,很容易产生恶性的政治紊乱。

(4)个性文化。这是一种既以人为导向,又强调平等的文化。这种文化富于创造性,孕育着新的观点,允许每个人按照自己的兴趣工作,同时保持相互有利的关系。在这样的组织里,组织实际上是服从于个人的意愿,很容易被个人左右。

2. 按照组织文化的内在特征划分

(1)学院型文化。学院型组织往往是为想全面掌握每一种新工作技能的人而设立。在这里他们能不断地成长、进步。学院型组织喜欢雇用年轻的大学毕业生,并为他们提供大量的专门培训,然后指导他们在特定的职能领域内从事各种专业化工作。学院型组织的例子有:IBM、可口可乐、宝洁公司等。

(2)俱乐部型文化。俱乐部型公司非常重视适应、忠诚感和承诺。在俱乐部型组织中,资历是关键因素,年龄和经验都至关重要。与学院型组织相反,它们把管理人员培养成通才。俱乐部型组织的例子有:联合包裹快递、贝尔公司等。

(3)棒球队型文化。棒球队型组织鼓励冒险和革新。招聘时,从各种年龄和经验层次的人中寻求有才能的人。由于这种组织对工作出色的员工给予巨额奖酬和较大的自由度,员工一般都会拼命工作。在会计、法律、投资银行、咨询公司、广告机构、软件开发等行业,这种组织比较普遍。

(4)堡垒型文化。堡垒型公司则着眼于公司的生存。这类公司以前多数是学院型、俱乐部型或棒球队型的，但在困难时期衰落了，现在尽力来保证企业的生存。这类公司工作安全保障不足，但对于喜欢流动性、挑战的人来说，具有一定的吸引力。堡垒型组织包括大型零售店、林业产品公司、天然气探测公司等。

3. 按照环境的需要和战略特点划分

（1）创新文化。创新文化鼓励、提倡有助于提高组织适应环境的规范与信息。其特点是注重组织内部的创造、创新和冒险。

（2）使命文化。使命文化强调组织远景的开发，鼓励员工努力实现与远景相匹配的具体成就，如市场份额、利润增长等，并承诺提供相应的报酬。

（3）家族文化。家族文化注重组织成员对工作的投入、对决策的参与，以增强员工对组织的归属感。

微软的文化

微软公司愿意聘用那些曾经犯过错误而又能吸取经验教训的人。微软的执行总裁麦克尔说："我们寻找那些能够从错误中学会某些东西，主动适应的人。"在录用过程中，我们总是问应聘者："你遇到的最大的失败是什么？你从中学到了什么？"

罗蒂与别人一起在1992年共同创造了爱林特计算机系统公司。10年后，由于公司入不敷出而倒闭。而微软在1992年12月聘用了罗蒂，并任命他为主管，负责筹划如何把新技术用来制造消费品。微软从罗蒂身上发现的不仅是他的技术和管理经验，而且是一个敢用远见打赌的人。微软的人会告诉你，用远见打赌是公司存在的全部，许多远见最终以失败告终，但这并不重要，重要的是他们曾尝试过。

在寻求有远见的冒险者时，微软喜欢尝试那些成功地处理过失败与错误的人。一位高层管理员说："公司接受了很多内部的失败。你不能让员工觉得如果做不成，他们就可能被解雇，如果那样，没有人愿意承担这些工作。"

在微软公司，最好是去尝试机会，即使失败，也比不尝试任何机会好得多。

资料来源：朱启臻. 组织行为学［M］. 北京：知识产权出版社，2007。

微软公司的文化类型及特点是什么？

七、组织文化的作用

由于组织文化涉及分享期望、价值观念和态度，它对个体、群体及组织都有影响。总的来看，组织文化对于整合组织成员，适应外部的环境方面具有十分重要的作用，但对组织文化的负面影响却不容忽视。

1. 组织文化的积极作用

（1）导向功能。企业文化能对企业整体和每个成员的价值取向及行为取向起引导作用。

（2）规范功能。企业文化对企业员工的思想、心理和行为具有约束和规范作用。

（3）凝聚功能。企业文化的凝聚功能是指当一种价值观被企业员工共同认可后，它就会成为一种黏合力，从各个方面把其成员聚合起来，从而产生巨大的向心力和凝聚力。

（4）激励功能。企业文化具有使企业成员从内心产生一种高昂情绪和奋发进取精神的效应。

（5）创新功能。企业文化常常具有鼓励员工创新的功能。

（6）辐射功能。企业文化一旦形成较为固定的模式，它不仅会在企业内部发挥作用，对本企业员工产生影响，而且也会通过各种渠道（宣传、交往等）对社会产生影响。

2. 组织文化的负面作用

（1）对变革的影响。组织处于动态变化的情况下，组织文化往往成为组织的束缚。根深蒂固的组织文化容易束缚组织的手脚，使组织难以应付变幻莫测的环境，对那些不符合组织的价值观念总是置若罔闻。

（2）对个性的影响。组织文化强调统一的价值观、生活方式，强调新成员服从组织文化，这不利于组织成员自身个性多样化和创新能量的发展。

（3）对组织兼并、收购的影响。组织文化一旦形成，便具有稳定性和个性特征，这种特征使得两种不同组织的兼并、联合、收购后面临着融合和文化沟通的难题，使得新的组织文化同原有文化之间出现摩擦和碰撞，有可能导致收购和兼并的失败。

八、组织文化的诊断

建设组织文化的关键在于量体裁衣，建设适合本组织的文化体系，达到这一目标的大前提就是对组织文化的全面了解。所谓组织文化的诊断，就是对组织现有文化的一次调查和分析。当一个组织尚处在创业阶段时，需要了解创业者的组织目标定位，如果是已经发展了一段时间的组织，需要了解组织发展的一些问题和员工广泛认同的概念。

1. 对组织文化进行诊断的人员

诊断人员主要有两种：一种是由组织内部人进行盘点，另一种是请"外脑"来进行盘点。后者的优点是比较客观，没有利害关系，因此被调查者没有顾虑和心理障碍，其缺点是对情况不熟悉，受"外脑"知识和能力限制。组织可以根据自己的实际情况选择。

2. 组织文化诊断的方法

常用的一些诊断方法主要包括：访谈法、问卷法、资料分析法、实地考察法等。可以是自下而上、分层进行，也可以是大规模的一次进行，这取决于组织的规模和生产运作特点。在组织文化的调研中，匿名问卷形式比较常用，它可以很好地反映组织文化的现状和员工对组织文化的认同感。

根据实际需要设计问卷内容，设计原则是调查目标明确、问题区分度高、便于统计。对有价值类型的调查，又不能让被调查者识破调查目的。比如，在分析员工价值取向时，可以提问："如果再次选择职业，您主要考虑以下哪些方面"，然后列出工资、住房、个人发展等许多因素，规定最多选三个，经过结果统计，我们就不难发现员工普遍性的价值取向了。

组织文化的调研，其实也是一次全体员工的总动员。在开展组织文化调查之前，最好由主要领导组织召开一次动员大会。在调研期间，可以采取一些辅助措施。比如，建立员工访谈室、开设员工建议专用信箱等，调动员工的积极性，增强参与意识。

3. 组织文化诊断的内容

组织文化诊断的内容要有针对性，内容主要围绕经营管理现状、组织发展前景、员工满意度和忠诚度、员工对组织理念的认同度等几个方面。一些组织的内部资料往往能够反映出组织的文化，可以对组织历史资料、各种规章制度、重要文件、内部报刊、公司人员基本情况、先进个人资料、员工奖惩条例、相关媒体报道等方面获得有用信息。为了工作方便，最好列出一个清单，将资料收集完整，以便日后查阅。

企业文化应具有适应性

1943年，宜家集团（IKEA）由次普拉创办于瑞典，是当今全球最大的家具生产与零售厂商。今天宜家繁荣背后的强大力量是其多年来坚定不移的文化理念。其企业文化来源于北欧斯堪的纳维亚和瑞典文化，如非正式、关注成本、幽默和脚踏实地，其文化的核心之一就是平等主义。坎普拉倡导平等、反官僚、信任员工、建立扁平化的组织，以利于快速决策。

虽然宜家曾经认为瑞典人更适合做公司的经理，但后来放弃了这一思想，倡导对不同国家雇员的平等对待。"多样化能够产生更加具有挑战性的工作氛围，并且加强了我们的雇员基础"，达尔维格说。在瑞典，宜家还相当注重性别问题，在员工队伍中男女各占一半，在国外的宜家公司还要汇报不同国籍、种族和肤色员工的比例。

宜家的成长轨迹折射了第二次世界大战后跨国公司发展壮大的一般规律：遵循国际化战略的黄金定律，在全球复制公司成功经验的同时兼顾公司文化的适应性。宜家生产销售的全球化已经进入成熟阶段，母国概念日渐模糊；公司在世界范围推销其指导的生活方式，产品作为公司文化的载体受到重视；注重公司文化的适应性，适当地将当地生活方式和文化元素融入产品设计。

资料来源：马作宽.组织文化[M].北京：中国经济出版社，2009。

4. 组织文化的分析与总结

经过一系列的组织文化调查后，我们需要进行一些分析，得出初步结论，分析主要集中在以下四个方面：

（1）分析组织经营特点，了解组织在行业中的地位和组织生产经营情况。

（2）分析组织管理水平和特色，研究组织内部运行机制，重点分析组织管理思路、核心管理链、现有管理理念和主要弊端。

（3）分析组织文化的建设情况，领导和员工对组织文化的重视程度。

（4）逐项分析组织文化各方面的内容，包括组织理念、组织风俗、员工行为规范等具体内容。

根据以上的综合分析，我们可以判断目前组织文化的状况，了解员工的基本素质，把握组织战略和组织文化的关系，分析组织急需解决的问题和未来发展的障碍。

5. 组织文化的维持

组织文化一旦形成或创立，就需要一系列有效的管理措施和方法来维系组织文化，保持组织文化的活力和特色。

（1）组织文化的维系过程。组织文化形成后，管理层应当采取人力资源管理等必要的管理措施，通过给组织成员提供一系列相似的经历来维系组织文化，从而保持组织文化的活力和特色。组织文化的维系过程具体如图 7-2 所示。

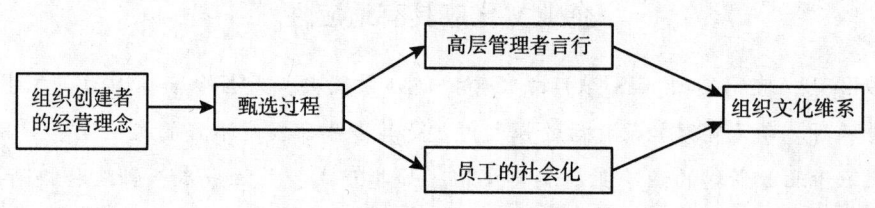

图 7-2　组织文化的维系过程

首先，组织创建者的经营理念。创建者的经营理念不仅决定着组织文化的创建，而且会强烈地影响到组织对其他成员的甄选标准和过程。其次，组织甄选标准和甄选过程决定其他组织成员的挑选，并且会影响或设定组织成员的行为标准，限定高层管理者发生的行动范围和组织成员的社会化过程。再其次，高层管理者的言行举止对组织文化产生重要影响。最后，组织员工的社会化。组织员工为了适应其所在组织的价值体系、组织目标和行为规范而调整自己态度、行为的学习过程。这一过程帮助组织成员特别是新成员适应和奉行组织文化的过程，在维系组织文化过程中起着特别重要的作用。

（2）组织文化的维系方法。组织文化的维系方法除了招募和甄选适应组织文化的个人，对新雇员进行社会化外，还可以通过解雇那些违背组织文化的人来保持组织文化。此外，维持一个组织文化还有许多常规的方法，这些具体的方法大部分都要比单纯雇佣或解雇人员更复杂。例如：管理者和团队所关注的焦点；对组织的危机的反应；管理者的模范作用；报酬与奖励制度；选择与晋升的标准；组织的仪式、标志、庆典和历史。

（3）组织文化的变革。首先，确定组织文化变革的时机。一般而言，当发生重大的社会变动，当诸如市场、科技、体制、竞争等组织的外部环境发生剧烈的变化，或诸如组织重组、转产、领导换届、严重亏损等内部发生重大变化时，或当组织面临失败和重大挫折时，都是组织文化变革的重要时机，需要组织的领导者抓住时机，精心策划，采用恰当的组织文化变革模式和方法，实现组织文化的变动和更新。其次，确定组织文化变革的模式。应当说组织文化变革的模式没有一定之规，但美国管理学家杰克琳·谢瑞顿和詹姆斯·L. 斯特斯在二人合著的《企业文化：排除企业成功的潜在障碍》中所提出的由需求评估、行政指导、基础结构、变革的实施结构、培训、测定和评估变革的预期成果六个部分组成的"企业文化变革模式"，被大量的企业和组织成功地适用于指导和实施组织文化的变革之中，改进了人们领导和管理组织文化变革的艺术，值得我们学习和借鉴。最后，确定组织文化变革的路径。

九、中国企业文化的特点分析

受传统文化以及企业生存发展环境的影响，中国企业文化一般具有以下几个特点。

1. 注重伦理道德，表现出浓厚的伦理色彩

尽管我国企业文化的表现形态是多种多样的，但注重伦理道德问题始终是其主要内容。无论是干部的任命考核，还是企业经营绩效的衡量与判断，乃至企业决策及行为的选择和评价，在很大程度上往往都不是以客观经济效果作为价值评价的依据，而是以道德规范和伦理标准作为衡量的基本价值准则。我国企业文化之所以形成这种注重伦理道德的特征，原因就在于传统的伦理文化的影响和计划经济时代所形成的集权管理模式的滞后效应。

2. "人治""情治"与"法治"相结合的非制度型的企业文化

虽然改革开放以来我国许多企业都在进行企业文化建设工作，而且也取得了十分明显的成效，但总体来说，我国的企业文化建设活动仍然处在起步阶段，所以"法治化"的局面并未真正形成，"人治"的成分仍然相当严重。诸如长官意志、口头承诺、随意性的和模糊性的习惯、裙带关系等行为随处可见，严重制约了企业的规范化和制度化的发展历程。

3. 企业文化个性不明显

如果从作为个体的企业这个角度进行比较，我国大部分国有企业也并未形成具有自己特色的企业文化，国外许多企业有自己特色鲜明的个性化企业文化、他们各自的企业文化实质上形成了自身的象征和标志。例如，美国 IBM 公司的"服务"文化、日本 SONY 公司的"开拓者"精神等都是与众不同的很富有个性特点的企业文化实例。然而我国企业却未能形成这种富有特色的企业文化，有的几乎只是雷同的文化特点。

第二节 管理道德

一、管理道德的概念与表现

1. 管理道德的概念

道德是评价人们的行为、调整人与人、人与自然环境,以及个人与社会之间关系的行为准则和规范的总称。一般来说,道德是社会基本价值观一个约定俗成的表现,人们一般都会根据自己对社会现象的理解、社会认同的形态,形成与社会大多数人认同的道德观,大多数人能知道该做什么不该做什么,哪些是道德的哪些是不道德的。道德一般可分为社会公德、家庭美德、职业道德三类。

管理道德作为一种特殊的职业道德,是指导管理人员工作行为的标准,是一个企业在处理内部问题及外部环境相关问题时所采取的道德标准和准则,是企业调解内部利益相关者和外部利益相关者关系的行为规范的总和。对管理者自身而言,可以说是管理者的立身之本、行为之基、发展之源;对企业而言,是对企业进行管理价值导向,是企业健康持续发展所需的一种重要资源,是企业提高经济效益、提升综合竞争力的源泉。管理道德是管理者与企业的精神财富。许多世界著名的企业都在自己的企业宗旨与目标的表述中让人体验到深厚的管理道德的底蕴。

美国摩托罗拉公司以公平的价格向顾客提供优质的产品和服务,光荣地服务于社会,以尊严对待每位员工,在所有层面追求诚实、正直、合乎伦理。日用消费品行业的领导者宝洁公司,本着"产品完善,诚实与公平;尊重与关心个人"的原则驰骋市场,所向披靡。正是在企业管理道德的支持下,像摩托罗拉公司、宝洁公司这样的企业才能历久弥新,使企业永葆旺盛的生命力而不断发展。

2. 管理道德的表现

管理道德作为指导管理人员工作行为的标准,关系企业的生存发展,在五个方面显得最为重要。

(1) 公司制定什么样的组织目标。任何管理都是组织的管理。但是,组织管理者的思想道德水平如何,又直接关系到管理水平的高低和组织目标的实现。因为管理者在制定组织目标时,不仅要考虑到组织目标的可行性,而且要考虑到组织目标的道德性,才能使组织目标成为有效的目标。组织管理者为了使其组织目标可行,或多或少地都要考虑它的目标的道德性。世界500强企业中,除了先进的技术、严格的管理、旺盛的创新意识、崭新的人才观念外,无一例外,都拥有企业自身的道德行为规范,而且都对企业道德建设和实施非常重视。

(2) 用什么样的手段去实现组织目标①。1995 年，IBM 公司宣布解雇驻阿根廷分公司的三名高层管理员。因为他们三人为了确保一份价值 2.5 亿美元的合同成功签订时从事了不道德行为。在这份合同中，IBM 公司要向阿根廷最大的国有银行之一 Blanco de Nation Argentia 提供计算机服务。据报道说，这三名人员向名为 CCR 的第三家公司支付了 1400 万美元，而 CCR 公司又将其中近 600 万美元付给了其他皮包公司。这 600 万美元后来被用于贿赂银行的高层管理人员以及让他们与 IBM 公司签署这份合同。据 IBM 总公司的管理人员透露，这种交易若按照 IBM 公司的标准来判断是不道德的，但根据阿根廷法律就不一定是非法的。无论怎样，这三名阿根廷管理人员还是被 IBM 公司开除了，因为他们没能遵守 IBM 公司禁止以行贿方式在其他国家获得合同的操作程序和标准。此外，行贿行为还违反了《美国海外反腐败法案》。该法案除禁止美国公司以行贿方式获得外国合同外，还规定美国公司要对其外籍管理人员的行为负责。如美国公司一旦被发现违反了该法案，它将会在美国受到起诉。IBM 通过解雇这三名高级管理人员表示其不会容忍雇员采用不道德的手段，做出不道德的行为。直至今天，他们对此类道德问题还是继续采取严谨的态度。

(3) 公司如何对待员工。徐某是深圳赤湾海洋石油设备修造公司的电焊工，某日出海，在菲利普斯驻惠州的 XJ302 平台作业。次日因工作中不慎砸断了右小指，当时作业平台距离陆地有 300 多海里，而断指活体的保存时间不能超过 12 小时，坐船显然来不及。中国菲利普斯石油有限公司领导得知情况后，立即与深圳直升机场取得联系，用 6000 美元租用一台直升机，安排两名安全员，将徐某以及用冰袋保存好的手指头，护送至西丽直升机机场，全程只用了 55 分钟，为手指成功再植争取了宝贵的时间。这反映了菲利普斯石油有限公司管理层良好的道德水准。但也有道德水准低下的管理者。据《新晚报》报道，哈尔滨市的一家建筑企业雇用的民工在施工时受伤，用人单位却撒手不管；《中华人民共和国劳动法》明文规定不能解雇妊娠和哺乳期内的女工，却有企业想方设法将怀孕的妇女推出门；电视台也曾报道过南方一些地下黑加工厂在工作环境极其恶劣的情况下竟然雇用童工进行生产。所有这方面的例子包括雇用与解雇、工资与工作条件、员工隐私等都表明了企业的管理道德水平的高低。

(4) 公司如何对待其他公司和其他人。这里包括对待顾客、供应商的态度，对待竞争对手的行为，与股东、工会以及当地社区的交往，无不体现出公司的管理道德水平。由于超市发起"圈地运动"，供应商被"高收费"压得喘不过气来，究竟孰是孰非要靠管理道德的标准来检验，符合管理道德的理念和行为会经得起时间的考验，有利于企业的长远发展；反过来，违反管理道德的行为，即使能获得眼前利益的满足，也迟早会使企业陷入恶性循环，最终得不偿失。曾经火爆一时的隆马特超市就是一例。隆马特超市开业之初顾客

---

① 加雷斯·琼斯，珍妮弗·乔治. 当代管理学（第二版）[M]. 李建伟，严勇，周晖，译. 北京：人民邮电出版社，2003.

盈门，因此有了向供应商肆意索要的资本，结果过高的收费最终会叠加在消费者身上，产品的质量泡沫增加，消费者不会买账，落得个关门大吉的下场。

（5）管理人员如何对待财物。物资钱财是实现组织管理目标的物质基础。没有物资钱财的组织根本不可能进行管理。但是，有了物资钱财的组织，也不一定能实现有效的管理目标，因为物资钱财总是要交给组织机构的人员去掌握和运用的。这时，财物管理人员的道德素质的高低与财物的道德风险就会成正比。如果管钱管物的人连"君子爱财，取之有道""非我之物勿用"等最起码的道德意识都没有，必然会利欲熏心，贪污挪用，化公为私，这就必然动摇或削弱组织管理的物质基础。管理人员如何对待财物体现了管理人员的道德水准。

二、组织建立管理道德规范的必要性

管理道德，对管理者自身而言，是其立身之本、行为之基、发展之源；对企业而言，是企业进行管理的价值导向，是企业健康持续发展的重要资源，是企业提高经济效益、提升综合竞争力的保障，可以说管理道德是管理者与企业的精神财富。

1. 管理道德是企业精神财富和生命力所在

管理道德不但不是可有可无的东西，而且还是市场经济条件下企业运行所需的一种重要的新型资本形态，是一个企业精神财富和生命力所在。同样，其行为有悖于管理道德的企业和个人也必会受到社会、市场的严重处罚。例如，南京冠生园，我国食品行业的名牌企业，2001年8月，这家企业因为将隔年霉变的月饼加工成新月饼销售，在新闻曝光后被市场视为过街老鼠。因管理道德的负向乘数效应的作用，导致了冠生园当年申请破产保护。

2. 管理道德是企业创造财富和提高竞争力的源泉

在深层次上，管理道德对企业管理进行价值导向，管理道德是企业创造财富和提高竞争力的源泉。奔驰享誉世界，靠质量取胜，不合格零件不用，不合格产品不出厂，一个引擎就要经过42道检验工序。在海尔，有缺陷的产品就是废品，为了提高质量，张瑞敏举起锤子将76台有缺陷的冰箱产品砸碎；海尔每条流水线上有一名特殊工人，负责维修缺陷，并记录时间，作为向缺陷责任人索赔的依据。这两个企业的管理者对于产品质量的严格把关体现了管理者极高的道德水准，也为企业赢得市场青睐奠定了良好的基础。

3. 管理道德是企业文化的重要组成部分，对企业的长期发展影响深远

管理道德是管理者的行为规范，是调节管理人员和各方面人员及事务的关系规范，是一个企业员工参照的典范，必将对企业的长期发展产生深远影响。管理道德是构成企业文化的一部分。英航公司曾经创造了只有一人的飞行；美国多米诺披萨饼公司承诺最多在三十分钟内将货物送到任何地方，任何一家代销店如果供应出现危机，总店可以"租飞机，马上送去"。这些体现的既是公司的管理道德，也是企业诚信核心价值观的体现，从而构成了企业文化的一部分。

三、管理道德的影响因素

1. 外部因素

外部因素的影响主要包括早期教育因素、企业的管理体制及制度因素、企业文化因素、社会大环境因素等。

（1）早期教育因素的影响。个人早期受的教育、生活环境，尤其是在其幼、童年时期所处环境的熏陶、所受教育的程度对其今后观念的形成起到至关重要的作用，通过这一时期感知、认知事物，其个人的道德观初步形成。"孔融让梨"就是早期教育对其道德影响的表现。

（2）企业的管理体制及制度因素的影响。企业的管理体制是否有利于企业发展，企业领导者是否为管理者创造一个工作、发展的平台，企业是否做到组织结构科学合理、规章制度是否健全完善、人才培训培养机制是否激励有效等，都对管理道德的形成起到较大影响。正如张瑞敏对自己在海尔充当的角色的评价：第一是设计师，在企业发展中如何使组织结构适应企业发展；第二是牧师，不断地布道，使员工接受企业文化，把员工自身价值的体现和企业目标的实现结合起来。

（3）企业文化因素的影响。一个企业有较强的、积极向上的企业文化就可以抵御外来风险，化解内部冲突。在走上市场经济之路以来，许多企业注重实施企业文化建设，形成具有企业自身特色的文化。如海尔文化，不仅使海尔的知名度进一步提升，而且使企业的凝聚力进一步增强，员工的亲和力进一步增强，从而形成了海尔人良好的职业道德、行为准则。

（4）社会大环境因素的影响。一定时期社会上大多数人的世界观和价值观也会从外部影响甚至改变个人的管理道德观。尤其在社会转型期，多种因素综合导致了一些人的道德观危机，如社会不同层次的管理道德问题、职业圈子中的管理道德问题、企业内部日常管理中面临的管理道德问题等。

2. 内在因素

内在因素的影响主要包括管理者自身的意志、能力、信念因素、自身责任感因素等。

（1）个人意志、能力和信念因素的影响。个人意志坚强、个人能力较强、个人信念坚定的管理者对事物判断比较准确，无论身处顺境还是逆境，无论外部诱惑如何，其大多数会在道德准则判断与道德行为之间保持较强的一致性，不会因一时之事、一念之差而做出不正确的选择；反之则会在道德准则判断与道德行为之间做出不正确的选择。

（2）个人责任感因素影响。责任感是每个人对工作、企业、社会所做出行为的负责态度，有较强责任感的管理者是一个能自觉承担社会责任、积极履行职责和正确行使职权的人，敢于、勇于对自己行为负责，很少出现违背道德准则的情况；反之，缺乏责任感的人,对自己行为的后果不愿承担责任,甚至认为"事不关己",推卸责任,缺乏最基本的道德素质。

上述几种因素基本上决定了个人管理道德观的形成,不同的道德观导致了相应的管理行为,造成各种各样的管理道德问题。

四、管理道德改善的途径与方法

1. 抓好管理道德教育

(1) 提高管理道德认识。管理道德认识包括管理者对其管理的地位、性质、作用、服务对象、服务手段等方面的认识。对管理道德价值的认识是培育管理者管理道德的前提,就是要认识管理道德的实质、内涵,充分认识到管理道德对个人、企业乃至社会的重要性。只有提高对管理道德的认识,才能在思想上重视、在行动上实施、在发展中提升。

(2) 培养管理道德情感。管理道德情感是指管理者在处理自己和职业的关系及评价管理行为过程中形成的荣辱好恶等情绪和态度,主要包括对所从事管理工作的荣誉感、责任感,对服务对象的亲切感,热爱本职工作,敬业乐业等。管理道德情感一经形成,就会成为一种稳定而强大的力量,积极影响人们管理道德行为的形成和发展。

(3) 锻炼管理道德意志。管理道德意志是指人们在履行管理义务的过程中所表现出来的自觉地克服一切困难和障碍,作出抉择的力量和精神。是否具有坚毅果敢的管理道德意志,是衡量每个管理者管理道德素质高低的重要标志。

(4) 坚定管理道德信念。管理者对所从事的管理工作应具备的道德观念、道德准则和道德理想都是发自内心的真诚信仰。管理者一旦牢固地确定了管理道德信念,就能自觉地坚定不移地履行自己的义务,并能据此来鉴别自己或他人的行为。培养和确立终生不渝的管理道德信念,是每个管理者管理道德修养的中心环节。

2. 提炼、规范管理道德准则

管理道德建设的过程,就是管理者管理道德素质形成和不断完善的过程,这需要管理者把管理道德认识、管理道德情感、管理道德意志和管理道德信念等与所从事的管理工作、企业的实际情况等结合起来,注重吸收西方道德观中合理的成分,广泛继承中华民族传统道德观的精华,提炼出体现管理特色的管理道德准则,使管理者了解、明确管理道德规范,认清管理道德的标准和行为准则,以利于管理者形成良好的管理道德。

通过提炼管理道德标准,实行管理道德的规范化管理,使管理者自觉地对照管理道德准则时刻检查自己、规范自己行为,将管理道德准则内化成管理道德认识,从而培养成良好的管理道德行为习惯,既有利于管理者自身建设与发展,又有利于企业管理水平提高与发展。

3. 树立典型,加强引导

在管理道德建设过程中,树立典型、发挥榜样示范的作用是很重要的。典型引导是激励人们自觉规范道德行为的有效途径。

（1）注重发挥企业领导者管理道德的表率作用。企业领导者是企业的精英，是高层管理者，其模范、表率行为对其他管理者管理道德的形成具有更直接的效果。对企业领导者来说，管理价值、道德价值高于物质利益，企业领导人应把国家、员工赋予的职位当作为国家和企业贡献、为员工服务的机会，"先天下之忧而忧，后天下之乐而乐"，勇于负责，不计得失，自强不息，以身作则，讲真话、办实事，"言必信、行必果"，树立领导者良好的管理道德，这对推动整个层面管理道德的形成起着举足轻重的作用。

（2）树立典型人物，做好舆论导向，发挥引导作用。像浙江省富阳市城南派出所所长金健勇等现实生活中涌现出来的典型人物，他们的感人事迹、表现出来的道德品质是人们所景仰的，在这些典型人物身上也充分体现出了优秀的管理道德。因此，大力宣传典型，把道德规范人格化，有利于使管理者以典型人物为榜样，学习典型人物的人格，激发自身去追求典型人物所拥有的优秀的理想人格，并且以这种理想人格为标准来塑造自己，促进管理者管理道德水平的形成和提高。

4. 将管理道德行为列入岗位考核内容

管理者是否具有管理道德，不是看其是否会背诵管理道德的多少规范条款，而要看他是否能理解管理道德，把管理道德要求与自己的工作相结合，落实到实际行动中、具体工作中，形成稳定的职业行为。管理道德规范化、制度化，就会成为管理者的习惯行为，就会在管理工作中发挥巨大作用，也必将在企业内形成良好的道德风尚，使企业步入良性的发展轨道。因此，企业应将管理道德建设纳入管理者岗位考核内容之一，加强检查、考核、奖惩，使每个管理者不断地自我对照准则检查，不断地修正自己的行为方向，最终养成良好的管理道德。

管理者是管理道德的主体，管理道德是对管理者行为的规范和制约，合格的管理者也必然是有道德的管理者，做有道德的管理者，应该是每一个管理者的职业准则。管理者和企业应注重开展和加强管理道德培育，提高管理者的管理道德，使管理者有所为、有所不为，养成良好的管理道德行为，才能有效地提升企业管理水平，获取更大的效益，实现长效发展。

海尔"砸冰箱"的故事

1985年，张瑞敏刚到海尔，时称青岛电冰箱总厂。一天，一位朋友要买一台冰箱，结果挑了很多台都有毛病，最后勉强拉走一台。朋友走后，张瑞敏派人把库房里的400多台冰箱全部检查了一遍，发现共有76台存在各种各样的缺陷。张瑞敏把职工们叫到车间，问大家怎么办？多数人提出，也不影响使用，便宜点儿处理给职工算了。当时一台冰箱的价格800多元，相当于一名职工两年的收入。

> 张瑞敏说:"我要是允许把这 76 台冰箱卖了,就等于允许你们明天再生产 760 台这样的冰箱。"他宣布,这些冰箱要全部砸掉,谁干的谁来砸,并抡起大锤亲手砸了第一锤!很多职工砸冰箱时流下了眼泪。然后,张瑞敏告诉大家——有缺陷的产品就是废品。
>
> "砸冰箱"一事让所有员工树立了严格的品质意识,有缺陷就是废品,没有等级之分。目标只有一个就是没有不良,最终达到"零缺陷""高标准"。
>
> 海尔砸冰箱,说明质量就是企业的生命。诚信经营就是企业生存的基础,有什么样的领导人,就有什么样的公司。领导人的理念与道德观念决定了一个公司能走多远,欺骗只会自己毁掉自己。
>
> 资料来源:http://www.chachaba.com/news/html/peixun/zxxue/20180509_387541.html。

第三节 社会责任

一、社会责任的定义

20 世纪 80 年代以来,跨国公司因受到"赚取工人血汗钱"的谴责,社会责任问题开始在各国被提起,到 90 年代中期逐步形成了社会责任运动。跨国公司从发展战略上思考,开始要求其供应商尤其是发展中国家的供应商接受有关劳工标准和社会责任的审查。由跨国公司引发的社会责任运动,各国无不感受到其巨大的影响力。社会责任运动要求企业在追求利润最大化同时,应该承担社会责任,企业发展要与社会道德规范相对称,实现可持续发展。

企业社会责任(corporate social responsibility,CSR)的正式定义虽经国内外论坛多次讨论,却仍莫衷一是。

1. 世界银行对社会责任的定义

世界银行把社会责任定义为企业与关键利益相关者的关系、价值观、遵纪守法以及尊重人、社区和环境有关的政策和实践的集合,是企业为改善利益相关者的生活质量而贡献于可持续发展的一种承诺。

2. 美国波士顿学院的定义

从企业公民的角度指出企业公民是指一个公司将社会基本价值与日常商业实践、运作和政策相整合的行为方式。一个企业公民认为公司的成功与社会的健康和福利密切相关,因此,它会全面考虑公司对所有利益相关人的影响,包括雇员、客户、社区、供应商和自然环境。

3. 英国的"企业公民会社"的定义

企业社会责任被认为包括以下四点：企业是社会的一个主要部分；企业也是社会公民；企业有权利，也有责任；企业有责任为社会的一般发展做出贡献。

目前国际上普遍认同欧盟关于企业社会责任的理念。欧盟认可的企业社会责任是指企业在创造利润，对股东负责的同时，还应承担起对劳动者、消费者、环境、社区等利益相关方的责任，其核心是保护劳动者合法权益，广泛包括不歧视劳动者、不使用童工、不强迫性劳动、安全卫生的工作环境和制度等。承担社会责任的企业应在自愿的基础上，将对社会和环境的关注融入其商业运作以及企业与其利益相关方的相互关系中。

二、社会责任的表现

企业在创造利润、对股东利益负责的同时，还要承担对政府的责任、利益相关方的责任、消费者的责任，以及对社会、资源、环境、安全的责任，保护弱势群体、支持妇女权益、关心保护儿童、支持公益事业等，其总称为企业社会责任。研究企业社会责任的著名学者卡罗尔（Archie B. Carroll）认为完整的企业社会责任表现为四个层次，即企业的经济责任、法律责任、伦理责任和慈善责任。

1. 经济责任

企业是为社会成员提供产品与服务的基本的经济单元，满足消费者需求并盈利是发展企业的主要激励。因此，企业的经济责任要素表现为股东盈利、经济效益、竞争能力、经营效率、效益持续性等方面的最大化。企业经济责任是企业其他责任的基础。

2. 法律责任

社会认同企业的盈利宗旨，同时期待企业遵守政府的法律法规、在经济框架内追求经济目标。因此，企业的法律责任要素包括政府与法律期待、遵守法律法规、成为守法企业公民、履行法律义务、产品和服务满足最低法定要求，例如依法纳税、保护职工和其他相关者利益。企业法律责任反映法典伦理，体现公平运营观念，与经济责任并存，构成自由企业制度的基本规则。

3. 伦理责任

伦理责任包括那些尚未纳入法典、期待的或需防止的活动与实践，反映了消费者、雇员、股东、社区等对于公平、公正和道德权利的关注，包括诚实守信、为社会提供高品质保障的产品。伦理价值与道德规范随时间而演化，反映有关公正、人权和功利等道德哲学原理，是法律法规的先导及驱动力。以强生公司泰诺事件为例，该公司充分履行了提供高品质保障产品的核心社会责任，并且得到了积极的回报。

4. 慈善责任

慈善责任是社会期待一个良好企业公民应采取的行动，包括企业为促进人类福祉或善意而在财务资源或人力资源等方面对艺术、教育和社区的贡献。慈善责任属于自主决定的，具有自愿性。

> **蚂蚁森林**
>
> 　　蚂蚁森林是支付宝客户端为首期"碳账户"设计的一款公益行动：用户如果步行、地铁出行、在线缴纳水电煤气费、网上缴交通罚单、网络挂号、网络购票等行为，就会减少相应的碳排放量，可以用来在支付宝里养一棵虚拟的树。这棵树长大后，公益组织、环保企业等蚂蚁生态伙伴们，可以"买走"用户的"树"，而在现实某个地域种下一棵实体的树。目前这个负责种树的公益组织叫做阿拉善SEE。
>
> 　　而作为一个大公司，蚂蚁金服从蚂蚁森林这样的绿色金融公益活动中树立了良好的形象，并且得到了社会各界的认可。《财富》杂志发布了"2017年50家改变世界的公司"榜单，旨在选出"勇于向一些最重大的难题发起挑战，在为自己创造效益的同时造福人类"的公司，蚂蚁金服靠蚂蚁森林这个产品，在榜单上名列前茅，总排名第六，在三家上榜中国公司中排名第一。
>
> 　　蚂蚁金服作为一家准备注入阿里巴巴上市公司的优良子公司，对于社会形象十分重视。而蚂蚁森林，切实地为【互联网+公益】探索了一条可行的、效果好的道路；更重要的是，让我们广大群众切切实实看到了互联网公益改变环境的真实景象。用户通过自己的努力结果也能在现实世界中种下真实的树木，为绿化世界做一些贡献。正确的价值导向，激起用户的正反馈与行动力，同时用户还收获了因为做出环保贡献而获得的成就感。
>
> 资料来源：http：//www.sohu.com/a/220844905_114819。有删改。

三、企业是否应承担社会责任

　　2008年5月12日，我国四川省汶川发生了八级强烈地震。汶川大地震，震动了全国，震动了全世界。在大灾大难面前，几乎每个人都伸出了援助之手。地震当天下午5点钟，蒙牛就成立了一个抗震救灾应急小组。在第一时间，先捐了价值520万元的牛奶，又号召所有的员工还有经销商、供应商等一起又捐了410万元的现金。后来又通过内蒙古政府捐了价值80万元的奶粉，通过救灾专列运往灾区。2008年微软前总裁比尔·盖茨宣布将个人财产580亿美元捐给梅琳达·盖茨基金会，专心从事慈善事业。盖茨表示，希望自己对全世界有正面的贡献。他计划将全部财产捐赠给名下慈善基金比尔和梅琳达·盖茨基金会，用于资助全球的教育和医疗项目。

　　反之，也有企业家和富豪们有不同的观念和做法。张茵，东莞玖龙纸业有限公司董事长，2006年胡润百富榜的内地首富，在2009年"两会"期间提议当月收入超过人民币10

万元时将个人所得税税率从45%降低到30%左右，其降低富人税负的言论引起了舆论的争议。而美国亿万富翁沃伦·巴菲特曾表示，包括他在内的美国富人税率过低，他曾表示自己比穷人应该缴更多的税。还有，例如三鹿"问题奶粉"事件引发的中国奶制品行业的信任危机，随后国家质检总局从包括光明、伊利等名牌在内的22家企业，69批次婴幼儿奶粉产品中检出三聚氰胺，后又有大白兔奶糖被查出含有对人体健康有害的三聚氰胺。为什么有些企业家和富豪热衷于从事社会慈善和公益，而有些企业家和富豪态度反之，甚至为牟取商业利益不顾消费者健康呢？企业是否应承担社会责任？主要有两个方面的争论。

1. 支持企业承担社会责任的依据

支持企业承担社会责任的理由，主要有以下几个方面：

（1）公众期望。20世纪60年代，伴随着西方社会运动的展开，人们不再单纯地关注企业的经济效益，要企业在追求经济目标的同时也要追求社会目标，满足公众对企业的要求。

（2）企业的长期利益。创造良好的社会环境，既有利于社会也有利于企业。社会因良好的相互关系和就业机会而获益，企业则从一个良好的社区得益，会达到双赢的结果。

（3）问题可以转变成利润。企业在处理社会问题时的潜在利润，如对废弃物、垃圾的循环利用，不仅可以产生处理问题的新思路、新方法，还可能成为企业新的利润增长点。

（4）权利和责任对等。企业拥有大量权利，也应该相应地承担同等程度的社会责任。

（5）企业的公众形象。企业通过履行社会责任，可以改善自己的公众形象，改变企业在公众心目中的印象，让公众产生信任感和好感，有利于企业获得更多的消费者，吸引更多的人才，有利于企业融资等。

2. 反对企业承担社会责任的依据

反对企业承担社会责任的观点，主要基于以下几个方面：

（1）违反利润最大化的原则。传统的管理者认为企业的社会责任就是追求利润最大化，如果企业的职业管理者不专心地进行管理必然会降低企业的经济效益，不仅对企业中的员工不利，而且对消费者和企业本身都有很严重的弊端，会降低效益。社会问题应该由执行公共管理职能的行政官员来执行。

（2）会淡化使命。由于企业管理者既要考虑经济问题又要考虑社会问题，必然会牵扯其精力，分散注意力，导致企业失去目标，从而增加企业的社会成本，降低经济效益。

（3）企业竞争力下降。企业承担过多社会责任，会导致经营负担加重或以更高的价格转嫁给消费者。企业通过提价的方式来降低成本，必然会在市场竞争中处于劣势地位。

（4）缺乏明确的责任界限。在承担社会责任方面，企业和政府之间没有一个明确的界限，在实践过程中会出现管理混乱的局面。

（5）缺乏相关部门技能。企业管理者是以经济导向作为其培养的重点，参与社会活动，承担社会责任需要相关专业技能，他们无法胜任处理社会问题的角色。

企业家和富豪从事社会慈善和公益事业，特别是在大灾大难面前伸出援助之手，可以从两方面看。一方面，是社会道德的要求，每一个人都应该有这种爱心和道德心。另一方面，是社会责任。作为企业公民不应该把慈善和公益事业特别是在大灾面前的援助看作是企业额外的负担，而应该看作是企业发展的目标之一，是企业公民应尽的社会责任。而从三鹿"问题奶粉"事件明显暴露出我国部分企业无视社会责任的问题。正是企业领导人没有从根本上确认企业的社会责任，才使一个本可以在发现问题初期就扼杀的问题愈演愈烈，致使几乎不可收拾。责任是一种力量，不仅推动一个企业成长壮大，更将推进一个民族发展进步。一个有责任的企业不但要承担并履行好经济责任，为丰富人民的物质生活，为国民经济的快速稳定发展，发挥自己应有的作用；更要承担社会责任，努力使社会不遭受自己的运营活动、产品及服务的消极影响。因为社会是企业的依托，企业是社会的经济细胞。只有社会有了坚实的物质基础，才可为企业的发展创造更好的社会条件和氛围。

同时，企业履行社会责任，是提高企业竞争力的根本。一个长期奉公守法、善待社会、勇于承担社会责任的企业可以产生良好的社会效应，提升自己的形象和消费者的认可程度，从而提高市场占有率，增加无形资产，促进企业的长远发展[1]。

管家帮的社会责任

管家帮创建于2005年，其创始人为傅彦生，历经13年深耕家政服务领域，管家帮公司已成长为中国家庭服务行业龙头，为万千家庭提供优质的家政服务。管家帮总部位于北京，目前在北京、上海、广州、深圳等全国一百多个城市设有分支机构。企业的价值观就是：以"让天下家庭后顾无忧"为使命，追求社会价值的实现。它的SCSR管理理念是：积极承担社会责任，建立良好企业形象；对员工、股东和客户负责任。

管家帮家庭生活服务平台提供月嫂、育婴师、保姆、保洁、养老护理、医院护理、便民服务等一百多项服务内容，业务以"家"为核心，以"管"为己任，范围涵盖家政、营养、健康、教育、金融等多个领域。为了规避平台内双边用户的责任缺失行为影响平台企业社会责任形象，管家帮实行了三种治理机制。第一种是审核与监管机制，这种机制包括资质审核和诚信评价体系。资质审核就是对服务人员设置准入门槛，诚信评价体系则是对服务人员和用户的诚信行为进行记录和评价。第二种是考核认证机制，包括会员制度和职业资格考核。其中会员制度就是对会员用户的行为进行监管、提供更为优质低价的服务；职业资格考核则是定期复训，考核服务人员。最

---

[1] 李立清，李燕凌. 企业社会责任研究[M]. 北京：人民出版社，2005.

> 后一种就是声誉激励机制。这是一种评分机制，用户可以对服务人员进行多角度的评分，从而激励服务人员提供更好的服务。
>
> 对于家政人员，管家帮提供职业培训（管家商学院）、有竞争力的薪酬、奖惩机制、晋升通道，并且关怀员工生活和重视员工诉求。对于用户，管家帮提供基于多元化需求的定制化服务，将感情关怀融入服务的过程中。例如为老人提供"候鸟旅居"服务，推出智能机器人等。对于政府，管家帮创造大量就业岗位，帮助解决农村富余劳动力、精准扶贫。管家帮凭借着其极强的社会责任感，不断地成长壮大。

本章小结

- 组织文化是以价值观为核心的，包括信念、作用、传统文化等在内的精神现象，也是一种管理哲学。
- 传统文化是组织文化的基石，而组织文化是传统文化的重要构成内容。
- 组织文化的结构通常划分为四个层次，即物质层、行为层、制度层和精神层。
- 组织文化对组织发展具有积极的作用和消极的作用。
- 管理道德作为一种特殊的职业道德，是从事管理工作的管理者的行为准则与规范的总和，是特殊的职业道德规范，是对管理者提出的道德要求。
- 管理道德表现为组织管理目标的道德、实现组织管理目标的手段的道德、人际关系管理的道德、人事管理的道德、财务管理的道德。
- 企业社会责任（CSR）理念：企业在创造利润、对股东利益负责的同时，还要承担对员工、对社会和环境的社会责任，包括遵守商业道德、生产安全、职业健康、保护劳动者的合法权益、节约资源等。
- 企业社会责任表现为四个层次：企业的经济责任、法律责任、伦理责任和慈善责任。

【复习与思考】

1. 组织文化的特征是什么？
2. 优秀组织文化的类型有哪些？
3. 简述组织文化的作用。
4. 简述如何对组织文化进行诊断和分析。
5. 简述管理道德的影响因素。
6. 简述改善管理道德的途径和方法。
7. 企业是否应承担社会责任？

【案例分析】

案例1　华为是谁

华为是全球领先的ICT（信息与通信）基础设施和智能终端提供商，致力于把数字世界带入每个人、每个家庭、每个组织，构建万物互联的智能世界。我们在通信网络、IT、智能终端和云服务等领域为客户提供有竞争力、安全可信赖的产品、解决方案与服务，与生态伙伴开放合作，持续为客户创造价值，释放个人潜能，丰富家庭生活，激发组织创新。华为坚持围绕客户需求持续创新，加大基础研究投入，厚积薄发，推动世界进步。华为成立于1987年，是一家由员工持有全部股份的民营企业，目前有18万员工，业务遍及170多个国家和地区。

一、我们为世界带来了什么？

为客户创造价值。华为和运营商一起，在全球建设了1500多张网络，帮助世界超过三分之一的人口实现连接。华为携手合作伙伴，为政府及公共事业机构，金融、能源、交通、制造等企业客户，提供开放、灵活、安全的端管云协同ICT基础设施平台，推动行业数字化转型；为云服务客户提供稳定可靠、安全可信和可持续演进的云服务。华为智能终端和智能手机，正在帮助人们享受高品质的数字工作、生活和娱乐体验。

推动产业良性发展。华为主张开放、合作、共赢，与客户合作伙伴及友商合作创新、扩大产业价值，形成健康良性的产业生态系统。华为加入360多个标准组织、产业联盟和开源社区，积极参与和支持主流标准的制定、构建共赢的生态圈。我们面向云计算、NFV/SDN、5G等新兴热点领域，与产业伙伴分工协作，推动产业持续良性发展。

促进经济增长。华为不仅为所在国家带来直接的税收贡献，促进当地就业，形成产业链带动效应，更重要的是通过创新的ICT解决方案打造数字化引擎，推动各行各业数字化转型，促进经济增长，提升人们的生活质量与福祉。

推动社会可持续发展。作为负责任的企业公民，华为致力于消除全球数字鸿沟，在珠峰南坡和北极圈内，在西非埃博拉疫区、日本海啸核泄漏、中国汶川大地震等重大灾难现场，都有华为人的身影；推进绿色、低碳的环保理念，从产品规划、设计、研发、制造、交付以及运维，华为向客户提供领先的节能环保产品和解决方案；华为"未来种子"项目已经覆盖108个国家和地区，帮助培养本地ICT人才，推动知识迁移，提升人们对于ICT行业的了解和兴趣，并鼓励各国家及地区参与建设数字化社区的工作中。

为奋斗者提供舞台。华为坚持"以奋斗者为本"，以责任贡献来评价员工和选拔干部，为员工提供了全球化发展平台、与世界对话的机会，使大量年轻人有机会担当重任，快速成长，也使得十几万员工通过个人的努力，收获了合理的回报与值得回味的人生经历。

二、我们坚持什么？

华为30年坚持聚焦在主航道，抵制一切诱惑；坚持不走捷径，拒绝机会主义，踏踏实实,长期投入,厚积薄发;坚持以客户为中心,以奋斗者为本,长期艰苦奋斗,坚持自我批判。我们不会辜负时代慷慨赋予我们的历史性机遇,为构建万物互联的智能世界,一往无前。

资料来源:https://www.huawei.com/cn/about-huawei/corporate-information。

思考题:

1. 你认为华为有着怎样的企业文化和经营理念?
2. 华为给你带来了什么启示?

案例2 王军的"严格管理"正确吗?

王军是一家大型制造类企业的采购经理,在工作上颇有成就。他对下属要求很高,管理严格。因此,他便期望他的员工也能像他一样,一心扑在公司的事务上,为公司鞠躬尽瘁。他要求他的下属在上班时间不得擅自离岗,不得做与工作无关的事情,不得闲聊,不得接打私人电话,所有的时间都得在工作。他总是想方设法占用员工的时间,认为只有员工多做工作才能多出成绩。在他的管理下,员工总有做不完的工作,即便有些工作没有任何意义。

他还要求自己的员工养成"早到晚退"的习惯,让员工每天陪自己加班一个小时,即使员工无事可做,也要陪伴在身边。假如员工没有养成这种习惯,那么加薪晋职的机会就比较少,而且可能被他战略性地冷藏,再无出头之日,要么就是莫名接到调职或解雇的通知。

他的举措显然引起了员工的怨言,他们抱怨自己完全没有私人的空间,随时都被经理管制和监督,好像自己是被卖给了公司,他们的自由受到了严重的限制,他们快要疯掉了。王军的工作也因此陷入了被动,士气低落、效率下降、人员流失、管理混乱等问题接踵而来。这其实体现的是王军作为管理者的行为是否符合道德规范以及其可能带来的后果问题。

资料来源:https://www.sohu.com/a/144952921_769300。

思考题:

1. 王军的严格管理正确吗?
2. 作为管理者应该如何对待和领导下属?

【技能拓展】

1. 完成对某企业或其他类型组织的组织文化调研。
2. 通过对该部门组织文化的调研,结合本章节所学的理论,对组织文化的特点及存在的问题进行诊断,并试找出解决问题的方法。

(1) 完成调研问卷的设计、发放和回收。

(2) 分析组织文化所的特点，找出其存在的具体问题。

(3) 应用所学的理论，对组织文化建设提出改善的建议，使组织健康发展下去。

3. 方法与要求。

(1) 由学生组成小组多渠道寻找相关组织资料，设计调研问卷，在组织内相关部门进行发放，要求部门人员填写，回收问卷，进行归纳和整理。

(2) 组内讨论，分析组织文化特点及存在的问题，提出相关的改进建议，并将讨论过程及分析结果做好记录。

4. 每个小组上交一份组织文化调研报告，同时，每小组也对自己的方案进行评价打分，最终由老师批阅后记入小组积分，确定最后成绩。

第八章 领　　导

导入案例

蓝色巨人 IBM 公司的拯救者——郭士纳

郭士纳于 1993 年 4 月被聘为 IBM 的董事长兼首席执行官。公司董事会迫使他的前任约翰·埃克斯辞职，并首先在计算机行业寻找继任者。然而，苹果公司的约翰斯卡利、摩托罗拉董事长费希尔和微软的比尔·盖茨对此并不感兴趣（其他传闻的候选人包括康柏公司的埃克哈德普菲弗和 Sun Microsystems 的斯科特麦克尼利）。然后，IBM 转向了郭士纳，一个有记录表明成功的局外人。郭士纳是第一位从公司外部聘请的 IBM CEO。

时年 79 岁"高龄"的 IBM，已近"风烛残年"，全然没有了昔日蓝色巨人的威风凛凛。1991~1993 年，IBM 连续 3 年亏损。当年的亏损额高达 80 亿美元。IBM 董事会渴望找到一位出色的大企业家来重振 IBM 的雄风。这被当时的媒体戏称为"美国最艰巨的工作之一"。

1993 年 4 月 1 日，是个极不寻常的愚人节。就在这一天，郭士纳接手 IBM 公司，担任董事长兼 CEO。而在当时的大多数人看来，这真的是一个"玩笑"。舆论普遍对郭士纳能够挽救 IBM 缺乏信心。有人甚至猜测说，IBM 选择他，表明董事会对 IBM 的未来不会再有任何伟大的远景，蓝色巨人将在郭士纳的怀中衰竭而死。

郭士纳面临着非常困难的问题，不懂计算机技术，也不了解这个行业。与当时微软的比尔·盖茨、英特尔的安迪·格鲁夫等"技术型企业领袖"相比，郭士纳是个不折不扣的外行。IBM 将自己的生死大权交给一个"门外汉"，看起来的确令人不可思议。

然而，真正不可思议的是郭士纳随后创造的一系列奇迹——这位原计算机界的外行在接管 IBM 后，做出一系列将蓝色巨人从悬崖边上拉回的重大决策。这些决策使 IBM 转亏为盈，股价开始上涨，最后 IBM 奇迹般的活了下来。正是这位外界看来的外行人拯救这家高科技公司，并成功改写了它的历史。

资料来源：https://baijiahao.baidu.com/s?id=1589302226518673489&wfr=spider&for=pc，有删改。

【知识要求】

通过本章的学习，使学生掌握领导的内涵和领导者类型；了解领导方式及其理论；掌握主要激励理论的提出者、基本观点、意义和结论等；了解激励的原理、激励对行为的作用、需要与激励的关系等；熟悉沟通的含义、沟通的重要性及管理沟通的过程、类型及障碍等。

【技能要求】

通过本章的学习，使学生能够学会某种具体的领导方式及其应用，可以有效地识别实践中激励的形式，并能够运用激励理论建立一般的组织机制。

【关键术语】

领导；领导艺术；激励；激励理论；沟通；管理沟通；沟通障碍

第一节 领导理论概述

一、领导概念及其与管理的关系

领导既是过程又是特性。作为过程，领导是运用非强迫性影响塑造群体或组织目标，激励导向目标实现，并且协助群体和组织文化形成的行为。作为特性，领导是一组被感知为领导的个人特征。领导者是不依赖强制力影响他人行为的人，或者是被接受为领导者的人。

领导与管理是相互关联的，但二者之间并不是等同的关系。一个人可以既是管理者又是领导者，也可能只是管理者或领导者。组织既需要管理也需要领导。领导可以创造变革，而实现有秩序的结果则需要管理。结合领导的管理将可以创造出有秩序的变革，而结合管理的领导则可以令组织同环境协调一致。事实上，近年来CEO薪酬暴涨的部分原因是人们相信管理和领导的结合是能够带领组织走向成功的稀有能力。

二、领导的作用

领导活动直接影响着现代管理水平和经济效益的好坏，而领导的作用就是引导下属以最大的努力去实现企业的目标。在指挥、带领、引导、鼓励和影响组织中每个成员和全体成员为实现组织目标而努力的过程中，领导者要具体发挥组织、指挥、协调、沟通、激励、考核等方面的作用。

领导者的作用具体表现在以下三个方面。

1. 指挥作用

在人们的集体活动中，需要有头脑清醒、胸怀全局、能高瞻远瞩、运筹帷幄的领导者，帮助成员认清所处的环境和形势，指明组织活动的目标和达到目标的途径。领导者不是站在组织成员的后面去推动、去督促，而只有站在群众的前面，用自己的行动带领人们为实现企业目标而努力，才能真正起到指挥作用。

2. 协调作用

在组织系统中，组织的目标是通过分工与协作来实现的。即使有了明确的目标，但由于组织成员中个人的知识结构、理解能力、工作态度、性格、作用、地位等不同，加上外部各种因素的干扰，人们对组织目标的理解和对客观情况的认识等都会发生各种分歧，因此，行动上可能出现偏离目标的现象。这时就需要发挥领导的协调作用。

3. 激励作用

领导职能强调调动组织中每个成员的积极性，引导组织成员为实现组织目标而做出贡献。激励是指领导者通过为部下主动创造能力发展空间和职业发展生涯等行为影响部下的内在需求和动机，引导和强化部下为组织目标而努力的行为活动。

乐观的拿破仑

拿破仑在一次与敌军作战时，遭遇顽强的抵抗，队伍损失惨重，形势非常危险。拿破仑也因一时不慎掉入泥潭中，被弄得满身泥巴，狼狈不堪。

可此时的拿破仑浑然不觉，内心只有一个信念，那就是无论如何也要打赢这战斗。只听他大吼一声，"冲啊！"。

他手下的士兵见到他那副滑稽模样，忍不住都哈哈大笑起来，但同时也被拿破仑的乐观自信所鼓舞。一时间，战士们群情激昂、奋勇当先，终于取得了战斗的最后胜利。

无论在任何危急的困境中，都要保持乐观积极的心态。尤其作为一个商界的领导人物，你的自信，可以感染到无数你接触到的人。有没有乐观自信的态度也直接影响到一场交易的成败与否。经理不是只告诉别人怎么干的家伙，而是要激发队伍产生一定抱负，并朝着目标勇往直前。

资料来源：佚名. 乐观的拿破仑 [J]. 理财，2008（9）：51.

三、领导的条件

如何才能做一个好的领导者呢？究竟哪些品质是一个好的领导者所必须具有的呢？作

为领导者必须具备一些基本的素质和条件。一般来说，领导者应符合下列条件。

1. 思想素质

领导者应有强烈的事业心、责任感和创业精神；有良好的思想作风和工作作风，能一心为公，不谋私利，谦虚谨慎，善于调查研究，工作扎实细致，有布置有检查，实事求是，不图虚名；有较高的情商，具有影响他人的魅力，平等待人，和蔼可亲，不计较个人恩怨，密切联系群众，关心群众疾苦，多为群众办好事。

2. 业务素质

领导者应具有管理现代企业的知识和技能。领导者应掌握的业务知识包括：

（1）应懂得市场经济的基本原理，掌握习近平新时代中国特色社会主义思想和马克思主义哲学思想。

（2）应懂得管理的基本原理、方法和各项专业管理的基本知识。

（3）应懂得生产技术和有关自然科学、技术科学的基本知识。

（4）应懂得政治思想工作、心理学、人才学、行为科学、社会学等方面的知识，以便做好政治思想工作。

（5）应能熟练应用计算机、信息管理系统和网络，及时了解和处理有关信息。

3. 业务技能

领导者不仅应具有一定的业务知识，还要有较高的业务技能。领导者应具有的业务技能包括：

（1）较强的分析、判断和概括能力。

（2）决策能力。

（3）组织、指挥和控制的能力。

（4）沟通、协调企业内外各种关系的能力。

（5）不断探索和创新的能力。

4. 身体素质

领导者负责指挥、协调组织活动的进行，是一项不仅需要足够心智而且消耗大量体力的工作，因此，领导者必须具有强健的身体、充沛的精力，才能从事各项工作。

四、领导理论

1. 领导行为理论

所谓领导作风、领导风格或领导方式，就是对不同类型领导行为形态的概括。领导作风理论注重的是领导者的个性特点对领导有效性的影响，领导行为理论则把重点放在研究领导者的行为风格对领导有效性的影响上。在管理思想发展史上，比较典型的领导行为理论有以下几个。

(1) 勒温理论。

关于领导作风的研究最早是由心理学家勒温（K. Lewin）进行的，他以权力定位为基本变量，通过各种试验，把领导者在领导过程中表现出来的工作作风分为三种基本类型：专权型领导方式、民主型领导方式、放任不管型领导方式。勒温认为，在实际工作中三种极端的作风并不常见，大量的领导人采纳的工作作风往往是处于极端类型之间的混合型。

专权型领导方式是指以力服人，靠权力和强制命令让人服从的领导作风，它把决策权力定位于领导者个人手中。采用这种领导方式的领导者非常专制，独断专行，从不考虑别人的意见，对下属很少信任，所有的决策由领导者自己作出。领导者亲自设计工作计划，指定工作内容和进行人事安排，从不把任何信息告诉下属，下属没有参与决策的机会，而只能察颜观色、奉命行事。激励也主要是采取惩罚的方法，沟通采取自上而下的方式。

民主型领导方式是指以理服人、以身作则的领导作风，它把决策权力定位于群体。采用这种方式的领导者对下属有一定的信心，所有的政策是在领导者的鼓励和引导下由群体讨论决定的。采取奖赏和惩罚并用的激励方法，有一定程度的自下而上的沟通。

放任不管型领导方式是指工作事先无布置，事后无检查，权力定位于组织中的每一个成员，一切悉听尊便的领导作风，实行的是无政府管理。

以上三种领导方式下的领导行为各有其优缺点。为了分析不同领导作风对群体成员所产生的影响，勒温于1939年进行了一次实验，结果表明三种领导作风对群体成员的影响存在显著差别。其中，放任不管型领导方式效率最低，在这种领导风格影响下的组织只达到了社会目标，没能实现工作目标，且产品数量和质量都很差；专权型领导方式虽然实施了严格管理，使群体达到了工作目标，但成员的消极态度和对抗情绪不断增长，各成员之间攻击性言论显著；成员对领导服从但表现自我或引人注目的行为较多；成员多以"我"为中心；当受到挫折时，常彼此推卸责任或进行人身攻击；当领导不在场时，工作动机大为下降，也无人出来组织工作；民主型领导方式效率最高，不但达到了工作目标，而且达到了社会目标，成员表现很主动、很成熟且积极性较高。成员间彼此比较友好；很少使用"我"字而具有"我们"的感觉；遇到挫折时，人们团结一致以图解决问题；在领导不在场时，就像领导在场时一样继续工作；成员对团体活动有较高的满足感。

(2) 四分图理论。

1945年，美国俄亥俄州立大学商业研究所发起了对领导行为研究的热潮。一开始，研究人员设计了一个领导行为描述调查表，列出了1000多种刻画领导行为的因素；后来霍尔平和维纳将冗长的原始领导行为调查表减少到130个项目，并采用了密集问卷的方法，得出了两种基本的领导行为或风格：定规行为（initiating structure）和关怀行为（consideration）。

所谓定规是指领导者注重规定他与工作群体的关系，建立明确的组织模式、意见交流渠道和工作程序。包括设计组织结构，明确职责、权力、相互关系和沟通办法，确定工作目标和要求，制定工作程序、工作方法和制度。人人都知道自己应当做什么，建立正式的沟通机制，并且决定如何完成任务。

所谓关怀是指领导者注重建立领导者与被领导者之间的友谊、尊重和信任的关系。包括尊重下属的意见，给下属以较多的工作自主权，体察他们的思想感情，注意满足下属的需要。

他们依照这两方面的内容设计了领导行为调查问卷，就这两方面各列举 15 个问题，发给企业，由下属来描述领导人的行为如何。起初，研究人员认为在这两种行为方面均表现出高水平的领导是更有效的领导。但是后来研究人员发现，定规水平较高的主管所领导的下属绩效高但满意度低，缺勤率高。相反，关怀水平较高的主管所领导的下属绩效不高但满意度高，缺勤率低。这一调查结果也表明，定规行为和关怀行为并不是一个连续带的两个端点，这两种行为是相互独立的。也就是说，领导者可以同时表现出不同的定规行为和关怀行为。只是可能强调的侧重不同，领导者的行为可以是这两个方面的任意组合，即可以用两个坐标的平面组合来表示，如图 8-1 由这两方面可形成四种类型的领导行为。这就是所谓的领导行为四分图。

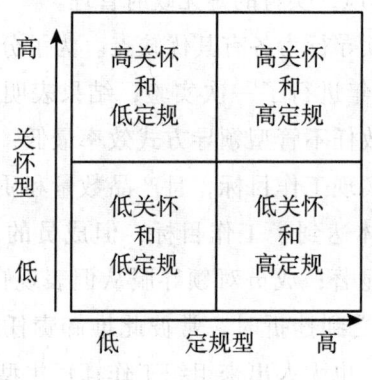

图 8-1　四分图模型

(3) 管理方格图理论。

在四分图理论基础上，美国心理学家布莱克（Robert R. Blake）和莫顿（Jane Mouton）于 1964 年提出了管理方格图理论。他们用横坐标表示领导者对生产的关心程度（包括对组织目标的关心、对组织经济效益和社会效益的关心等），用纵坐标表示领导者对人的关心程度（包括对组织成员的关心程度、信息沟通状况等），将横坐标和纵坐标各划分为九个等份，形成 81 个方格，从而将领导者的领导方式划分成 81 种不同的类型，如图 8-2 所示。

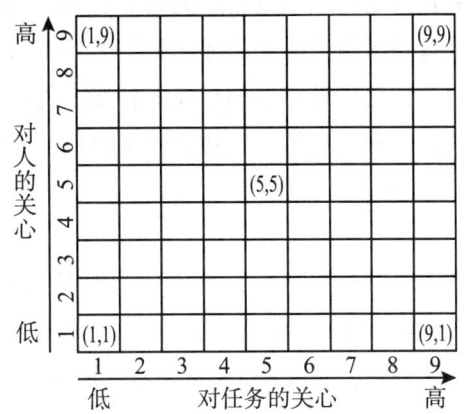

图8-2 管理方格

如图8-2所示,纵轴的积分越高,表示他越关心人;横轴上的积分越高,就表示他越关心生产。在评价管理人员的领导方式时,就按他们这两方面的行为寻找交叉点,这个交叉点就是其领导方式类型。布莱克和莫顿在管理方格图中列出了五种典型的领导方式:

(1,1)这种方式常被称为"贫乏型领导方式",采取这种领导方式的管理者希望以最低限度的努力来完成组织的目标,满足只要工作不出差错就行。对员工和生产均不关心,这是一种不称职的管理。在实际中很少见到这样的领导者。

(1,9)这种方式常被称为"俱乐部型领导方式",管理者对人的需要极为关心,重视搞好与人的关系,而忽视工作的效果。持这种方式的领导者认为只要搞好人际关系,就可以创造一个舒适的、友好的组织气氛和工作环境,只要人精神愉快,生产自然会好;不管生产好与不好,首先要重视人的情绪。这是一种轻松的领导方式。

(9,1)这种方式常被称为"任务型领导方式",管理者全神贯注于任务的完成,很少关心下属的成长和士气。也就是只注重生产任务的完成,而不重视人的因素。在安排工作时,尽力把人的因素的干扰减少到最低限度,以求得高效率,只关心生产不关心人。这种领导方式容易使员工失去进取精神,不愿创造性地工作,不能施展所有的才能。

(9,9)这种方式常被称为"战斗集体型领导方式",表示对工作和对人都很关心。管理者既重视人的因素,又十分关心生产,努力协调各项活动,使它们一体化,从而提高士气,促进生产。既高度重视组织的各种工作,又能通过沟通和激励,使群体合作,下属人员共同参与管理,使工作成为组织成员自觉的行动。这是一种协调配合的管理方式。

(5,5)这种方式常被称为"中间式领导方式",表示既对工作关心,也对人关心,二者兼顾,程度适中。保持完成任务和满足人们需要之间的平衡,既有正常的效率完成工作任务,又保持一定的士气,都过得去但又不突出,实行的是中间式管理。但是这种领导往往缺乏进取精神,满足于现状。

布莱克和莫顿认为,(9,9)型的领导方式最有效,是领导者改进其领导行为的目标模式。管理方格图理论,提供了一种衡量管理者领导形态的模型,对于培养管理者是一种有用的工具，它可使管理者较清楚地认识到自己的领导行为，并明确改进的方向。布莱克和莫顿曾据此提出一套培训管理人员的方法。无论处于哪一个管理方格中，都可以通过专门的管理方格法培训和学习，使之向理想的领导模式转变。为管理者正确评价自己的领导行为及完善自身的领导风格，掌握最佳领导方式提供了有效的指南。

2. 领导权变理论

（1）菲德勒模型。

伊利诺伊大学的菲德勒从1951年开始，首先从组织绩效和领导态度之间的关系着手进行研究。经过长达15年的调查试验，他提出了"有效领导的权变模式"，简称菲德勒模型。他认为任何领导形态均可能有效，其有效性完全取决于是否与所处的环境相适应。

菲德勒以一种"你最不喜欢的同事"（least preffered co-worker，LPC）量表（见表8-1）来反映和测定领导者的领导风格。

表8-1　　　　　　　　　　　　　　LPC问卷

设想一个最不能共事的人，此人是你现在的同事或是过去的同事。这个人不一定是你最不喜欢的人，而是你认为最难共事的人，请描述你对这人的印象。
令人舒服　　8 7 6 5 4 3 2 1　　令人不舒服
友好　　　　8 7 6 5 4 3 2 1　　不友好
拒绝　　　　1 2 3 4 5 6 7 8　　接受
对人有帮助　8 7 6 5 4 3 2 1　　令人垂头丧气
不热心　　　1 2 3 4 5 6 7 8　　热心
紧张　　　　1 2 3 4 5 6 7 8　　轻松
疏远　　　　1 2 3 4 5 6 7 8　　接近
冷漠　　　　1 2 3 4 5 6 7 8　　热情
合作　　　　8 7 6 5 4 3 2 1　　不合作
支持　　　　8 7 6 5 4 3 2 1　　敌对
讨厌　　　　1 2 3 4 5 6 7 8　　有趣味
喜欢争吵　　1 2 3 4 5 6 7 8　　幽默
自信　　　　8 7 6 5 4 3 2 1　　犹豫
有效率　　　8 7 6 5 4 3 2 1　　无效率
低沉　　　　1 2 3 4 5 6 7 8　　愉快
开诚　　　　8 7 6 5 4 3 2 1　　设防

通过LPC问卷，在获得领导者对最不喜欢的同事的评分之后，加总这些分数，就可以得出领导者的LPC得分。高分代表积极的品质，低分代表消极的品质。高分反映了领导者倾向于关系导向型的领导方式，低分则反映了领导者倾向于任务导向型的领导方式。

如果领导者对其最不喜欢的同事都能给予好的评价，就被认为对人宽容、体谅，注重人际关系和个人的声望,是以人为主的领导,其领导方式为关系导向型;如果领导者对其不喜欢的同事批评得体无完肤,则被认为惯于命令和控制,是只关心工作的领导者,其领导方式倾向于任务导向型。

与此同时,菲德勒经过试验,把影响领导有效性的环境因素归结为以下方面:

第一,领导者与下属之间的相互关系。指领导者得到被领导者拥护和支持的程度,即领导者是否受下属的喜爱、尊敬和信任,是否能吸引并使下属愿意追随他。领导者与下属之间相互信任、相互喜欢的程度越高,领导者的权力和影响力就越大;反之,其影响力就越小。

第二,职位权力。指组织赋予领导者正式地位所拥有的权力。职权是否明确、充分,在上级和整个组织中所得到的支持是否有力,直接影响到领导的有效性。一个领导者对其下属的雇用、工作分配、报酬、提升等的直接决定权越大,其对下属的影响力也越大。

第三,任务结构。指下属所从事的工作或任务的明确性。如果任务是例行的、容易理解的和不存在模糊之处的,并且可以依照标准程序或步骤来进行,则称为结构化的任务。非结构化的任务是缺乏先例、不够明确的和复杂的,没有标准化的程序和步骤。显然,高结构化的任务是对领导者有利的情境,而低结构化的任务则不利。例如,如果任务是非结构化的,群体不知道如何完成,领导必须起到引导和指导的作用。如果任务是结构化的,则领导不必过多介入,而可以将时间用于非监管性的活动上。

菲德勒认为,不同的领导环境对领导方式的要求是不同的,不同的领导方式在不同的领导环境中所取得的领导效果也是不同的。在非常有利和非常不利的领导环境中,采取任务型领导方式效果较好,而在领导环境处于中间状态时,采取关系型领导方式往往效果较好。具体如图8-3所示。

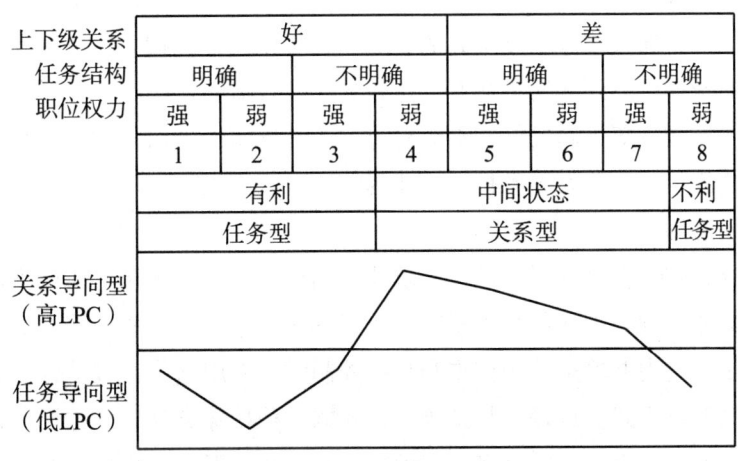

图8-3 菲德勒权变领导模型

但是菲德勒也认为，个体的领导风格基本上是定型的和无法改变的，他们不可能改变行为以适应特定情境的要求，因为领导风格是同特定的人格特质联系在一起的。因此，如果领导与下属之间的关系好、任务结构低并且职权弱，最有效的领导风格应当是以人为重的；但是，如果领导是以工作为重的，则会出现不匹配的情形。按照菲德勒的观点，此时可以通过对任务进行结构化或增加职权将要素改变以更适合自己。

菲德勒的权变理论受到批评，因为它并不总是受到研究的支持，他的发现还可以用其他理由来解释，LPC方法是有争议的，因为研究者们不承认它的有效性。有人怀疑LPC究竟要反映什么，得分是否可以作为行为、人格或其他因素的指标。LPC量表缺乏有效性，关于领导风格没有灵活性的假设也是不真实的。但是，菲德勒的理论是第一个领导的情境理论，它帮助许多经理认识到自己必须面对的重要情境因素，它还推动了关于领导的情境本质的大量思考。

（2）途径—目标理论。

1971年，加拿大多伦多大学教授罗伯特·豪斯把激发动机的期望理论和领导行为理论结合起来，提出了途径—目标理论。该理论认为，领导者可以而且应该根据不同的环境因素来调整自己的领导方式和作风。领导的主要职能就是在工作场所中报告有价值的和符合期望的奖励，向员工明确哪些行为可以导向目标实现和奖励，也就是说，明确通向实现目标的途径。

途径—目标理论认为，影响领导方式选择的环境因素包括两个方面：一是下属的特点。包括下属受教育的程度，下属对于参与管理、承担责任的态度，对本身独立自主性的要求程度等。领导者对于改变下属的特点一般是无能为力的，但可通过改变工作环境来充分发挥下属的特长。二是工作环境特点，主要指工作本身的性质、组织性质等。

途径—目标理论认为领导方式可分为四种：

指导型领导方式。给下属明确任务目标，告诉下属自己对他们的期望，提供规定和指导，具体安排工作，通过奖惩控制下属的行为。当工作任务模糊不清、变化大或下属对工作不熟悉，没有把握，感到无所适从时，这种方式是合适的。

支持型领导方式。对下属友好，平等对待，关心下属的生活福利。这种领导方式特别适用于工作高度程序化，让人感到枯燥乏味的情境。既然工作本身缺乏吸引力，下属就希望上司能成为满意的源泉。

参与型领导方式。咨询下属意见，征求建议和让下属参与决策。鼓励下属参与任务目标决策和解决具体问题。当任务相当复杂需要组织成员间高度的相互协作时，或当下属拥有完成任务的足够能力并希望得到尊重和自我控制时，采用这种方式是合适的。

成就导向型领导方式。这是参与型领导方式的一种特殊类型，它主要强调目标设置的重要性，领导者通过为下属设置富有挑战性的目标，期待下属表现出高绩效，鼓励下属完成这些任务来管理下属，对下属的能力表现出信心。只要下属能完成目标，他们就有权自主决定怎么做。

途径—目标理论表明不同领导行为如何影响员工的激励。个人特征和环境特征则决定了什么行为导致什么结果。途径—目标理论是一个动态的和未完成的模型。最初的意图是用一般述评描述理论，来帮助未来的研究者探索各种关系并修正理论。研究表明，途径—目标理论是对领导过程合理的、良好的描述，继续下去的研究将帮助我们更好地理解领导与激励的关系。

（3）不成熟—成熟理论。

克里斯·阿吉里斯（Chris Argyris）是美国行为学家，拥有哈佛大学和耶鲁大学的名誉博士学位，并在哈佛大学担任教育学和组织行为学的教学工作。阿吉里斯的"不成熟—成熟"理论认为，组织行为是由个人和正式组织融合而成的，组织中的个人作为一个健康的有机体，无可避免地要经历从不成熟到成熟的成长过程。在这个成长过程中主要有以下七方面的变化。

① 从被动状态发展为主动状态。

② 从依赖他人发展为相对独立的个体。

③ 从有限的行为方式发展为多种多样的行为方式。

④ 从经常变化、肤浅和短暂的兴趣发展为相对持久、专一的兴趣。

⑤ 从只顾及当前发展为有长远的打算。

⑥ 从在家庭或社会上属于从属地位发展为成年人，与周围人处于基本平等的地位，甚至支配他人的地位。

⑦ 从婴儿时期的缺乏自觉发展为成人的自觉自制。

阿吉里斯认为，每个人随着年龄的增长，会逐步从不成熟走向成熟，但成熟的进程不尽相同。领导方式是否得当对人的成熟度有很大的影响。如果把成年人当小孩来对待，总是指定下属从事具体的、过分简单的或重复性的劳动，使其无法发挥也不必发挥创造性、主动性，就会束缚他们对环境的控制力，从而阻碍下属的成熟进程；反之，给予下属更多的机会，增强其责任感，则能激励其更快的成熟。

某大公司董事长要求阿吉里斯告诉他如何有效地激励员工。于是他们就在一个类似于装配收音机制造厂里搞了一个实验。在工厂里有几个女孩子，从事这项工作。这个群体有一个组长，一个质量检验员，一个包装员。实验一开始，要求这些女孩子按照自己的方法来生产产品，进行自检和包装，处理消费者来信等，并向她们宣布，如产量减少不减薪，但增产还能提高工资。

这12个女孩子自己干的结果是，在第1个月内产量降低7%，第6个星期后的情况更糟，她们的工作情绪很低，但是在实践中她们从不成熟向成熟发展着，到第8个星期产量开始增加，到第15个星期产品量达到新高峰，而这是在没有检查员、包装员和工程师的情况下达到的。更重要的是因减少浪费和工作错误使成本降低94%，消费者的抱怨减少了96%。这个实验证明，扩大个人责任，给予工人以工作上成长和成熟的机会，有助于满足高层次的需要，因而更能激励人们去努力实现目标。

五、有效领导集体的条件

一个具有合理结构的领导班子，不仅能使每个成员人尽其才，做好各自的工作，而且能通过有效的组合，发挥巨大的集体力量。领导班子的结构一般包括：年龄结构、知识结构、能力结构、专业结构等。

1. 年龄结构

不同年龄的人具有不同的智力、不同的经验。因此，寻求领导班子成员的最佳年龄结构是非常重要的。领导班子应该是老、中、青三结合，向年轻化的趋势发展。现代生理科学和心理科学研究表明，一个人的年龄与智力有一定的定量关系。在智力诸因素中，中青年占有明显的优势。人的经验与年龄一般成正比关系，年老的人经验往往比较丰富。因此，领导班子中老、中、青结合，有利于发挥各自的优点。

2. 知识结构

知识结构是指领导班子中不同成员的知识水平构成。领导班子成员都应具有较高的知识水平。没有较高的文化知识素养，就不能胜任现代化企业中的管理工作。在现代企业中，大量的先进科学技术被采用，在复杂多变的经营环境中，为了使企业获得生存，求得发展，企业领导人员必须具备广博的知识。

3. 能力结构

领导的效能不仅与领导者的知识有关，而且与他运用知识的能力有密切的关系。这种运用知识的能力对于管理好一个企业是非常重要的。能力是一个内容十分广泛的概念，它包括决策能力、判断能力、分析能力、指挥能力、组织能力、协调能力等。每个人的能力是不相同的，有的人善于思考分析问题，提出好的建议与意见，但不善于组织工作；有的人善于组织工作，但分析问题的能力较差；等等。因此，企业领导班子中应包括不同能力类型的人物，既要有思想家，又要有组织家，还要有实干家，不能清一色。

4. 专业结构

专业结构是指在领导班子中各位成员的配备应由各种专门的人才组成，形成一个合理的专业结构，从总体上强化这个班子的专业力量，在现代企业里，科学技术渗透一切领域，科学技术是提高生产经营成果的主要手段。因此，领导干部的专业化，是搞好现代企业生产经营的客观要求。

六、领导的艺术

1. 领导艺术的含义

领导艺术是领导者创造性地把领导思想、原则和领导方式、方法运用于领导实践的表现形态。创造性是领导艺术的首要标志。因为领导科学中的思想、原则和方式、方法都是一般原理，但各单位的具体环境和条件却是千差万别的，领导者只有灵活地开展领导工作，才能取得良好的效果。领导艺术是领导者个人素质的综合反映，因人而异。

领导者所处理的各项工作，有些是常规性的，可以用模式化、规范化的方法解决；有些是随机性的，没有模式化、规范化的解决办法，需要通过领导者的想象力和创造力予以解决。因此，领导艺术也是一种建立在一定知识、经验基础上的、非规范化的领导艺术，是一种创造性的开发。

2. 提高领导艺术的技能

领导工作对于企业来说其重要性是无可置疑的。领导者的工作效率和效果很大程度上取决于他们的领导艺术。领导艺术是一门博大精深的学问，其内涵极为丰富。

（1）明确目标。

任何管理活动都是为了追求某种目标，目标实现的程度，就是效益的大小。因此，领导者必须明确目标，然后经过一系列管理活动去实现目标，达到一定的效益。

在管理工作中，并不是每个领导者都十分明白追求的目标是什么。有些领导人终日忙碌，却不清楚他的目标是什么。他只是从基本觉悟出发，认为应该勤勤恳恳地工作或者只是意识到是在为企业利益而工作。为了解决这个问题，领导者必须明确：树立目标观念，把建立目标作为领导者的首要职责。

（2）明确自己的角色。

每个领导者都处在一定的领导位置上，不同的领导位置决定了不同的角色定位，而不同的角色承担着不同的工作职责。因此，搞好角色定位是发挥领导艺术的第一项重要内容。这里所说的角色，包括两个方面的含义：①弄清楚处在什么层次上。在现代管理中，管理机构是层次结构，管理任务以层次性区分，领导权力也是按层次等级分配，所以各个层次应该做本层次应该做的工作，不要做越权越级的事。②弄清楚角色的性质。处在同一管理层次上的领导，领导角色的性质是不一样的。而不同的角色性质，应当做的事情也不同。

（3）学会授权。

伟大的经营管理之父法约尔曾经指出，管理所处的时代背景已经发生了很大的变化，没有一个领导人有足够的知识、精力、时间来解决一个大企业、大公司面临的所有问题，授权式的管理成为必需。领导者应该明确自己的角色、自己的职责、自己的关键工作领域，无须事必躬亲。要学会授权，善于授权。所谓授权，就是指上级赋予下属一定的权力和责任，使下属在一定的监督之下，拥有相当的自主权而行动。授权者对被授权者有指挥、监督权，被授权者对授权者负有汇报情况及完成任务之责。

积劳成疾的张总

最近,张总积劳成疾住进了医院。张总是浙江省一家两千人规模的IT电子制造业民营企业的总裁。即便住进了医院,张总还是在病床上约见了一位管理咨询顾问,谈公司如何应对组织流程再造的问题。两人见面先寒暄了几句,顾问了解了一下张总的病情,聊着聊着,顾问发现张总的工作方式有很大的问题。

现在张总每天工作将近15小时,不断的开会、谈判、内部管理将张总压得喘不过气来。公司现有将近20个部门,张总事必躬亲,平时很关心每个部门的工作,有事没事都会去过问一下他们的情况。可以想象,若是张总每天都过问一下每个部门的工作,那得花费多少时间和精力。"没办法,企业是自己辛辛苦苦一手创建的,发展到今天的这个局面,我不能掉以轻心啊!"张总感叹道。

顾问听了张总的话,建议张总把组织流程再造的事先缓一下,目前应该先解决的是"授权"的问题。张总现在无论大小工作都得管,常常使自己陷入日常烦琐的行政工作,而一些战略性的工作很容易就忽视了。而从另外一个方面来看,张总的下属也会感到能力受到了束缚得不到施展。从企业长远发展来看,变革势在必行,也迫在眉睫。

资料来源:笔者整理自网络资料。

思考

如果你是这位管理咨询公司的顾问,如何让张总学会"授权"?

授权是企业管理者最重要的能力之一,授权不仅是一门科学,也是一种艺术。如何实现有效授权?

一是明确授权目的。没有明确目的的授权,会让被授权者在工作中摸不着边际,无所适从,授权要明确,一定不要模糊。要让下属明白该做什么,不该做什么,在什么时限内完成,切不可糊里糊涂。

二是职、权、责、利相当。在明确了授予权力、明确责任、确立监控权之后,给予一定的权力是使被授权者得以完成所分派任务的基本保证。缺乏利益驱动则是受权者不愿过多承担责任的主要原因。正确的授权不是放任不管,也不是将权力绝对地无原则地下放,更不是弃权。

三是授权需要沟通。首先,通过沟通,发现并确定合适的被授权者。其次,通过沟通,使被授权者对其工作权限和目标、任务有更加明确的认识,使授权者和被授权者双方明了哪部分权力被授权,哪部分的控制权仍在组织高层。这样,就有利于被授权者在授权范围内更好地开展工作,减少出错的可能性。最后,通过沟通,授权者才能更好地掌握被授权者工作进展的信息，及时发现工作中可能存在的问题，对被授权者的工作进行有效的监控，并对被授权者工作中出现的偏差及时予以纠正。但是，需要说明的是，强调授权中的沟通，并不是希望被授权者得到授权后，在工作中仍然是"事事请示，件件汇报"，相反，沟通毕竟只是一个桥梁和纽带，在沟通中明了自己的授权后，被授权者能够在授权范围内充分发挥自己的主观能动性，尽自己所能做好职权范围内的事情。

四是加强监督控制。"没有监控的权力必然滋生腐败"，因此，正确的授权应该是相对的、有原则的，是在有效监控之下的授权。对于授权者来说，在授权时既没有建立有效的监控机制，也没有采取相应的监控措施，就等于弃权，实际上是放任或助长被授权者滥用职权，至少给被授权者滥用职权提供了方便。授权者必须清醒地认识到，组织内部自上而下的授权，职权是可以向下移动的，但领导者的责任是绝对的、不能转移的。在授权管理中，为了保证被授权者不至于滥用职权或偏离原定的目标取向，必须先建立起有效的监控机制，然后才能实施授权行为。当然监督控制不是去干预受权者的日常行动，监督也不是保证不出任何差错。

授权需要监督

某美妆连锁店员工众多，人事结构复杂，为了提高员工的工作积极性都会推行"授权管理"，将管理权限下移。店长施行授权管理时规定：各部门都可以在各自的职责范围内处理日常事务，只要是有利于美妆店业务发展的，不需要请示便可以拍板。他原以为授权后自己可以轻松下来，不用再事事躬亲，可始料未及的是，授权令一下达，反而给美妆店的管理工作带来了很大混乱，该店长比以前更为焦头烂额。表现最为突出的是，很多部门拿着鸡毛当令箭，不是专心致力于美妆店业务的发展，而是各自制定起游戏规则来。比方说，采购部不再执行以前的"采购请示"制度，不征询销售部的意见，也不经过店长审批就直接决定采购品种和数量，结果造成了大量商品的滞销，销售部门意见很大；销售部门在制订促销计划的时候，也不再经过集体讨论或店长批示，为实现销量而频繁促销，自作主张给客户赠送大量的促销品，向客户承诺更多的服务内容，虽然销售业绩扩大了，但美妆店的利润却明显下滑。

从上面小案例可以看出，授权管理本身是没有错的，但是如果不实时监督，授出的权利也会对企业造成很大的伤害。

资料来源：佚名. 管理者当心误入授权"雷区"[J]. 医学美学美容（财智），2015（10）：84-85。

五是授权要与考核和激励相结合。美国环美家居跨国集团老板莫若愚喜欢下中国象棋，在闲暇时间他总要和公司的员工对弈几局。在他的营销理念中，有许多与棋艺想通的精彩亮点。他认为公司经营成功，最重要的是人力。各人的能力有大小，有特长，也各有局限性，这特别像棋盘中的棋子，放对位置才能充分发挥能力。近40年来，他没有亲自签过一张支票，这是他"充分授权"用人之道的一个小侧面。他幽默地说，具体事，我如果做错了,连骂都没法骂,让别人去做,我还保留骂的权利。莫若愚先生的做法堪称管理者放权的最高境界,也为所有的管理者树立了一个标杆。管理者放权其实没那么难,只要该管的坚决管住,不需要插足的事情就别多事,有张有弛,就会培养出来一群忠实、能干的下属,从而取得更大的成功。

授权本身就是对员工的一种激励,使员工在参与管理中获得自我实现和尊重的满足感,并由此可能激发出主人翁意识。但是,授权也需要考核和激励,以真正发挥授权的激励效应,使被授权者的人力资本得到最大限度的发掘和运用,推动企业目标的实现。

××公司的"最佳授权奖"

××公司的人力资源部门每个季度对授权得好的管理者给予5000元的奖金鼓励,以此高额奖金激励所有的管理者都对下属合理授权。并且规定,部门经理两年之内若不培养副手,自己也不会得到提升,提升的前提就是培养接班人。而通过对下属授权来提升他们的能力,无疑是培养接班人的有效途径之一。这一奖励措施实施一年以来,很多管理者都改变了过去不敢授权的习惯,开始向下属授权。

王小辉是该公司研发部的经理,起初看到其他经理因授权得好而得到奖励时甚至有些眼红,但后来经过向那些优秀经理"取经",现在他也开始尝到授权的"甜头",表示"一定要将授权进行到底!"。

资料来源:笔者整理自网络资料。

(4) 做自己时间的主人。

做任何事情都需要占用时间,领导者要做时间的主人。首先,要科学地组织管理工作,合理地分层授权,把大量的工作分给下属自己去做,以摆脱烦琐事务的纠缠,腾出时间来做真正应该由自己做的事。其次,要养成记录自己时间消耗的习惯。每隔一两周,对自己的时间消耗情况进行一次分析。这时,就会发现自己在时间的利用上有许多不合理之处,从而就可找到合理利用自己时间的措施。

总裁的公文夹

美国汽车公司总裁莫端要求秘书给他的呈递文件放在各种颜色不同的公文夹中。红色的代表特急;绿色的要立即批阅;桔色的代表这是今天必须注意的文件;黄色的则表示必须在一周内批阅的文件;白色的表示周末时须批阅;黑色的则表示是必须他签名的文件。领导者应该把自己的工作分出轻重缓急,条理分明,你才能在有效的时间内,创造出更大的价值,也使你工作游刃有余,事半功倍。当你过于注意细节的时候,却是在一点一点地浪费你的人生。

资料来源:https://www.docin.com/p-987718677-f2.html。

（5）不同阶段解决不同的问题。

每一个组织都经历从小到大、从不成熟到成熟的发展过程，而且一般都不会是一帆风顺的。在各个不同的发展阶段上，所面临的主要问题是不同的。对一个企业领导来说，在企业发展的不同时期要把握好不同的重点：创业阶段处理好"管理危机"；成长阶段处理好"自主权危机"；成熟阶段处理好"控制危机"；继续发展阶段处理好"烦琐危机"。

第二节 激励的理论与方法

一、激励的概念及其作用

1. 激励的概念

管理具有他人性，管理目标实现需要依靠下属的努力，因此如何调动下属积极性，对下属实施有效激励就显得非常重要了。所谓激励就是通过设计适当的外部奖酬形式和工作环境，以一定的行为规范和惩罚性措施，借助信息沟通，来激发、引导、保持和规范组织成员的行为，以有效地实现组织及其成员个人目标的系统活动。从激励的概念可以看出，激励具有目标导向性，采用的是物质和非物质手段，借助于充分的信息沟通，以有效地调动组织成员的积极性，谋求组织成员与管理层的相互配合以求实现组织的目标。

2. 激励的作用

在传统的人力资源管理中，激励的作用根本没有得到足够的认识和利用，管理者们在管理过程中，只是自觉或不自觉地运用到激励手段。但随着人本管理思想的发展和在实践中的应用，人们越来越重视作为组织中"人"的作用，因此激励成为企业管理者一个必不可少的重要手段，其重要作用表现在以下四个方面：

（1）激励是实现企业目标的需要。企业的目标取决于员工的绩效，一个员工对企业的价值并不完全取决于他的能力，而主要取决于它的工作动机。而员工的工作动机并不是天生就有的，需要管理者对其进行激励来调动。员工努力的程度取决于目标对他的吸引力，激励就是要让员工产生内在动力，在满足自身需要的同时，为企业做出贡献。

（2）激励是充分发挥企业各种生产要素效用的需要。企业的生产经营活动是人有意识、有目的的活动。人、劳动对象、劳动工具都是企业的生产要素，在这些要素中，人是最活跃、最根本的因素，其他因素只有跟"人"这个生产要素相结合，才会成为现实的生产力，才会发挥各自的效用。

（3）激励可以提供员工的工作效率和业绩。如何调动人的积极性，一直以来都是管理学家们十分重视的问题。据美国哈佛大学威廉·詹姆斯研究，实行计件工资的员工，其能力仅发挥了20%~30%。若受到充分激励时，其能力可能发挥到80%~90%，工作效率大大提高了。

(4) 有效激励可以吸引和留住优秀人才。现代社会已经进入知识经济时代，企业间对人才的争夺越来越激烈，一个企业要想吸引和留住优秀人才，就要具备丰厚的薪酬福利待遇、快捷的晋升通道等一套科学有效的员工激励机制，只有这样才能吸引优秀的人才，并留住人才，使他们全心全意为企业做贡献。

二、激励机制及激励过程模式

心理学家一般认为，人的一切行动都是由某种动机引起的。动机是人类的一种精神状态，它对人的行动起激发、推动、加强的作用，动机是由人的需要引起的。人是有需要的动物，人的需要各种各样，有生理的、社会的和自我实现的需要等。需要是人的行为最初原动力。人类有目的的行为都是出于对某种需要的追求。需要一旦产生，组织再对其以激励手段的刺激，就会促使人的行为动机形成，动机将促使人类产生行为，行为的结果，可能使人的需要即个人目标得到满足。在人的一个目标实现之后，又会产生新的需要，组织的激励手段又会促使人不断产生新的行为动机，促使人的行为产生，如此周而复始，激励手段就会不断发挥作用。

激励过程如图 8-4 所示。

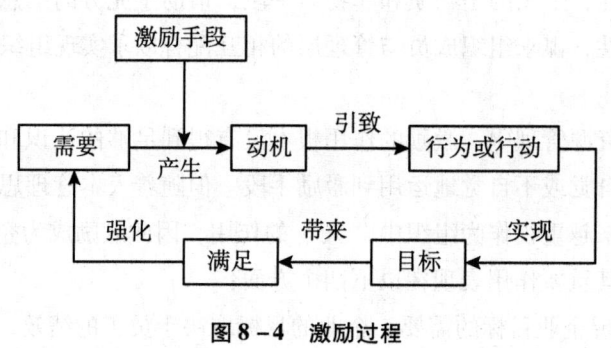

图 8-4　激励过程

三、过程型激励理论

1. 公平理论

公平理论也称为社会比较理论，是由美国心理学家斯达西·亚当斯在 1965 年首先提出来的。主要讨论的是报酬的公平性对员工工作积极性的影响。公平理论的主要观点是：人是社会人，一个人的工作动机，不仅受其所得报酬绝对值的影响，而且受到相对报酬多少的影响。也即员工固然关心他获得的报酬，但他更关心自己的报酬和别人相比较的结果。而人们将通过两个方面的比较来判断其所获报酬的公平性，即横向比较和纵向比较。

(1) 所谓横向比较，就是将自己的所得—付出比与其他人的所得—付出比进行比较，来判断自己所获得报酬的公平性，用公式来表示即：

$$\frac{Q_p}{I_p} = \frac{Q_x}{I_x}$$

其中：Q_p 表示自己对所获报酬的感觉，Q_x 表示自己对别人所获报酬的感觉，I_p 表示自己对所投入量的感觉，I_x 表示自己对别人所投入量的感觉。

公式两边相等，即表示员工自己的所得—付出比与其他人的所得—付出比相等，在这种情况下，他会感觉到自己所得报酬是公平的。

如果公式左边大于右边，即表示员工自己的所得—付出比要大于其他人的所得—付出比，在这种情况下，他会感觉到自己得到了比其他人高的报酬。但是，他并不会因此要求减少自己的报酬，而是会自觉地增加投入量。但过一段时间他就会因重新过高估计自己的付出而对高报酬而心安理得，于是付出又会回落到以前的水平。

如果公式左边小于右边，即表示员工自己的所得—付出比要小于其他人的所得—付出比，在这种情况下，他会感觉到自己得到比其他人低的报酬，自己受到了不公平的待遇。此时，他可能会要求增加报酬，或减少付出以达到心理上的平衡。

(2) 所谓纵向比较，就是将自己目前的报酬水平与过去的报酬水平进行比较，来判断自己现在所获得报酬的公平性，用公式来表示即：

$$\frac{Q_{pp}}{I_{pp}} = \frac{Q_{pt}}{I_{pt}}$$

其中：Q_{pp} 表示目前自己对所获报酬的感觉，Q_{pt} 表示自己对以前所获报酬的感觉，I_{pp} 表示目前自己对所投入量的感觉，I_{pt} 表示自己对以前所投入量的感觉。

公式两边相等，表示员工认为自己目前的报酬水平和过去相比没有什么变化。在这种情况下，员工的积极性和努力程度可能会保持不变。

如果公式左边大于右边，表示员工认为自己目前的报酬水平和过去相比提高了。但是在这种情况下，员工会认为报酬水平的提高，是和自己能力的提高分不开的，因此，其工作积极性不会提高多少。

如果公式左边小于右边，表示员工认为自己目前的报酬水平和过去相比降低了。在这种情况下，员工就会感觉到不公平，工作积极性会下降。

公平理论对于企业的管理工作有着重要的启示，它提示管理人员，工作任务和公司的管理制度都有可能对公平产生影响，员工在比较中往往过于主观，这就要求管理人员要随时注意和发现员工的不满情绪，努力在组织中维持一种公平的空间。

2. 强化理论

强化理论是一种行为主义观点，由美国心理学家斯金纳最先提出，这个理论是从动物的实验中得出来的。斯金纳认为，无论是动物还是人，为了达到某种目的，都会采取一定的行为,如果这种刺激对他有利,这种行为就会重复出现;若对他不利,个体可能会改变自己的行为以避免这种结果,直至减弱、消失。该理论从环境因素的角度分析人的行为,认为人的行为是其所受刺激的函数。强化可分为正强化和负强化两大类型。

正强化是指奖励那些符合组织目标的行为,以鼓励这些行为得到进一步加强,从而满足组织的需要。正强化的刺激物不仅包括加薪、奖金等物质奖励,还包括表扬、晋升等精神激励。为了使强化达到预期的效果,要注意配合使用各种激励手段。强化理论认为,科学有效的正强化方法应该是,保持强化的间断性,强化的时间和数量也尽量不固定,而由管理人员根据组织的需要和职工的行为状况,不定期、不定量地实施强化。

负强化是指通过人们不希望的结果的结束,而使行为得到强化。通过惩罚那些不符合组织目标的行为,以使这些行为削弱直至消失,从而保证组织目标的实现不受干扰。与正强化恰恰相反,负强化包括扣除报酬、罚款、批评、降级等。实际上,不实行正强化也是一种负强化。

强化理论是影响和引导员工行为的一种重要方法,通过表扬和奖励可以使动机得到加强,行为得到鼓励;通过批评、惩罚等可以否定某种行为,使不好的行为越来越少。强化理论认为,在塑造组织行为的过程中,应重点放在积极的强化而不是消极的惩罚上,因为惩罚往往会对员工的心理造成负面的影响。该理论提示管理者应该通过适当运用及时的奖罚手段,集中改变或修正员工的工作行为。同时,为了真正实现它的作用,管理者必须在使用上述不同的强化类型时保持一致性。

3. 期望理论

期望理论由美国心理学家维克多·弗鲁姆在 20 世纪 60 年代提出并形成。它是迄今为止,在员工激励方面最全面、最广为接受的解释。期望理论认为,当人们预期某种行为能带给个体某种特定的结果,而且这种结果对个体具有吸引力时,个体就倾向于采用这种行为。

根据这一理论的研究,人们对待工作的态度取决于对下述三种联系的判断:

努力—绩效联系,即员工认为通过一定努力会带来一定绩效的可能性。人总是希望通过一定的努力能够达到预期的目标,如果个体相信通过自己的努力达到预期目标的概率较高,期望值就会很高,那么就可能激发出很强的工作力量。但如果他认为所定的目标太高,不一定会成功时,期望值将很弱,就可能失去了内在的动力,工作积极性就会削弱。但是如果个体认为自己的努力达到预期目标的概率介于中间水平时,其期望值也就会处于中间水平。

绩效—奖赏联系,即员工相信一定水平的绩效会带来所希望奖赏的程度。人总是希望取得成绩后能够得到奖赏,合理的奖赏就有可能产生工作动力;相反,如果干得好也没有奖赏,员工就会失去工作的热情。

奖赏—个人目标联系,即企业奖赏满足员工目标或需要的程度以及这些潜在奖赏对员工的吸引力。人总是希望自己所获得的奖赏能满足自己某方面的需要。然而由于人们在年龄、性别、资历、社会地位和经济条件等方面存在差异，对于需求的满足，所感受到的满意度就不同。因此，对于不同的人而言，奖赏的效果因人而异。

根据弗鲁姆的期望理论，一项激励措施的作用力是由效价与期望值的乘积决定，可以用公式表示为：

$$M = V \times E$$

式中：M 表示激励力，V 表示效价，E 表示期望值。

效价指个人对自己所要采取的行动将会达到的某一预期成果或目标的偏爱程度；期望值指的是某一特定行动将会导致预期结果的概率，即个人根据经验对自己所采取行动将会导致某种预期结果的可能性的主观估计。效价和期望值的不同组合，会产生不同的激发力量。

这说明，组织管理要收到预期的激励效果，就要以激励手段的效价和激励对象获得这种满足的期望值都足够高为前提。只要效价和期望值中有一项的值较低，都难以激励对象在工作岗位上表现出足够的积极性。因此期望理论的关键是：正确识别个人目标和判断三种联系。

正如任何理论一样，弗鲁姆的期望理论也有其一定的适用条件。弗鲁姆的期望理论也是基于四项基本的假定：第一，它假定行为由个体或环境中各种因素综合决定；第二，它假定人们在组织中自行作出行为的决策；第三，它假定不同的人具有不同的需要、愿望和目标；第四，它假定人们根据行为达成期望结果的可能性，从不同的行为计划间作出选择。

四、内容型激励理论

内容型激励理论主要包括马斯洛的需求层次论、赫茨伯格的双因素理论、阿德弗的 ERG 理论、麦克利兰的成就激励论。这里主要介绍后两种内容型激励理论。

1. 阿德弗的 ERG 理论

与马斯洛的理论相应的是阿德弗提出的 ERG 理论。阿德弗根据其对工人进行的大量调研，认为：

（1）人的需要可归结三种：生存需要（E）、相互关系需要（R）、成长发展需要（G）。

生存需要大体上类似于马斯洛的生理和安全需要，它是人最基本的需要；相互关系需要相当于马斯洛理论中的社交和尊重需要，当一个人的收入已满足其基本的生存需要后，就希望能与人相处得更好；成长发展需要是指个人在事业、前途方面发展的需要，相当于马斯洛提出的自我实现需要。

（2）三种需要并不都是生来就有的，有的是通过后天培养产生的。

一个人想当科学家、政治家的念头就不可能是生来就有的，人可以在一定程度上通过教育影响其价值观的形成。在同一时刻，人存在着程度不同的各种需求，且哪一层次的需要得到满足的程度较低，对这一层次需要的追求就越强烈。例如，当一个人高薪的需求没有被满足时，他就会努力设法通过其他途径增加自己的收入。

（3）三种需要之间存在着多样化关系。

一般而言，低层次的需要得到的满足越多，对高层次的需要就越渴望。例如，当一个人各方面的生活条件都比较好时，对于社会的承认、事业的发展就非常在意。这三种需要一般来说是由低到高逐步发展的，但也可以越级，当低层次的需要得不到满足时，人们会转而寻求高层次需求的满足。例如，有的学者尽管生活比较清贫，却孜孜不倦地从事学术研究。当上一层次的需要难以得到满足时，追求遇到挫折时，人们也会对下一层次的需要提出更高更多的要求，以此作为追求高层次需要受到挫折的补偿。例如，有的人事业上遇到重大挫折后，可能会自暴自弃，放弃任何追求。

2. 麦克利兰的成就激励论

美国心理学家戴维·麦克利兰经过对成就动机的几十年研究，于1966年在他的《促使取得成就的食物》一书中提出了成就激励理论。麦克利兰的成就激励论的主要观点有：

（1）人有对权力、对社交以及对成就的三类基本激励需要。

对权力需要强的人对施加影响和控制表现出极大的关切，这类人一般追求领导者的地位、好辩论、健谈、直率、有能力并善于提出要求，喜欢演讲。

对社交有需要的人常从友爱中得到快乐，并因被某个社会团体拒绝而痛苦，他们关心保持融洽的社会关系、亲密无间、相互谅解、助人为乐。

对成就有需要的人，对成功有一种强烈的要求，同时也十分担心失败。他们愿意接受挑战，为自己树立一个具有一定难度的目标，对待风险采用一种现实主义的态度，愿意承担所做工作的个人责任，对他们正在进行的工作情况期望得到明确而迅速的反馈，一般不常休息，喜欢长时间工作，遇到失败后也不过分伤心，这种人一般喜欢表现自己。

（2）高成就的需要者是人类的精华。

他们大多数都是中产阶级，通常具有三个方面的共同特征：①喜欢能够发挥独立解决问题能力的工作环境。他们喜欢独自面对挑战性的问题。如果某一问题不是他们独立解决的，他们就不会有成就感；只有当问题是靠他们自己努力解决的，他们才会感到满足。因此，高成就需要的人愿意对其行动承担责任，在工作中敢于作出个人决断。②往往倾向于谨慎地确定有限的成就目标。他们对成功有一种强烈的要求，同样也非常担心失败。他们对待风险采取了一种现实主义的态度，倾向于承担中等风险。因为如果目标过低，伴随着成功的是较少的成就满足；如果目标过高，风险很大，则成功的机会过于渺茫，会使他们难以体会到成功的喜悦。③希望得到对他们的工作业绩的不断反馈。高成就需要的人很想了解其工作业绩的优劣，如果能够从上级那里得到嘉奖或表扬，他们就会感到莫大的满足。

五、改造型激励理论

改造型激励理论注重对人外在行为影响的研究，在实际中的运用既简便，又行之有效。所以，尽管给人以简单化之嫌，但还是受到广泛运用。改造型激励理论包括归因论、目标设置论、挫折论。

1. 归因理论

人们做完一项工作之后，往往喜欢寻找自己或他人之所以取得成功或遭受失败的原因。而这样做的结果对人以后的行为构成非常大的影响。人们把这种现象称为归因。最早提出归因理论的是海德（F. Heider）。他认为，人们具有理解世界和控制环境这样两种需要，使这两种需要得到满足的最根本手段就是了解人们行为的原因，并预言人们将如何行为。

归因理论认为，影响行为的因素有两种，即主体和环境。运气、工作难易等都是环境原因。如果把行为的原因归于环境，则个人对其行为结果可以不负什么责任。人格、动机、情绪、能力、努力等都是个人原因。如果把行为的原因归于个人，则个人要对其行为结果负责。在海德的基础上，美国心理学家维纳（B. Weiner）对行为结果的归因进行了系统探讨，并把归因分为三个维度：内部归因和外部归因、稳定性归因和非稳定性归因、可控制归因和不可控制归因；又把活动成败的具体影响因素归纳为六种，即能力高低、努力程度、任务难度、运气好坏、身心状态、外界环境等。

由于归因理论是从结果来阐述行为动机的，因此它的理论价值与实际作用主要表现在三个方面：一是有助于了解心理活动发生的因果关系；二是有助于根据行为及其结果来推断个体的心理特征；三是有助于从特定的行为及其结果来预测个体在某种情况下可能产生的行为。

2. 目标设置论

目标设置论是美国马里兰大学管理学和心理学教授爱德温·洛克（Edwin Locke）于20世纪60年代提出的。他认为，凡是把一个具体、艰巨的目标接受下来作为自己的目标时，比没有接受这样目标的绩效更好。所谓具体是指可以测定的；艰巨是指不容易完成的，具有挑战性的。换句话说，明确的目标能提高绩效；人一旦接受了困难的目标，会比容易的目标带来更高的绩效；有反馈比没有反馈会带来更高的绩效。

具体的、困难的目标比笼统的目标如"尽最大努力、好好干之类"效果更好。具体目标本身就是一种内部激励。它使人有把握感、效果感，从而为恰当地分配、安排自己的工作提供了可能。此外，当这个具体目标实现时，人能从中得到成就感。相反，没有具体目标，人就无法享受工作结果所带来的快乐。因为目标笼统，自然就没有完成、实现目标的心理感受。被接受的目标越困难，绩效水平越高。这个假设成立的前提是目标必须被接受。人一旦接受了一个艰巨的具体任务，他就会想方设法努力完成，在这种情况下人们付出的努力肯定比在完成容易任务时要多，自然绩效也就随之增加。当然在经过努力难以完成时，在有些情况下目标就可能被放弃和降低。

在人们向目标努力过程中如果得到做得如何的反馈时，人们会做得更好。根据反馈，人们可以随时调整自己的工作，以使工作方法更有效，不偏离目标。另外，工作进展程度信息让人看到了自己的工作成效，这能给人以鼓舞并增加信心，使人看到希望。但有时过多反映失败的信息反馈可能会让某人气馁，所以，并不是所有的反馈都有积极作用。

3. 挫折论

在管理上研究挫折有很大价值。员工遇到挫折是必然现象，作为管理者是无法躲避的。挫折对人的情绪和行为有巨大影响，直接关系到组织的绩效。所以，管理者需要了解挫折问题，在工作中正确对待员工的挫折现象，并使组织绩效得到保证。

（1）挫折和挫折成因。

挫折是指个体从事有目的的活动，遇到外部环境中或内部自身的障碍或干扰，使其需要和动机不能获得满足时的情绪状态，挫折是一种社会心理现象。

引起挫折的因素很多，各种因素所引起的挫折强度也不尽相同。总括起来，这些因素可以分为两类。一类为客观因素，包括环境、社会及个人诸方面的客观条件的限制；另一类为个人的主观因素，包括各种形式的内在冲突。

（2）挫折的耐受力。

挫折耐受力也叫挫折容忍力，是指一个人忍受挫折、保护自己心理健康、维持正常适应的能力。任何一个人，无论他多么足智多谋，在现实生活中都会不可避免地碰到这样那样的困难，遭受到或大或小的挫折。但是，不同的人，对于挫折的耐受力会有天壤之别。有些人可以忍受经常的、严重的挫折，对于引起挫折的客观条件限制可以表现出坚忍不拔、百折不挠的坚强毅力。而有些人往往稍遇挫折就意志消沉，通常在别人看来是正常的困难也会使其颓废沮丧，甚至一蹶不振。

挫折耐受力的高低由两个方面的因素决定：一是人的身体条件，二是成长过程中经受挫折的经验与价值观的稳定程度。大量的心理学研究证明，身体条件好的人，要比身体条件差的人具有更好的挫折耐受力。身体健康、强壮，高级神经活动过程强而平衡，则挫折耐受力较高；相反，体弱多病，神经类型属于典型的弱型的或强而不平衡型的人，挫折耐受力较低。此外，如果一个人在成长过程中经常身处逆境，生活风浪的冲击会提高他应付生活困恼、摆脱心理冲突的能力。此外，在成长过程中受到良好教育、价值观念统一而稳定的人，也可以百折不挠，表现出超人的挫折耐受力。

（3）挫折后的行为表现与心理防御机制。

由于受挫折的人各有特点，因此其受挫折后的行为表现也各有不同。一般有两类：有的人采取积极进取的态度，采取减轻挫折和满足需要的积极适应的态度；也有的人采取消极的态度，甚至是对抗的态度，如攻击、冷漠、幻想、退化等。

人要生存，就不免遭受挫折，产生各种各样的内心冲突。特别是在实现某种目的的动机十分强烈时，这些妨碍需要满足的冲突会引起我们强烈的焦虑情绪。焦虑是一种使人强烈紧张、不安、烦恼、恐惧的有害情绪体验，它会严重影响人的心理功能的充分发挥，危害人的心理健康。为了避免痛苦的焦虑体验，避免这种有害情绪对我们心理上造成进一步的伤害，当某种冲突导致焦虑出现时，我们的心理活动会自然地、无意识地运用歪曲、夸大、补偿、否认、升华等方法来平息内心焦虑，继续维持自我同外部世界的满意关系。心理活动的这种避免焦虑、恢复情绪平衡与稳定的自我保护倾向，就是精神分析学家所说的心理防御机制。

六、激励方法

根据上述各种激励理论，管理者激励下属可采用多种方法和手段。其中最基本的方法是：工作激励、成果激励和培养教育。

1. 工作激励

工作激励是指通过设计合理的工作内容，分配恰当的工作来激发员工内在的工作热情。根据激励理论，一个人的投入产出率取决于其所从事的工作是否与其所拥有的能力、动机相适应。通过合理地分配工作，能极大地激发员工内在的工作热情，提高其工作业绩。这就要求在分配工作时，要注意两点。首先，工作内容的安排要考虑到员工的能力和特长。每一个人所拥有的能力和文化水平是不同的，而且不同的工作对于人的能力要求也不同，要做到"人尽其才"，就必须根据每个人不同的才能安排工作，把人与工作有机地结合起来。其次，工作目标应具有一定的挑战性。在分配工作过程中，不仅要使工作的性质和内容符合员工的能力和特长，而且要使工作的要求和目标富有挑战性，这样才能真正激发员工奋发向上。根据成就激励论，人们的成就需要只有在完成了具有一定难度的任务时才会得到满足。如果管理者把一项任务交给一位能力远远高于任务要求的员工去做，这位员工凭实力可马上开展工作，但他就会感觉到自己的潜力没有得到充分的发挥，久而久之，他会对该项工作越来越不感兴趣，工作积极性也越来越低。

2. 成果激励

成果激励是指在正确评估员工工作成果的基础上给予其合理的奖惩，以保持员工行为的良性循环。

一位员工之所以愿意积极地去从事某项工作，是因为从事这项工作能在一定程度上满足其个人的需求。工作本身给员工带来的需求的满足是即时的和直接的，它使人感受到了成功的喜悦、自我的价值和社会的承认等。同样地，工作以外的奖励，如金钱、就业保障、晋升等也能在一定程度上满足人们的生理和心理需求。管理者要引导员工向着有利于组织目标的方向行动，就必须把奖励的内容与员工的需求相结合，奖励的多少与工作业绩的高低直接挂钩。进入20世纪90年代以来，西方企业在薪酬管理上提出了一系列创新的成果激励措施，主要包括绩效工资、分红、员工持股、总奖金、知识工资和福利等。

绩效工资，也称为奖金，是企业根据员工的贡献而得到的奖励，也称为奖励工资。通用汽车公司就曾大力推广这种激励计划，公司管理层在取消员工的年度生活补贴后，建立了一种绩效工资制度，通过涨工资激励员工完成任务。"搞技术"的褚时健其实很懂得"分甘同苦"的道理，这个词的本义是同甘共苦，做另一番解释也别有意味。他率先在玉溪烟厂工人中实行计件工资，有赏有罚，极大提高了效率，工人的工资有时甚至超过管理层，并曾经发生过多次工人翻墙进厂加班的事情。分配与激励是褚时健管理企业的一大利器，做烟种橙都起到了很好的效果。

分红，是员工和管理人员在特定的单位中，当单位绩效打破预定的目标时发放奖金的一项激励措施。和绩效工资不同，分红是团队协作的结果，体现全体员工都对经营单位做出了贡献。

奖金指的是以绩效为基础的一次性现金的支付计划，这种计划只有在员工感受到他们的奖金真正反映了公司的繁荣时才有效，才会让他们感觉到自己的绩效是同企业境况、自身收益息息相关的。

奖金与员工激励

一年来，某公司全体员工在李总的领导下，不辞辛苦地工作，取得了傲人的业绩。到了年终，李总为了激励员工，开出了一张奖励单，直接通知财务部门按照以下方案给员工发奖励：高层管理人员为10000元/人；中层管理人员为8000元/人；基层管理人员为5000元/人；一般员工为2000元/人。事后，李总发现员工的积极性并没有提高，反而下降了，一些业务骨干提出了辞职，以往紧张的工作氛围也不见了。李总感到茫然……

资料来源：尤立群. 管理学 [M]. 杭州：浙江大学出版社，2019。

为什么李总给了奖励之后员工积极性反而更低下了呢？

股票期权也是20世纪80年代以来西方企业最富有成效的激励制度之一。与员工持股计划有所不同的是，它赋予持有者在特定时期以事先确定的行权价购买本公司的股票的选择权利。股票期权授予对象通常是那些对公司资源有主要支配权或对公司业绩有主要影响的员工，包括高级管理人员、管理骨干、技术骨干等，一般是在受聘、升职或一年一度的业绩评定时进行授予；通常根据企业情况和股市走向等因素确定股票期权约定的数量，被授予对象约定的购买股票价格一般不低于授予日的公平市场价格，上市公司可参照当日股票市场价格决定，非上市公司可参照当时股权价值即每股净资产决定。

3. 培养教育

培养教育是指通过思想、文化教育和技术培训，提高员工的素质，从而增强员工的进取精神和工作能力。员工的工作热情和工作积极性通常与他们的自身素质有极大的关系。一般而言，自身素质好的人，自信心和进取心就强，比较注重高层次的追求，因此，相对来说比较容易自我激励，在工作中表现出高昂的士气和工作热情。所以，通过教育和培训，增强员工的工作能力，提高员工的思想觉悟，从而增强其自我激励的能力，是管理者激励和引导下属行为的一种重要手段。通过思想教育，能够调动员工的积极性，树立起崇高的理想和职业道德。通过对员工进行科学的世界观教育，可以帮助员工正确地认识自身的价值，树立正确的职业道德观，从而促使他们在工作中认真负责、勇于进取。

关注员工职业生涯规划有利于员工更加深刻地了解自己、弥补自己知识上的缺陷及发扬自己的长处。职业生涯规划的一个基础工作就是剖析自己，找出自己个性上的特点、自己的长处与短处。在充分了解自己和环境需要的基础上，给自己准确的定位，或者"取长补短"，或者"扬长避短"，总之，会有弥补自己知识的过程。

此外，通过专业技能培训，提高员工的工作能力。进取心与个人的业务素质是相互促进的：强烈的进取心会促使员工努力掌握新的工作技能，而良好的素质使一个人有较多的成功机会，成功及由此带来的心理满足的体验又会促使其在事业上攀登新的高峰。正是因为如此，对员工进行专业技能培训，对于激发员工的进取心和提高员工的工作业绩是十分重要的。

第三节　管理沟通

一、沟通和管理沟通的定义

松下幸之助说，伟大的事业需要一颗真诚的心与人沟通；亨利·法约尔则认为，沟通决定了管理。沟通是指由一个人向另一个人传递信息的过程，从某种意义上说，整个管理工作都与沟通有关。计划者与企业外部人士的交流，组织者与被组织者的信息传递，领导者与下属的感情联络，控制者与控制对象的纠偏工作，无不与沟通相联系。

沟通是管理者发挥领导职能的一个重要方面。管理上的沟通和人际沟通是相关的，但又是不同的。管理上的沟通我们称之为管理沟通。管理沟通同一般的人际沟通相比，具有更强的目标性、规范性和透明性。管理沟通对于要达到的效果或要达到的目的是明确的，沟通的效率也是管理者在沟通中必须考虑的，而一般的人际沟通对沟通效果的要求较弱，对沟通的效率也没有太多的要求。

二、管理沟通的类型

组织是一个由不同的人所组成的群体，又是一个充当着不同角色的组织成员所构成的整体。在组织中，既有正规的权力系统，又有非正式的人际关系。因此，管理沟通也可分为正式沟通和非正式沟通。

1. 正式沟通

正式沟通是指通过正式的组织程序所进行的沟通。它是管理沟通的一种主要形式，一般与组织结构网络和层次相一致。在正式沟通中根据信息的流向，又可分为自上而下的沟通、自下而上的沟通、横向沟通和斜向沟通。

(1) 自上而下的沟通。

自上而下的沟通是指按组织的层级关系从较高层次流向较低层次的沟通。下行沟通是传统组织中最主要的沟通流向。一般以命令方式传达上级或其上级所决定的政策、计划、规划之类的信息。这种沟通往往带有权威性、指令性。自上而下的沟通主要使员工了解组织的目标，形成对组织目标认识的一致性，消除员工的疑虑和不稳定心理。

(2) 自下而上的沟通。

自下而上的沟通指在组织中信息从较低层次流向较高层次的一种沟通。主要是下属依照规定向上级所提出的正式书面报告或口头报告。除此之外，还有鼓励向上沟通的一些形式，征求意见座谈会、意见箱等。这种沟通不仅是组织成员向管理者，或下级向上级反映自己的要求、愿望，提出意见和建议的正常渠道，而且可以对执行结果作出反馈，使上层了解其信息被接受和执行的程度，为修正和制定新的决策提供资料。如果没有上行沟通，管理者就不可能了解职工的需要，也不可能知道自己下的指示或命令正确与否，因此，上行沟通十分重要。

(3) 横向沟通。

横向沟通的存在是为了增强部门之间的合作，减少部门的摩擦，并最终实现企业的总体目标，这对企业整体利益有着重要作用。从理论上讲，一个组织是一个有机的整体，每个部门都是整个企业大系统中相互影响、相互依存的子系统因素，协调每个子系统关系是为了更好地创造整体效益。组织中各个部门的存在，不是作为一个孤立作战的个体，而是作为一个整体的部分而存在。认识到这一点，也就能清楚各个部门间存在合作的需要，而且这种需要又缔造出分享信息的需要。横向沟通正是为了满足不同部门间的信息共享而产生的。

(4) 斜向沟通。

斜向沟通是发生在跨越工作部门和组织层次的员工之间的沟通。从效率和速度看，斜向沟通是必要的。信息技术的发展促进了斜向沟通。很多组织反对斜向沟通，因为他们担心斜向沟通会破坏统一指挥。所以，斜向沟通的运用必须基于这样的理解：只要是合适的，斜向沟通在任何场合都应受到鼓励；下属要自律，不要做出超越其权限的承诺；下属要随时让上级了解部门之间的重大活动。

2. 非正式沟通

非正式沟通是指没有列入管理范围，不按照正规的组织程序、隶属关系、等级系列来进行的沟通。它是在正式组织途径以外构筑成的信息流通程序，一般是因组织成员在感情和动机上的需要而形成的。在一个组织中，除了正式设立的部门外，不同部门的人之间还存在朋友关系、兴趣小组等，因此非正式沟通的存在也就有它的必然性。非正式沟通有下列几个特点：

（1）非正式沟通信息交流速度较快。由于这些信息与职工的利益相关或者是他们比较感兴趣的问题，再加上没有正式沟通那种程序，信息传播速度大大加快。

（2）非正式沟通的信息比较准确。据国外研究，它的准确率可高达95%。一般说来，非正式沟通中信息的失真主要来源于形式上的不完整，而不是提供谣言。人们常常把非正式沟通与谣言混为一谈，这是缺乏根据的。

（3）非正式沟通效率较高。非正式沟通一般是有选择地、针对个人的兴趣传播信息。正式沟通则常常将信息传递给本不需要它们的人。

（4）非正式沟通可以满足职工的需要。由于非正式沟通不是基于管理者的权威，而是出于职工的愿望和需要，因此，这种沟通常常是积极的、卓有成效，并且可以满足职工们的安全需要、社交需要、尊重需要。

（5）非正式沟通有一定的片面性。非正式沟通中的信息常常被夸大、曲解，因而需要慎重对待。

非正式沟通与正式沟通不同，其沟通对象、时间及内容等各方面都是未经计划和难以辨别的，而且沟通途径也非常繁多，且无定型。非正式沟通的途径是通过组织内的各种社会关系来实现的，它们超越了部门、单位及层次，较正式途径具有更大的弹性，它可以是横向流向，或是斜向流向，一般以口头方式为主，不留证据，不负责，也比较迅速。非正式沟通一方面可满足组织成员社会交往的需要，另一方面可弥补和改进正式沟通的不足。

三、管理沟通的重要意义

张经理左右为难

2010年12月20日，上海纳科国内公司输出部的中班员工在包装时应该使用法国客户指定的新包装盒，结果却使用了英国客户的包装盒。而这个问题的出现是由于中班的江主管和早班的杨主管沟通不畅造成的。杨主管在交接班记录本上注明了"注意使用法国包装盒"，但是却没有说明什么时候什么产品开始使用。江主管指责杨主管没有交代清楚，而杨主管指责其没有询问。其实输出部的问题早已生成，而目前将三班制改为四班制，需要提拔新的主管，考虑到目前出现的沟通问题，输出部的张经理陷入了困境。

资料来源：https：//wenku.baidu.com/view/9b2c0318aeaad1f347933ff0.html。

　　管理沟通从管理上来说，必须不断提高信息的传递与反馈的效率和效果。沟通对管理者的重要性体现在三个方面。首先，沟通是计划、组织、领导和控制等管理职能得以实施和完成的基本条件。例如，组织目标的确定和理解需要沟通，计划的下达与执行需要沟通，奖惩制度、薪酬福利制度需要沟通，目标实现的标准以及如何测量需要沟通。只有保持信息的传递畅通，并得以理解和反馈，才能更好地履行各项管理职能。其次，沟通也是管理者的重要工作。企业管理者通过信息交流了解客户的需要、供应商的供应能力、股东的要求、政府的法规条例及社会团体关心的事项等。通过沟通，管理者把组织内部的成员联结起来实现组织的目标，没有沟通不可能进行群体或组织的活动。最后，沟通还为组织建立起了同外界联系的桥梁，任何组织只有通过与外界的沟通才有可能成为一个与外部环境发生相互作用的开放系统。由于外部环境永远处于变化之中，企业为了生存就必须适应这种变化，这就要求企业不断地与外界保持沟通，以便把握住成功的机会，避免失败的可能。

四、管理沟通的条件和过程

1. 管理沟通的条件

　　管理沟通是为了通过信息的传递获得组织成员的支持，产生符合组织需要的积极行为。管理层在进行信息沟通时，必须具备一定的条件才能产生相应的效果，达到沟通的目的。下面我们来看一个例子。

　　假设有一条船在海上遇难，留下三位幸存者。这三个幸存者分别游到三个相隔很远的孤岛上。第一个人没有移动通信设备，他只有高声呼救，但在他周围两里以内都没有人。第二个人有移动通信设备但已受潮，他的家人虽接到了他的电话，却无法听清他的声音，发短信时又发现已无法使用手机。第三个人有一部完好的移动通信设备，他通过移动通信设备向外报告自己受难的情况和目前所处的方位，救援飞机收到其他部门转过来的呼救信号后迅速前往救他。

　　在上述事例中，虽然三个人都在呼救，都在向外联系，但由于各自沟通联络的条件不同，沟通效果截然不同。沟通是指信息从发送者到接受者的传递过程，上面三个人中，第一个人未能联络上接受者，第二个人虽进行了联络，但发出的信息不清，对方无法辨认，只有第三个人实现了沟通。由此可以看出，要进行管理沟通，就必须具备三个基本条件：发送者发出的信息应完整、准确；接受者能接收到完整信息并能够准确理解这一信息；接受者愿意以恰当的形式按传递过来的信息采取行动。

2. 管理沟通过程

沟通简单地说就是信息传递和信息交流的过程。在这过程中至少存在着一个发送者、一个接受者以及一个信息的传递渠道。那么信息如何在发送者和接受者这两者之间传递的呢？

（1）发送者需要向接受者传送信息或者需要接受者提供信息。这里所说的信息包含很广，诸如领导层的指令及任务、企业发展战略构想、创新的组织制度、未来的发展目标、产品和服务信息、员工的想法、观点、建议等。

（2）发送者将这些信息译成接受者能够理解的一系列符号。这些符号包括语言、文字、声光信号、肢体动作等，然后再将这些符号转化成为有形或者无形的形式如纸面报告、电子邮件、会议讲话稿、广告作品以传递出去。

（3）将发送的符号传递给接受者。由于选择的符号种类不同，传递的方式也不同。传递的方式可以是书面的，如信件、备忘录等，也可以是口头的，如交谈、演讲、电话等，甚至还可以通过身体动作来表达，如手势、面部表情、姿态等。

（4）接受者接受这些符号。接受者根据这些符号传递的方式，选择相应的接受方式。例如，这些符号是口头传递的，接受者就必须仔细地听，否则符号将会丢失。

（5）接受者将这些符号译为具有特定含义的信息。由于发送者翻译和传递能力的差异，以及接送者接受和翻译水平的不同，信息的内容和含义经常被曲解。

（6）接受者理解信息的内容。发送者通过反馈来了解他想传递的信息是否被对方准确无误地接受。一般说来，由于沟通过程中存在着许多干扰和扭曲信息传递的因素（通常将这些因素称为噪音），这使得沟通的效率大为降低。因此，发送者了解信息被理解的程度也是十分必要的。

（7）接受者按照传递过来的信息产生行为反应。信息沟通的目的在于传递信息，促使对方产生行为反应。一旦信息接受者接受了信息，对信息进行了解码并了解信息内涵之后，将会产生相应的行为反应。此种行为可能符合信息发送者的要求，也可能与之背道而驰。

信息沟通过程具体如图 8-5 所示。

3. 管理沟通的具体方式

在管理沟通过程中，信息传递可以通过多种方式进行，其中最常见的有口头交谈、书面文书、非语言和文字形式、电子媒体等。

（1）口头交谈。

人们最经常采用的信息传递方式就是通过口头交谈，包括开会、面谈、电话、讨论等形式。它的优点是用途广泛、交流迅速，有什么问题可直接得到反馈；缺点是事后无据，

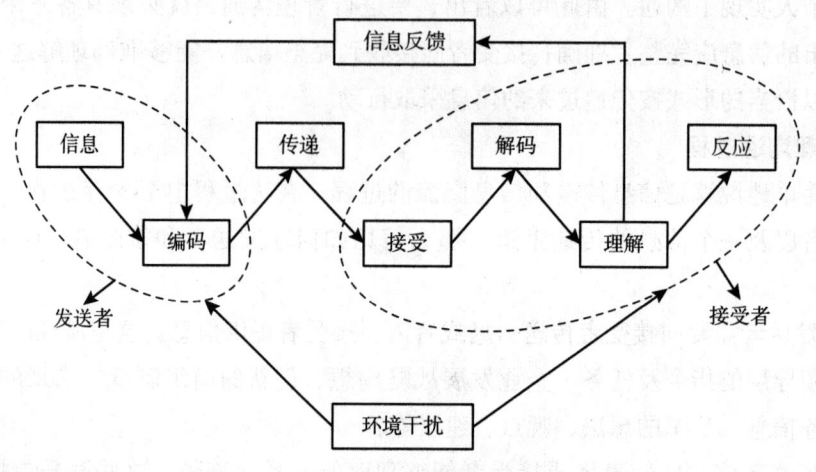

图 8-5 信息沟通过程

容易忘记,当一个信息要经过多人传递时,由于每一个人可能根据自己的理解传递信息,到最后,信息会发生扭曲。

(2) 书面文书。

以书面或电子邮件或手机短信等文字形式沟通信息往往显得比较正规和严肃。它的优点是有文字为据,信息可长久地被保存,若有有关此信息的问题发生,可以进行检查核实,这对于重要信息的沟通是十分重要的。另外,通过文字准备,可斟字酌句,以更准确地表达信息内容。它的缺点是需要花一定的时间来形成文字,用十分钟可讲完的事可能要花半个小时才能写好;写不好会词不达意,影响信息的理解。

(3) 非语言和文字形式。

有一些沟通既不是通过口头交谈,也不是通过书面文字形式进行,他们采取的是非语言或文字的方式。如交通要道上的红绿灯通过灯光的变换告诉你可不可以通过道口;对不遵守课堂纪律的学生,教师常通过目光予以制止。人们在沟通中常用的非语言文字方式有手势、面部表情和身体姿势等。非语言和文字形式作为一种辅助的沟通方式,非常有助于加强信息的传递。

(4) 电子媒体。

随着信息技术的发展,电子媒介在当今世界信息传递过程中充当着越来越重要的角色。除了电信和邮政系统外,我们可以通过闭路电视、计算机网络等传递或保存、处理信息。通过电子媒体,可迅速提供准确信息;电子存储设备还可以用很小的空间保存大量的信息。电子媒体的缺点是离不开电子设备,需要具备一定的操作技能,成本相对较高。

> **思科公司的远程呈现系统促进交互式沟通**
>
> 当管理者与员工沟通,而不是命令员工时,组织沟通就出现了。为了使组织沟通转变为管理者和员工的双向沟通,思科公司成功地实施了一系列的创新战略,其中包括最新技术的应用。
>
> 思科公司运用自己的新一代视频会议技术,也叫做远程呈现系统,来促进交互式沟通。远程呈现系统是一种三屏沟通系统,通过连接不同地点的视频输入来模拟真人会议。不论在何时何地或者是使用何种型号的计算机,远程呈现系统都可以实现人与人之间的自然对话。在屏幕上显示出来的参加者跟真人一般大小,并且可以通过摄像头看到彼此。思科公司负责运营、流程与系统的副总裁兰迪·庞德认为,这种交互式手段为整个公司的沟通提供了便利。
>
> 除此之外,思科公司的CEO约翰·钱伯斯一直用其他技术与员工保持沟通,包括使用社交媒体。钱伯斯每个月都会在博客上录制一段视频传达简讯、即兴的信息。把这些内容直接传达给员工,不需要正式的文稿。钱伯斯和他的团队邀请员工通过视频和短信给予反馈,以产生双向互动。
>
> 资料来源:理德·达夫特. 管理学 [M]. 王蔷,译. 北京:中国人民大学出版社,2018.

五、管理沟通的障碍及克服

1. 有效沟通的障碍

有效沟通就是沟通的发起人通过接受者的反馈确定管理信息已经被理解和执行,即沟通已经收到预期效果,这样的沟通回合便是有效沟通。在沟通的过程中,由于存在着外界干扰以及其他种种原因,信息往往被丢失或曲解,使信息的传递不能发挥正常的作用。

在一般情况下,有效沟通的障碍主要来自以下几个方面:

(1)个人因素。

个人因素主要包括两种情况:一是信息接收者有选择地接受信息;二是信息发送者和接收者在沟通技巧方面的差异。

所谓有选择地接受是指人们拒绝或片面地接受与他们的期望不相一致的信息。心理学研究表明,人们往往能听到或看到他们感情上有所准备的东西,或他们想听或想看的东西,甚至只愿意接受中听的或中看的,而拒绝不中听或不中看的信息。有人曾做过这样的试验,请一家公司的23位主管回答"假如你是公司总裁,你认为哪个部门最重要",结果每个主管都认为从全公司角度出发,自己所负责的部门最重要。销售主管说营销是企业中最重要的问题,生产主管认为产品是企业的生命,人事主管则回答说现代管理中人是中心。这个试验进一步表明：人们只看到他们擅长看到的事物，人们所选择的角度强烈地影响着其认识问题的能力和方法。因此，管理者应该懂得在做最后决定时必须在更高层次上进行沟通和协调；否则，各部门之间如果没有有效的沟通，冲突是不可避免的。

所谓沟通技巧的差异是由于人们知识水平、能力、性格等方面的不同，在运用沟通技巧方面的不同。例如，有的人口头表达能力较差，但文字表达能力却较强，因此，他们常常喜欢用书面进行沟通。反之，有些人口头表达能力强，但书面表达能力较差，这类人则喜欢用口头方式进行沟通。所有这些问题都会妨碍人们进行有效的沟通。

（2）人际因素。

人际因素主要包括沟通双方的相互信任、信息来源的可靠程度以及发送者与接受者之间的相似程度。

沟通是发送者与接受者之间"给"与"受"的过程。信息传递不是单方面的事情，而是双方的事情。因此，沟通双方的诚意和相互信任至关重要。上下级之间的猜疑只会增加抵触情绪，减少坦率交谈的机会，也就不可能进行有效的沟通。许多研究表明，很多经理自动地认为他们听到的信息是有偏见的，为了防止"偏听偏信"，也随之根据自己的想象对"偏见"进行"纠偏"。例如，经理们常常认为有利于下级的信息准确性较差，而不利于下级的信息准确性较高。反过来，下级常常对损害自己形象的信息不屑一顾，对有利于自己的信息则大加渲染。

沟通需要双方的相互信任。在沟通过程中，最常见的问题是相互矛盾和前后不一致。如果管理者朝令夕改，或言行不一致，就会损害沟通的效果。另一个问题是缺乏信誉。如果发布者不被人们看成是可靠的信息源，则人们将不会信任他，获得的信息也不会被视为知识性的。

沟通的准确性与沟通双方间的相似性有着直接的关系。沟通双方特征（如性别、年龄、智力、社会地位、兴趣、价值观、能力等）的相似性影响了沟通的难易程度和坦率性。沟通一方如果认为对方与自己很相近，那么他将比较容易接受对方的意见，并且达成共识。相反，如果沟通一方视对方为异己，那么信息的传递将很难进行下去。例如，年龄差距或"代沟"在沟通中就是一个常见的问题。

（3）结构因素。

结构因素主要包括地位差别、信息传递链、团体规模和空间约束四个方面。

一个人在企业中的地位很大程度上取决于他的职位。许多研究表明，地位的高低对沟通的方向和频率有很大的影响。例如，人们一般愿意与地位较高的人沟通；地位较高的则更愿意相互沟通；地位悬殊越大，信息趋向于从地位高的流向地位低的；在谈话中，地位高的人常常居于沟通的中心地位；地位低的人常常通过尊敬、赞扬和同意来获得地位高的人的宠幸。事实清楚地表明，地位是沟通中的一个重要障碍。例如，公司总裁可能轻视来自一线员工的建议，他会认为"这种层级的员工能有什么管理企业的想法？"同样，当总裁下来视察新工厂的时候,员工也可能考虑到自己人微言轻而不愿提建议。

一般来说,信息通过的等级越多,它到达目的地的时间也越长,信息失真率则越大。这种信息连续地从一个等级到另一个等级所发生的变化,称为信息传递链现象。一项研究表明,企业董事会的决定通过五个等级后,信息损失平均达80%。其中,副总裁这一级的保真率为63%。部门主管为56%,工厂经理为40%,第一线工长为30%,职工为20%。

当工作团体规模较大时,人与人之间的沟通也相应地变得较为困难。部分原因可能是沟通渠道的增长大大超过人数的增长。

2. 有效沟通的方法

有效沟通的障碍主要来自个人因素、人际因素和结构因素,因此,要实现有效沟通,就必须克服这些因素的影响,可以采用以下几种具体方法。

(1) 正确对待沟通。

管理人员十分重视计划、组织、领导和控制,对沟通常有疏忽,认为信息的上传下达有了组织系统就可以了,对非正式沟通中的"小道消息"常常采取压制的态度。上述种种现象都表明沟通没有得到应有的重视,重新确立沟通的地位是刻不容缓的事情。

(2) 学会"听"的艺术。

对管理人员来说,"听"绝不是件轻而易举的事情。"听"不进去一般有下列三种表现:根本不"听"、只"听"一部分或者不正确地"听"。如何才能较好地"听"呢?在听的过程中不要打断说话人,不要直接争辩,不要从事与谈话无关的活动,不要草率地给出结论等。

(3) 相互信任。

经理人员不仅要获得下属的信任,而且要得到上级和同僚们的信任。他们必须明确:信任不是人为的或天上掉下来的,而是诚心诚意争取来的。

(4) 缩短信息传递链。

信息传递链过长,减慢了流通速度并造成信息失真,这是人所共知的事实。减少组织机构重叠,减少管理层级,确实是必须要做的事情。此外,在利用正式沟通渠道的同时,可开辟高级管理人员至低级管理人员的非正式的直通渠道,以便于信息的传递。

(5) 建立特别委员会。

特别委员会由管理人员和第一线的工人组成,定期相互讨论各种问题。国外的特别委员会通常每年碰头2~6次,并且会前有正式的会议议题,会后公开讨论结果。会中如有问题不能解决,可上报高级管理人员。

(6) 职工代表大会。

每年一度的职工代表大会为厂长汇报工作提供了良机。厂长将就企业过去一年取得的成绩、存在的问题以及未来的发展等重大问题通报全体员工,而职工也可以就自己所关心的问题与厂长进行面对面的沟通和交流。

(7) 非管理工作组。

当企业发生重大问题，引起上下关注时，管理人员可以授命组成非管理工作组。该工作组由部分管理人员和一部分职工自愿参加，利用一定的工作时间，调查企业的问题并向最高主管部门汇报。最高管理阶层也要定期公布他们的报告，就某些重大问题或"热点"问题在全企业范围内进行沟通。

(8) 加强横向沟通。

一般说来，企业内部的沟通以与命令链相符的垂直沟通居多，部门间、车间间、工作小组间的横向交流较少，而平行沟通却能加强横向的合作。具体来说，可以定期举行由各部门负责人参加的工作会议，其主题是允许他们相互汇报本部门的工作、对其他部门的要求等，以便强化横向合作。

本章小结

● 领导是指领导者带领和指导群众实现共同确定的目标的各种活动过程。领导者必须要有追随者，必须拥有影响其追随者的能力或力量，领导的目的是通过影响群体的行为来实现共同确定的目标。

● 领导理论有领导行为理论、领导权变理论等。现代领导理论认为领导效能取决于领导者、被领导者以及特定情景的综合作用，评价领导能力的唯一指标是组织绩效。

● 领导工作是一门艺术，领导者需要深谙此项工作艺术。

● 激励理论主要包括内容型激励理论、过程型激励理论和改造型激励理论。内容型激励理论主要有需要层次理论、双因素理论、ERG 理论等；过程型激励理论有期望理论、公平理论以及强化理论等；改造型激励理论包括归因论、目标设置论、挫折论。

● 沟通是指信息从发送者到接受者的传递过程。沟通在管理各个方面得到了广泛运用，是领导者得以履行领导职责、管理者得以开展各项工作的重要手段。

● 在一个组织中，可将沟通分为两类：正式沟通和非正式沟通，它们在组织沟通中起着各自不同的作用。

【复习与思考】

1. 领导的本质和作用是什么？如何去实现这种作用？
2. 领导者是否需具备某些个人特点？请举例说明。
3. 从所学的领导方式及其理论中，你得到哪些启示？
4. 什么是激励？激励对人力资源开发的作用和意义是什么？
5. 领导者应该如何进行有效授权？
6. 简述沟通的过程和沟通的重要性。
7. 阐述组织内部沟通的形式及特点。

【案例分析】

案例1 "涸泽而渔"的激励政策

宋虹是某知名IT企业新引进的"空降兵",担任公司华东大区的市场经理一职。

上任之初,她就同管理层签订了军令状,保证在3年的任期内将华东片区的销售业绩提升一倍,老板也许诺,达成业绩后额外给予300万元的奖励。

第一年,宋虹踏踏实实做渠道布点,同时加强了内部控制;第二年,宋虹渠道的功底开始见成效,销售额稳步增长,到年终统计,销售额上升了30%;第三年,眼见军令状即将到期,销售额增长和市场潜力都不错,但翻番的任务却难以完成。为了300万元的奖励,她使出撒手锏——冲量促销、压货、高额返点,一时间华东市场一片"欣欣向荣",宋虹也因此成为公司的销售明星。

年终统计,宋虹不仅完成了业绩指标,而且还超额11%,因此也顺利拿到了300万元的重奖。

然而,随后不久她就提出了辞职……

新任华东大区市场经理上任后,才发现在最后一年,为了完成任务,她过度透支了渠道能力,很大一部分所谓的销售量,其实只是滞留在了渠道内部。各经销商在高额返点的刺激下,都采取了"逆向获利"的方式,降价、买赠、虚报业绩、骗取返利……整个片区的价格体系和经销体制一片混乱,不仅销量上不去,连新品进入该市场也遇到了很大的困难。

在业绩压力下,华东地区一连换了几任大区经理,但市场状况也丝毫没有起色。管理层无奈吞下这枚高激励的苦果,至于老板把这个问题的原因"扣"在谁的头上,那就不得而知了……

资料来源:田成杰. "涸泽而渔"的激励政策 [J]. 大众商务,2008(12)。

思考题:
1. 该IT企业的激励方式有什么问题?
2. 该IT企业应该如何改变其激励方式?

案例2 错误的领导

王平作为IT公司技术开发部的一名技术专员,在技术方面有着丰富的经验。同一部门的每一位同事都认为他的技术水平非常高,工作非常出色,十分佩服他。不久前,前任经理调职后,王平被总经理提升为技术部经理。

王平上任后,下定决心要把技术部管理好,一定要高标准、严要求。一个月之内,部门同事就领教了他的"新官上任三把火"。在王平升任部门经理的第二天,同事小张由于堵车迟到了3分钟，王平狠狠地批评了他，并说："技术开发最重要的就是时间，不需要没有时间观念的人。"一个星期后，同事小刘由于忙着招待客户，把一份技术改革方案晚交了一天，王平又大发雷霆，批评小刘之后，还公开表示如果再有这样的事情，就把小刘辞退。一次遇到紧急工作，王平需要迅速整理份资料，同事大李忙了两个通宵把资料赶了出来交给他，他连一句表扬的话都没有。在月底的月度总结会上，还指出大李的技术水平不过硬，建议他调任到其他部门工作。

很快，总经理发现，技术开发部的工作效率明显降低，员工的工作热情不高，缺勤现象严重，还有很多员工跳槽或主动要求调到其他部门工作，整个部门完全没有和谐的工作气氛，总经理决定要改变这个现状。

资料来源：陈树文. 领导学［M］. 北京：清华大学出版社，2017。

思考题：

1. 从领导理论上来看，王平出现了什么问题？
2. 作为一名部门经理，王平的职责是什么？
3. 如果你是总经理，你该如何解决这一问题？

【技能拓展】

【设计课目】寻找共同的图案

【实训目的】综合运用领导手段，包括指挥、激励、沟通的具体运用。

【实训内容】

时间：20~30分钟

所需材料：空白纸条，带有信息的纸条。

步骤：

1. 教师首先将学生分成多个小组，每个小组6~8人。小组划分完，教师要求各小组成员在小组内部选举出1位"董事长"，然后由"董事长"从小组成员中挑选并任命1位经理，其他小组成员作为员工。

2. 教师说明游戏规则：

第一，不许越级指挥和汇报，即"董事长"不能越过经理直接指挥员工，员工也不允许越过经理直接向董事长汇报和询问。

第二，只允许使用文字方式沟通，不允许讲话。要在30分钟内完成，哪个组最先完成任务就算优胜者。

第三，不管遇到什么问题，只有"董事长"有权举手示意，并低声向教师询问，此外的所有事情都只能在你们组织内部通过文字沟通的方式解决。

3. 教师给每个小组发了厚厚的一沓类似便笺的空白纸条，供大家沟通使用。让这些"董事长"们远离他们的经理和员工，经理和员工坐在一起。教师先给每一位"董事长"发了一张上面画有五种图案的纸，图的下面有几行文字说明，接着又给每一个小组的成员发了类似的一张纸,郑重声明不能交换,游戏开始了。

4. 经理和员工拿到的纸是一样的,上面画有五种图案,有的图案是一种鸟,有的图案是交通标志,图案的下面注明教师刚刚宣布的各种游戏规则,此外什么都没有。"董事长"拿到的纸有所不同,除了其他成员掌握的信息外,这张纸上多了一条信息,即"你们小组的每个人都拿了这样一张纸,上面也有五种图案,这些图案是不同的,只有一种图案在你们每个人拿到的纸上都有,你的任务是带领你的下属,在最短的时间内将这个共同的图案找出来,要求小组成员每个人都能向教师指出这个共同的图案。"

【方法与要求】

1. 仔细观察,每个小组的做法都有所不同?
2. 结合案例信息,分析各小组表现差异的原因。

第九章 控 制

导入案例

丰田汽车的成本控制

到 2005 年，丰田汽车的纯利润已经超过了美国底特律三大汽车公司的总和，市场资本总额更是远胜三者。在过去的 25 年中，丰田的产量足足翻了 7 倍，以至于美国《商业周刊》发出"汽车行业正被日本统治着"这样的惊叹。那么，丰田是如何做到的呢？主要是依赖精益生产，成功控制了成本。

在丰田，上至社长下至员工，成本控制早已成为"丰田人"独特的"DNA"。丰田公司每个抽水马桶的贮水箱里，都放有三块砖头，只为了减少出水量，节省用水开支；如果员工的一只手套破了，只能换一只，而不是一双，另一只什么时候破了，什么时候再换；上班时间，公司会切断宿舍区的供电和供热；筹备会议时，精细到估算与会者每一秒钟价值几何，然后核计出会议的"总成本"，力争大会小开、长会短开，彻底杜绝"干打雷不下雨"的会议……这种能省则省的抠门原则，使丰田在业内被称为"小气鬼企业"，但不可否认的是，控制成本一直是丰田在全球竞争中制胜的撒手锏之一。

与欧美公司相比，丰田在汽车生产过程中显得小气甚至是"抠门"。在每一个丰田人眼中，任何环节存在着浪费都是不可以容忍的。丰田的精益生产正是源于丰田人的这种共识。丰田公司认为，企业在成本控制这道坎上，通过原料成本的控制是有限的，而且受到钢材、油价等各方面因素的综合影响，企业之间的成本控制的差别不会很大。而通过生产流程中对浪费的消灭达到成本控制的目的，企业能够发挥的空间是无限的。因此，丰田一直把消灭浪费作为成本控制的有力武器。

资料来源：丰田家族如何"拧干毛巾上最后一滴水"[EB/OL]. 搜狐汽车, https://www.sohu.com/a/125332766_115822。

第九章 控 制

【知识要求】

了解控制的概念，掌握控制的类型，阐明控制的基本原则，理解控制的过程，明确常见的控制方式和方法。

【技能要求】

通过本章的学习，使学生熟悉各种控制类型，掌握各种控制方法，并学会分析企业管理控制职能相关的案例。

【关键术语】

控制类型；控制原则；控制方法

第一节 控制概述

一、控制的内涵

控制是监视各项活动以保证它们按计划进行并纠正各种重要偏差的过程。在企业中，控制是从总经理到基层管理人员在内的每一位管理人员的职能。实施控制的主要职责应由负责执行计划的每一位管理人员来完成。尽管各个层次的管理人员所控制的范围不同，但他们都负有执行计划的职责，因而控制是每个层次管理部门的一项主要管理职能。相应地，任何一位管理者在组织中不是控制别人就是被别人控制。

控制有以下三个特点：

（1）控制是有目的的活动。任何控制都是为了实现组织的目标，是有目的的活动。

（2）控制的手段是"监督"和"纠偏"。

（3）控制是一个过程，是由控制对象和确立控制标准、衡量实际绩效、采取纠偏措施三个步骤组成。

控制与计划是一对孪生兄弟，是相互依赖、相辅相成的关系。首先，计划为控制提供了评价标准。没有计划设定的目标，控制也会失去方向和基本前提；同样，没有控制作保障，再完美的计划也只能是纸上谈兵。其次，计划和控制的效果分别依赖于对方，计划越明确、全面和完整，控制工作就越好进行，效果也就越好；而控制越准确、全面和深入，就越能保证计划的顺利进行，并能更多地反馈信息以提高计划的质量。再其次，一切有效的控制方法首先是计划方法，如预算、政策、程序和规则等，选择控制方法和设计控制系统时必须要考虑到计划本身的特点。最后，计划工作本身也必须要有一定的控制，如对计划的程序、计划的质量等实施控制;控制本身也必须要有一定的计划,如对控制的程序、控制的内容等,都必须进行一定的计划。

二、控制的必要性

控制无处不在。如果你手机欠费而被停机,这是因为运营商通过欠费风险控制系统实现实时欠费风险控制,帮助降低欠费带来的财务风险。而从大的经济环境来讲,2019年以来,中美贸易摩擦已经令全球的投资者和企业家信心大降,为全球经济的未来增长蒙上一层阴影,为企业盈利目标的实现带来了巨大的压力。这些都提示企业领导者应时刻监视经营环境可能的变化。要未雨绸缪,防范和化解将来有可能出现的各种经营风险,确保企业经营目标的顺利实现。

一个组织实施控制的必要性主要体现在三个方面:

(1) 上下级能力不对称。组织整体目标是由各部门目标组成的一个整体,部门目标能否实现关系到整体目标的实现。但是由于组织中各级人员管理能力存在差别,因此上级管理者必须对下级部门目标实现的进度及程度进行监控,并给予必要的提醒和支持。

(2) 限制偏差的累积。一般来说,工作中出现偏差是不可避免的,但小的偏差失误在较长时间里会积累放大并最终对计划的正常实施造成威胁。管理者应当能够及时地获取偏差信息并加以及时控制,以防止过大的偏差对组织目标实现产生影响。

(3) 环境具有动态性和复杂性。制定出目标到目标实现前,总是需要相当一段时间。在这段时间,由于环境具有动态性和复杂性,组织内部的条件和外部环境都可能会发生一些变化。需要构建有效的控制系统帮助管理人员预测和把握这些变化,并对由此带来的机会和威胁作出反应,以实现组织的各项目标。

三、控制的基本原则

在现实的企业管理中,为了保证对组织活动进行有效的控制,控制工作一般会遵循以下几个原则。

1. 相互制约原则

公司内部部门和岗位的设置应当权责分明、相互制衡。一项完整的经济业务,如果经过两个以上有相互制约环节对其进行监督和核查,其发生错弊现象的概率就相对较低,可以考虑横向控制和纵向控制两个方面的制约关系。从横向关系来讲,完成某个环节的工作需有来自彼此独立的两个部门或人员协调运作、相互监督;从纵向关系来讲,完成某个工作需经过互不隶属的两个或两个以上的岗位和环节,以使下级受上级监督,上级受下级牵制。例如,在材料采购控制系统中,采购部门只有凭领导审批后的采购单或合同(纵向牵制)进行采购,而采购的材料必须经过验收(横向牵制)后,才能办理有关手续。

2. 成本效益原则

如果单纯从控制的角度来考虑，参与控制的人员和环节越多，控制措施越严密复杂，控制的效果就越好，但因控制活动造成的控制成本就越高。因此，在设计控制措施时，一定要考虑控制投入成本和控制产出效益之比，一般来讲，只要对那些在业务处理过程中发挥作用大、影响范围广的关键控制点进行严格控制。对那些只在局部发挥作用、影响特定范围的一般控制点，其设立只要能起到监控作用即可，而不必花费大量的人力、物力进行控制。防止由于一般控制点设立过多、手续操作繁杂，造成企业经营管理活动不能正常、迅捷地运转。

3. 岗位责任原则

责任和权力是岗位责任原则中的关键因素。有什么样的岗位责任，就要赋予此岗位完成任务所必需的权力，切忌出现岗位责任不明确、权力不清楚的现象。岗位责任主要解决的是不相容职务的分离，在设置岗位时必须考虑到授权岗位和执行岗位的分离、执行岗位和审核岗位的分离、保管岗位和记账岗位的分离等，通过不相容职责的划分，各部门和人员之间相互审查、核对和制衡，避免一个人控制一项交易的各个环节，以防止员工的舞弊行为。另外，必须注意让员工理解各自的控制责任，一方面要让员工懂得如何完成自己的工作，即操作规程和处理程序；另一方面要让员工明白严格按照规章制度履行职责的重要性。

4. 协调配合原则

协调配合原则要求各部门之间、人员之间应相互配合、协调同步、紧密衔接，避免只管相互牵制而不顾办事效率的做法，导致不必要的扯皮和脱节现象。为此，必须做到既相互牵制，又相互协调，保证经营管理活动连续、有效地进行。在企业控制中相互牵制是基础，协调配合是升华，因而，协调配合对人员素质的要求是很高的，内部控制是由人建立的，也要由人来行使，如果企业行使控制监督职能的人员在思想道德上、心理素质上、技能上和行为方式上未能达到实施内部控制的基本要求，对内部控制的程序和要求含混不清，连最基本的岗位责任也不能执行到位，那么，再谈协调配合显然已不能胜任。

5. 系统网络原则

按照系统网络原则的要求，各项控制点应在企业管理模式的控制之下，设立要齐全，且点点相连、环环相扣、不能脱节。各个控制点的设立必须考虑到控制环境、控制活动对它的影响。控制环境和控制活动构成了企业的氛围，它主要包括员工的诚实性和道德观、岗位匹配能力、组织结构、管理模式和经营风格以及人力资源管理政策等，无论哪一个环节出现问题，其对内部控制的实施都会带来极大的负面影响，因而，建立必要的风险评估、信息沟通和监督机制，随时适应新情况，适时调整不适合的控制点，以保证整个网络下的控制点连成一片，协调顺畅地发挥作用。

第二节　控制过程

控制过程一般包括三个步骤，即明确控制对象，建立控制标准；衡量实际工作，获取偏差信息；分析偏差原因并采取纠偏措施。

一、明确控制对象，建立控制标准

肯德基是一家源自美国的快餐企业，其真正优势在于其产品背后有一套严格的管理制度。肯德基在进货、制作、服务等所有环节中，每一个环节都有着严格的质量标准，并有着一套严格的规范保证这些标准得到一丝不苟的执行，包括配送系统的效率与质量、每种佐料搭配的精确（而不是大概）分量、切青菜与肉菜的先后顺序与刀刃粗细（而不是随心所欲）、烹煮时间的分秒限定（而不是任意更改）、清洁卫生的具体打扫流程与质量评价量化，乃至于点菜、换菜、结账、送客、遇到不同问题的文明规范用语、每日各环节差错检讨与评估等上百道工序都有严格的规定。肯德基有1000多项自己的标准。在肯德基，标准高于一切。标准即品质，标准是企业的命脉，员工的工作有高度的标准化和专业化，从而保证了肯德基售出的快餐食品的新鲜度和口感。

控制过程的第一步就是拟订一些具体标准，而具体标准的设计需要确定控制的对象。控制对象可从不同角度进行划分，从横向来看，组织内的人、财、物、时间、信息等都是控制对象；从纵向来看，企业的部门和各个岗位都是控制对象，组织的控制应该是全面的控制。明确控制对象后，必须建立控制标准，标准是人们衡量实际业绩和预期业绩的尺度，没有标准，控制就成了无目的的行动。

二、衡量实际工作，获取偏差信息

依据事先建立起来的控制标准衡量、检查工作的实际执行情况，以便与预定的标准相比较，获取偏差信息，这是一个发现问题的过程。具体地说，亲自观察、分析报表资料、召开会议、口头报告、书面报告和抽样调查等是衡量实际工作所常用的方法。

其中，走动管理（managing by wandering around，MBWA）是管理者亲自观察的典型形式，给管理者提供了寻查隐情的机会，获得其他来源所疏漏的信息，及时地发现并解决问题。很多大公司反对把所有员工安排在一个办公室，其管理上的情与理也就在于此。

宁煤洗选中心走动式管理搭建干群连心桥

2019年第一季度以来,宁煤洗选中心班子成员和机关职能科室自上而下深入基层,带头落实"一线工作法",建立起联系点,全面提升执行力,夯实责任意识,围绕基层反映最强烈、最急需解决的难题,出实招、办实事,为企业改革发展做出积极贡献。

整合之初,洗选中心要求各级领导干部勤下基层,大力践行"一线"工作法,敢于担当,忠诚履责,做好服务,眼睛朝下看,步子朝下迈,在一线发现问题、解决问题、攻艰克难。由于点多、面广、战线长,为了实现各项业务的高效快速融合,该中心领导班子带头挑重担,本着"情况在一线了解、问题在一线解决、情感在一线融洽、工作在一线落实、作风在一线锤炼"的思路,每天驱车往返百公里,做到走动式管理,在各洗煤厂把脉问诊答疑解惑,协调解决重点工作和重点项目,全程指导基层工作,全心全意融入中心服务大局。

该中心以加强机关"服务支持、组织协调和管理监督"的三大职能为抓手,以争的观念、快的思想、高的标准、好的作风开展了转变机关工作作风大整顿活动,给机关干部员工戴上紧箍咒,自觉克服"懒""散""慢"的问题,增强了干部执行制度的主动意识。机关职能部室管理人员走出办公室,下沉一线,驻守厂区,实行轮班制度,党员领导干部身先士卒,盯现场、查隐患、堵漏洞,与基层员工共同奋战在检修技改一线,发挥奉献精神和党员先锋作用,保证了生产经营正常进行,为实现首季开门红目标和促进企业转型发展起到积极促进作用。

2019年第一季度,洗选中心严格执行动态值班管理,每天总值班必须有一人在现场协调解决生产中遇到的实际问题,提高值班效能,3月机关干部下现场次数达到732人次,中心领导下基层多达149人次。

资料来源:余海龙. 中国煤炭新闻网,http://www.cwestc.com/newshtml/2019-4-18/556617.shtml。

三、分析偏差原因并采取纠偏措施

在控制过程前两个步骤完成后,便可以将衡量结果与所建立的标准进行比较,分析偏差原因并采取纠偏措施。在得出实际工作与标准进行比较的结果之后,管理者便可以对实际工作进行评价,并依据偏差的程度和性质,分析其产生的原因,采取相应的措施:或维持现状,或矫正偏差,或修改标准。

实际工作中出现的大幅度偏差,原因往往是多种多样的。一种情况是:起初制定的标准过高或过低,因此有必要对所制定的标准进行修正。如果多数员工都能大幅度地超出标准或无人能达到标准,这常常说明标准本身存在问题,而非实际工作的问题。另一种情况是:所制定的标准本身没有问题,但是由于预先控制、下属的能力或环境的变化等问题导致出现偏差,比如由于环境发生了巨大的变化,或一些不可控的因素造成大幅度偏差的出现,进而使原本适用的标准变得不合时宜,这时也有必要重新调整原有的标准。

第三节 控制方式和方法

在组织中,根据不同的标准,控制方法可以分为多种类型。

一、按照控制时点和机制进行分类

按照控制时点、控制机制的不同,控制方法可分为事前控制、事中控制和事后控制。

1. 事前控制

事前控制是指在组织活动开始之前进行控制,其目的是防止问题的发生而不是当问题出现时再补救。事前控制是一种常见的组织控制的方法,其优点是可以做到防患于未然,容易被组织成员接受。缺点是因为缺少及时准确的信息,难以判断控制和计划目标的影响关系。

事前控制在人力资源管理、材料采购管理、财务管理、设备管理等各项专业管理工作中较为常见,比如人力资源挑选、培训,材料入库前的严格进货检验,机器设备的维修保养,财务预算等都是常见的预先控制方法。

某水果店,最近水果滞销,霉烂较多。针对问题,果品公司的领导先后为该店换了店长,但销售还是不火,领导下定决心亲自上任。一到水果店,就查找问题根源,发现主要原因在于营业员的态度不如对面的小摊贩热情,促销不力,缺乏竞争意识。这一问题不解决,进货积压在所难免,商品损耗率上升也很自然了,于是该店店长决定对全体员工进行一次培训,专门学习推销技巧、改变服务观念,然后又进行了现场指导,一个月以后,眼见水果店的生意红火起来了。可见,事前控制是一种较好的防止偏差产生的方法。

2. 事中控制

事中控制是指组织活动开始以后,对活动中的人和事进行指导和监督。优点:由于指导及时,因而可减少损失,具有指导职能与及时效果;可提高工作能力及自我控制能力。缺点:受管理者时间、精力及业务水平制约,应用范围窄(易计量的工作)、易与被控制者对立。

最常见的事中控制方式是现场视察、运用电子摄像机监控生产过程、利用网络及时汇总各地区的销售数据等。

3. 事后控制

事后控制是指在同一个时期的组织活动已经结束以后，对本期的资源利用情况及其结果进行总结，作为控制活动的终点，把好这最后一关不会使错误的态势扩大。事后控制的目的一是总结规律，为下一步工作的实施创造条件；二是不断地进行信息反馈，有利于实现良性循环，提高效率。缺点和不足是实施措施前，偏差已产生，时间已滞后，仅能起到亡羊补牢的效果。例如财务分析、成本分析、质量分析、绩效评估（年终考评）等都属于事后控制。

扁鹊三兄弟

根据典记，魏文王曾求教于名医扁鹊："你们家兄弟三人，都精于医术，谁是医术最好的呢？"扁鹊："大哥最好，二哥差些，我是三人中最差的一个。"

魏文王不解地说："请你介绍得详细些。"

扁鹊解释说："大哥治病，是在病情发作之前，那时候病人自己还不觉得有病，但大哥就下药铲除了病根，使他的医术难以被人认可，所以没有名气，只是在我们家中被推崇备至。

"我的二哥治病，是在病初起之时，症状尚不十分明显，病人也没有觉得痛苦，二哥就能药到病除，使乡里人都认为二哥只是治小病很灵。

"我治病，都是在病情十分严重之时，病人痛苦万分，病人家属心急如焚。此时，他们看到我在经脉上穿刺，用针放血，或在患处敷以毒药以毒攻毒，或动大手术直指病灶，使重病人病情得到缓解或很快治愈，所以我名闻天下。"

资料来源：https://iask.sina.com.cn/b/1SVzafpdPOEr.html。

管理控制理论认为，针对各种常见问题，事后控制不如事中控制，事中控制不如事前控制。人们往往只注重对反馈控制较多，反而忽略了事前的控制，其实事前控制才是最有效且最好的控制。事前控制确实是最难做同时又最容易被轻视，因而它面临着比其他两种更多的不可知的挑战和无法预计的复杂因素，可由于事情尚未发生，这些因素又往往不被人所重视。在现实的企业管理中，很多管理者未能足够重视"防患于未然"的事前控制，等到错误的决策造成了重大的损失才寻求弥补。相反，事后控制却最广泛地被运用或最为人所知。

市场经济条件下，赊销已经成为企业获取市场份额的主要竞争手段，要有效控制赊销拖欠风险，有两种办法。其一，创造一种供不应求的产品，造成卖方市场，绝无赊销拖欠风险，但是太难；其二，对交易各环节进行"严细管理"，从选择客户，到谈判签约确定交易条件，到交货，到到期货款催收，直至逾期货款追讨。其实，大部分赊销拖欠贷款的风险是在交货前控制不当造成的。这个阶段的风险控制管理工作，应该说相对简单得多，成本低得多；而形成拖欠以后的追讨工作，则要复杂很多，成本会高得惊人。所以我们应该把控制赊销拖欠风险的工作重点，放在事前控制上，事前控制优于事中控制和事后控制。

二、按照控制性质划分

按照控制性质的不同，控制可分为预防性控制和纠正性控制。预防性控制是为了避免产生错误或尽量减少今后的纠正活动，防止资金、时间和其他资源的浪费而进行的一种积极的控制。比如，规章制度、工作程序和上岗培训等都能起到预防性控制的作用。而纠正性控制是指当出现偏差时，采取补救的措施使行为或活动返回到事先确定的或所希望的水平，将所发生的偏差产生的影响减少到最小的程度。在实际管理工作中，纠正性控制比较普遍。如2008年发生了震惊国内外的三聚氰胺毒奶粉事件，一些知名的企业受到严重冲击，这些企业的负责人在第一时间采取了纠正性控制行为。

多年来，我国食品安全事件不断发生，表明我国在食品的生产、管理等环节存在一些问题。在社会关于《食品安全法》制定呼声日益高涨的背景下，2009年2月28日，十一届全国人大常委会第七次会议，高票表决通过了《中华人民共和国食品安全法》，并于2018年底进行了第一次修订。该法的推行，从预防性控制的角度，最大限度地避免了食品生产、消费等方面的安全问题，也避免了因为食品安全问题而导致今后的纠正活动，浪费资金、时间和其他资源。

三、按照控制的内容与对象不同划分

控制内容与对象不同，可以采取不同的控制方法。常见的控制方式和方法包括：预算控制、比率控制、审计控制等。

1. 预算控制

预算是企业的资金、实物及人力等资源进行分配以实现企业既定的战略目标的一种系统方法。俗话说："一年之计在于春"。政府部门每年年初均要编制中央预算和地方预算，以控制财政支出实现各级政府预定的各项目标。企业在每年年末也要对上年度预算执行情况进行总结分析，并提出下年的经营收入预算、经营支出预算、现金流入预算、现金流出预算、资金支出预算、资产负债预算等，为实现下年的利润目标和各项投资目标而提供参照依据。

按照预算涉及的范围，预算可以分为总预算（全面预算）和分预算。总预算是指在未来一定时期内（通常为一年）整个组织的收支总体目标。通常用货币计量。分预算是指一定时期内各部门、各项目的收入和支出目标。可使用货币单位、公斤、工时等各种计量单位。

预算控制是指根据事先制定的预算,对各部门及整个组织的生产经营活动进行检查和监督,从而保证收入与支出的目标,以实现组织及各部门的管理目标。采用预算控制有以下三方面的作用:

第一,预算是公司战略与经营绩效之间联系的工具,可以将既定战略通过预算的形式加以固化与量化,以确保实现公司的经营绩效目标。预算是各类组织行动计划执行的物质保证,也是各类组织为达到目标而控制支出、降低成本的一种手段,也是企业战略计划执行的一种保证。戴尔电脑公司董事长兼首席执行官迈克·戴尔每年都要举行几次会议向公司员工传达公司当前的战略,以此作为公司编制预算的基础。为此公司财务部进行全员培训,内容为资本收益率等战略指标,公司员工能够通过内部网络随时进入这些课程学习。在所有员工对公司战略都有所了解的基础上,公司预算的制定与推行、进程与效果显著改进,并且在推行预算的过程中,不断有员工提出对于战略实施进度甚至战略方向的检讨建议。

第二,风险控制。全面预算体系可以初步揭示企业下一年度的预计经营情况,根据所反映出的预算结果,预测其中的风险点所在,并预先采取某些风险控制的防范措施,从而达到规避与化解风险的目的。在1980年左右,美国施乐公司专门设立了技术风险基金来为核心业务之外的项目提供投资资金,并在公司的投资预算中事先加以考虑,在执行过程中根据预算执行结果与风险状况进行日常监控与决策。当项目开始盈利后,施乐出售主控部分,其他买主接手此业务。

第三,节约成本和控制开支。美国运通公司在其位于美国亚利桑那州菲尼克斯城的金融业务总部实行了作业成本管理,收集其52项业务活动的成本信息,根据其业务量进行分类。通过这一做法,经理人员掌握了以前无法得到的业务量及成本的信息,并用于编制预算,监控业绩。

2. 比率控制

比率控制是通过计算并监控组织的财务比率指标,对组织的运行过程和结果进行监督和控制的方法。常用的反映企业财务状况的比率指标有偿债能力指标、盈利能力指标、经营管理能力指标等。

(1) 偿债能力指标。

企业的偿债能力是指企业用其资产偿还长期债务与短期债务的能力。企业有无支付现金的能力和偿还债务能力,是企业能否生存和健康发展的关键。

企业偿债能力是反映企业财务状况和经营能力的重要标志。偿债能力是企业偿还到期债务的承受能力或保证程度,包括偿还短期债务和长期债务的能力。

企业偿债能力,静态地讲,就是用企业资产清偿企业债务的能力;动态地讲,就是用企业资产和经营过程创造的收益偿还债务的能力。企业有无现金支付能力和偿债能力是企业能否健康发展的关键。常用的反映企业偿债能力的指标有资产负债比率、流动比率、速动比率等。

资产负债率是指一定时期内企业流动负债和长期负债与企业总资产的比率,用以反映企业总资产中借债筹资的比重,衡量企业负债水平的高低情况。资产负债率越低说明企业财务风险越低,长期偿债能力越强。

流动比率也称营运资金比率(working capital ratio)或真实比率(real ratio),是指企业流动资产与流动负债的比率。流动比率和速动比率都是反映企业短期偿债能力的指标。一般来说,这两个比率越高,说明企业资产的变现能力越强,短期偿债能力也越强;反之则弱。一般认为流动比率应在2:1以上,速动比率应在1:1以上。流动比率2:1,表示流动资产是流动负债的两倍,即使流动资产有一半在短期内不能变现,也能保证全部的流动负债得到偿还;速动比率1:1,表示现金等具有即时变现能力的速动资产与流动负债相等,可以随时偿付全部流动负债。当然,不同行业经营情况不同,其流动比率和速动比率的正常标准会有所不同。应当说明的是,这两个比率并非越高越好。流动比率过高,即流动资产相对于流动负债太多,可能是存货积压,也可能是持有现金太多,或者两者兼而有之;速动比率过高,即速动资产相对于流动负债太多,说明现金持有太多。企业的存货积压,说明企业经营不善,存货可能存在问题;现金持有太多,说明企业不善理财,资金利用效率低下。

(2)盈利能力指标。

盈利能力是指企业获取利润的能力。对于经营者来讲,通过对盈利能力的分析,可以发现经营管理环节出现的问题。

盈利能力指标主要包括营业利润率、成本费用利润率、盈余现金保障倍数、总资产报酬率、净资产收益率和资本收益率六项。实务中,上市公司经常采用每股收益、每股股利、市盈率、每股净资产等指标评价其获利能力。对于一家企业来讲,盈利能力指标越高越好,说明企业运转良好,产品销售形势较好。

(3)经营管理能力指标。

反映经营管理能力的指标有总资产周转率、应收账款周转率、存货周转率等。

总资产周转率指标反映总资产的周转速度。总资产周转率公式如下:

总资产周转率 = 销售收入/总资产平均余额

总资产周转越快,说明销售能力越强。企业可以采用薄利多销的方法,加速资产周转,带来利润绝对额的增加。总资产周转率指标用于衡量企业运用资产赚取利润的能力。经常和反映盈利能力的指标一起使用,全面评价企业的盈利能力。

应收账款周转率是指定的分析期间内应收账款转为现金的平均次数。应收账款周转率公式如下:

应收账款周转率 = 销售收入/应收账款平均余额

应收账款周转率越高,说明其收回越快。反之,说明营运资金过多呆滞在应收账款上,影响正常资金周转及偿债能力。应收账款周转率,要与企业的经营方式结合考虑。以下几种情况使用该指标不能反映实际情况：第一，季节性经营的企业；第二，大量使用分期收款结算方式；第三，大量使用现金结算的销售；第四，年末大量销售或年末销售大幅度下降。

存货的周转率是存货周转速度的主要指标。存货周转率的公式如下：

$$存货周转率 = 产品销售成本/存货平均占用余额$$

提高存货周转率，缩短营业周期，可以提高企业的变现能力。存货周转速度反映存货管理水平，存货周转率越高，存货的占用水平越低，流动性越强，存货转换为现金或应收账款的速度越快。它不仅影响企业的短期偿债能力，也是整个企业管理的重要内容。

3. 审计控制

企事业单位、政府机构等管理人员往往是上级的受托者，手中掌握着一定的权力。但由于上级领导层的精力和时间、能力等问题无法对下级的决策行为和过程进行严格监控，在利己主义思想的影响下，下级管理层很可能为了获取自身的利益而进行权力寻租。因此，为防止管理层滥用权力，随意处置和配置公有财产，导致资源浪费，非常有必要在管理层任职期间和离职之后进行审计，以防止腐败行为发生。审计控制是指根据预定的审计目标和既定的环境条件，按照一定的依据审查、监督被审计单位的经济运行状态，并调整偏差，排除干扰，使被审计单位的经济活动运行在预定范围内且朝着期望的方向发展，以达到提高经济效益的目的。

审计的作用主要体现在：一是揭露经济资料中的错误和舞弊行为。会计资料及其他各种经济资料，应该真实、正确、合理、合法地反映经济活动的事实。通过审计的检查监督，不仅可以揭露出经济资料的错误和舞弊，而且还可以揭发经济业务中的错误和舞弊行为，从而进一步追究有关负责人的责任和考察有关管理人员的政治、业务素质。二是揭露经济生活中的各种不正之风，打击各种经济犯罪活动。三是审计通过调查、评价、提出建议等手段，促进、服务宏观经济调控，促进微观经济管理及内控体系建设，以助经济管理水平和绩效的提高。

按照审计主体与客体的从属关系，审计控制可以分为外部审计和内部审计。

外部审计是指独立于政府机关和企事业单位以外的国家审计机构所进行的审计，以及独立执行业务会计师事务所接受委托进行的审计。外部审计可以分为国家审计和社会审计。审计是对企业内部造假、诚信行为的一个重要而系统的检查。由于知道外部审计不可避免地要进行，企业就会努力避免做那些在审计时可能会被发现的不光彩的事。

内部审计是在一个组织内部建立的一种独立的评价活动，并作为对该组织的活动进行审查和评价的一种服务。内部审计对企业管理起制约、防护、鉴证、促进、建设性和参谋性作用。目前内部审计的问题是企业内部审计工作缺乏国家审计等外部审计业务指导；内部审计缺乏独立性；内审人员重实务，忽视理论研究；对内审作用及内审机构的有无缺乏认识；专业审计人员配备不全，限制了内审工作的开展。现代企业内部审计工作应适应企业改革的发展方向，强化审计责任，消除内审局限性，依法审计，在监督与服务中求效益。

当然，除了以上三种控制方法之外，还可以采用对人员控制、成本控制、效益控制等各种方法。

本章小结

- 所谓控制，就是按照计划标准衡量计划的完成情况和纠正计划执行中的偏差，以确保计划目标的实现，或适当修改计划，使计划更加适合于实际情况。
- 在现代管理活动中，控制的必要性主要有三个：一是上下级能力不对称，二是限制偏差的累积，三是适应环境的动态性和复杂性。
- 在现实的企业管理中，为了保证对组织活动进行有效的控制，控制工作一般会遵循以下几个原则：相互制约原则、成本效益原则、岗位责任原则、协调配合原则和系统网络原则。
- 控制过程一般包括三个步骤，即明确控制对象，建立控制标准；衡量实际工作，获取偏差信息；分析偏差原因并采取纠偏措施。
- 在经营管理中，根据控制内容与对象不同，可以采取不同的控制方法。

【复习与思考】

1. 何谓控制？组织为什么要实施控制？
2. 控制工作一般都要遵循哪些原则？
3. 控制的类型包括哪些？请举例说明。
4. 控制过程一般包括哪些步骤？
5. 简述常见的控制方式和方法。

【案例分析】

案例1 信用卡公司的服务质量控制

美国某信用卡公司的卡片分部认识到高质量客户服务非常重要。客户服务不仅影响公司信誉，也和公司利润息息相关。比如，一张信用卡每早到客户手中一天，公司可获得33美分的额外销售收入。这样一年下来，公司将有140万美元的净利润，及时地将新办理的和更换的信用卡送到客户手中是客户服务质量的一个重要方面，但这远远不够。

决定对客户服务质量进行控制以反映其重要性的想法，最初是由卡片分部的一个地区副总裁凯西·帕克提出来的。她说："一段时间以来，我们对传统的评价客户服务的方法不大满意。向管理部门提交的报告有偏差，因为它们很少包括有问题但没有抱怨的客户，或那些只是勉强满意公司服务的客户。"她相信，真正衡量客户服务的标准必须基于和反映持卡人的见解。这就意味着要对公司控制程序进行彻底检查。第一项工作就是确定用户对公司的期望。对抱怨信件的分析指出了客户服务的三个重要特点：及时性、准确性和反应灵敏性。持卡者希望准时收到账单、快速处理地址变动、采取行动解决抱怨。

了解了客户期望，公司质量保证人员开始建立控制客户服务质量的标准。所建立的180多个标准反映了诸多申请处理、信用卡发行、账单查询反应及账户服务费代理等服务项目的可接受的服务质量，这些标准都基于用户所期望的服务的及时性、准确性和反应灵敏性上，同时也考虑了其他一些因素。

除了客户期望，服务质量标准还反映了公司竞争性、能力和一些经济因素。比如，一些标准因竞争引入，一些标准受组织现行处理能力影响，还有一些标准反映了经济上的能力。考虑了每一个因素后，适当的标准就成型了，然后开始实施控制服务质量的计划。

计划实施效果很好，比如处理信用卡申请的时间由35天降到15天，更换信用卡从15天降到2天，回答用户查询时间从16天降到10天。这些改进给公司带来的潜在利润是巨大的。例如，办理新卡和更换旧卡节省的时间会给公司带来1750万美元的额外收入。另外，如果用户能及时收到信用卡，他们就不会使用竞争者的卡片了。

该质量控制计划潜在的收入和利润对公司还有其他的益处。该计划使整个公司都注重客户期望。各部门都以自己的客户服务记录为骄傲，而且每个雇员都对改进客户服务做出了贡献，使员工士气大增。每个雇员在为客户服务时，都认为自己是公司的一部分，是公司的代表。

信用部客户服务质量控制计划的成功，使公司其他部门纷纷效仿。无疑，它对该公司的贡献将是非常巨大的。

思考题：
1. 控制的对象包括哪些？
2. 控制系统的建立应该达到哪些组织控制目标？

案例2　CK公司内部控制问题

一、公司简介

大连晨鑫网络科技有限公司（简称CK公司），目前是一家移动游戏服务商，现主要从事网络科技业务，两家子公司分别是壕鑫互联和中诚逸信。该公司的前身是"壹桥海参"（2010年上市）。2016年，公司由"壹桥海参"改名为"壹桥股份"，将主营业务转向网络游戏方向；2017年，公司100%收购壕鑫互联，管理层决定不再从事海产品销售业务，年末致同会计事务所出具了保留意见的审计报告，公司内部控制问题得到重视；2018

年,"壹桥股份"改名为"晨鑫科技",董事长刘某及其一致行为人因涉嫌操纵证券市场、内幕交易被采取强制措施。

二、内部控制现状

(一)组织结构

公司总经理办公室下设人力资源部、行政部、财务部、审计部、投资发展部等,并直接进行管理。公司的组织结构较其他规模相似的上市公司简单得多,且缺乏纵向监督,容易造成管理者一人独大的局面。

(二)内部控制重点

CK公司的内部控制体系主要是公司设立审计委员会,下设审计部。章程中规定:公司应通过审计委员会对公司及控股子公司进行内部审计监督。同时,公司制定了包括存货、固定资产和无形资产在内的资产保护控制制度;规范了财产盘点和对成本费用的管理。

(三)主要风险点

CK作为一家网络科技公司,其在经营管理活动中的风险点主要如下:公司从之前的海产品养殖与销售跨行业到网络科技业务,经营管控存在不稳定性;加之面临互联网行业更新换代周期短、业务竞争力激烈等影响。因此,CK公司需要全面考察和把握产品开发的可行性和市场风险性,加强内部控制,从而降低经营风险。

三、CK公司内部控制存在的问题

2017年,CK公司被致同会计师事务所出具了保留意见。CK公司在内部控制出现的问题,可能也在其他处于业务转型的上市公司内部同样存在,具有一定的借鉴作用。下面将结合CK公司实际情况,从五个角度来分析CK公司内部控制的问题。

(一)内部环境层面

公司没有严格执行现代企业所有权与经营权相制衡的制度,高层管理岗位设置混乱、不合理。多年来一直由董事长兼任总经理。随着原董事长让位给其女儿,使该公司蒙上了家族企业管理模式的影子。这一职位设计在一定程度上削弱了公司董事会的监督指导作用。管理层结构过于单一容易致使公司权力过于集中,为后来董事长刘某通过减持公司股票、出借上市公司的外壳给壕鑫互联,套取数十亿资金的违法事实做了铺垫。

(二)风险评估层面

2017年9月5日,CK公司与控股股东刘某签订《资产出售协议》,公司将余下的海产品养殖、加工、销售业务等资产及负债,一并出售给刘某。事后公司并未对该项目进行风险预警评估和采取相应的风险预防措施。

2017年11月17日,CK公司收到首期款项8000万元。截至2018年6月30日,刘某尚欠CK公司资产收购款本息合计折现值72508.59万元(其中:本金75641.18万元,折现值70889.72万元;利息1776.31万元,折现值1618.87万元),协议约定应于2019年

12月31日前全部支付。2018年3月12日，因刘某及其女儿被采取强制措施导致CK公司不能了解刘某的财务现状、还款意愿和还款能力，致使公司应收资产转让款的回收风险大大增加。考虑到CK公司正处于转型后的敏感期间，各项风险体系还没有准确建立起来，风险管控能力相对薄弱。

（三）控制活动层面

CK公司财务报告披露不真实。在《2017年度业绩快报》中披露的归属于上市公司股东的净利润为366978254.90元，《2017年度业绩预告及业绩快报修正公告》披露归属于上市公司股东的净利润为259971118.06元，同比由增加24.11%变为减少12.08%，存在较大差异，差异金额已经达到重大缺陷的定量认定标准（错报>利润总额的5%）。根据以上的财务报告内部控制缺陷的认定标准，CK公司存在财务报告内部控制重大缺陷。

（四）信息与沟通层面

CK公司上市之后迅速扩张，切入时下正热的网络服务业，而公司的信息系统依旧停留在之前的水平上。公司处于跨行业转型的特殊阶段，加之公司也并没有建立两套信息系统以应对业务和专业人员的需求，这给公司的上下级、平级之间的信息传递制造了很多麻烦，使公司内部指令很难精准传达，不能让每个参与者充分掌握企业内部信息并了解其职责以及与其他部门的关系，这些都不利于营造良好的企业沟通环境。

（五）内部监督层面

CK公司的监督力度环节薄弱，公司审计部的工作仅停留在制定制度的层面，并没有真正开展有效的内部审计监督活动。同时，审计部门的相应职责、权限不为管理层熟知，致使公司内部控制管理失效，且公司审计部没有深入地对公司管理层各项决策予以监督。因此，内部监督的失效为日后管理层出现违规违法行为埋下隐患。

资料来源：张瑞娟.CK公司内部控制问题分析［J］.产业创新研究，2019（3）：92-93.

思考题：

1. 针对CK公司的内部控制问题，你有什么改进措施？
2. 你认为导致CK公司出现问题的核心是什么？
3. 这个案例对你有什么启示？

【技能拓展】

【走访对象】 中小型生产企业、书店或超市。

【实训目的】 了解其质量保证体系或库存管理的控制办法，提高对建立企业管理控制系统的整体认识。通过分析，具备初步的控制技术和方法的运用能力。

【实训内容】 学习了解质量保证体系的具体组成或库存管理办法的具体运用过程，运用相关控制技术和方法加以分析，并能找出具体的关键控制点。

【实训考核】 每人写出一份关于质量保证体系或库存管理办法的（说明）报告（600~800字）。

第十章 企业创新

导入案例

3M 公司的知识创新

美国明尼苏达矿业制造公司，因英文名称头三个单词以 M 开头，所以简称为 3M 公司。3M 公司以其为员工提供创新的环境而著称，视革新为其成长的方式，视新产品为生命。公司的目标是：每年销售量的 30% 从前四年研制的产品中取得。每年，3M 公司都要开发 200 多种新产品。它那传奇般的注重创新的精神已使 3M 公司连续多年成为美国最受人羡慕的企业之一。在过去 15 年中，著名的《财富》杂志每年都发布一份美国企业排行榜，其中有 10 年 3M 公司均名列前 10 名。面对知识经济的挑战，3M 公司的知识创新实践，为企业提供了不可多得的范例。

新产品不是自然诞生的。3M 公司的知识创新秘诀之一就是努力创造一个有助于创新的内部环境，它不但包括硬性的研发投入，如公司通常要投资约 7% 的年销售额用于产品研究和开发，这相当于一般公司的 2 倍，更重要的是建立有利于创新的企业文化。

公司文化突出表现为鼓励创新的企业精神。3M 公司的核心价值观：坚持不懈，从失败中学习，好奇心，耐心，事必躬亲的管理风格，个人主观能动性，合作小组，发挥好主意的威力。公司的创新英雄向员工们证明，在 3M 宣传新思想、开创新产业是完全可能取得成功的，而如果你成功了，你就会得到承认和奖励。员工不仅可以自由表达自己的观点，而且能得到公司的鼓励和支持。当管理人员对一个主意或计划说"不"时，员工就明白他们的真正意思，那就是，从现在看来，公司还不能接受这个主意。回去看看能不能找到一个可以让人接受的方法。

对于一个以知识创新为生存依托的公司而言，3M 公司知道，有强烈的创新意识和创新精神的知识员工是实现公司价值的最大资源，是 3M 赖以达到目标的主要工具。因此，3M 的管理人员相信，建立有利于创新的文化氛围是非常重要的，主要是要做到：尊重个人的尊严和价值，鼓励员工各施所长，提供一个公平的、有挑战性的、没有偏见的、大家分工协作式的工作环境。尊重个人权利，经常与员工进行坦率的交流。主管和经理要对手下员工的表现与发展负责。鼓励员工发挥主观能动性，为其提供创新方面的指导与自由。冒险与创新是公司发展的必然要求，要在诚实与相互尊重的气氛中给予鼓励和支持。

资料来源：http://www.e-works.net.cn/ewkArticles/Category111/Article12875.htm。

【知识要求】

通过本章的学习，学生需要了解企业创新的内容、特征及类型；理解企业创新的必要性、创新的动力；掌握创新、技术创新、制度创新、组织创新等概念及有关的创新原则与实施方法。

【技能要求】

通过本章的学习，学生应能够对具体企业创新的内容、方法、路径等加以分析，并具备初步的创新战略分析、路径设计及选择的能力。

【关键术语】

创新；技术创新；制度创新；组织创新

第一节　企业创新概述

在当今社会中，创新一词被广泛地使用。从宏观层面来说，国家经济的增长以及社会的进步需要创新；从微观层面来说，企业的技术、制度、组织结构需要创新。并且随着人类迈入21世纪，各个层面的竞争更促使了人们意识到创新的重要性，创新被认为是推动发展的力量源泉，也是发展持续性的一个重要保障。因而本章，我们对创新的基本概念以及其他有关创新的研究成果进行回顾与梳理，并着重对企业的技术创新、制度创新、组织创新等展开阐述。

一、创新及企业创新

创新的概念从广义上理解指的是创造一切新的东西，人类社会的发展历史事实上就是一个不断实现创新的过程。2018年6月14日，习近平在济南考察浪潮集团高端容错计算机生产基地时指出，发展是第一要务，人才是第一资源，创新是第一动力。中国如果不走创新驱动道路，新旧动能不能顺利转换，是不可能真正强大起来的，只能是大而不强。创新一词可以理解为包括知识创新、科技创新、制度创新、文化创新等内容的全面创新。只有不断地引进和创造新的东西才能推动民族的进步和社会的发展。

从狭义上理解，创新更多地被赋予经济含义，现代创新理论最早源于美籍奥地利经济学家熊彼特，他在1912年出版的《经济发展理论》一书中阐述了创新理论。他认为创新就是建立一种新的生产函数，把一种从来没有过的生产要素和生产条件的"新组合"投入生产体系。他认为创新包括以下五种情况：①采用一种新产品；②采用一种新的生产方法；③开辟一个新的市场；④挖掘、获取或控制原料的新供应源；⑤实现企业新的组织。从熊彼特对于创新的阐述中可以发现，他所理解的创新含义相当广泛，只要是生产体系中有新的要素和条件引入均可认为是创新，因而创新是一个经济概念。另外，可以看出熊彼特最初考虑创新经济含义的出发点是企业，我们把本章讨论的创新主体也界定为企业，也即我们主要讨论企业创新问题。结合熊彼特对于创新的阐述，我们认为企业创新是指将新的概念、知识、技术、管理手段和方法等企业经营要素渗透到企业管理中，为企业创造竞争优势并最终获得经济效益的管理活动和过程。

二、企业创新理论研究的两大学派

回顾企业创新理论的研究进展，有两个标志性的时间：一是1912年熊彼特《经济发展理论》的发表；二是1971年戴维斯和诺思合著的《制度变革与美国经济增长》一书的发表。前者标志着企业创新理论研究的开始，而后者则标志着企业制度创新的研究作为一个独立的分支从企业创新理论研究中分离出来。从此，学者们沿着这两个方向不断深化对于创新的认识，并清晰地形成了两个独立的分支：一是以技术变革和技术扩散为研究对象的技术创新学派；二是以制度的形成、变革、演化为研究对象的制度创新学派。

1. 技术创新学派

技术创新学派又被称为"新熊彼特学派"。这一学派是在1950年熊彼特谢世后，他的主要追随者们在不断深化对于创新的研究中形成的，他们将创新理论和新古典学派的经济理论合二为一，引出了技术创新理论，主要代表人物曼斯菲尔德、卡曼等。这一学派的主要贡献在于：在熊彼特提出的创新概念基础上，引出了技术创新理论，界定了技术创新的概念、内容和主要类型，探讨了技术创新理论的研究对象、主要任务等，并搭起了技术创新的理论框架。

2. 制度创新学派

制度创新学派的代表人物是戴维斯和诺思。戴维斯和诺思于1971年出版了《制度变革和美国经济增长》，率先开拓了制度创新理论的研究。他们界定了制度及制度创新的含义，指出制度是"一系列被制定出来的规则、服从程序和道德、伦理行为，具体包括企业组织形式、产权结构、管理体制以及市场规则等"，并进一步认为"制度创新"是指为能使创新者获得经济利益而对现存制度进行变革，通过这种变革建立起某种新的组织形式或经营管理形式。他们分析和探讨了制度创新的推动因素、制度创新的过程、制度创新的模型。在此基础上，他们还论述了制度创新和技术创新的联系和区别，指出制度创新与技术创新都是以获取经济利益为目的，技术创新往往是技术上出现某种新发明的结果，而制度创新则往往是企业组织形式或经营管理形式方面出现某种新发明的结果。在他们看来，对经济增长起决定性作用的是制度性因素而非技术性因素。

综上所述，可以看出技术创新学派和制度创新学派研究的侧重点有所不同，前者研究的重点在于探讨如何通过技术创新促进经济增长，而后者更侧重于如何以制度的变革来推动经济的增长。其实此两者是一种相辅相成的关系，企业竞争优势的构建及持续的发展既需要技术创新，也需要制度创新。

根据上面对于技术创新及制度创新的理解，组织创新应归于制度创新范畴，由于随着创新研究的逐步深化，组织创新的重要性已被认识且对于组织创新的研究取得了不少成果，在本章，我们将组织创新单独予以探讨。

三、企业创新的动力

企业创新是在内外环境的共同作用下，企业为了提升自身竞争能力和经济效益而产生的。来自企业内部和外部环境两方面推动企业创新的动力有：

1. 市场需求拉动

企业最终经营效益的实现是依赖于自身的产品或服务对市场需求的满足，因而市场需求是拉动企业创新的最为重要的外部力量。

2. 竞争因素推动

市场经济是竞争的经济，任何企业要想赢取竞争，则必须打造自身相对于竞争对手的优势，而创新是打造竞争优势的最为根本的手段。

3. 企业创新习惯推动

企业创新在形成以后会形成一种惯性，惯性的力量会使这种创新在以后的发展中得到不断自我强化，这种强化即推动了新一轮的创新。

4. 企业家偏好推动

企业家的偏好是推动企业创新的重要因素。企业家是企业实现创新的主要推动者，具有创新偏好的企业家则有利于促进企业实现持续创新。

四、企业创新的必要性

1. 创新是企业持续发展的原动力

纵观世界企业发展历程，有的企业犹如昙花一现，而有的企业则能从成立时的无名小卒历经风雨成为"百年老店"并保持超强的活力，究其原因在于企业能否在发展过程中始终保持创新以适应不断变化的环境。企业只有在经营过程中持续地开发新产品、引进新技术、开拓新市场、变革阻碍或束缚自身发展的各种管理制度等才能提升自身的生存和发展能力。以下瑞士制表业的案例颇能说明创新对于市场开发的重要性。

瑞士制表业死而复生

最初石英表是由瑞士人发明的。20世纪70年代，日本人采用石英技术发明了电子手表，成本只有瑞士手表的10%，厚度只有2.5毫米，是当时世界上最薄的手表，不仅打破了瑞士人垄断世界制表业的历史，而且几乎摧毁了整个瑞士制表业。危机孕育着机遇。瑞士人把问题变成机遇，通过再创新，开发出厚度不到1毫米的手表，不仅保证原有设计水准和精准度，而且颜色和风格多样化，形成了与传统市场不同的断型性能层面的市场。克莱顿·克里斯坦森将这种创新称为"破坏性创新"。10年后，3000万只手表进入市场，瑞士制表业死而复生。

资料来源：郭占元. 管理学理论与应用 [M]. 北京：中国经济出版社，2011.

2. 创新是现代企业获取竞争优势的必要手段

随着全球经济一体化的深入发展，企业经营的外部环境不断加速变化，这在20世纪90年代以后尤其明显，其中竞争的加剧是这一时期最大的变化。竞争在客观上促进了企业的优胜劣汰，在市场日益遭到瓜分的情况下，如何占领更多的市场份额以提高市场竞争能力是各个企业面临的共同问题，而占领市场的重要手段就是为自己打造竞争优势以吸引更多的客户，因此创新必然成为企业经营者为自己打造竞争优势的必要手段。

创新为吉利赢得竞争优势

在2008年1月18日，吉利"爆胎监测与安全控制系统技术"即BMBS获得了在美国底特律举行的北美车展上唯一的"发明创新实践特别贡献大奖"。此后，关于吉利及吉利汽车的创新再一次被各大媒体争相报道。自1997年开始汽车整车生产之后，吉利集团一直以来总是处在风口浪尖，但十来年的发展却一次次地破解了人们对于吉利的怀疑。吉利集团已连续多年进入中国企业500强且连续多年进入中国汽车行业10强。吉利集团的发展源于一股强大的力量，那就是创新。吉利集团现已构建并逐步完善了以技术创新为核心的全面创新体系。

吉利集团投入数亿元建立了总部设在临海的吉利汽车研究院，并在杭州、上海等地建立分院。在2005年吉利汽车研究院被评为省级高新技术研发中心和国家级技术中心。在2006中国·宁波世界创新工业设计展览会上，吉利自主研发的CVVT发动机JL4G18、JL-Z系列自动变速器、电动助力转向系统（EPS）现身，用事实充分展示了它的创新成果。CVVT 发动机 JL4G18 是吉利历时三年，耗资数亿元自主开发的高升功率、大扭矩、低排放、低污染的新一代轿车用发动机，拥有三项发明专利，被列为浙江省"十一五"重大科技项目。它是"我国首次采用目前世界最先进的CVVT 发动机技术研发的发动机"。JL－Z 系列自动变速器是吉利的又一力作，该自动变速器获得五项发明专利和多项实用新型专利，它的研发成功及装车使用，标志着我国自动变速箱的开发及生产实现了零的突破，而且从此在国内汽车产业链条中，创造了一个全新的环节——国产自动变速器行业。电动助力转向系统（EPS）也是吉利自主创新的一大骄傲。该产品是吉利于 2004 年自行研发成功，并拥有完全自主知识产权，具有控制容易、结构简单、重量轻、维修方便等优点。由于电动助力系统采用电动机与电子控制技术对转向进行控制，系统不直接消耗发动机的动力，能够省下宝贵的 3 马力用于提高汽车的速度。电动助力转向较之传统的液压助力转向无须液压传递回路，也无液压泄漏之忧，且安装自由度大，是目前国外中高档轿车所热衷选用的标准配置。这三大核心零部件产品充分展现吉利自主创新功底，也为其在自主汽车品牌中地位的赢取奠定了基础。

除了技术创新之外，吉利集团在企业管理中还不断创新管理方法和手段，进行了企业内部流程再造和内部市场化的尝试，创造了"3＋3"滚动订单管理办法；投资上亿元建立了基于 SAP 软件的 ERP 系统，以进行售后服务信息管理。在企业管理制度方面，吉利同样不断地在推陈出新，在人力资源开发及激励方面启动了全员整体素质培训工程，建立了对人员"资格、资质、资历"实施动态管理的"三资"体系，构建了以共同价值观为基础、尊重个人兴趣和特长、以感情和事业留人用人的机制。

吉利集团持续地在变化着，正以昔日的"草莽英雄"向以技术创新为核心的全面创新型现代汽车制造企业迈进。吉利的探索与实践，展现了在改革开放中成长起来的先进企业的风采，增强了我国企业以我为主、自主研发、敢于掌握核心技术、拥有自主知识产权的信心，为进一步打造自主创新的市场主体、推进创新型国家建设积累了宝贵的经验。

现代企业经营面临的竞争日趋激烈，要想赢取竞争，必须打造自身的竞争优势，创新已经成为企业构建持续竞争优势的重要手段。吉利汽车十来年的发展历程正说明了创新对于现代企业的重要性。

资料来源：http://auto.sohu.com/20060807/n244658869.shtml。

思考

1. 你以前是如何理解企业创新的？与本书所提的一致吗？
2. 为什么创新被越来越多的企业管理者提及？

第二节　技术创新

正如上文所说，企业创新包括技术创新、制度创新、组织创新、文化创新、管理创新等多个方面的内容，它们彼此联系、相互渗透、相互制约、相互促进，共同构成了企业创新系统。其中技术创新属于生产力变革范畴，是企业创新系统中极为重要的一项内容，技术创新的能力体现在产品开发、技术革新和运用、工艺流程的改造等方面。技术创新学派引出技术创新理论与当时的外部环境有一定关系，当时以微电子技术为核心特征的新技术革命正蓬勃兴起，如何以技术上的进步来推动经济上的增长、如何通过技术革新为企业赢取竞争等问题自然就摆在学者们面前，对于这些问题的持续探讨使得这一理论研究不断深化。技术创新从本质上看是经济行为，它是企业家通过重新组织生产条件和要素，建立起更为有效的生产经营系统以实现技术的有效变革，并最终帮助企业抓住市场的潜在盈利机会，获取商业利益。

一、技术创新的特征

企业技术创新的主要经济特征可归结为四个方面：

1. 累积性

新的创新是在已有知识累积到一定程度时对旧有产品、工艺和工作方式的一种扬弃和技术突破，在实践过程中，大量成功的创新是渐进的，是点点滴滴累积而得的。

2. 效益性

任何创新都需要一定量的资源投入，这是实现创新目标的物质保证，但成功的创新又能为企业带来竞争优势并最终表现为企业的经济效益和社会效益。

3. 系统性

企业技术创新是一项复杂的管理活动，它不仅仅是技术研发部门的事，而且贯穿于企业价值活动的全过程，是一项系统性很强的活动。技术创新的形成和实现一般包括创新设想的形成、创新项目的确定、研究开发、试制、市场开发等多个阶段，因而企业技术创新必须协同攻关、统筹安排。另外，按照波特的观点，企业的技术不仅存在于企业内部，而且也存在于产业的上游或下游。如企业技术创新的某个创意灵感就有可能来源于企业与其上游供应商或下游顾客的某次交流过程。

4. 风险性

技术创新是一项风险系数很高的技术经济活动。创新设想本身能否实现以及创新成果能否实现市场价值或其效益高低均存在不确定性。

二、技术创新的类型

技术创新可以从多个角度进行分类。

1. 按照创新技术的变化性质和技术创新的程度分类

根据创新技术的变化性质和技术创新的程度可分为渐进性创新和根本性创新。所谓渐进性创新，是指对现有产品和工艺的非质变性的改革与改进，这是一种渐进式的连续创新。如电脑中的CPU就经历过286、386、486、奔腾系列等。所谓根本性创新，则是指技术上有重大突破并在商业化方面取得成功，获得相应效益的创新活动，也称之为突破性创新或重大创新，在一段时间内可引起产业结构的变化。如集成电路的发明就是一种根本性的创新，但集成电路集成度的不断提高则又是一种渐进式创新。

2. 按照创新的对象分类

按照创新对象的不同，可分为产品创新和工艺（过程）创新。产品创新的对象是产品，即以新产品设想的产生为起点，通过一系列的活动实现新产品市场价值的过程。产品创新可以是在原有产品的基础上进行改进或创造完全新的产品，不断实现产品的升级换代。而工艺创新则是指创造出不同的加工方法和工艺条件。比如新设备的采用、生产过程组织管理方式的变革。

舟山船企靠创新"御寒"

自2008年开始的美国金融危机给世界经济带来了巨大的困难，大批企业陷入了危局，造船行业也受到了极大的影响。2011年年底，部分浙江中小船企陷入了订单荒和资金荒，甚至有船企破产。不过，舟山的大型船企以科技创新为突破口，凭借特种船舶和海工装备工程船等新产品屹立不倒。

2006年，金海重工开始打桩建造船坞。2009年，公司造出的11万吨原油轮、17.6万吨散装货轮先后交付，连续两次创下浙江省船舶建造最大吨位记录。随着32万吨级原油轮的出坞，浙江省最大吨位造船记录又要增长1倍，而随着金海重工的5号船坞设计容量达到50万载重吨，这意味金海重工还会将浙江省最大船舶记录继续拔高。产品与工艺装备创新将继续推进舟山船企金海重工向前发展。

资料来源：根据http://news.ifeng.com/c/7fbZt5XN5X3网页资料改写。

3. 按技术创新的模式分类

根据技术创新的模式可分为独立创新与合作创新。独立创新模式是指企业依靠自己的力量独自完成创新工作，技术创新所需资源完全由企业自身投入，企业对创新独自进行管理。独立创新模式要求创新的核心技术必须是企业独自开发而获得的并且对创新的技术成果具有独占性。独立创新的优势在于企业在一定时间内在新技术的持有上具有较强的壁垄，企业产品也处于垄断状态，使企业在激烈的市场竞争中占据非常有利的地位。但这一模式的缺陷在于对创新资源的要求较高，投入太大，具有较高的技术风险和市场风险。合作创新模式主要是指创新过程通过组建技术联盟来实现。技术联盟是指两个或两个以上企业或科研单位，为实现某一技术创新战略目标而建立的一种合作伙伴关系，合作各方通过签订合作协议约定各方应承担的责任、义务及成果分享方式，通过共同组织、合作实施创新。这是一种新兴的创新模式，联盟各方合作的主要目的是解决单个企业独自不能解决的各种技术问题，通过技术联盟，企业能在更大范围内合理分配和使用技术资源，实现优势互补，有效地提高企业的技术竞争力，这种模式是现代企业创新模式的发展方向。

三、企业技术创新战略的选择

从企业创新战略选择来说，可以分为主导型技术创新战略、跟随型技术创新战略、模仿型技术创新战略。

1. 主导型技术创新战略

要求企业在所在产业的技术创新过程中扮演"发动机"及"领头羊"的角色，实施主导型技术创新战略一般要求企业有雄厚的研发力量、技术基础以及充足的研发资本，力求采用最先进的技术，推动和带领整个产业的技术进步。

2. 跟随型技术创新战略

跟随型技术创新战略是指企业追随同一产业主导企业开展相应的创新活动，对主导型企业的新技术和新产品加以选择、改进和提高，并在降低制造成本和拓展市场方面做更多的努力。采用跟随战略对于企业的技术基础、研发资本等的要求相对低些，也可以使企业少走弯路，降低风险。

易趣和淘宝的竞争

"轮盘赌"故事曾在国内 C2C 市场中易趣和淘宝网之间真实的上演。在后者出现之前，易趣是国内 C2C 市场的垄断者，相比其他竞争者而言，从市场到资金都全面占优。淘宝作为市场挑战者，要想从易趣手中夺取市场份额，差异化成为必然的选择。

为了与强大的易趣网竞争，淘宝网宣布实施交易免费的策略，而易趣则仍然坚持收费政策。当然易趣也有所防范，利用与各大型门户网站的关系，易趣启动了在大型门户网站对淘宝进行广告封杀的措施。在这种竞争压力下，淘宝选择了户外广告（地铁、公交等）宣传方式。此时，易趣仍坚持大型门户网站的宣传方式，没有采取跟随战略，增加户外广告宣传力度。然而，易趣的"差异化"实际上起到了给淘宝独立发展空间的作用，再加上其他一些原因，到 2006 年淘宝的市场份额已经是易趣的两倍多。

在这个案例中,面对挑战者的竞争,作为市场领导者的易趣自始至终坚持差异化策略,其实,正如轮盘赌游戏中的 A 一样,从技术、市场到资金等全面占优的易趣本可以通过跟随战略(如跟随实施交易免费政策、加大户外广告宣传等)不给淘宝任何取胜的机会。

因此,一味地实行创新战略、差异化战略并非确保领导者地位的最好途径,更不是唯一途径,如果能够合理运用跟随战略,同样可以帮助市场领导者保持优势地位,甚至起到事半功倍的效果。

资料来源:谭建伟,陈昌华,姜喜臣.市场领导者的跟随战略[J].
企业活力,2007(12):38。部分删选。

3. 模仿型技术创新战略

在中国小创伤护理市场,"邦迪"一度占领了大部分市场,很多用户想到创可贴的时候甚至不知道还有其他品牌存在。云南白药认为自己的市场机会在于,同为给伤口止血的创伤药,"邦迪"产品的性能只在于胶布的良好性能,而没有消毒杀菌功能,而云南白药对于小伤口的治疗效果可以让伤口更快的愈合。于是邦迪成为云南白药第一个模仿也是超越的对象。挑战"邦迪",云南白药缺少的是胶布材料的技术。王明辉选择的解决方案是,整合全球资源来"以强制强",与德国拜尔斯多夫公司合作开发,这家拥有上百年历史的拜尔斯多夫在技术绷带和黏性贴等领域具有全球领先的技术。不到两年时间,与德国拜尔斯多夫公司合作、采用跟随领导者、模仿与超越并行战略,云南白药的"白药创可贴"迅速走向市场。

模仿型技术创新战略,即企业不进行新技术的研究和开发,而是靠购买技术专利,进行仿制,步人后尘。这种战略较适合于那些技术开发薄弱而制造能力相对较强的企业。模仿创新对于我国不少技术创新能力相对有限的中小企业来说,在目前阶段不失为一种较为有效的技术创新战略,通过模仿创新可以逐步积累自身的技术存量及技术开发能力。

日本、韩国企业成长过程中的模仿创新模式

模仿创新是一种强烈的实践性学习,有许多功能优点:攻关方向明确,对企业员工来说能产生"危机动力"激励效应,在原始创新技术的基础上容易实现局部技术改进,模仿创新更加明确市场需求和消费者喜好而容易创新成功,模仿创新能极大地刺激员工的学习,对企业进行矩阵组织创新,对发挥团队组织的战斗力具有促进作用,模仿创新避免了原始创新的许多弯路,易获得技术上的跳跃式发展,等等。因此,它被日、韩等许多国家的企业实践证明,是弱小后进企业实现后发优势的重要的赶超策略。

1. 日本企业的模仿创新模式

二战后日本经济从一片废墟上迅速崛起，得益于大量购买西方国家的专利和技术，企业积极地模仿和寻找一切机会学习，很快便积累起后来创新的知识、技术。

正像乔治·达伊教授描绘的那样："创新性模仿比那些开创者更能领会创新对于顾客的意义，因而可以做些对顾客更有价值的改进。在这一点上，日本的企业做得相当出色，甚至达到了炉火纯青的程度，几乎难以辨认何者为模仿、何者为创新。新产品中融入了一些新特性，从而更易于使用，解决了顾客的难题或略加改进以适应不同细分市场的顾客需要。同时，加工成本大大降低，又使产品显得更有价值。"

对于日本企业的好学精神，多罗西·伦纳德·巴顿评价说："尽管存在着难以逾越的语言和文化差异，但是日本研究者们克服了这种困难并成为目光锐利的技术扫描者，从而最终获得了新技术。很难想象有那么一次技术会议上会没有日本公司代表的身影。曾不止一位的与会代表对日本听众的行为感到钦佩，他们积极占据前排座位以便捕捉到目之所及的每一个镜头。"

1980~1988年，日本企业NEC在赶超美国同行GTE公司期间，发展了许多大规模的对外合作项目，从中吸取并掌握了最先进的技术手段，以低成本进入新的技术领域，培育起自己更高层次的竞争力。正如NEC开发部主任坦白表示："战略联盟是更快更便宜"的方式。20世纪70年代末，日本电讯公司和日立公司都与美国摩托罗拉公司签订了许可证协议。由于这两个伙伴很快掌握了摩托罗拉的技术，最终成为它的直接竞争对手。

2. 韩国企业的模仿创新模式

韩国在短短30年内，从一个自给自足的农业经济国家变成一个新兴工业化国家。1995年人均国民生产总值超过1万美元，在世界经济强国中列第11位。这些成就同样归功于韩国企业"从模仿到创新"的战略。以汽车产业为例，从1950~1980年，韩国企业排不上世界汽车生产的先进名次，但到1990年已跻入十强，而1994年更是赫然跃居世界第五。

同年，韩国三星电子公司成为世界第七大半导体制造商，超过了日本富士通、三菱等名牌企业。在动态储存芯片销售额方面列全球第一名。韩国在半导体技术方面的创新技术还反映在专利使用上，其所应用的与半导体相关的专利技术，从1989年的708项猛增到1994年的3336项，超过了外国的专利使用量，占到全部专利使用量的63%。随着韩国企业跨入世界动态存储器芯片的前沿，它们也可以向日本和美国的竞争对手提供某些技术，还为其加入战略联盟开辟了新的机遇。三星公司已经同东芝、通用仪器、ISD、三菱、日本电器公司、富士通等公司联盟，并帮助美国公司开发下一代芯片。

在电子工业领域，韩国企业同样取得长足进步，1994年已发展成为世界第四大电子产品生产国。自1990年以来，韩国已成为继日本之后第二大民用电子产品生产国。在韩国工业化的前20年，日本和美国在韩国的投资占外国直接投资的80%以上，占购买外国许可证和资本货物的70%。

由于地理和历史的缘故，韩国企业具有学习日本经验最广泛的基础，日本企业的模仿创新技术也影响到韩国企业，包括发展大企业的方式，韩国基本上与日本相同。韩国企业在学习外国先进技术的过程中分为四个时期：①准备；②通过技术转让获取；③通过加强内部在学习上的努力（导致迅速进口，以替换人员、工程技术和零部件）来吸收消化；④改进，在进口技术的基础上使产品翻番，并将进口的技术用在有关的产品上。它们模仿的特点是：最初的隐含知识是通过招聘有经验的工程师的方法获得。通过对从文献获得的明确知识进行研究和参观生产现场，提高了企业前期隐含知识的转化，加速了技术学习。

当一家韩国企业遇到的先进技术超出其积累的知识和能力，而外国企业又不愿意转让有专利或版权的技术时，它往往会通过先进的分解技术、反求工程来破译之。这一步努力为企业进行技术创新奠定了基础。伴随着企业研究与开发投资的不断增大，按人均国内生产总值计算，其1981~1991年平均增长率达到31.6%（世界之最），企业创新力度和成果也呈上升趋势。与此同时，韩国企业的技术能力也在模仿创新机制中迅速增长起来。

资料来源：张东风，韩天放. 模仿还是创新 [J]. 企业管理, 2004 (8).

不同的企业在对创新战略进行考虑时，可根据自身的技术基础、研发实力以及资金状况等作出合理的选择。

1. 请分析合作创新对于企业的重要性。
2. 结合你所熟悉的某企业，分析其应该选择的技术创新战略类型。

第三节　制度创新

一、制度、制度创新及企业制度

1. 制度

（1）制度的概念。在我们讨论企业制度及制度创新之前，有必要搞清楚制度是什么、制度的特征、制度的功能等内容。对于什么是制度,哈耶克、舒尔茨等学者都做过专门的论述,学者诺思(1990)则认为,"制度是一个社会的博弈规则,或者严格地说,是人类设计的制约人们相互行为的约束条件——用经济学的术语说,制度定义和限制了个人的决策集合"。根据这个定义,法律、习俗和道德都是制度的一部分。我国学者汪丁丁(1992)则以任何社会都存在"人与人"及"人与自然"这两种关系为出发点,将制度描述为人与人之间的某种"契约形式"或"契约关系",而技术则用来描述人与自然的某种状态。我们认为制度为一套支配特定的活动方式和相互关系的行为准则。

(2)制度的功能。制度的基本功能是为经济提供服务,也是经济发展的重要条件。制度具有如下功能:首先,制度可以降低交易费用。制度是一种社会的游戏规则,它限定了交易过程中竞争与合作行为,因而我们只需按照制度而无须对每次的交易行为进行"讨价还价"。其次,制度可以为实现合作创造条件。制度就是人们在社会分工与协作过程中经过多次博弈而达成的一系列契约的总和,制度为人们在广泛的社会分工中的合作提供了一个基本的框架,它规范了人们之间的相互关系。如企业有了管理制度,则管理者就可以通过制度管理人,而无须每天每时盯着员工。再其次,制度可以提供激励机制。由于资源的稀缺性和人们追求利益最大化的倾向,财富的创造和分配不可能满足所有人的需求。制度的激励功能在于,它可以把人们的努力与报酬相结合,因而促使人们不断努力、不断创新,企业的激励与分配制度就起到了这样的作用。最后制度还可以减少不确定性和降低风险。

股份制规范产权使"东冠"得以发展

杭州东冠集团公司是1995年转制改为股份制的,建立公司之前,原来实行的是集体资产管理体制,属于股份合作制的形式,但企业的产权不明,企业缺乏自主权,做什么都得向行政领导请示,虽然外部环境已为市场经济了,企业内仍是计划经济体制;经营者、中层管理者没有权责相关,积极性不高;工人也不关心企业发展;技术改造投入力度不够,企业发展后劲不足,已面临生死存亡的境地。该企业虽然建立了股份合作制的形式,但并没有真正使企业成为独立法人,没能按权责相应建立起完整的产权制度、组织结构和管理制度,因此,要使该企业真正地恢复活力,必须对其按现代企业制度进行改造。

东冠集团1995年进行股份制改造,建立有限责任公司,对原有资产界定为两部分,集体所有的资产和公司职工所有的资产。在此基础上,发动职工个人、企业中层管理者和技术入股,由此形成了一个代表村、企业和公司员工个人共同利益的有限责任公司,并由村经济合作社、职工持股会和个人投资基金会行使所有权。同时,公司还对下属12家子公司进行有限责任公司改造,完全按现代企业制度形式建立。这样,公司摆脱了政企不分的多头领导，完全行使法人权；经营者的风险意识和责任意识增强，有效地进行科学管理决策；企业迅速发展，仅1997年完成产值5.5亿元，实现利税4500万元，分别比上年同期增长22%和28.6%。

资料来源：潘银辉．企业组织管理制度病案例及评析［J］．管理世界网 http：//www.hroot.com/publish/article/2007-11-6/46554.htm．

从这则小案例可以看出，制度对于企业经营的重要性，合适有效的制度可以激励各利益主体的积极性，发挥潜力，促进企业健康发展。

2．企业制度的概念及内容

（1）企业制度的概念。对一个企业来说，有着各种各样的管理规章制度，但是我们这里探讨的企业制度不仅是指这些具体的管理规章制度，它的含义要比企业的管理规章制度广泛得多。企业制度是指一定历史条件下形成的、决定着企业生产经济活动本质特征的企业经济法律关系及企业各种管理规章的总和。

（2）企业制度的内容。根据以上对企业制度概念的阐述，我们可以把企业制度分为两方面：其一为以企业产权制度为基础和核心的包括企业筹资设立的资本组织形式、企业的法律地位等内容的企业基本制度；其二为界定企业内部管理者与员工、员工与员工关系及行为准则包括分配制度、薪酬制度、用工制度等内容的企业管理制度。因而企业也可以看作是由很多制度组成的制度集合体。随着经济发展水平提高和市场经济逐步走向成熟，企业的形式也逐渐发生了变化，由业主制、合伙制到公司制，也表明了企业基本制度发生着变迁。从企业基本制度看，公司制越来越成为现代经济社会中占主要地位的企业形式，所以又被称为现代企业制度。

（3）制度创新。制度创新简单地说即制度的变更和替代，也即创造和设计新的约束人们相互关系的行为准则来替代旧准则。随着企业规模、外部环境等方面的变化以及生产技术的进步，客观上形成了只有在经营管理方面有相应的调整，才有可能出现新的盈利机会或者提升企业的管理效益，因而制度创新是实现预期收益增长的重要管理手段之一。

美国空军降落伞合格率的检查制度

二战期间，美国空军降落伞的合格率为99.9%。这就意味着从概率上来说，每一千个跳伞的士兵中会有一个因为降落伞不合格而丧命，军方要求厂家必须让合格率达到100%才行。厂家负责人说他们竭尽全力了，99.9%已是极限，除非出现奇迹。军方（也有人说是巴顿将军）就改变了检查制度，每次交货前从降落伞中随机挑出几个，让厂家负责人亲自跳伞检测，从此，奇迹出现了，降落伞的合格率达到了百分之百。

资料来源：https：//www.sohu.com/a/131373804_464074．

二、企业制度创新的动因

1. 经济的外部性是企业制度创新的本质动因

企业的存在是在不断发展变化的，反映其内在运行机制的企业制度也必然要随之变化。纵观企业发展历史，经历了从简单协作、工场手工业到机器大工业，从古典企业到现代企业的发展过程。企业制度之所以需要创新，从本质上讲是由于经济中外部性的存在。外部性因素会导致外部收益的形成，也正是外部收益才诱使人们去努力改变原有的制度安排。新的制度安排将这些因素所影响的利润内部化。影响外部收益的因素很多，其中包括规模经济、交易费用等。简单地说，企业的发展是需要不断地与外部环境发生着联系，由于外部环境的不断变化，因而企业需要一种预期净收益大于预期成本的新的企业制度安排来适应。

2. 企业制度创新是推动技术创新的主要力量

技术进步与创新是实现企业产品或服务市场价值的关键所在，而技术创新的实现却受制于企业的制度环境。企业制度创新意味着一种更有效的制度安排对现行制度安排的替代，从而使其更有利于促进企业技术创新。我国著名的经济学家吴敬琏指出，推动技术发展的主要力量是有利于创新的制度安排，企业的发展在于不断创新，包括技术创新和管理创新。制度作为企业发展中起重要作用的因素，要持续地支持创新，必须变化。因为任何现存的制度，不可能在任何给定的时点上，都会促进企业的发展。

3. 企业制度创新是实现增长方式转变和竞争力提升的必然要求

对企业而言，不但要花钱从发达国家（或外国）引进先进的技术、设备，而且一定要在制度创新方面进行投资，唯有如此才能卓有成效地提高企业的国际竞争力。从我国改革开放40年来的发展历程来看，虽然经济建设取得了举世瞩目的成就，但是随着时间的推移，我们的经济增长也产生了不少的问题，以资源消耗型为主的经济增长模式遇到了前所未有的挑战。这一发展中遇到的问题其中就有来自制度瓶颈的制约，必须通过制度创新消除制度瓶颈才能保证经济的进一步稳定快速发展。而对于转变原有经济增长模式、实现经济可持续发展来说，制度创新更具有非同寻常的意义。

三、我国企业制度创新的内容

1. 产权制度创新

我国《公司法》提出对现代企业制度的要求是产权清晰、权责明确、政企分开、管理科学，到目前企业建立现代企业制度已取得明显进展，但不管对于国有企业还是民营企业来说，都有不少企业存在产权不清晰、法人治理结构不健全等制度性问题。

而对于民营企业来说，我国民营中小企业产权制度创新的重点：一是明晰企业产权。

明晰民营中小企业产权应该逐步实现企业产权与企业家或家族财产的分离，为引入家族外部投资、鼓励人才以技术和管理才能入股、实现企业形态的进一步转变创造条件。二是实现产权多元化及内部产权结构的合理化。封闭式的单一产权结构虽然使民营中小企业保持了高效的激励机制与决策效率，但随着企业的发展壮大，其弊端也日渐显现。单一产权使企业家或其家族承担了很高的经营风险，限制了企业的规模，不利于企业实现企业形态的转换，更不利于企业向现代企业转变，而积极引入外部投资，实现产权多元化，是民营中小企业做大做强的必由之路。另外，在目前，我国大多数中小民营企业内部产权的"分散"仍局限在家族成员之间，通过在企业内部合理分配股权，吸纳职业经理人和技术骨干的股份并适当送股，进行股权激励，能使其增强主人翁意识；实行员工持股，能使员工获得劳动收入之外的资本收益，增强企业的凝聚力和向心力。

对于国有企业来说，主要的问题有：首先，产权主体多元化进展缓慢，国有股"一股独大"，使产权制度改革难以真正到位，企业内部缺乏多元化利益主体的制衡。其次，国有资产管理体制不完善，出资人职责不能完全到位，国家作为所有者的权益得不到有效保障。最后，法人治理结构中的角色与职责严重不对称，导致企业内部监督不力，法人治理的权力制衡机制难以形成。因而我们认为要从根本上解决国有企业的困境，就必须克服企业改制过程中和改制后的公司法人治理结构失衡的现象，建立和完善权力分立、相互制衡的现代公司法人治理结构。为此，可以从以下角度对企业法人治理结构加以完善：第一，调整公司产权结构，减持国家股，实现投资主体多元化。从目前我国改制后公司的法人治理结构情况来看，国家股处于绝对控股地位，股权结构过于单一，董事会运作的方式比较封闭，公司经营者的自主经营权不能真正落实。要改变这种状况，就必须调整公司产权结构，减持国家股，扩大非国家股比重，实现投资主体多元化。第二，健全董事会制度，是完善我公司法人治理结构的核心。董事会是公司法人治理结构的核心，它对经理层直接进行管理，并决定高层管理的水平和结构，监督公司的内部控制和财务管理系统，决定公司的主要战略和决策。因此，健全董事会制度势在必行。第三，出台国有资产管理的法律法规，改革国有资产管理体制，解决公司所有者缺位的问题，确保出资人到位，在法律法规的规范性指引下，建立中央政府和地方政府分别代表国家履行出资人职责，享有所有者权益、权利、义务和责任相统一，管资产和管人、管事相结合的国有资产管理体制。这样才能解决困扰国有企业公司制改革已久的所有者缺位问题，才能确保出资人到位，从而解决"内部人控制"的问题。

三次改制使老牌国企走出困境

武桥重工的崛起源于连续进行的三次改制。

拥有半个多世纪历史的武桥重工进入2002年已经走到了破产的边缘。从1997～2002年连续6年，净资产不到一个亿的桥机厂（武桥重工集团股份公司的前身），每年平均亏损不低于1000万元。

> "那是一段很抑郁的日子。"武桥重工股份有限公司董事长、总经理黄雍回忆起当时的情形依然深有感触。1997年,他从大桥局五公司调到陷入危局的桥机厂任副厂长,目睹并亲身参与了这个国企大厂在困局中的抗争与突围。
>
> 正是在这种生死存亡的关键时刻,桥机厂人开始思考在改制中寻找企业的出路:2002年岁末,桥机厂第一次改制,由全民所有制国有企业,改制为国有控股80%、员工持股20%的有限责任公司。
>
> 2005年,尝到改制甜头的桥机厂人继续筹划第二次改制,创立了中铁武桥重工股份有限公司。和第一次的翻牌改制相比,这是一次更伤筋动骨的彻底改制,通过清资核产,量化国有资产,置换国企职工、集体企业职工身份,国有股减持为不足20%,企业员工普遍持股,经营管理团队和技术骨干尽可能多持股。
>
> 2007年,武桥重工进行第三次改制,从资本市场引进战略投资者,进一步改善股权结构,实现股份多元化,按照上市公司要求规范股权管理,筹划公司挂牌上市。
>
> 五年跨三步,一改,再改,三改,一个濒临破产的老牌国企,终于走出困境,获得新生,并且成功"变身"现代企业,走上了迅猛发展的快车道。
>
> 黄雍对记者说:从"大桥局桥机厂"到"中铁武桥重工"再到"武桥重工集团",武桥重工人经历了观念转变、身份转换和体制变革的三大阵痛,但阵痛过后,迎来的是企业的新生,现在的局面是:坚冰已被打破,航道业已开通,企业发展的路会越走越宽广。
>
> 资料来源:全球起重机械网,http://www.chinacrane.net/news/200902/20/12841.html。

2. 管理制度创新

(1)激励制度创新。人才对于企业的重要性越来越被认可,而怎样留住人才,更大地发挥人才对于企业发展的作用是企业管理者必须面对的问题。采取有效的激励制度无疑是留住人才甚至吸引人才的重要措施。因而,对于企业来说,需要不断创新激励制度以适应现实的内外环境。比如,股权激励制度作为一种长期激励机制,同短期激励、企业福利和员工薪酬一起,构成一套完整的企业对管理层和员工的激励体系,已成为现代企业人才激励体系中不可或缺的重要环节;它可以激发企业管理层和业务骨干为企业贡献更多的智慧和能量,从而提升了企业的业绩和发展潜力。又比如,员工的教育培训制度也已被许多企业采用,作为对于员工的一种激励制度。企业设立培训中心,制订长期的教育培训计划,举办不同形式的经营管理培训班,这一方面可提高员工的基本素质;另一方面也是留住人才的重要手段。总之,随着环境的变化,不断创新激励制度已成为现代企业管理的重要环节。

澳大利亚从罪犯流放地变自由乐土

澳大利亚以前是英国的殖民地,主要用来流放英国的罪犯。这些事实众所周知。一个用来流放犯人的地方最终变成了一个发达富裕的国家。怎么变的?

17世纪初,在荷兰东印度公司的指挥下,为了寻找黄金,一艘荷兰探险船来到了这里,发现了澳大利亚这块陆地。Australia的意思就是"南方大陆"。以后的几十年内,又有其他荷兰人来到这里。荷兰人虽然发现了这块大陆,但对它评价很低,认为这是一块荒凉贫瘠的土地,又没有黄金,没有开发的价值。

荷兰人之后,英国人来到了这里。当时,英国人正在全世界范围内和法国人争夺。两国在许多地方彼此争斗。在北美,法国人被英国人打败,失去了大片殖民地。法国人转而在太平洋方面加紧探索。看到法国人的行动,英国人也加快了步伐。1768年,库克船长率领一艘探险船启航出发,前往南太平洋。

在库克船长率领的这批人中,有好几个后来对澳大利亚的历史发挥了重要作用的人。库克船长自己的作用则最大,被称为"澳大利亚之父"。库克船长的功劳是,他把澳大利亚描绘成了土肥草茂的地方,推翻了荷兰人的悲观论调。而且,他的结论建立在大量实地考察的基础上,记录很翔实,可信度很高。

库克船长考察之后没多久,北美就打起来了。英国人一向有把罪犯送到海外的习惯。美国独立以前,北美是英国人流放罪犯的主要地方。美洲人对这种做法很不满,深恶痛绝,但是没办法,英国是宗主国,她说了算。

美国独立以后,首先就把这事给办了,不再接受来自英国的罪犯。英国人没办法,只好在泰晤士河上弄了一批废船,用来关押罪犯。时间一长,罪犯越来越多,逐渐人满为患,社会日益感到不安。英国政府开始着急,寻找解决这个问题的办法。这时,一个参加了库克船长探险的人提出,可以把罪犯送到遥远的澳大利亚去。英国政府犹犹豫豫,一时拿不定主意。决定还是在其他方向先试试再说。

1787年,第一艘运送罪犯的船离开英国,驶向澳大利亚。第二年初,到达了澳大利亚。在今天的悉尼上岸,并给这个地方起了这个名字。

这次航行,英国方面并不是特别重视。船上的人基本上只是罪犯和看守,没有太多的技术人员。上岸以后发现情况不是预想的那么轻松,可又找不到会干活的人,结果,大家陷入了困难之中。怎么养活这帮人就是首要的问题。罪犯往往都是游手好闲之徒,很少有人能做工匠。而且,没有严厉监督这帮人是不肯干活的。造个房子都耗时费力,永久营地18个月以后才建起来。由于不懂技术,他们种的庄稼收成很差,根本不够吃的。很长时间内,去澳大利亚的这些人的吃食,还要不远万里地从英国运过来。远隔重洋,一旦运输船出现问题,这里立刻就有挨饿之虞。

1790年就是一个艰苦的年头，食物不得不配给发放，并打发一大批人去附近的海岛自谋生路。这些人到了那里，依然吃不上饭。好在海鸥比较多，他们就大肆屠杀海鸥充饥。这种局面让澳大利亚总督和英国政府都很头疼。澳大利亚总督向英国政府表示，看来靠罪犯是干不成什么正事的，还得想办法招一些自由民过来。几经请示，政府终于派来了50名自由农民。在他们的技术支持下，农业果然大有改观，开出了好几千亩土地，产量增加不少。看到招揽自由民的政策如此有效，总督决定把这种政策推广开来，制定更多的优惠政策，吸引人们前来澳大利亚。

英国当初只是把澳大利亚作为一个海外监狱，因此垂直管理的程度很深，管理制度的军事化色彩很浓。殖民地当局并没有权力制定任何法律。虽然如此，英国政府仍然赋予总督以权力发布关于治理殖民地的命令。这种命令在实际中就成为殖民地的当地法律。换句话说，总督具有相当的立法权。既然有了这个授权，总督就把英国本土的法律，或移植，或修改，弄过来，实在没有就新定，在澳大利亚逐渐建立起一套符合当地情况的准法律制度。吸引自由民的政策就是这种法律制度的一部分。吸引自由民的政策逐渐吸引来一些英国人。这些人相信，很有机会在这个遥远的大陆开辟自己的新生活。

1823年，英国颁布《新南威尔士法案》，赋予澳大利亚制定法律的权力，并成立了相应的立法机构。"1823年法案"是澳大利亚发展史的转折点。从这时起，澳大利亚不再仅仅是一个海外监狱，而成为和英帝国其他部分一样的高度自治的殖民地。

随着澳大利亚的自治越来越健全，他们不再是当初那个军事化管理的严酷之地，而逐渐有了整套的来自英国的适应工业革命的法律制度。而当法律制度确立以后，经济发展也就水到渠成了。

当时的英国工业革命对羊毛的需求很大。有人尝试着把绵羊引进到澳大利亚养殖，取得了巨大成功。这吸引了许多企业家的注意。越来越多的人开始向澳大利亚投资，经营畜牧养殖业。这样，前来澳大利亚的就不仅仅是普通的平民了，一些大资本家也选择移民到这里。这大大促进了澳大利亚的发展。

随着畜牧业的发展，澳大利亚社会的各方面都逐渐发展起来。19世纪20年代以后，悉尼已经完全是发达大城市的面貌。在澳大利亚，人们已经完全可以享受到和英国本土同样的生活水准——也许更好。

资料来源：http://www.doc88.com/p-382368781372.html，有删改。

（2）决策制度创新。建立科学的、规范的、制度化的决策体制与决策程序是企业做出正确、合理决策的前提。在信息经济时代，由于信息的泛滥，以及由于环境的复杂导致未来的不确定性增加，这些都将导致决策的难度加大，因而企业更应该加强决策制度创新以适应这些变化。比如一些企业由于产权过于集中很容易带来决策体制上的问题，导致决策失误。企业领导者必须高屋建瓴,具有超前意识,能清楚地认识到企业自身在市场中的定位,不断吸引新的管理思想,构建合理有效的民主决策制度,迎接企业在发展过程中面临的挑战。决策还必须考虑到外部大环境的制约以及内部生产技术、设备水平、员工技术水平和心理承受能力等多方面的限制,能够做到选择合适的时机进行科学决策,避免盲目决策。另外,比如如何利用企业外部智慧帮助企业决策等问题都是企业管理需要考虑的问题。总之,要改变企业传统的决策管理制度,强调跳跃和变化、速度和反应,依靠信息共享、虚拟整合等措施,为赢得未来市场竞争打下坚实的基础。

(3) 财务管理制度创新。企业财务管理制度的科学化和规范化对现代企业极为重要,投资、融资制度是否科学、规范直接影响着企业的经营成败。如何通过制度建设让企业的财务和会计工作者不仅为经营者提供企业经营和财务真实信息,还要让他们参与企业的经营分析和经营管理,以提高企业经营和管理效率。如果企业各种财务信息一概掌握在高层管理者手上,那么,它不仅会产生企业与税务管理部门的矛盾、企业与股东之间的矛盾,更重要的是难以利用企业的经济杠杆如实评价员工绩效、激励员工的工作积极性,甚至引起员工之间的猜疑和冲突。因此,必须科学规范企业的会计制度和财务管理制度,规范财务会计和财务管理人员的上岗条件,以制度管钱,按规章用钱,所有这些都需要企业通过财务管理制度的创新予以逐步完善。

1. 制度创新对于企业经营的重要意义是什么?
2. 企业制度创新的内容有哪些?

第四节 组织创新

在创新研究领域的诸多课题中,大多数创新文献主要讨论企业的技术创新或产品创新,组织创新则是一个相对来说被人忽视的论题。因而在早期的关于创新的研究文献中,较少出现"组织创新"这一名词,但随着管理实践的发展及学者们对于创新研究的逐步深入,组织创新的重要性被充分认识,组织创新的研究也出现不少成果。20 世纪 80 年代后期以来以柔性、扁平结构为导向的组织创新在国外企业层出不穷,如业务流程重组、工程再造、虚拟企业等。

一、组织创新的含义

组织创新中的"组织"一词应该被视为是一个社会实体和开放的系统。如果将组织视为一个社会实体，那么完整的组织创新的概念则不应仅仅局限于组织结构的创新或是组织成员关系的创新，还应该包括组织中职权分配的调整、组织观念与文化的创新、组织目标的创新、组织任务与流程的完善等；如果将组织视为一个开放系统，则组织创新也应该包括组织系统与外部环境之间的相互作用机制的创新。因此，本书认为组织创新是组织为适应外部环境的变化或满足组织自身内在成长的需要，对内部若干要素（结构和关系等）及其相互作用机制或组织与外部环境的相互作用机制的调整、开发和完善的过程。另外，在以知识为主要资源的经济社会中，如何通过组织系统建设使得企业更易于创造、传播、扩散和利用知识，便成为一个重要的值得研究的问题。组织的各种创新活动的内在实质可以归结为组织对内部、外部知识的获取、利用及创新的过程。组织创新实质是组织通过学习，促使组织知识不断积累与进化，并提高到新的层次和水平，由此引发的一系列组织结构、文化、战略的调整、变革。以组织中的人和文化为中心的组织创新的重点在于改变员工之间工作关系的性质，开发、共享和利用员工知识，从而达到改进组织绩效的目的。

二、组织创新的意义

1. 组织创新可以促进技术创新

前文提及技术创新是现代企业获取竞争优势的关键所在。而技术创新的实现需要组织创新予以保障。一方面，技术创新的过程需要组织创新通过整合组织中的资源方可实现；另一方面，组织创新通过调整组织中的部门和组织结构、重整组织的流程、改进组织的目标而适应技术创新的要求和巩固技术创新的成果。还有，通过组织创新创造良好的组织结构与文化氛围，协调各部门的行动，调动部门成员的积极性，是技术创新成功的关键。

2. 组织创新可以促进制度创新

现代企业制度要求企业产权清晰、权责明确，现代企业制度的构建既是一个企业制度创新过程，又是一个企业组织创新过程。通过组织创新构建现代企业制度的企业、产权清晰、权责明确、具有完善的治理结构，这有利于推动企业其他制度的创新。

3. 组织创新是提高企业运作效率的重要途径

组织结构关系着组织部门的设置、责权利的分配，随着知识经济的到来，知识及信息的传递对于企业日益重要，现代企业要求较少的组织中间层次，这样可以减少信息传递的环节，易于上、下级管理者即时和有效的沟通，使得指令下达速度和信息传递的速度加快，减少信息失真，保证决策与管理制度条例的有效执行，因而从这个角度说，通过组织创新构建合理的组织结构有利于提升企业的运作效率。另外，如果企业组织结构中存在过分集权的情况，那么进行分权的创新，将决策权转移给具有专门知识的人，可以提高组织的决策效率及科学性。再者，组织创新可以从改变企业文化、企业精神等更深层面保证企业效率的提高。综观现代成功企业，无不拥有先进的企业文化，因而通过组织创新构建有效并具有特色的企业文化对于提升企业运作效率极为重要。

4. 组织创新使企业更具对环境的适应性

现代企业经营外部环境的重要特点是复杂化和快速的变化，因而对企业来说只有具备快速的反应能力才能更好地适应环境的变化。通过组织结构创新可使一些企业脱离过分刚性的组织结构，建立趋于动态灵活的弹性结构，能及时建立起为实现新战略任务而设置的组织结构，只有这样才能够对瞬息万变的市场需要做出快速的反应。

5. 组织创新有利于企业获取和利用企业外部资源

组织创新不仅仅局限于企业内部组织结构和组织文化的创新，还可以拓展企业的边界，延伸企业的触角。例如，战略联盟、虚拟企业等新型组织形式就是组织创新的结果。这些新型的组织形式是经济全球化、信息化和高新技术迅猛发展对企业组织提出的客观要求。企业通过多种形式联合与协作，可以克服自己在技术、经济、经营管理等方面不可避免地存在的某些相对劣势。另外，现代信息技术也为企业在全国乃至全球发展企业与企业之间的组织联系提供了强有力的工具，利用现代信息技术实现跨企业的组织创新，既可以使企业集中资源、强化自己的核心能力，又能够相互取长补短，形成任何一个单独的企业都不可能具有的竞争优势。

三、组织创新的内容

1. 组织文化创新

组织文化是组织发展过程中逐步积累和形成的被组织成员共享的价值观念和行为准则。它引领、规范并制约着组织的员工及管理者。组织文化是组织发展的一种内在力量，并已成为现代企业竞争优势构筑的主要因素之一。组织文化通常在组织正式制度不可触及的地方发挥作用，使员工自觉或不自觉地受到价值观和行为规则方面的影响。特定的价值观会激励员工在特定环境中表现出符合组织需要的行为，受同一价值观的影响组织员工的行为也将趋向协调。随着外部环境的加速变化，企业文化也只有不断创新才能与之适应，最终为提升企业竞争力产生积极作用，因而企业文化创新业已成为企业组织创新的重要内容。

（1）企业组织文化创新的原则。①个性化原则。作为维持竞争优势的一个源泉，组织文化必须是企业所特有的，如果一个企业的组织文化和市场上大多数企业是相同的，那么就不可能导致相对竞争优势。组织文化对企业的影响力可能存在于那些不可言喻的方面，体现了企业的历史沉积。发展民营企业组织文化，要从企业的实际出发，结合行业特点，选择适合自身的企业组织文化风格，突出个性，找准本企业组织文化的切入点，结合企业发展现状及未来发展前景，高度概括最具本质特征的东西，提炼凝铸一种体现企业群体意志的精神力量。②效用原则。企业文化是企业整体素质的重要构成因素之一，也是打造和提升企业竞争力的重要措施之一，因而企业文化要围绕着有利于企业发展而塑造。如中国传统的儒家文化在调整人际关系、维护企业内部和谐团结等方面会产生积极作用，在进行企业文化建设时应予以继承和发扬。另外，企业组织文化创新要大胆吸收和借鉴国外优秀企业的先进经验。必须认识到，企业组织文化理论毕竟是在市场经济最发达的西方国家首先发展起来的，它适应了现代经济与文化"一体化"的发展趋势，有许多观念和行为准则反映了社会化大生产的客观要求，反映市场竞争机制的要求，反映了科学技术进步的客观要求。如美国的企业文化中，往往是强调竞争意识，提倡发明创造，鼓励个人竞争，这些对于促进企业员工潜力的发挥具有促进作用，我们也有必要积极借鉴。

（2）企业组织文化创新的方向选择。①学习型文化。在现在快速变化及竞争激烈的外部环境下，学习是企业适应变化的必然选择。因而公司上下要倡导学习，既要鼓励员工个人的学习，又要重视组织学习。建立尊重、重视知识的态度，使员工有着强烈的求知欲。鼓励员工学习一切有用的新知识，培育和强化启发式、思考式的主动学习理念，倡导每个人都将学习作为一项终生任务和一种生活方式。②创新型文化。在新世纪里，企业生产规模或成本的重要性将大大降低，而创造性和灵活性将成为最宝贵的资源。创新将成为企业的灵魂，离开创新企业必将成为无源之水、无本之木。在科学技术迅速发展、经济全球化激烈竞争的今天与未来，面对复杂多变的市场需求，创新早已不是工程师一个人能应付了的，而是企业全体员工创造性的发挥与体现。因此，企业要发挥集体的智慧，充分挖掘每个人的创造性，最大限度地发挥全体员工的创新热情和团结协作的"团队精神"，形成创新型的企业组织文化。③诚信文化。诚信既是一种内在的情感，也是一种外在的行动方式，可将其理解成一种相互间的信任的关系。诚信与企业竞争力是高度相关的，美国兰德公司曾对其进行过深入研究，他们认为，诚信是企业的一种核心竞争力。有反经济信用行为的企业，其成本必然会大幅度增加，这是因为现代社会的信息传播速度很快，社会舆论的监督力度也在不断增强，企业一旦做出反经济信用行为，马上就会被人知道，甚至全面曝光。不讲诚信的企业不可能有自己的长期核心竞争力，只有讲诚信，坚持诚信才能真正形成企业的长期核心竞争力，保证企业的持续发展。

2. 组织结构创新

组织结构是指组织作为一个系统的结构，是组织内部所有关系的总和，它影响和决定着组织的运行效率。组织结构是组织决策的执行载体，决定着组织信息流、控制流、人员流、资金流和物质流等流动的效率，并最终决定着决策执行的及时性和有效性。特别是在知识经济到来这一背景下，传统的等级制度和金字塔式的组织结构已表现为对组织运行效率的制约。比如，对组织信息传递来说，较多的组织层级必然对信息交流、沟通及知识的组合和交换产生影响，从而延缓了新知识的产生和运用。或者当组织遇到突如其来的变化时，由于过多的中间传递层使得恰当的知识难以在恰当的时候传递给恰当的人，导致组织对于环境变化的反应速度太慢，并有可能导致在竞争中失利。还有传统层级制组织往往强调程序和规则，人与人之间的行为及关系，组织中职位设置、部门设置、员工配置有严格的标准，上级对下级控制力强，使员工惯服从，按原有思维和规则工作，而阻碍团体、个人创造力的发挥。因而组织结构创新成为组织创新的另一重要内容。

（1）组织结构创新的原则。①有利信息传递原则。正如前文提及的传统的组织结构层级一般较多，对信息传递、内部的交流与沟通产生影响，为了改变这一状况以适应信息经济时代特点，组织结构创新应以有利信息传递为基本导向。②柔性原则。美国学者 R. E. 迈尔斯和 C. C. 斯诺于 1986 年在《加州管理评论》上发表了《新组织形式和新组织概念》一文，对"新竞争组织"的概念做了如下解释：它是具有垂直的解集作用、内部和外部经纪人制、敞开的信息系统以及市场机制取代行政管理机制的组织。其核心内容就是通过电脑化信息系统技术，在企业内外部建立广泛的联系，同时应用市场机制来糅合一些主要职能，以求实现更为广泛的战略目标。组织柔性化可以使组织成员的活动方式由刻板正规化向灵活多变转化。组织柔性化可以使得人与人之间的等级差异减少，权力由集中走向分散，沟通显得更为重要。③和谐统一原则。企业的组织创新是一个全面的持续的管理过程，涉及组织战略创新、组织战略结构创新、组织流程创新和组织文化创新等方面。这一持续的全面的变革和改造是一个复杂的过程。从变革思想的形成到实现关系着公司所有员工的观念、利益，如果实施不好会带来组织冲突，因而在进行组织结构创新时，要注意与组织战略创新、流程创新和文化创新的和谐统一。

（2）组织结构创新的趋势。①扁平化。组织结构的扁平化，是指管理层次的减少和管理幅度的扩大。它的作用在于减少组织的中间层次，消除知识传递的障碍，降低知识传递过程中的误差，形成平等畅通的互动渠道，有利于提高管理者的决策效率和员工的总体素质，发挥员工的潜能和创造性。简单的层次结构可以使员工较平等地传播和反馈知识，形成开放性的、学习性的、成长型的知识共享机制。②网络化。网络组织是一种超越了传统的市场与企业两分法的复杂的经济组织形式。在计算机网络这一现代物质基础上，纵横交错的信息渠道使得企业组织等级结构已不再受到管理幅度的限制，网络化是突破层级制组织的模式，由一个水平展开的非等级体制来限定。它的特点是用市场机制代替行政机制来连接各个经营单位之间及其与公司总部之间的关系。网络使组织的内部和外部的界限变得模糊。③虚拟化。组织的虚拟化是指用技术把人、资金、知识或构想网络在一个无形的组织内，虚拟性的组织不具有常规的各种部门或职能机构，但通过通信网络技术，把组织实现目标所需要的知识、信息、人才等联系在一起，组成一个动态的内部资源利用综合体，突破企业组织的固定界限，并常利用一定的外部资源，实现企业的目标。这种组织形式保证了企业在剧烈的市场竞争中在时间、质量、成本、服务等方面获得出奇制胜的优势。组织的虚拟化意味着企业的同一个员工可以置身于不同的地点，但通过信息和网络技术与工作部门连接，如同在办公室一样，可以随时共享和交流信息和知识；也意味着企业可以借助于通信网络技术，建立一个把分布于世界各地的属于或不属于本企业的研究开发人员、专家或其他协作人员联系在一起，跨越时空的合作联盟，实现一定的目标。

> **国美电器调整组织架构：业务中心向事业部转变**
>
> 2012年3月5日，国美电器对外发布消息称，在2011年11月成功上线ERP系统、完成信息化基础设施布局之后，国美已实施全新组织结构。国美此次组织结构设计的基本思路是建立以品牌及战略规划为龙头，以采购、销售等经营体系事业部制为核心，以IT信息技术、物流、售后、财务、人力资源等支持体系为服务平台的矩阵式组织机构。
>
> 与之相伴，国美电器对管理层任用方面进行了大范围的调整。在高管团队中，除总裁王俊洲、首席财务官方巍职位未变，诸多副总裁职位都提升为高级副总裁，职能也有所变化。
>
> 其中，原副总裁魏秋立担任人事行政体系的高级副总裁，负责采销的副总裁李俊涛担任主管营运体系的高级副总裁，牟贵先担任主管信息与物流的高级副总裁兼任国美在线公司总经理，邹晓春担任国美电器高级副总裁，主管法务和物流基地开发等，何阳青担任主管客服、门店运营及会员事业等业务的副总裁，史明担任分管售后、定价及门店事业部的副总裁。
>
> 在商品采购和销售体系方面，原华北大区总经理宿献华已调任总部任主管采销业务的高级副总裁，原东北大区总经理毛晓军任分管通信事业部、电脑及数码事业部的副总裁，原北京大中电器总经理尚明权为分管彩电事业部、白电事业部的副总裁，原北京国美总经理宋林林为分管厨卫事业部、小家电事业部的副总裁。
>
> 国美方面表示，组织结构调整目的有三个方面：其一是以消费者体验为导向，重视运营；其二是以供应链整合为焦点，强化采销；其三是以强化未来增长引擎为目标，增设新业务单元。
>
> 国美集团总裁王俊洲认为，这次调整后，国美电子商务领域也会得到前所未有的加强，国美电器网上商城和库巴购物网的双品牌布局已经形成，力争实现集团电子商务占中国网购市场规模15%的目标。
>
> 资料来源：http://news.cntv.cn/20120307/116582.shtml。

四、组织创新的实施

组织创新是一项综合的、复杂的、动态的企业管理过程，要想有效地实施组织创新，我们认为应该做到以下几点。

1. 文化先行，统一认识

组织创新关系着组织所有员工的利益，因而创新过程中会遇到来自各方面的阻力。构建创新的组织文化与组织气氛，使得组织的历史文化不会成为企业组织创新的阻碍，而成为企业组织创新的强大推动力。

2. 构建创新动力机制，提高创新主动性

从建立更加完善的激励与约束机制入手，逐步建立与完善一整套企业可持续成长的动力机制，进而提高民营企业组织创新行为的主动性。

3. 协同推进，注重整合

组织创新活动是一个复杂的系统活动，组织创新的各项内容之间也存在着相互影响和相互作用。在组织创新活动中，既要选准突破口，也要特别重视各项活动的协同推进，软硬结合，技术创新和组织创新结合，结构、文化和战略结合，重视组织创新的各项活动之间的整合。

4. 控制节奏，以求平衡

在实施组织创新过程中，企业内部各要素间的关系发生变动，企业与外部的协同方式带来变化，这些都有可能导致企业的动荡。因而在推动企业组织创新时应该把握节奏，适时巩固新的结构与运作方式，从而维持结构自身及与环境之间的动态平衡。

思考

1. 请分析企业组织创新与企业技术创新及企业制度创新的关系。
2. 组织结构创新的新趋势有哪些？请对"虚拟组织"予以评析。

本章小结

- 本章第一节结合熊彼特对于创新的论述提出企业创新的概念，认为企业创新就是指将新的概念、知识、技术、管理手段和方法等企业经营要素渗透到企业管理中，为企业创造竞争优势并最终获得经济效益的管理活动和过程。论述了企业创新研究的两大学派，即技术创新学派与制度创新学派。指出企业创新的动力来源于四个方面：①市场需求拉动；②竞争因素推动；③创新习惯推动；④企业家的偏好。最后从企业持续发展要求及竞争优势获取两个方面论述了创新的必要性。

- 本章第二节在阐述企业技术创新概念基础上分析了技术创新的四个特点，即：累积性、效益性、系统性、风险性。并对技术创新从不同角度进行了分类，按照创新技术的变化性质和技术创新的程度可分为渐进性创新和根本性创新；按照创新对象的不同，可分为产品创新和工艺（过程）创新；按技术创新的模式分为独立创新与合作创新。最后指出企业技术创新的选择方向，具体来说有：①主导型技术创新战略；②跟随型技术创新战略；③模仿型技术创新战略。

- 本章第三节首先阐述了制度的概念并分析了制度的功能，在此基础上，探讨了企业制度的内容。继而分析了企业制度创新的动因，认为企业制度创新的动因有：经济的外

部性是企业制度创新的本质动因；企业制度创新是推动技术创新的主要力量；企业制度创新是实现增长方式转变和竞争力提升的必然要求。最后从企业产权制度创新及管理制度创新两个方面指出了我国企业制度创新的路径，对于企业管理制度的探讨又从企业激励制度、决策制度以及财务管理制度展开。

● 本章第四节指出组织创新是组织为适应外部环境的变化或满足组织自身内在成长的需要，是对内部若干要素（结构和关系等）及其相互作用机制或组织与外部环境的相互作用机制的调整、开发和完善的过程。并从五个方面论述了组织创新的意义：①组织创新可以促进技术创新；②组织创新可以促进制度创新；③组织创新是提高企业运作效率的重要途径；④组织创新使企业更具对环境的适应性；⑤通过组织创新有利于企业获取和利用企业外部资源。组织创新内容包括组织文化创新及组织结构创新两方面。组织文化创新的原则包括个性化原则与效用原则。组织文化创新的选择方向有：学习型文化；创新型文化；诚信文化。组织结构创新的原则有：有利信息传递原则、柔性原则、和谐统一原则。组织结构创新的趋势是扁平化、网络化、虚拟化。最后指出组织创新应注意的四个方面。

【复习与思考】

1. 你是怎样理解企业创新概念的？
2. 你对现代企业经营创新必要性是如何理解的？
3. 你认为企业创新应该包括哪些内容？
4. 技术创新的特征有哪些？
5. 请收集某具体企业的有关信息，对其进行分析并为其选择技术创新的战略类型。
6. 阐述什么是制度及企业制度的主要内容。
7. 分析你身边某企业在制度方面存在的缺陷或不足，并为其提出创新建议。
8. 阐述组织结构创新的原则及趋势。

【案例分析】

案例1　宝洁的创新之路

近年来，宝洁的产品开发创意和技术从外部引进的比重在全部新产品中占35%，将来要占到50%。以宝洁公司的营业收入，要靠员工迸发创意以大幅刺激公司的发展，不是一件容易的事。因为规模巨大，宝洁每年需要新创造20亿美元的收入，才能使股东价值高于平均水平。因此必须要以更少的成本来成就更多的事。

以前，宝洁的创新体制更多地强调内部竞争。研究人员被分成一个个小组，为研发项目、研发资金甚至为获得公司领导的关注而相互竞争。过度竞争并没有带来高效益。因此宝洁CEO雷富礼提出要把竞争放在对外上，对内则要更多地倡导协作。在宝洁，产品创新过程不再被称为研发，而是称为"联系与开发"——"C+D"（connect+develop），即在开发过程中要加强跨技术、跨学科、跨地域和跨业务,要增强部门之间的联系。

为了扩大外部知识产权来源,宝洁加入了三个科学家网络。2001年8月,宝洁与NineSigma公司开始合作,该公司的网站NineSigma.com帮助宝洁同全球50多万名研究人员联结在一起,当他们有某些重大创新时,他们会优先卖给宝洁。SpinBrush电动牙刷技术就是宝洁通过这个网络,从一位发明家手中买来的。宝洁也可以通过在这个网站上发帖子提出技术问题,向世界各地的研究人员征求各种建议性的解决方案。如果看中某个方案,就可以和方案的提出者谈判买入方案的条件,并向NineSigma支付中介费。宝洁公司加入的第2个网络是InnoCentive.com,该网站是美国礼来制药公司(E II Lilly)的下属公司,InnoCentive吸引了全球175个国家的11万多名生物学家、化学家、工程师和其他专业人士。这些专业人士争相帮宝洁这样的大公司解决遇到的问题。最后,宝洁公司还与礼来公司一起创办YourEncore.COITI,该网站联结起已经退休的科学家,让他们提供相关的咨询。这样,宝洁利用对方的全球性网络,获得更多的科学家和工程师智慧。

利用外部创新最大的优点是降低了自行研发的费用和失败的概率,它无须像对待公司员工那样管理外部研发人员。更重要的是,由于研发成果是现成的,拿来即用,它不仅无须承担研发过程中的风险,而且缩短了从发现市场机会到获得利益之间的时间。

以前,宝洁往往把内部研发工作的评估重点放在技术产品的性能、专利数量和其他指标上,现在,它更加强调可以感知的顾客价值。宝洁的"360度创新"的概念,就是围绕顾客体验进行全方位创新,包括达到所需性能的产品技术、能够以合适价格生产出该产品的生产技术、产品性能、外观和包装的概念性以及审美性因素等。

宝洁的7000多名研发人员分布在9个国家的21个研究中心,从而贴近消费者,得以更好地关注不同文化下消费者的深层需要与欲望,宝洁技术人员更加关注顾客感受的所有方面,他们深入消费者的实际生活,还贴近地了解他们的需求。如影响性能和价格的制造技术、产品概念与审美、外观与包装等。

同时宝洁进一步解放实验室里的智慧。方式之一就是在全球建立一系列的创新技术的监控点。宝洁精选了60位科学家和工程师,把他们从实验室里解放出来,授予他们"技术创业家"的称号。他们被分别派到欧洲、中国、日本、印度和拉丁美洲。他们的主要工作就是搜寻与公司相关的创新。他们访问政府和学校的实验室,与主要的科学家和教授建立联系,走进贸易展览会,甚至在超市里面游荡。所有这一切都是为了去搜寻可以借鉴的创新,从而对宝洁现有的产品有所改进,或者创造新的产品。

宝洁有一个"创新网",该公司分散在全球各地的研发、设计、市场研究、采购等方面的人员可以通过该网进行交流。"创新网"上,有一个名为"你来问我来答"的功能。谁在研发过程中遇到困难或有什么需要,就可以把问题贴在网上,然后问题会被转给有相关专业经验的人,而且往往在24~48小时内就能找到能够提供答案的人。网上还有各种技术专业社区,供人们讨论交流。当有人在开发中遇到困难时,这些专业社区就会成为其求教的主要来源。

曾经被认为在一个传统行业里暮气沉沉的宝洁，因为走出实验室，成了创新能力最强的国际大公司之一。

资料来源：孙明华. 开放式技术创新：知名企业典型案例［J］. 企业管理，2007（9）。

思考题：
1. 宝洁公司是如何保持竞争优势的？
2. 请对宝洁公司采用的创新体制予以评价。

案例2　浙商老字号的创新——胡庆余堂

浙商老字号胡庆余堂，是清朝末年"红顶商人"胡雪岩于清朝同治年间即公元1874年创建的。一百多年过去了，胡庆余堂国药号始终秉承"戒欺"祖训、"真不二价"的经营方针。在其百年经营过程中，胡庆余堂历代传承人严格恪守这些堂规，使之成为保护、继承、发展、传播中华五千年中药文化精华的重要场所，也是杭州人文历史文化不可或缺的重要组成部分。作为浙商老字号品牌中的代表企业，胡庆余堂以其绝佳的口碑、过硬的药品品质和深厚的文化底蕴享誉海内外，其"戒欺"的堂训更是成为整个中医药行业里约定俗成的"江湖规矩"。

1999年，胡庆余堂推出多元化经营战略。所谓多元化，是一种整合资源的全新思维，多产业发展但却又与药业紧密相关，其中主导的理念就是深入挖掘胡庆余堂所代表的中药文化。其一，胡庆余堂依托杭州旅游城市以及靠近西湖的地理优势，发展出一条成功的旅游特色产业。在中药文化的基础上，以人文景观为主，加上药膳、保健养身馆等系列组合，不仅借助新兴的旅游业实现创收，而且无形中吸引了大量外国游客，增加中药文化的国际影响力，是改革创新的重要亮点。其二，经过几年的精心运作，如今的胡庆余堂已经完成了全产业链的全新改造升级，包括药材种植、药酒加工、成品药制作、医疗保健、中药门诊及养生旅游为主的全套产业格局。我们可以看到，与其他企业不同的是胡庆余堂并不仅在做大规模，更是在做大企业的品牌内涵和文化张力。

2009年，胡庆余堂进军电子商务，除了建立自身的公众平台外，还先后在天猫、京东等设立旗舰店。2010年1月胡庆余堂成立专门的电商公司，通过O2O形式实现线上线下融合，创造出企业发展的新动力。现在，作为一家在全国拥有150多家门店且售卖产品以"克"为单位的店，胡庆余堂顺应时代发展的要求，积极研发适合互联网的产品，思考运营推广模式。

在"互联网+"的大时代背景下，大数据、人工智能和实体经济已经实现深度融合，传统老字号通过培育新增长点，带来企业发展的无限新动能。胡庆余堂积极响应政策的号召，在线上多样化、多品种的零食化消费场景，固定大品类是山参、虫草、燕窝、石斛等保健养神产品，小品类上则依据不同的季节变化，在红糖姜枣茶、酸梅汤等品类上不断轮换。线上、线下良性互动的营销模式为胡庆余堂带来了充分的消费者需求信息，企业可以通过流动的大数据分析,不断调整和更新产品、服务的开发,用创新的商业模式去赢得市场竞争。

2016年的一则新闻引爆微信朋友圈,杭州百年老店胡庆余堂卖起了咖啡。

玫瑰玛奇朵、冬日恋歌、香草思慕雪、紫薯雪顶……胡庆余堂跨界推出口味新颖的"中草药咖啡",不少用的还是百年传承的中药配方,一经推出便受到了朋友圈中年轻人的热捧。创新,对于这个有着近150年历史的老字号来说显得尤为重要,而且胡庆余堂将中药文化注入其中,这是它与一般咖啡最大的不同。历史与现代,就这样在一杯咖啡中实现了交汇。

随着新零售概念的提出,很多传统老字号都在寻求积极的创新,老字号是否应该在新时代延伸出新内容,成为消费升级中的非物质传承部分。答案当然是肯定的,无论零售业态如何变化,胡庆余堂都将继续传承和秉持自己的核心价值观,衣钵重转,薪火再续,在秉承"戒欺"等精神文化遗产的基础上,老字号胡庆余堂正在续写新的传奇。

资料来源:葛锦晶. 浙商老字号创新案例研究:以胡庆余堂为例 [J].
企业改革与管理,2019 (4):70-71。

思考题:

1. 胡庆余堂是如何能一直将百年基业延续下来的?
2. 胡庆余堂的成功对其他的老字号产品有什么启发?
3. 你认为创新对于企业的发展有什么意义?

【技能拓展】

【设计课目】某企业的现状调查及创新方案设计

【实训目的】通过对某企业创新方案的设计,进一步深化对企业创新有关理论的理解,熟悉企业创新的内容,提升自己分析问题、解决问题的能力。

【实训内容】

(1) 充分调查和收集某企业的相关信息。

(2) 分析其技术、制度、组织结构状况,指出存在的问题。

(3) 为该企业提出全面的创新方案。

【方法与要求】

(1) 学生分组分别联系相关企业,采用多种方法获取该企业详尽的信息。

(2) 对收集的信息进行详细的分析,指出其存在的问题,并提出相应的创新实施方案。

【实训考核】

(1) 每个小组上交一份创新设计方案。

(2) 考核每个小组收集到的信息的完整性、方案的针对性及可行性,分A、B、C、D四个等级评定。

主要参考文献

[1] [美] 阿瑟·汤姆森, 等. 战略管理: 概念与案例 [M]. 10 版. 段盛华, 等译. 北京: 北京大学出版社, 2004.

[2] [美] 本尼斯. 领导者 [M]. 赵岑, 徐昆, 译. 杭州: 浙江人民出版社, 2016.

[3] [美] 彼得·圣吉. 第五项修炼 [M]. 张成林, 译. 北京: 中信出版社, 2009.

[4] 陈传明, 周小虎. 管理学原理 [M]. 1 版. 北京: 机械工业出版社, 2007.

[5] 陈世艳, 徐银富. 管理学实训教程 [M]. 广州: 暨南大学出版社, 2006.

[6] 陈树文. 领导学 [M]. 北京: 清华大学出版社, 2017.

[7] C. L. 巴纳德. 经理人员的职能 [M]. 北京: 中国社会科学出版社, 1997.

[8] 单凤儒. 管理学基础 [M]. 2 版. 北京: 高等教育出版社, 2004.

[9] 单凤儒. 管理学基础实训教程 [M]. 1 版. 北京: 高等教育出版社, 2005.

[10] 丁煌. 西方行政学说史 [M]. 武汉: 武汉大学出版社, 1999.

[11] 方齐云. 完全理性还是有限理性: H. A. 西蒙满意决策论介评 [J]. 经济评论, 1994 (3).

[12] 冯勤, 池仁勇, 欧阳仲健. 工业技术创新管理 [M]. 北京: 中国水利水电出版社, 2005.

[13] [英] 格里·约翰逊, 凯万·斯科尔斯. 战略管理 [M]. 6 版. 王军, 等译. 北京: 人民邮电出版社, 2004.

[14] [加] 亨利·明茨伯格. 管理工作的实质 [M]. 方海萍, 等译. 北京: 中国人民大学出版社, 2012.

[15] 姜圣阶, 曲格平, 张顺江, 等. 决策学基础 [M]. 北京: 中国社会科学出版社, 1986.

[16] 柯武刚, 史漫飞. 制度经济学: 社会秩序与公共政策 [M]. 北京: 商务印书馆, 2001.

[17] [美] 肯·巴金斯. 公司 DNA: 来自生物的启示 [M]. 北京: 中信出版社, 2002.

[18] 李立清, 李燕凌. 企业社会责任研究 [M]. 北京: 人民出版社, 2005.

[19] 李悦妮. 轻舟难过万重"衫": 破解 PPG 的失败基因 [J]. 销售与市场 (战略版), 2009 (1).

［20］［美］里基·W. 格里芬. 管理学精要［M］. 9版. 刘伟, 译. 北京：中国市场出版社, 2011.

［21］梁立军. 浅谈管理技能［EB/OL］. http：//news. tsinghua. edu. cn.

［22］刘光明. 企业文化案例［M］. 北京：经济管理出版社, 2003.

［23］刘巨钦. 企业组织设计原理与实务［M］. 北京：企业管理出版社, 1996.

［24］［美］罗伯特·A. 伯格曼. 战略就是命运［M］. 高梓萍, 等译. 北京：机械工业出版社, 2004.

［25］马庆国. 中国管理科学研究面临的几个关键问题［J］. 管理世界, 2002 (8).

［26］齐明山. 有限理性与政府决策［J］. 新视野, 2005 (2).

［27］乔坤. 论案例研究法与实证研究法的结合［J］. 管理案例研究与评论, 2008 (1).

［28］秦勃. 有限理性：理性的一种发展模式——试论H. A. 西蒙的有限理性决策模式［J］. 理论界, 2006 (1).

［29］芮明杰, 余光胜. 产业致胜：产业视角的企业战略［M］. 杭州：浙江人民出版社, 1999.

［30］［美］斯蒂芬·P. 罗宾斯. 管理学［M］. 4版. 黄卫伟, 等译. 北京：中国人民大学出版社, 1997.

［31］［美］斯蒂芬·P. 罗宾斯. 管理学［M］. 7版. 孙健敏, 等译. 北京：中国人民大学出版社, 2004.

［32］［美］斯蒂芬·P. 罗宾斯, 玛丽·库尔特. 管理学［M］. 9版. 孙健敏, 黄卫伟, 王凤彬, 等译. 北京：中国人民大学出版社, 2008.

［33］［美］斯特恩, 斯托克. 公司战略透视［M］. 5版. 上海：上海远东出版社, 2002.

［34］苏东水. 产业经济学［M］. 北京：高等教育出版社, 2001.

［35］孙永正. 管理学［M］. 北京：清华大学出版社, 2003.

［36］孙优萍, 谢军波. 组织行为学［M］. 杭州：浙江大学出版社, 2007.

［37］田竹娟. 信息技术对管理沟通的影响［J］. 网络安全技术与应用, 2014 (3).

［38］［美］W. H. 纽曼, 小C. E. 萨莫. 管理过程：概念、行为和实践［M］. 李柱流, 等译. 北京：中国社会科学出版社, 1995.

［39］汪涛, 郭锐. 中国企业品牌战略决策影响因素研究［J］. 武汉大学学报（社会科学版）, 2008 (6).

［40］王方华, 吕巍. 企业战略管理［M］. 上海：复旦大学出版社, 1997.

［41］王凤彬, 李东. 管理学［M］. 3版. 北京：中国人民大学出版社, 2008.

［42］王积瑾, 卜庆军, 等. 管理学［M］. 杭州：浙江大学出版社, 2008.

［43］王金红. 案例研究法及其相关学术规范［J］. 同济大学学报（社会科学版）,

2007（6）.

［44］王玉民. 决策的内容［J］. 科研管理，1999（3）.

［45］［美］H. A. 西蒙. 管理行为：管理组决策过程的研究［M］. 杨砾，等译. 北京：北京经济学院出版社，1991.

［46］萧灵东. 大数据环境下企业管理的创新策略［J］. 管理观察，2018（18）.

［47］肖明超. PPG：虚拟经营产生的聚合能案［J］. 中国电子商务，2008（5）.

［48］肖沛. 基于知识管理的组织创新研究［D］. 华南理工大学，2004.

［49］邢以群. 管理学［M］. 2版. 北京：高等教育出版社，2007.

［50］邢以群. 管理学［M］. 2版. 杭州：浙江大学出版社，2006.

［51］徐晴. 企业层面的技术和制度创新互动关系分析［D］. 浙江工商大学，2006.

［52］徐小平，叶晓峰. 管理学原理［M］. 北京：中国轻工业出版社，1997.

［53］叶雅阁，刘涌康. 决策科学手册［M］. 天津：天津科技翻译出版公司，1989.

［54］元名杰. 管理思想史［M］. 北京：机械工业出版社，2008.

［55］袁小英. 谈管理的他人性［J］. 中国电力企业管理，2000（7）.

［56］［美］詹姆斯·C. 柯林斯. 基业长青［M］. 北京：中信出版社，2002.

［57］张德：现代管理学［M］. 北京：清华大学出版社，2007.

［58］张衡义. 我国民营企业制度创新研究［D］. 武汉理工大学，2006.

［59］张明玉等. 管理学［M］. 北京：科学出版社，2005.

［60］张文昌等. 管理学理论与实践［M］. 济南：山东人民出版社，2000.

［61］张文昌，于维英. 东西方管理思想史［M］. 北京：清华大学出版社，2007.

［62］张玉利. 管理学［M］. 2版. 天津：南开大学出版社，2004.

［63］赵继新，吴永林. 管理学［M］. 北京：清华大学出版社，2006.

［64］郑文哲. 管理学原理［M］. 北京：科学出版社，2005.

［65］中国地质大学管理学院《管理学》精品课程网站，http：//unit. cug. edu. cn/2006jpkc.

［66］周其人. 企业可通过创新制造市场［N］. 每日经济新闻，2009-01-20.

［67］周三多，陈传明. 管理学：原理与方法［M］. 6版. 上海：复旦大学出版社，2014.

［68］周三多，陈传明，鲁明泓. 管理学［M］. 上海：复旦大学出版社，2001.

［69］周三多，陈传明，鲁明泓. 管理学：原理与方法［M］. 4版. 上海：复旦大学出版社，2005.

［70］周三多，邹统钎. 战略管理思想史［M］. 上海：复旦大学出版社，2002.

［71］朱佳齐. 基于技术创新的企业制度创新研究［D］. 西安电子科技大学，2005.

［72］Porter M. E. Competitive Strategy［M］. New York：The Free Press，1980.

[73] Quinn J B. Strategic Change: Logical Incrementalism [J]. Sloan Management Review, 1978 (fall).

[74] Rumelt R P, Dan E. Schendel and David J. Teece. Fundamental Issuesin Strategy [M]. Harvard Business School Press, 1994.